2024 中国数字营销年度报告

中国商务广告协会数字营销专业委员会 编著

中国出版集团有限公司
研究出版社

图书在版编目（CIP）数据

2024中国数字营销年度报告/中国商务广告协会数字营销专业委员会编著.—北京：研究出版社, 2025.6. — ISBN 978-7-5199-1894-1

Ⅰ. F724.6

中国国家版本馆CIP数据核字第2025QD3425号

出 品 人：陈建军
出版统筹：丁　波
责任编辑：谭晓龙

2024中国数字营销年度报告

2024 ZHONGGUO SHUZI YINGXIAO NIANDU BAOGAO

中国商务广告协会数字营销专业委员会　编著

研究出版社 出版发行

（100006　北京市东城区灯市口大街100号华腾商务楼）

北京建宏印刷有限公司印刷　新华书店经销

2025年6月第1版　2025年6月第1次印刷

开本：710毫米×1000毫米　1/16　印张：23.25

字数：436千字

ISBN 978-7-5199-1894-1　定价：168.00元

电话（010）64217619　64217652（发行部）

版权所有·侵权必究

凡购买本社图书，如有印制质量问题，我社负责调换。

编辑委员会

主 任

中国商务广告协会会长　李西沙

副主任

中国商务广告协会副会长、中国传媒大学广告学院教授　丁俊杰

中国商务广告协会副会长　陈徐彬

委 员

北京贵士信息科技有限公司（QuestMobile）CPO　段林峰

北京勾正数据科技有限公司董事长兼 CEO　喻亮星

北京腾云天下科技有限公司 Talking Data 副总裁　李　蔷

北京微播易科技股份有限公司高级副总裁　李　理

北京易观数智科技股份有限公司智慧院院长　李　智

Flywheel 飞未中国区 CMO　戴　南

明略科技副总裁、秒针营销科学院院长　谭北平

南京大学新闻传播学院教授　郑丽勇

群邑中国市场营销与传播总经理　赵林娜

上海新榜信息技术股份有限公司首席运营官　李建伟

深圳市和讯华谷信息技术有限公司极光行业洞察事业部总经理　娄　洋

《数字营销市场》主编　杨　猛

数字营销资深行业专家　丁玉青

央视市场研究股份有限公司（CTR）总经理　虞　坚

中国传媒大学广告学院院长　赵新利

中国传媒大学广告学院讲师　王　潞

中国广视索福瑞媒介研究有限责任公司（CSM）副总经理　肖建兵

中国商务广告协会数字营销专业委员会常务副秘书长　袁　俊

中国商务广告协会数字营销专业委员会副理事长　马旗戟

学术指导单位

中国传媒大学广告学院
南京大学新闻传播学院

编写团队

主　　编　杨　猛
编务统筹　邹惠芸
编写成员　蔡甜甜　陈建男　黄婧玫　黄俊斌　黄炜淇
　　　　　　李桂婷　李蔚文　李　玥　刘晨曦　刘会召
　　　　　　刘　晓　马阿鑫　马世聪　苗晓玮　宋渝颖
　　　　　　夏　倩　王　潞　王　云　向　莉　杨文玉
　　　　　　张　慧　周　晶　朱孝琳　Andrew Cheng
　　　　　　Flywheel 飞未市场部

序

丁俊杰

当今的中国已经进入了数据化、融合化、平台化、智能化的大时代，这四种力量驱动着数字营销的大变革。

数据化，是营销与传播产业的基础资源；融合化，实现多方数据汇聚共融，具体表现为制度融合、产品融合、网络融合、产业融合、终端融合以及技术融合等；平台化，承载并管控融合资源，推动信息传播过程中出现无限的内容生产、内容传输、内容消费；智能化，利用数智技术帮助人类进行决策优化，在内容运营、广告营销、价值变现等各个方面作用尤为显著。这"四化"互相作用、互相影响，不断创造出信息产业中的新产品、新平台、新机构和新趋势。

这个时代，数字营销得到大发展，"液态化"日益显著。传统的"固态化"特征——在相对清晰、明确的框架和范式中形成运作逻辑，在相对稳定、有限的参与角色与力量中形成产业链条，在相对成熟、透明的管理与监督中形成行业规范——正在逝去，"液态化"特征——正如数据本身所具备流动性一样——当前的广告与营销，从形态到业态，从产品到产业，从执行到优化，其边界更加模糊，变化更加频繁。

数字营销新形态不断出现。内容化形态、场景化形态、移动化形态、电商化形态和智能化形态都是近年来数字营销的最新表现。以腾讯广告为例，基于平台广告资源，大致划分为QQ广告、微信广告、QQ浏览器广告、腾讯新闻广告、腾讯视频广告、腾讯音乐广告和优量汇广告等；基于场景/入口不同，又划分为PC场景、移动场景（小程序）、开发者场景和微信生态（微信公众号入口）等。相对来说，这些都是比较基础的分类方式，也是简明易懂的形态。然而在营销实践中，其产品形态与数量则数以千百计变化且不断推陈出新。

在为数字营销迅猛增长感到喜悦的同时，我们认为，数字营销行业中的基础工作更需要进一步扎扎实实地落实，需要记录中国数字营销行业的创新实践、现状与问题，探究数字营销的核心能力，跟踪前沿技术及营销应用实践，寻找行业新定位及实现高质量发展的路径方法。我们很高兴地看到，以"把脉趋势 记录历史"为宗旨的《中国数字营销年度报告》正在为数字营销行业建设的愿景而努力。

整体上看，具体报告的五个部分仍然体现了年度记录的整体多维性：向内看，分析了数字营销行业内部各生态主体与营销手段的兴衰变化；向外看，说明了数字营销行业与中国数字经济、整体经济的关系；向前看，把脉行业现状问题以及把脉行业趋势变化；向后看，记录行业发展历史，承载厚重的历史价值。

在各部分内容中，我们提示一些重点供读者们参考。

第一章的"总论"中，在论述经济背景之外，重点强调了数字营销与新质生产力的关系。数字营销是新质生产力在市场推广和商业运作中的重要体现，通过利用数字平台和渠道，将新质生产力创造的产品和服务推向更广泛的受众，可以实现价值的最大化。我们认为，新质生产力是中国经济未来再上一个新台阶的核心推动力，而数字营销是新质生产力的一个标尺，具有高度的先进性与敏感性。故此，从新质生产力的高度理解数字营销，才能准确解读数字营销的年度特征。

第二章的"数字营销行业生态"中，社交平台、短视频平台和电商平台是年度重点。上升中的社交平台、短视频平台上，内容化、娱乐化、电商化趋势十分明显；相反，电商平台开始滞涨，"史上最简单的6·18""史上最长的双十一"显示出传统电商平台的无奈。

第三章的"数字营销与品牌实践"中，AI营销、出海营销、内容营销、微短剧营销是实践最丰富、创新最大胆、效果最明显的备受品牌青睐的年度营销手法。

此外，第四章"数字营销趋势"也给予业内不少重要启示。

如果把年度报告看作是"数字营销行业的基础设施"的话，那么，报告的参考作用非常全面：对政府部门来说，报告提高了政策制定与调整、资源配置优化和风险预警与应对的有效性；对各类企业来说，报告提供了战略决策支持、市场定位、机会识别和优化资源配置的参考；对行业人士来说，报告提升了丰富行业认知、把握市场动态和发现职业机会的能力；对学术机构来说，报告实现了提供研究素材、辅助学术研究、辅助教学和人才培养的作用。

如果把年度报告看作是"数字营销行业的成长史"的话，当5年乃至10年之后，我们可以从数字营销的逐年记录中，清晰地看到数字营销行业的成长轨迹，也可以准确地剥离出数字营销行业的成长要素。所以，数字营销行业的未来成长路径将有迹可循。

积累于时间之上，年度报告无疑是黄金富矿，越挖掘越丰富。2024年是年度报告编撰的第二年，视角更加全面，数据更加翔实，洞察更加深刻。"精思傅会，十年乃成"，中国深厚的文化传统特别强调时间的沉淀。我们坚信，通过不懈的长期努力，《中国数字营销年度报告》终将成为洞察数字营销领域的权威指南。

目 录

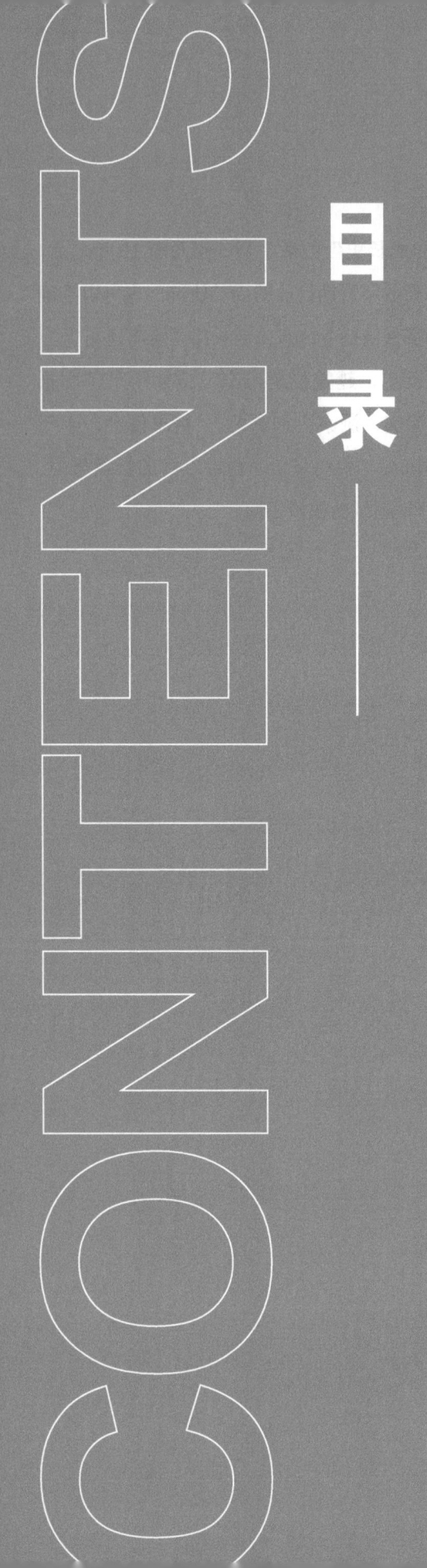

01 第一章

总 论

一、数字营销的定义与发展..................003
二、中国数字营销的总体概况................006
三、数字营销与经济........................019
四、中国数字营销在国际上的位置............028

02 第二章

数字营销行业生态

一、渠道篇................................047
二、服务商篇..............................120
三、用户篇................................130

03 第三章

数字营销与品牌实践

一、营销篇................................159
二、实践篇................................259

04

第四章

数字营销趋势

一、2～3年内的数字营销发展趋势.......283
二、数字营销实践方向.....................308

05

第五章

数字营销大事记

一、宏观篇..................................325
二、行业篇..................................327
三、实体篇..................................331
四、热点篇..................................337

附　录..................................340

后　记..................................358

第一章 总论

一、数字营销的定义与发展

（一）数字营销的相关概念

1. 数字营销的多元定义

在实践应用中，数字营销持续地展现出多样性和复杂性，而学界和业界也在不断地深化和丰富其概念（定义）。目前，尚未有全面统一的定义，不同国内外学者和营销机构都有各自的解读和侧重点（见表1-1）。

表1-1 数字营销的概念梳理

来源	定义
欧洲营销协会	数字营销是通过利用数字技术，将产品和服务的市场推广、销售和交付的过程数字化的一种营销方式。它与传统营销的最大区别在于，数字营销采用了数字渠道和数字工具，以更为精准的方式进行定位、营销和交付，从而提高效率和效果
加拿大营销协会	数字营销是通过互联网和移动设备等数字媒体，以交互式、个性化和有针对性的方式，推销产品或服务，以达到品牌认知度、产品销售或用户转化的目标
美国营销协会	数字营销是使用数字技术来营销产品和服务，包括互联网、手机和数字展示广告等各种数字媒介
菲利普·科特勒	营销4.0，指的是在新的数字时代，连接使消费者发生了巨大的变化。消费者掌握了巨大的力量，可以和企业共创内容，共创产品。企业在发展的过程中要重视和消费者之间的互动，通过社群让消费者参与到营销过程中来，通过大数据让企业增强应对的敏捷性，通过价值观做到以人为本的营销理念的升级[1]
姚曦和秦雪冰	数字营销是指以数字化技术为基础、通过数字化手段调动企业资源进行营销活动以实现企业产品和服务的价值过程[2]
Kannan和Li	数字营销是企业与顾客及合作伙伴协作，共同为利益相关者创造、沟通、交付和维持价值的适应性技术赋能的过程[3]
曹虎、王赛等	数字营销策略不是微信、微博等营销工具的组合和叠加，而是在理解本质的基础上融会贯通地使用[4]
曾巧、王水	数字营销是指利用数字化技术，对传统营销活动进行数字化改造的全过程[5]

[1] 菲利普·科特勒：《营销革命3.0：从价值到价值观的营销（轻携版）》，机械工业出版社，2019。
[2] 姚曦，韩文静：《参与的激励：数字营销传播效果的核心机制》，新闻大学，2015年第3期，第134-140页。
[3] Kannan P, Li H：《Digital marketing: a framework, review and research agenda》，International Journal of Research in Marketing，2017年第34卷第1期，第22-45页。
[4] 曹虎、王赛等：《数字时代的营销战略》，机械工业出版社，2017。
[5] 曾巧、王水：《共生：中国数字营销猛进史》，电子工业出版社，2021。

综合各方定义，可以概括地认为，数字营销主要是通过应用数字技术推广产品和服务，以实现明确的营销目标。从本质上讲，如果营销活动涉及数字通信，那就是数字营销。

2. 数字营销的基本特征

数字营销与传统营销相比，具有显著的特征，主要体现在以下四个方面：

（1）数字技术驱动

就工具和手段而言，数字营销依赖于互联网、移动设备、社交媒体、搜索引擎等数字技术平台。这些技术使得营销人员能够更精准地接触到目标用户。

（2）交互式与个性化

与传统营销不同，数字营销强调与消费者的互动，不仅限于推送信息，还注重通过数据分析和用户行为研究提供个性化体验。这种互动性增强了品牌的用户黏性。

（3）多渠道整合

数字营销利用了包括社交媒体、电子邮件、搜索引擎、网站、移动应用、视频平台等多个数字渠道。这种整合不仅提升了品牌的曝光度，也使营销活动更具协同性和灵活性。

（4）成本低，效益高

相比传统营销，数字营销通常具有较高的性价比，能够以更低的成本在较短时间内覆盖更广的受众，将产品价值从生产者传递到消费者终端。

3. 数字营销的常见形式

从企业的视角来看，数字营销是其使用数字传播媒介或渠道来推广产品和服务的实践活动，其本质在于以一种及时、精准和高效的方式与消费者进行沟通。数字营销的形式应该包含且不限于一切能够与消费者进行有效沟通并有助于企业实现价值的数字技术支撑下的营销实践。数字营销的常见形式见表1-2。

表1-2 数字营销的常见形式

名称	概念	特点
社会化媒体营销	以互动为基础，允许个人或组织生产和交换内容，并能够建立、扩大和巩固关系网络的一种网络社会组织形态	平台化、全民化、一体化、分散化、动态化
微博营销	基于微博这一新媒体平台的营销，是与微博新媒体特点紧密联系，并与其他媒体有效整合的一种营销方式	立体化、低成本、便捷性、信息发布便捷、互动性强

续表 1-2

名称	概念	特点
微信营销	主要表现为基于手机或者平板电脑中的移动客户端进行的区域定位营销。商家通过微信平台，结合微信会员卡展示商家微官网、微会员、微推送、微支付	低廉的营销成本、强大的支撑后台、精准的营销定位、信息交流的互动性、信息传播的有效性
SNS 营销	社会性网络服务：专指旨在帮助人们建立社会性网络的互联网应用服务 社会性网络软件：是一个采用分布式技术构建的下一代基于个人的网络基础软件 社交网站：是指个人之间的关系网络	传播速度快、范围广、影响力比较大、互动性强、体验性强、营销成本低、精准营销、真实营销
移动营销	指基于无线移动智能终端，利用移动网络而展开的各种形式的营销活动，包括二维码营销、LBS 营销、微电影营销、虚拟游戏营销、搜索引擎营销、电子商务营销	浏览人群年轻化、互动性强、投放更精准

（二）数字营销发展历程

纵观中国数字营销的演变，可以发现数字营销产业链上的角色和功能与互联网媒体形态的进化是紧密相连的。数字营销在中国的历史可以追溯到 20 世纪 90 年代末，标志着这个产业的崭露头角。在接下来的 20 多年里，随着互联网技术的飞速发展，数字化营销产品不断升级，企业的营销方式也不断创新。中国的数字营销经历了瞬息万变的飞速发展，具体演变发展过程大致可以分为四个阶段：起步阶段、发展阶段、升级阶段、转型阶段，其具体内容如表 1-3 所示。

表 1-3　中国数字营销发展过程

阶段	起步阶段	发展阶段	升级阶段	转型阶段
时间	2000—2008 年	2009—2013 年	2014—2018 年	2019—至今
互联网技术	宽带	3G	4G	5G
主要营销模式	传统营销： 线上广告	交互营销： 互联网+营销	精准推广： 大数据+营销	智能营销： AI+营销
主要媒体形态	展示广告、图片广告、文字链、搜索、富媒体以及广告网络	搜索广告、社交媒体广告	个性化广告	全渠道广告
主要营销渠道	广播、电视、门户网站	社交媒体、短视频	直播、整合营销	生态营销

二、中国数字营销的总体概况

（一）数字营销的市场环境分析

从宏观到微观，从外部环境到内部环境，通过分析政策法规、经济环境、技术环境、消费者环境、投资环境，本节对数字营销的市场环境进行全面剖析。

1. 政策与法规

2024年的政府工作报告将"大力推进现代化产业体系建设，加快发展新质生产力"列为今年政府工作十大任务之首。数字经济本身就是一种新质生产力的具体体现，也是推动新质生产力发展的重要引擎。

2024年7月15日至18日，党的二十届三中全会在京举行，会议通过《中共中央关于进一步全面深化改革、推进中国式现代化的决定》，提出健全促进实体经济和数字经济深度融合制度，对加快推进新型工业化、加快构建促进数字经济发展体制机制、完善促进数字产业化和产业数字化政策体系等作出新的部署。

在此背景下，数字经济与数字营销成为政策重点支持和促进的领域。为此，政府出台了一系列策略和措施，着眼于做强、做优、做大数字经济，特别是在培养核心数字产业、推动实体经济和数字经济的深度融合等方面展开了深入工作。这些政策不仅为数字经济以及数字营销行业提供了规范化、科技化和创新化的发展方向，也为数字营销行业的健康发展和持续创新注入了新的动力和机遇。表1-4中是近两年来与数字营销行业相关的主要政策和措施的概要。

表1-4 数字营销行业相关的主要政策

时间	发布部门	政策以及措施
2023年1月	商务部	确立2023年为"消费提振年"，以此为主线，统筹开展全国性消费促进活动
2023年2月	国家市场监督管理总局	《互联网广告管理办法》正式施行，强调互联网广告应当真实、合法，坚持正确导向，以健康的表现形式表达广告内容，符合社会主义精神文明建设和弘扬中华优秀传统文化的要求

续表 1-4

时间	发布部门	政策以及措施
2023 年 2 月	中共中央、国务院	印发《数字中国建设整体布局规划》，提出数字中国建设按照"2522"的整体框架进行布局，并培育壮大数字经济核心产业，研究制定推动数字产业高质量发展的措施，打造具有国际竞争力的数字产业集群
2023 年 12 月	国家发展改革委、国际数据局	发布《数字经济促进共同赋予实施方案》，指出，到 2025 年，数字经济促进共同富裕的政策举措不断完善，数字化推动基本公共服务均等化水平进一步提升，数字经济在促进共同富裕方面的积极作用开始显现
2024 年 4 月	商务部	《数字商务三年行动计划（2024—2026 年）》
2024 年 5 月	国家发展改革委办公厅、国家数据局综合司	印发《数字经济 2024 年工作要点》，提出深入实施推进《"十四五"数字经济发展规划》

2. 经济环境

在当前的经济背景下，市场经济展现出了不俗的韧性，其长期基本面依然向好。尽管新冠疫情对 GDP 的增速产生了一定影响，导致增长放缓，但从更宏观的角度看，我国的整体经济规模依旧在逐年递增。

2024 年，国内生产总值已经成功突破了 134 万亿元的重要门槛（如图 1-1）。进一步地，从各产业增加值占 GDP 总值比重的数据中可以观察到（如图 1-2），我国各产业呈现出稳中向好的发展趋势，特别的，2023 年我国"三新"经济增加值占 GDP 比重超 18%，高技术制造业增加值增长 8.9%，增速快于规上工业 3.1 个百分点，[①] "三新"经济是以新产业、新业态、新商业模式为核心内容的经济活动的集合。

当前消费市场呈复苏迹象，步调有望加快居民消费意愿回升，消费市场回暖态势显著，预计将进一步扩容。从宏观层面来看，居民的可支配收入保持增长，增长速度与我国经济增长基本同步，同时，中等收入的群体规模正在稳步扩大，消费复苏的基础坚实（如图 1-3）。2024 年，全国居民人均可支配收入 41314 元，比上年名义增长 5.3%。整体来看，经济运行回升向好，就业形势总体稳定，居民收入延续恢复性增长，实现了居民收入增长和经济增长基本同步[②]。

这些数据均揭示了一个重要事实：在面对诸多外部压力和挑战时，中国的经济结构和管理策略使其能够持续稳健地增长。这为未来的消费市场提供了坚实的基石和扩展的空间。整体而言，我国的经济前景令人乐观，消费市场复苏，并为各类投资者和市场参与者带来了信心。

---

① 中国新闻网：https://baijiahao.baidu.com/s?id=1825830912262849917&wfr=spider&for=pc。
② 国务院发展研究中心 https://www.drc.gov.cn/DocView.aspx?chnid=379&leafid=1338&docid=2907789。

图 1-1　2020—2024 年国内生产总值及其增长速度

数据来源：2025 年 2 月，国家统计局，国民经济和社会发展统计公报

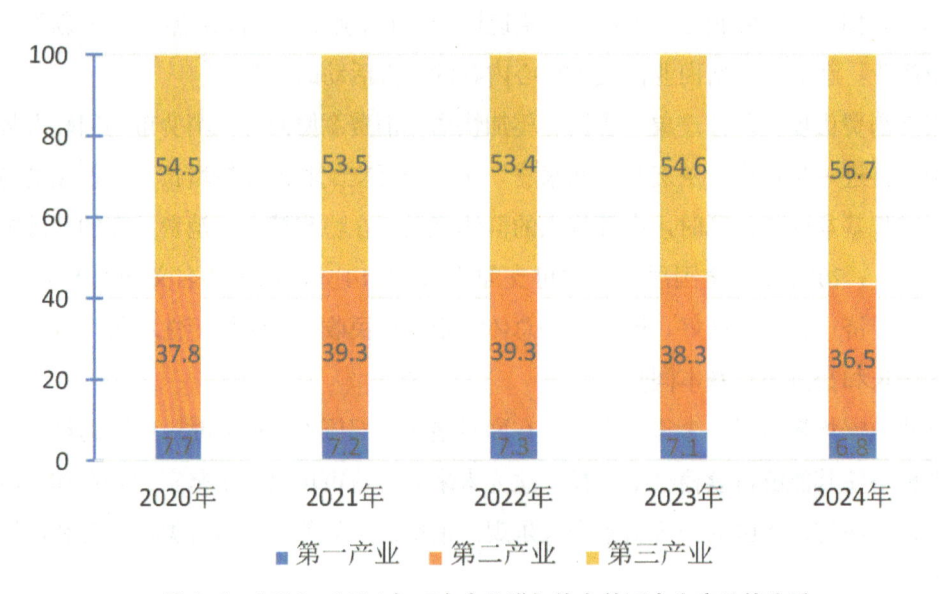

图 1-2　2020—2024 年三次产业增加值占其国内生产总值比重

数据来源：2025 年 2 月，国家统计局，国民经济和社会发展统计公报

第一章 总论　009

图 1-3　2020—2024 年全国居民人均可支配收入及其增长速度

数据来源：2024 年 3 月，国家统计局，国民经济和社会发展统计公报

3. 技术环境

在新时代的背景下，以人工智能、5G、云计算和大数据为代表的新一代信息技术正在快速发展，将推动数字经济和数字营销行业进入全新的发展阶段。

在基础资源与技术方面，我国 5G、千兆光纤网络等新型信息基础设施建设日益完备，下一代互联网 IPv6 用户和流量规模显著提升，卫星互联网建设稳步推进，光纤宽带网络服务能力不断增强；算力基础设施建设达到世界领先水平，智能算力规模占比提升至 30%[①]，云计算市场规模快速增长；数据要素统筹管理体制更加完善，分类推进数据要素发展成为共识；人工智能产业应用进程持续推进，多种服务模式逐渐涌现，高质量数据需求日益凸显；移动物联网络用户数量大幅增长，物联网应用进入规模化爆发期。

2024 年以来，我国 5G、人工智能等技术创新持续取得突破，数据要素市场加快建设，数字经济产业体系不断完善，数字经济全要素生产率巩固提升，支撑了我国数字营销市场的积累壮大。经过长期的技术深耕，目前，我国已经建成了全球最大规模 5G 网

[①] 人民日报海外版：《到 2025 年，智能算力占比达到 35%，先进存储容量占比达 30% 以上——算力基础设施高质量发展有了路线图》，中华人民共和国中央人民政府网，2023 年 10 月 10 日，https://www.gov.cn/zhengce/202310/content_6907967.htm。

络，将对促进数字营销行业增长、提升用户体验和内容呈现等方面带来更多可能性。我国 5G 基站开通数量如图 1-4 所示。

总体而言，我国互联网技术发展不断推进，数字产业基础不断夯实，数字产业体系完备性、规模性优势愈发明显。以云计算、大数据、物联网等为代表的新兴业务收入逐年攀升，将为数字营销行业带来发展空间，促进全体人民共享数字经济发展红利。

图 1-4　2020—2024 年中国 5G 基站累计开通数量对比

数据来源：2023 年 12 月，挚物 AIoT 产业研究院，《2024 年中国 5G 产业全景图谱报告》；2025 年 1 月，新华社，《我国 5G 基站达到 425 万个》

4. 数字用户与消费者环境

在数字营销时代，对数字用户与消费者的了解和分析变得尤为关键。一方面，数字用户数量呈现了爆炸式增长，构筑了一个独特的数字营销生态圈；另一方面，数字消费者行为与需求等快速变化，对营销者提出新挑战。

最新发布的第 55 次《中国互联网络发展状况统计报告》[①] 显示，我国数字用户画像保持宏观态势：截至 2024 年 6 月，我国网民规模达 11.08 亿人，较 2023 年 12 月增长 1608 万人，使得我国的互联网普及率达到 78.6%，显著超越全球平均水平，堪称全球最大的数字化社会。令人瞩目的是，中国新增网民以 10～19 岁青少年和"银发族"为主。其中，老年群体移动设备使用不断普及，截至 2024 年 12 月，我国 60 岁及以上网

---

① 中国互联网络信息中心：第 55 次《中国互联网络发展状况统计报告》，2025 年 1 月 17 日。

民网络支付的使用率已超 75.4%，呈现出数字化的普及趋势。相关数据也表明，在新增网民中，娱乐社交需求最能激发网民上网热情，在该群体首次使用的互联网应用中，短视频应用占比达 37.3%。短视频也将继续成为数字营销的重要载体。

表 1-5　2020—2024 年我国网民规模和互联网普及率对比

时间	网民规模（万人）	互联网普及率 %
2020 年 12 月	98900	70.40
2021 年 12 月	103195	73.00
2022 年 12 月	106700	75.60
2023 年 12 月	109200	77.50
2024 年 6 月	109967	78.00
2024 年 12 月	110800	78.6%

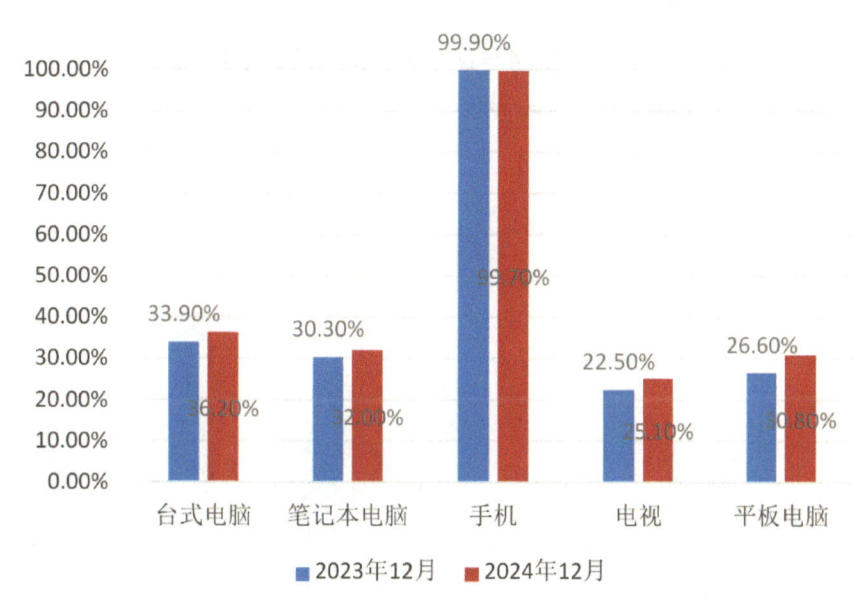

图 1-5　2023 年（年）、2024 年 12 月互联网接入设备使用情况对比

数据来源：2024 年 12 月，中国互联网发展状况统计调查

图 1-6 2020—2024 年我国网民人均每周上网时长对比

数据来源：2024 年 12 月，中国互联网发展状况统计调查

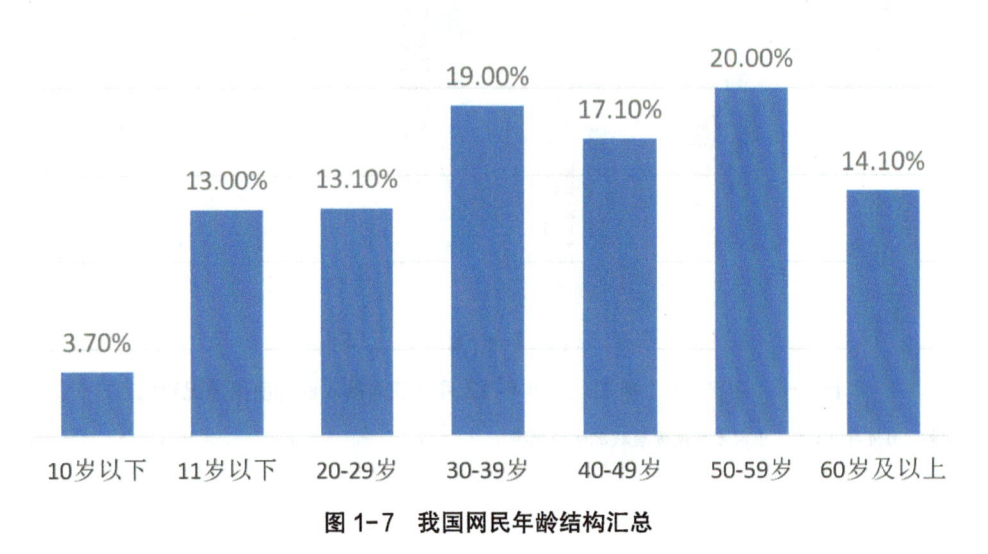

图 1-7 我国网民年龄结构汇总

数据来源：2024 年 12 月，中国互联网发展状况统计调查

从用户消费行为方面来看，手机仍然是用户触网首选，移动设备下的定位服务营销方式持续攀升；从应用使用来看，网络视频仍然成为网络娱乐主流。目前，我国网络视频用户超 10.9 亿人次，短视频用户占网民整体的 93.8%。随着短视频平台用户黏性的不断提升，短视频电商业务稳步发展，商业化变现效率持续提高，视频营销继续受到广告商的追捧。

数字时代下，消费者行为具有以下特征：

（1）消费支出多元化

随着中国经济发展的重心由速度向质量转变，人口结构经历长期调整，以及宏观环境更加复杂多变，消费者在追求品质生活的过程中将会从多维度衡量品牌和产品所带来的价值。多元化消费将成为未来中国市场的一个重要趋势。2024 年，消费增长的动因来自外出、社交以及提升生活品质的需要。从餐饮服务到美容个护，从医药产品到科技通讯，各消费品类均展现出强劲的增长势头。

（2）消费信心复苏，潜力有待释放

消费者对于宏观经济的信心与其对个人和家庭经济状况的信心高度相关。随着国家宏观经济的复苏，重新注入消费者对宏观经济的信心，消费者对自身消费增长预期相对谨慎，消费潜力有待释放。

（3）数字化与智能化消费体验提升

随着人工智能、5G 技术以及大数据的广泛应用，消费者在购物过程中的数字化与智能化体验不断提升。无论是通过线上购物平台、社交媒体的推荐，还是通过智能客服、虚拟现实购物等新技术，消费者能够更加高效、个性化地找到符合自己需求的产品和服务。

（4）绿色消费兴起

环保和循环利用的观念在现代消费者中得到了深度认同，更多地反映在日常的消费行为中。无论是在日常生活用品的选择上，还是在出行、饮食等方面，越来越多的消费者更倾向于支持那些具备环保和社会责任意识的品牌和产品。绿色消费逐渐成为消费市场中的重要趋势，推动了绿色产品和服务的快速发展。

这些数据和特征背后，揭示了一个不容忽视的事实：随着宽带接入和移动互联网的普及，数字用户的媒体触达习惯正在从传统媒介（如电视、收音机、印刷品）迅速转向数字媒体（如手机、电脑），消费者的消费行为不断升级。数字消费作为一种新型消费

形态，已经成为稳增长、扩内需的重要引擎。对于数字营销从业者而言，这意味着互联网已经成为品牌与用户互动的主战场，为品牌传播提供了更加广泛和深入的可能性。

5. 投资环境

中国广告产业环境稳中向好，呈现出蓬勃发展的良好态势。整体上，2024年，全国事业单位和规模以上企业广告业务收入首次突破1.5万亿元，达15464.1亿元，比上年增长17.9%，"十四五"时期以来共增长63.7%，年均增长率达13.1%[①]。从发展特点来看，广告业新质生产力加快形成，产业数字化创新升级稳步推进。数字广告增长迅速，从发布端看，互联网广告业务在各类媒体业务总量中占比近八成，成为拉动广告业持续发展的主要动力。大数据、人工智能、云计算、物联网等技术在广告领域的应用不断加强，革新着传统广告生产、投放、互动、监管模式。

广告行业市场充满活力。目前，我国广告行业相关注册企业数量已经超过165万家，行业体量规模巨大。从企业成立日期方面来看，2023年，广告行业注册企业数量有较大幅度的回升，为140092家。2024年1月至6月，行业注册企业数量为53662家。2023年，全国广告业事业单位和规模以上企业的广告业务收入13120.7亿元，比上年增长17.5%，广告市场规模占全球比重进一步提高，继续稳居世界第二。

图1-8 2018—2023年中国广告产业环境指数变化（点）

数据来源：2024年6月，国家市场监督管理总局，前瞻产业研究院

[①] 国家市场监管总局：《我国广告产业收入首次突破1.5万亿元》，市场监管总局，2025年4月10日，https://www.samr.gov.cn/xw/zj/art/2025/art_0a0c3b8f56874d929cc6e61f836d36ce.html。

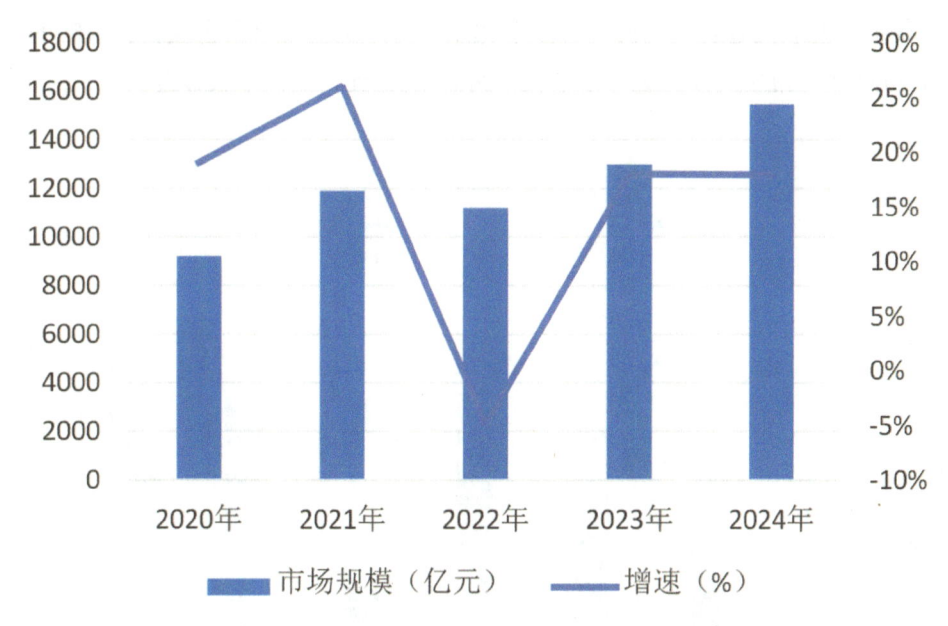

图 1-9 2020—2024 年中国广告市场规模及增速

数据来源：2025 年 4 月，国家市场监督管理总局，前瞻产业研究院

广告市场秩序持续向好，公平竞争环境进一步优化；广告导向监管不断强化，重点领域监管成效显著；法律法规体系进一步健全，智慧监管快速发展，广告监管能力不断提升。2024 年，各级市场监管部门共查处虚假违法广告案件 4.69 万件，罚没 3.49 亿元，有力维护了广告市场秩序。

展望 2024 年全年，广告业增长强劲，市场信心持续回升，投资环境具有良好吸引力。市场对创新技术与高效广告策略的需求日益增加，促使资金流入数字营销领域，使整个广告生态链条更加成熟与稳定。

（二）数字营销的发展现状

1. 市场规模与增长趋势

近年来，中国数字营销市场规模持续扩大。根据中研产业研究院等权威机构的数据，2023 年，中国数字营销市场规模已达到 5560 亿元，年均复合增长率为 6.7%[①]。这

---

① 吴亚楠：《数字营销行业发展潜力评估：预计到2024年市场规模将达6175亿元》，中研网，2024 年 9 月 19 日，https://www.chinairn.com/scfx/20240919/175105750.shtml。

一增长得益于互联网普及率的提高、数字化技术的广泛应用以及企业营销策略的转变。预计到 2024 年，市场规模将进一步增长至约 6175 亿元，同比增长显著。

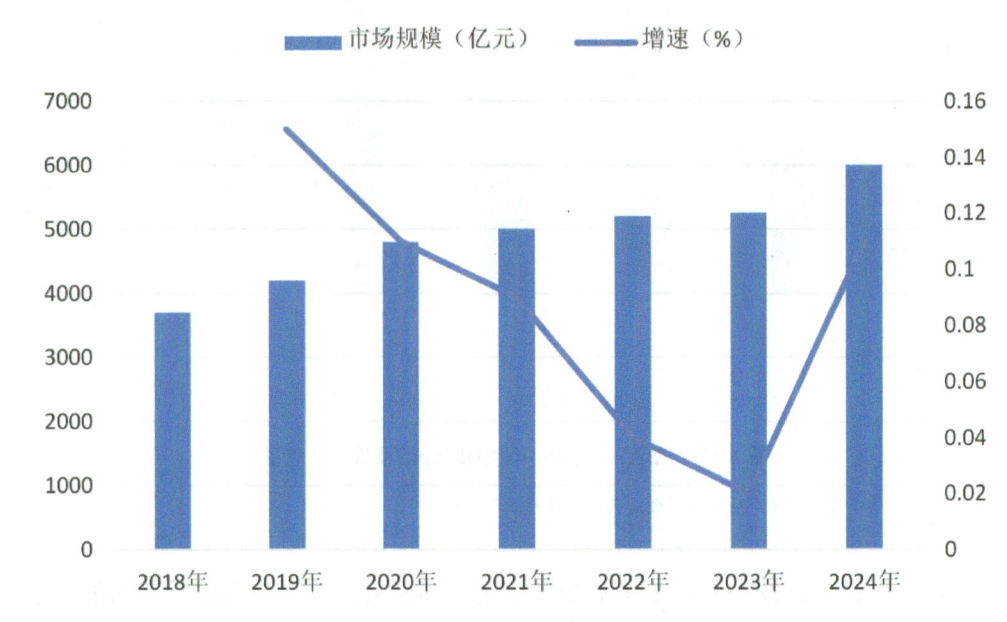

图 1-10　2018—2024 年中国数字营销行业市场规模情况

数据来源：2024 年 6 月，国家市场监督管理总局，前瞻产业研究院

2. 数字营销渠道与场景

2024 年，社交和短视频仍是广告主投放重点，但整体上对数字营销各渠道广告投放信心有一定下滑。在直播中投放广告的选择比例较去年下降 20%，降幅最大，广告主选择电商、搜索、垂直媒体进行投放的比例也有不同程度的下降，降幅分别为 12%、6%、11%。[①]

在营销渠道方面，KOL 营销依旧是社媒投资的重点，71% 的广告主表示将进行 KOL 营销，比例同比增加 5 个百分点；44% 表示将进行直播（品牌自播），同时，超三成将进行搜索关键词优化和圈层营销，短剧营销也被广告主视为投资价值洼地。

（1）搜索关键词优化

搜索关键词是社交媒体中占领搜索流量的入口，通过搜索词的霸屏率优化，可以有

---

① 秒针营销科学院联合全球数字营销峰会：《2024 中国数字营销趋势报告》，2023 年 12 月。

效占领消费者心智。已经有 35% 的广告主把这一行动作为 2024 年社媒营销重点。

（2）圈层营销

圈层是大数据时代人群细分的升级方法论，打破了 TA 过于广泛，广告效果过于窄众的局限性。基于大数据广告主可以构建从"圈层盘点→定位目标圈层→目标圈层洞察→目标圈层投放（平台/KOL/推流/广告）→固圈→破圈"的完整打法。

（3）短剧营销

当前短剧营销尚处于红利期，合作有很多谈判空间。短剧主要提供的是情绪价值，与传统的长篇电影或电视剧相比，更加能适应快节奏、碎片化的内容消费模式。观众也无需花大量时间和精力，这符合现代人追求便捷、即时的消费心理。

在广告投放场景方面，社交场景是 2024 年最受关注的广告投放场景，特别是受到高预算广告主的青睐。其次为消费购物场景、居家娱乐休闲场景、通勤途中休闲场景、工作场景等，为广告主数字营销推广提供方向。

3. 数字营销技术创新与应用

AI 营销是 2024 年期待最高的"创新营销"形式，AIGC 技术在数字营销方面的渗透仍处于上升期。《2024 中国互联网营销发展报告》预测，2024 年底，全球生成式人工智能 AIGC 营销产业规模预计将达到 360 亿美元[①]，反映了人工智能在营销领域的巨大潜力和市场需求。

生产内容更快，降低素材成本、运营成本、创意成本是 AI 的主要优势。除了生产图文创意，AI 工具或插件、AI 数字人、AI 做视频创意也有 2～3 成广告主使用，未来应用预期较高。

4. 出海营销：海外数字营销的新趋势

近年来，随着全球贸易保护主义的抬头，中国企业面临出口前景的不确定性，积极布局出海建厂和投资，出海营销成为新趋势。根据商务部数据，截至 2023 年，中国全行业对外直接投资（ODI）已连续四年增长，2024 年 1—5 月累计同比增长高达 9.8%。联合国的数据也显示，中国的海外直接投资流量在 2021 年达到峰值，2020—2023 年，

[①] 中关村互动营销实验室联合秒针营销科学院与北京师范大学新闻传播学院：《2024 中国互联网营销发展报告》，2024 年 9 月 25 日。

中国在全球市场的占比也在不断上升。① 这些趋势表明，中国企业越来越重视出海营销，并且主要依托数字营销手段在全球市场中的影响力不断增强，尤其是在稳定全球出口份额方面发挥了积极作用。

在此背景下，出海营销作为这一转型的重要组成部分，逐渐成为企业开拓海外市场的新趋势。据 Statista 数据显示，截至 2023 年，全球数字营销市场规模达 6797 亿美元，占到整体营销市场的 75.6%，其中如达人营销等方式快速崛起，数字营销份额占比迅速提升。面对蓬勃发展的海外营销市场，中国出海企业持续加大海外营销投入，电商、游戏、应用工具等行业营销规模走高。当前，随着全球社交媒体的普及，企业在出海过程中越来越重视数字化营销，尤其是通过社交媒体与全球消费者建立互动关系。与传统广告形式相比，社交媒体为品牌提供了一个直接与消费者对话的平台，例如，企业能够通过数字营销手段和海外网红合作，拉近与消费者的距离，精准触达目标市场，提升品牌曝光度和认可度，成功打入国际市场，促进品牌的全球化发展。

面向未来，海外数字营销将被更多出海企业所关注，包括小微企业在内的公司也会把出海营销放到重要战略位置，并且随着技术和数据分析能力的进一步提升，精细化数字营销将成为品牌出海的主流方向。通过个性化、数据驱动的营销策略，企业将能更有效地在全球市场中建立持久而有影响力的品牌形象，进一步促进全球市场份额的稳定增长和品牌的长期竞争力。

---

① 钟正生、张璐：《中国对外直接投资的新特征与新趋向》，首席经济学家论坛，https://news.qq.com/rain/a/20240728A06JTC00?suid=&media_id=，2024 年 7 月 28 日。

三、数字营销与经济

数字营销、数字经济和新质生产力三者之间形成了紧密的循环关系。数字营销作为数字经济的重要组成部分，通过互联网平台和数据分析等工具，推动品牌宣传和销售增长，同时反过来改变产业商业模式，促进了数字经济的发展。数字经济的扩展为新质生产力提供了创新的土壤；新质生产力则通过科技创新和新业态，赋能数字营销的高效性与精准性，实现了营销模式的转型。最终，这三者相互依存、共同推动经济增长和社会进步。因此，本章节主要围绕数字经济与数字营销、新质生产力与数字营销两部分展开。

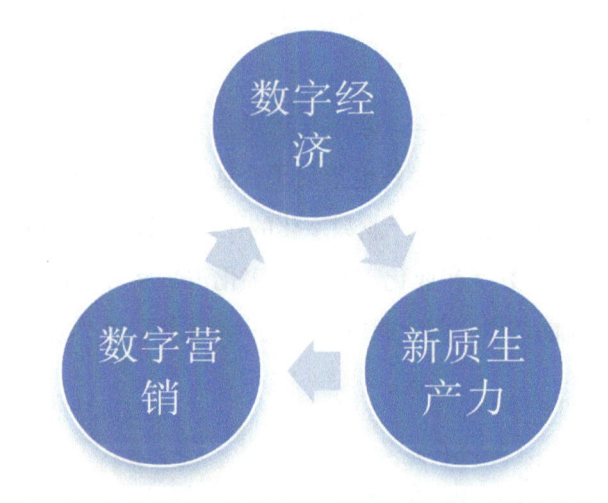

图1-11 数字营销、数字经济、新质生产力三者之间的关系

（一）数字营销与数字经济

1. 数字经济的概述

数字经济是继农业经济、工业经济之后的主要经济形态。《G20数字经济发展与合作倡议》将其定义为："以使用数字化的知识和信息作为关键生产要素、以现代信息网络作为重要载体、以信息通信技术的有效使用作为效率提升和经济结构优化的重要推动力的一系列经济活动。"

2. 数字经济的发展现状

我国数字经济规模近年来稳步增长，随着互联网、大数据、云计算、人工智能和区块链等技术的加速创新，数字经济在GDP中的占比日益提升。在整体经济环境受新冠疫情冲击的情况下，数字经济规模仍然保持了积极良好的增长势态。

（1）总体增速

根据中国信通院的数据，2023年，我国数字经济规模达到53.9万亿元，较上年增长3.7万亿元，增幅步入相对稳定区间。数字经济在国民经济中的地位和作用进一步凸显。2023年，我国数字经济占GDP比重达到42.8%，较上年提升1.3个百分点；数字经济同比名义增长7.39%，高于同期GDP名义增速2.76个百分点；数字经济增长对GDP增长的贡献率达66.45%，有效支撑经济稳增长。

（2）产业数字化

数字经济与实体经济加速融合，数字化渗透进入社会生活的各个角落，促进经济转型升级和增长方式转变。数字经济也推动了企业数字化转型，为企业发展提供了新的动能与升级路径。数字产业化与产业数字化的比重由2012年的约3∶7发展为2023年的约2∶8。2023年，数字产业化、产业数字化占数字经济的比重分别为18.7%和81.3%，数字经济的赋能作用、融合能力得到进一步发挥。

图 1-12　2012—2023 年我国数字经济内部结构对比

图 1-13　2016—2023 年我国三次产业数字经济渗透率对比

数据来源：2024 年 8 月，中国信息通信研究院分产业看，数字经济和实体经济融合发展持续拓展深化。2023年，我国一、二、三产业数字经济渗透率分别为10.78%、25.03%和45.63%，分别较上年增长0.32、1.03和0.91个百分点，第二产业数字经济渗透率增幅首次超过第三产业。

（3）数字经济的基础设施

一方面，5G网络建设持续深化。目前，我国已建成规模最大、技术领先的5G网络，完成全国所有地级市县城城区的5G网络覆盖，年度新建5G基站数超额完成。据工信部数据，截至2024年底，5G基站为425.1万个，比上年末净增87.4万个。5G基站占移动电话基站总数达33.6%，占比较上年末提升4.5个百分点。5G行业应用由点及面，广泛覆盖重点场景。当前，5G已融入97个国民经济大类中的74个，全国"5G+工业互联网"在建项目超1万个，在工业、采矿、电力、港口、医疗等行业实现规模复制，在水利、建筑、纺织等领域正加速探索。5G应用加速从龙头企业渗透至中小企业，行业应用企事业单位数量近3万家，应用案例数累计超9.4万个。

另一方面，人工智能产业规模持续扩大。截至2023年底，我国人工智能核心产业规模接近5800亿元，已经形成了京津冀、长三角、珠三角三大集聚发展区，核心企业数量超过4400家，居全球第二。我国人工智能基础设施占地规模位居全球第二，其中智能算力占比超25%。

（二）数字营销与新质生产力

1. 新质生产力的概述

新质生产力是马克思主义生产力理论的创新和发挥，是摆脱传统经济增长方式、生产力发展的路径，符合新发展理念的先进生产力质态。2024年的政府工作报告将"大力推进现代化产业体系建设，加快发展新质生产力"列为政府工作十大任务之首。

新质生产力的内涵特征可以概括为"33131"框架——技术革命性突破、生产要素创新性配置、产业深度转型升级"三大动力"，劳动者、劳动资料、劳动对象及其优化组合"三大要素"以创新为"一个主导"，具有高科技、高效能、高质量"三大特征"，以全要素生产率大幅提升为"一个核心标志"。

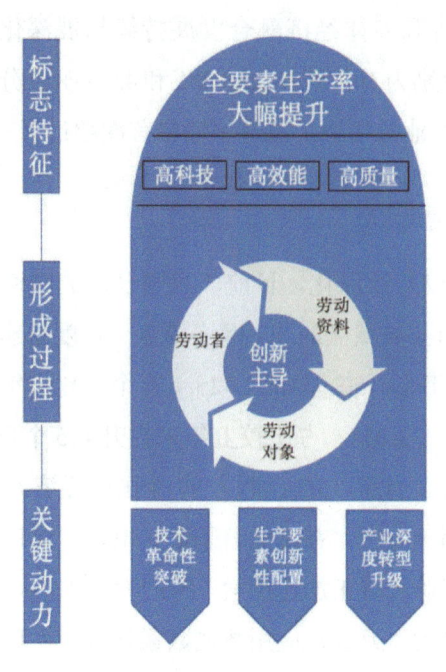

图 1-14　新质生产力理论框架

图片来源：2024 年 9 月，中国信息通信研究院，《新质生产力研究报告（2024 年）——从数字经济视角解读》

（1）新质生产力的发展水平[①]

总体来看，各区域各省份各主要城市经济正逐步从传统的要素驱动模式转向创新驱动模式，新质生产力不仅成为推动高质量发展的内核引擎，而且成为在国际竞争中赢得持久性创新优势的关键。2012—2022 年，我国省级新质生产力指数总体呈现高速增长的态势。整体来看，2022 年，我国省级平均新质生产力水平增长到了 2012 年的 2.5 倍左右。

分地区来看，不同地区的新质生产力水平存在差异，东部地区新质生产力水平最高，中部其次，西部和东北地区相对较低，各地方要因地制宜发展新质生产力。东部地区具有相对较好的地理禀赋和经济基础，新质生产力发展能够获得较好的初速度和加速度；中部地区的传统产业不断转型升级，为新质生产力的发展提供了越来越坚实的产业基础；而西部和东北地区在各方面仍具有较大的发展空间。

---

① 本节数据都来源于：韩文龙、张瑞生：《新质生产力的发展水平测算与发展趋势分析》，《中国财政》，2024 年 5 月。

图 1-15　2012—2022 年省级新质生产力发展情况

数据来源：2024 年 9 月，中国信息通信研究院，《新质生产力研究报告（2024 年）——从数字经济视角解读》

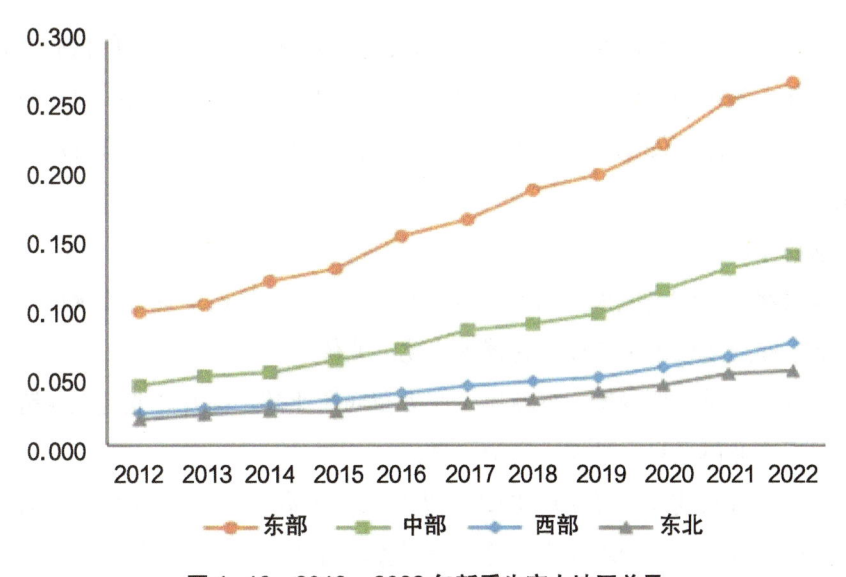

图 1-16　2012—2022 年新质生产力地区差异

从生产力结构来看，劳动者、劳动资料、劳动对象、科技与产业组织 5 个分指数均值基本上呈现出稳步上升趋势，与新质生产力总体发展趋势相同。其中，劳动对象总体提升最大，可见新能源和新材料等新型劳动对象已经成为推动生产力发展的关键构成要素。

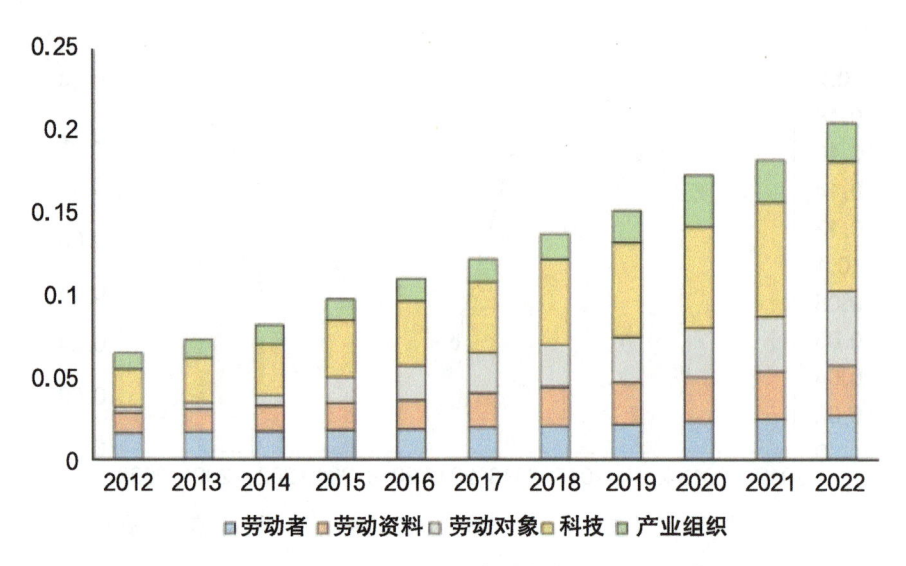

图1-17 2012—2022年重点城市新质生产力分指数

（2）发展新质生产力的要素与路径

科技创新能够催生新产业、新模式、新动能，是发展新质生产力的核心要素。必须加强科技创新，特别是原创性、颠覆性科技创新，加快实现高水平科技自立自强，打好关键核心技术攻坚战，使原创性、颠覆性科技创新成果竞相涌现，培育发展新质生产力的新动能。

发展新质生产力：

①要及时将科技创新成果应用到具体产业和产业链上，改造提升传统产业，培育壮大新兴产业，布局建设未来产业，完善现代化产业体系。

②要布局产业链，要围绕发展新质生产力布局产业链，提升产业链供应链韧性和安全水平，保证产业体系自主可控、安全可靠。

③要围绕战略任务科学布局，围绕推进新型工业化和加快建设制造强国、质量强国、网络强国、数字中国和农业强国等战略任务，科学布局科技创新、产业创新。

④要大力发展数字经济，促进数字经济和实体经济深度融合，打造具有国际竞争力的数字产业集群。

2. 新质生产力与数字经济

数字经济是以数字技术为基础，通过互联网、大数据、人工智能等技术手段进行生产、交换和消费的经济形态，具有高度信息化、高度智能化、高效便捷等特点，推动传统经济向新经济转型。

（1）数字经济成为推动新质生产力发展的重要引擎

①数字经济使数据成为新的生产要素，与新质生产力的核心是新生产要素的形成和运用天然契合。

②数字经济孕育了大量新兴产业和创新型企业，与新质生产力的载体是新产业不谋而合。

③数字经济促进传统产业高效绿色转型升级，与新质生产力高质量发展目标高度一致。

④数字经济具有较强的规模收益递增特性，与新质生产力内在的高效能、低消耗要求高度匹配。

（2）数字经济重构新质生产力的三大要素

①催生新型劳动对象：数据要素成为劳动对象的新组成部分，新材料、新能源等新型劳动对象不断涌现，数据与传统劳动对象相互融合构成新型劳动对象。

②塑造新型劳动资料：数字经济推动劳动资料从实体形态向虚拟形态延伸，全方位深化拓展劳动资料的作用范围，劳动资料分布呈现集中化与分散化并存。

③培育新型劳动者：数字经济大幅提升劳动者数字技能，深刻改变劳动者工作方式，不断扩大劳动者形态范围。

（3）数字经济塑造新质生产力的三大动力

①推动技术创新方式变革：数字经济加速颠覆性技术涌现，强化创新协同效应，提升创新整体效能，推进技术创新向更大规模、更高效率、更强协同的新范式演进。

②推动生产要素配置优化：数字经济提高生产要素有效产能，加强生产要素可替代性，减少生产要素配置摩擦，使要素资源得到更有效的配置和利用。

③推动产业深度转型升级：数字经济加快传统产业高端化、智能化、绿色化转型升级，推动新兴产业和未来产业培育壮大，打造现代化产业体系新支柱。

3. 新质生产力与数字营销的相互影响

数字经济与新质生产力的发展关联紧密，而数字营销作为数字经济的一个重要组成部分，也与新质生产力的发展有着千丝万缕的关系。新质生产力以科技创新为核心驱动力，不断催生出新的技术、新的模式和新的业态。在这个过程中，数字营销作为一种高效、精准的营销方式，充分借助新质生产力所带来的先进技术和创新理念，实现了营销模式的转型升级，新质生产力赋予了数字营销更多的可能性和创造力。数字营销则是新质生产力在市场推广和商业运作中的重要体现，通过利用数字平台和渠道，将新质生产力创造的产品和服务推向更广泛的受众，实现价值的最大化。新质生产力与数字营销相互依存、相互促进，共同推动着经济的发展和社会的进步。

（1）新质生产力对数字营销的影响

①提供技术支持和创新动力

新质生产力的发展不断推动数字技术的进步，为数字营销提供了更先进的技术手段和工具。例如，5G技术的普及将大大提高数据传输速度和网络带宽，为高清视频直播、虚拟现实营销等新型数字营销方式的发展提供了技术支持；物联网技术的发展使得企业可以实现对产品的实时跟踪和监控，为精准营销提供了更多的数据来源。

②拓展营销场景和渠道

新质生产力的发展催生了新的产业和业态，为数字营销拓展了更多的营销场景和渠道。例如，随着智能穿戴设备、智能家居等新兴产业的发展，企业可以通过这些设备和产品开展数字营销活动，将营销信息传递给消费者；新能源汽车的普及也为汽车企业的数字营销提供了新的机遇，企业可以通过车载智能系统、电动汽车充电网络等渠道进行营销推广。

③提升营销效果和精准度

新质生产力的发展使得企业能够获取更丰富、更准确的用户数据，从而提高数字营销的效率和精准度。例如，通过传感器技术、人脸识别技术等获取用户的行为数据、生理数据等，企业可以更深入地了解消费者的需求和偏好，制定更精准的营销策略；同时，新质生产力的发展也使得企业能够实现对营销活动的实时监控和反馈，及时调整营销策略，提高营销效果。

（2）数字营销对新质生产力的影响

加速新质生产力的推广和应用：数字营销可以将新质生产力的成果快速地推广给市场和消费者，提高新质生产力的市场认可度和应用范围。例如，通过数字营销手段，企业可以向消费者展示新质生产力带来的产品和服务的优势和价值，激发消费者的购买欲望；同时，数字营销也可以帮助企业与合作伙伴、供应商等进行更高效的沟通和协作，促进新质生产力的应用和推广。

①反馈促进新质生产力的改进和升级

数字营销可以收集消费者对新质生产力产品和服务的反馈信息，为企业改进和升级新质生产力提供依据。例如，通过在线调查、用户评价等方式，企业可以了解消费者对产品的使用体验、功能需求等方面的意见和建议，从而对产品进行改进和升级；同时，数字营销也可以帮助企业了解市场的竞争态势和行业的发展趋势，为企业的技术创新和管理创新提供参考。

②推动新质生产力的产业链协同发展

数字营销可以促进新质生产力产业链上各环节的协同发展。例如，通过数字营销平台，企业可以与供应商、分销商、合作伙伴等进行更紧密的合作，实现信息共享、资源优化配置，提高产业链的协同效率；同时，数字营销也可以帮助企业拓展产业链的上下游，推动产业的融合和创新发展。

综上，新质生产力与数字营销在技术创新和商业应用中呈现出高度的相互依存关系。新质生产力通过提供技术支持、拓展营销场景以及提升营销效果，推动了数字营销的不断升级，使企业能够在更广泛的领域中精准触达消费者。同时，数字营销通过其强大的推广能力，加速了新质生产力的市场应用，并通过数据反馈促进其改进和升级。两者的协同作用不仅提升了企业的竞争力，还推动了产业链的整合与创新，共同为数字经济的发展提供了强劲动力。

四、中国数字营销在国际上的位置

（一）数字化引领韧性增长的国际广告市场

在当前复杂多变的经济环境中，全球经济面临着前所未有的挑战。地缘冲突不断升级，全球供应链受到冲击，持续的通胀压力，加之多个经济体显现的衰退迹象，这一切都严重动摇了市场信心。尽管宏观经济环境承压，许多企业和品牌依然坚持广告投入，以期通过加强品牌建设和市场推广来吸引更多的消费者，全球广告市场逆势而上的增长态势也证实了这一点。

根据 GroupM 群邑发布的《今年，明年：2024 全球媒介投资年中预测》，其上调了对 2024 年全球广告收入的增长预期，预计将实现 7.8% 的稳健增长，总额将达到 9898 亿美元（政治广告除外）。预计全球广告支出将在 2025 年首次超过 1 万亿美元，增长 6.8%，达到 1.1 万亿美元，这一预期比群邑在 2023 年 12 月预测的时间提前了一年，显示出行业的韧性和增长潜力。

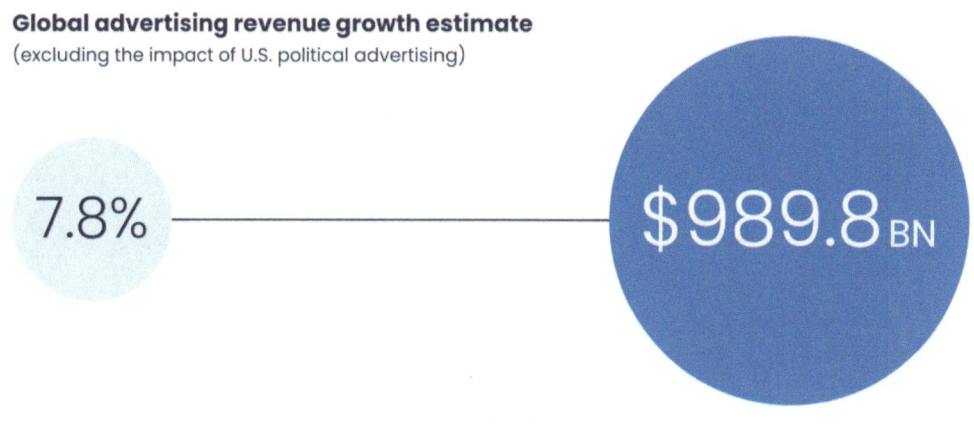

Global advertising revenue growth estimate
(excluding the impact of U.S. political advertising)

7.8% $989.8 BN

图 1-18　全球广告增长预测

数据来源：群邑全球，《今年，明年：2024 全球媒介投资年中预测》，2024 年

探究增长背后的原因，可以观察到：

1. 数字广告是主要的增长驱动力，个性化营销占据舞台中心

数字和移动平台的日益普及和采用，如社交媒体、视频服务、电子商务、游戏以及增强现实和虚拟现实，这些平台提供了更多样化和身临其境的方式来投放消费广告，并使消费者和品牌之间能够进行更直接和即时的反馈和沟通。无论在发达国家还是发展中国家，数字化都是广告市场增长的主要驱动力，数字广告占整体广告业务的比例也逐步提高。群邑全球《今年，明年：2024 全球媒介投资年中预测》认为，2024 年，纯数字广告（不包括电视、音频、纸媒和户外广告的数字延伸）将增长 10.0%，占全年总收入的 70.6%，达到 6990 亿美元[1]。

个性化营销则是这一趋势的核心组成部分。消费者越来越依赖数字渠道，他们对更相关、更个性化、更吸引人的广告的需求和期望不断上升。人工智能（AI）、机器学习、增强现实（AR）和虚拟现实（VR）等技术的进步，为创造个性化和互动性强的广告体验提供了可能。

数据、技术和消费者行为的融合带来了个性化互动广告的新趋势。这与之前的大规模和标准化广告趋势形成鲜明对比。

表 1-6　个性化互动广告与大众化标准化广告的对比

	个性化互动广告	大众化标准化广告
数据基础	基于数据驱动和优化	基于直觉的传统方法
传播平台	数字和移动平台	传统媒体和线性媒体渠道
核心理念	以消费者为中心，注重选择、精准和价值	以品牌为中心，倾向于注意力、粗放和频率

大数据和分析工具的运用使得品牌能够在尊重用户隐私和数据安全的前提下收集、分析消费者数据，使其更精准地理解消费者需求、个人偏好和行为，更有效地触达目标受众，从而提供高质量的个性化广告，让消费者能够以更丰富的形式与品牌和产品互动。

2. 全链路营销成趋势，传统户外加速融入全渠道

随着数字化转型的深入，广告主正将目光投向更全面、更注重回报的营销方式，因

---

[1] 数字类别包括零售、搜索和"其他"数字（包括社交媒体和社交视频，以及数字扩展总量中未涵盖的展示和其他数字广告）。

此，驱动着广告预算向能够覆盖消费者完整购买旅程，并提供可衡量回报的数字化渠道倾斜。在这样的背景下，更多的广告主开始投资于全链路的增长，进而推动整体广告市场实现全面增长。

Digital	Search	Retail media
+10.0%	+5.3%	+17.5%
Television	OOH	Audio
+2.7%	+11.5%	+0.8%
Print	Cinema	
-3.0%	+7.1%	

图 1-19　各类型广告增长率

数据来源：群邑全球，《今年，明年：2024 全球媒介投资年中预测》，2024 年

全链路营销指的是从消费者接触品牌信息到最终购买的全过程，包括品牌认知、兴趣激发、购买决策、购买行为以及后续的品牌忠诚和复购。这种全方位的营销策略能够更好地追踪和衡量广告的效果，更有效地分配营销资源，从而提高广告主的投资回报率。

值得注意的是，户外广告是唯一呈现积极增长的传统媒介。随着全链路营销的渗透，媒介的伴随属性逐步增强，线下与线上结合得更为紧密，户外媒介预计进入新发展阶段：户外媒体的数字化程度加强，不断强化其引流作用，并主动参与到媒介大循环中。另一方面，得益于体育大年，2024 年，群邑全球预计户外广告将达到 497 亿美元，其中 41.0%（204 亿美元）为数字户外广告。这意味着户外广告总额将比 2023 年增长 11.5%，仅中国就将占全球户外广告收入的一半以上（54.6%）。

同时，随着线下的回归，群邑全球预计 2024 年电影院媒介将增长 7.1%。Wavemaker 蔚迈在播客《Wavetalk——不断涌现的新型电影院，如何重新诠释"人、影、场"？》的节目中曾提到：电影院不再仅仅是观影的场所，而是成为连接人、影、场的重要节点。2023 年，中国内地电影市场再次展现其强劲实力，银幕数已飙升至 8.6 万块，影院数量高达 1.27 万家，稳坐全球第一的宝座。在国际舞台上，中国电影产业及硬件设施的优势显著，不仅在技术应用、场景营造方面领先全球，影院规模与观影技术设备亦属世界一流。这一"中国优势"不仅重塑了电影产业格局，更为品牌营销提供了全新的、高效的阵地。

3. AI 技术广泛应用于广告业，释放商业价值

AI 在广告行业的应用正变得越来越广泛。从创意生成、个性化推荐到效果评估，AI 技术正在全面改变广告产业的运作方式。特别是在 2024 年，AI 赋能的广告收入达到了增速的最高点，标志着 AI 技术在广告领域的成熟应用与商业价值的充分释放。

群邑全球预计，到 2024 年，69.5% 的广告收入将由人工智能提供；到 2029 年，这一比例将达到 94.1%，比之前的预测提前 3 年。对于企业来说，重要的是现在就在这一领域进行实验、学习和培养人才，而不是在一年后。

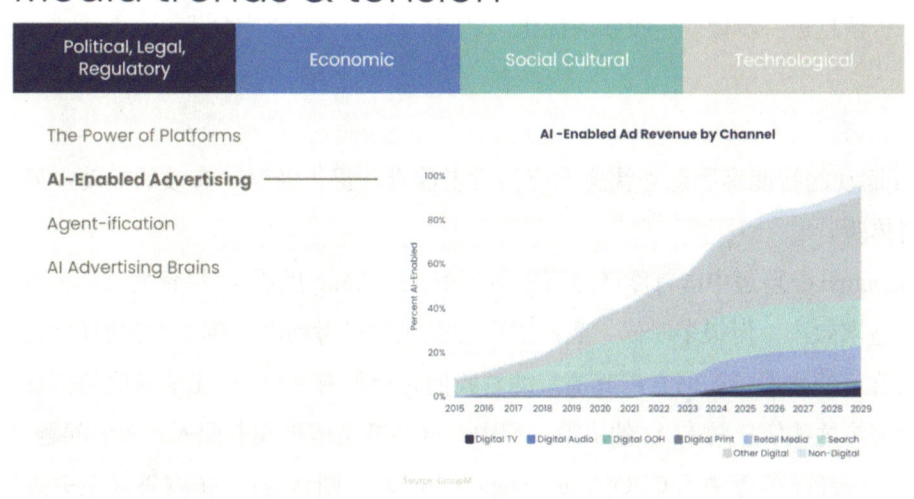

图 1-20 AI 广告的收入占比

数据来源：群邑全球，《今年，明年：2024 全球媒介投资年中预测》，2024 年

Wavemaker 蔚迈在《Wavetalk——从 AI 的冬天，到广告行业的盛夏》的播客节目中分享到：早在 2010 年前后，Wavemaker 蔚迈所属的 GroupM 群邑集团便开始规模性地着手部署人工智能技术。如今，从客服到广告创意、投放，再到后期的数据分析和优化，AI 正在全方位地赋能营销链路的各个环节。

（1）内容营销与创意广告

AI 正成为创意引擎，助力生成多样化的广告内容，并直接参与创意素材的生成，使广告创意更精准、更高效。

（2）消费者需求分析

面对海量数据，AI 能够有效组合、深度分析，提供更全面、更深入的消费者洞察，帮助品牌更好地理解消费者需求和行为。

（3）广告定位优化

AI 技术在 DSP 等领域的应用，助力实现更精准的广告定位和优化。例如，Wavemaker 蔚迈中国与巨量云图合作开发的 GRAVITY 场景营销商业模型，就利用抖音平台 5 亿用户的数据进行实时 AI 分析，即时的 AI 模型分析处理，再把学习到的结果匹配的广告信息进一步做广告投放与优化。

（4）智能客服

AI 驱动的智能客服能够快速响应消费者需求，提供及时、有效的互动，显著提升消费者体验。

Wavemaker 蔚迈中国首席产品官王晟宇 Henry Wang 提道："尽管大家都喜欢直接的答案和追求效率，但很多时候，我们需要更深入地思考问题。例如，我们使用的 AI 工具，它背后的数据是如何支持其决策的？我们是否拥有一些 AI 无法获取的信息？我们又该如何将这些信息融入 AI 的决策过程中？这些都是值得我们深入思考的问题。"

Wavemaker 蔚迈中国 CEO Jose Campon（何塞）则认为："拓宽思维至关重要，尤其是在我们所处的广告行业中，新的视角与想法更是不可或缺。我们需要不断创新，不断学习，始终保持思维的开放与拓展，不仅是为了事业的发展，更是为了行业的进步。尽管 AI 在优化方面的能力日益增强，但优化仅仅是过程的一部分。真正的挑战在于确定目标受众，而这一决策过程并非 AI 所能完全胜任，最终的决定仍需由人类来做出，这是至关重要的一点。"

（二）中国数字营销的国际地位与思考

1. 中国在国际数字广告市场的领先位置

国家统计局发布的中国经济"半年报"显示，2024年上半年，国内生产总值（GDP）达61.7万亿元，同比增长5.0%，中国稳居世界第二大经济体的宝座。这一年，中国广告市场继续显示出强劲的增长势头。在广告总量方面，群邑全球预计中国广告市场将达到1994亿美元，仅次于美国。增长速率预估达14%，显著高于全球平均水平，位居全球之首。这一显著增长巩固了中国作为全球第二大广告市场的重要地位，其中数字广告是主要的增长驱动力。

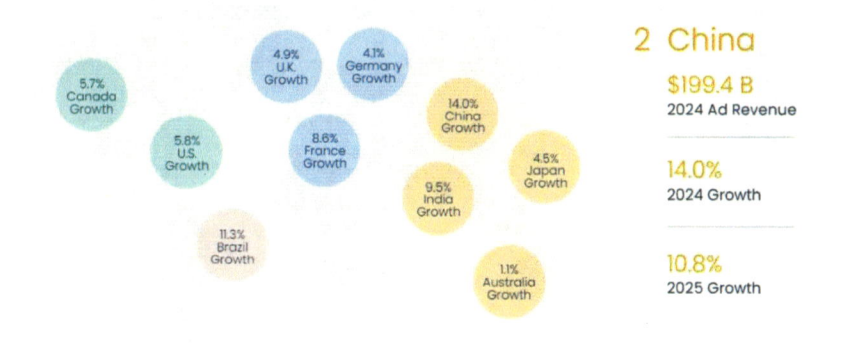

图 1-21　全球前 10 大广告市场

数据来源：群邑全球，《今年，明年：2024 全球媒介投资年中预测》，2024 年

2014—2024年的十年，是中国互联网和移动互联网飞速发展的十年，中国数字广告市场经历了显著的增长。中国广告市场规模总体增长近3.5倍，但是，中国数字广告市场规模却增长了8.5倍。其在总广告中的占比从38.1%，直线上升至87.1%，占比近九成，媒介数字化程度远高于其他市场。

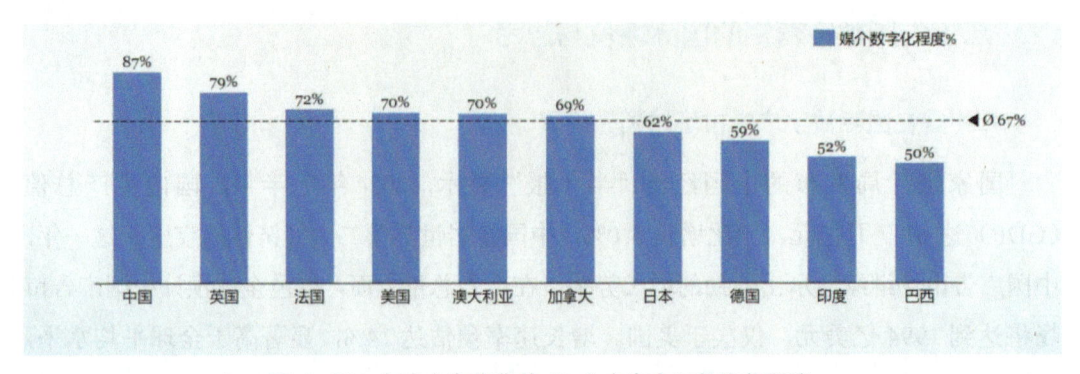

图 1-22　全球广告花费前 10 大广告市场数字化程度

数据来源：群邑全球，《中国媒体行业预测 2024 年夏季版》

各国媒介数字化程度：中国 87%、英国 79%、法国 72%、美国 70%、澳大利亚 70%、加拿大 69%、日本 62%、德国 59%、印度 52%、巴西 50%，平均 Ø 67%。

媒介花费净值(百万美元，汇率7.23)	2017	2018	2019	2020	2021	2022	2023	2024f	2025f
互联网	38237	44121	70407	96373	121605	131046	152017	173535	192648
户外	8578	9963	10732	10253	13611	13114	15977	18851	21214
电视	12729	11941	11374	6188	6584	6063	5604	5717	5812
广播	2152	1942	1782	696	713	635	579	559	545
报纸	1061	865	775	570	518	444	400	387	379
杂志	494	447	421	317	307	281	275	268	265
媒介总花费(百万美元)	63252	69279	95492	114396	143339	151584	174851	199318	220863

图 1-23　中国市场媒介花费净值图

数据来源：群邑全球，《中国媒体行业预测 2024 年夏季版》[1]

---

[1] 2024f、2025f 是群邑于 2024 年 4 月底整理、预估的数据。参考数据来源：互联网和户外数据参考各大上市公司财报；电视、纸媒和广播数据参考国家广播电视总局和国家市场监督管理总局；汇率参考中国银行公布的日均现汇买入价：人民币兑美元（2024 年 1 月 1 日至 2024 年 6 月 14 日）。下同。

媒介花费份额%	2017	2018	2019	2020	2021	2022	2023	2024f	2025f
互联网	60.5%	63.7%	73.7%	84.2%	84.8%	86.5%	86.9%	87.1%	87.2%
户外	13.6%	14.4%	11.2%	9.0%	9.5%	8.7%	9.1%	9.5%	9.6%
电视	20.1%	17.2%	11.9%	5.4%	4.6%	4.0%	3.2%	2.9%	2.6%
广播	3.4%	2.8%	1.9%	0.6%	0.5%	0.4%	0.3%	0.3%	0.2%
报纸	1.7%	1.2%	0.8%	0.5%	0.4%	0.3%	0.2%	0.2%	0.2%
杂志	0.8%	0.6%	0.4%	0.3%	0.2%	0.2%	0.2%	0.1%	0.1%
媒介花费份额总计	100%	100%	100%	100%	100%	100%	100%	100%	100%

图1-24 中国市场媒体花费份额图

数据来源：群邑全球，《中国媒体行业预测2024年夏季版》

这十年，数字化转型成为不可逆转的浪潮，智能手机的普及、移动互联网的快速发展、5G网络的商用以及数字支付的不断便捷，令中国拥有全球最大的互联网用户群体和移动互联网市场。这为数字广告的蓬勃发展提供了肥沃的土壤，也促使广告主和媒体平台采取"移动优先"（mobile-first）的策略。其中，电商渠道是数字媒体中增长最快的部分，表现尤为亮眼。

在全球范围内，中国电商市场的版图迅速壮大。全球前20大电子零售商中，中国的电商平台，如阿里巴巴、京东、拼多多、美团等，占据了榜单前五的显著位置。阿里巴巴作为全球最大的电子商务零售商，2022年的GMV（商品交易总额）为1192.1亿美元，比位居第二的亚马逊高出近2倍。拼多多以88.9%的CAGR（5年复合年增长率）成为增长最快的电商，从2016年的4.1亿美元增长到2022年的491.8亿美元。这显示出中国电商市场在全球的领先地位。

E-commerce GMV ($bn)	2016	2017	2018	2019	2020	2021	2022	5Y CAGR
Alibaba	526.4	659.3	795.5	940.3	1123.2	1249.0	1192.1	12.6%
Amazon	179.3	230.0	278.6	337.6	491.9	602.0	654.2	23.3%
JD.com	94.8	199.0	243.9	299.5	400.4	505.3	533.6	21.8%
Pinduoduo	4.1	20.5	68.6	144.6	255.6	383.0	491.8	88.9%
Meituan (PF)	12.0	24.8	41.0	56.9	70.9	101.8	108.3	34.3%
Walmart	13.7	19.6	25.1	39.7	64.9	73.2	80	32.4%
eBay	81.4	84.1	88.2	88.3	87.6	85.0	77.7	-1.6%
Shopee	1.3	4.1	10.3	17.6	35.4	62.6	73.5	78.0%
Uber	0.5	3.0	7.9	14.5	30.2	51.6	55.8	79.4%
DoorDash	0.2	0.8	2.5	7.2	22.2	37.7	48.1	126.3%
Delivery Hero	2.1	3.1	4.5	7.4	12.4	32.5	40.8	67.1%
Rakuten	20.1	22.7	25.3	26.1	30.1	33.4	37.0	10.2%
Mercado Libre	8.0	12.0	12.5	14.0	20.9	28.4	34.4	23.4%
Shein	0.2	0.6	1.4	2.8	8.2	20.7	30.0	121.4%
Just Eat Takeaway (PF)	4.7	6.5	8.9	15.1	22.7	29.8	29.9	35.7%
Instacart (PF)	0.2	0.8	2.8	5.1	20.7	24.9	28.8	104.8%
Vipshop	11.2	15.7	19.0	20.8	22.5	25.8	22.9	7.8%
Home Depot	5.3	6.4	8.1	9.8	18.4	20.0	21.6	27.4%
Target	3.1	3.9	5.3	6.8	16.5	19.8	20.0	38.3%
Coupang	1.5	2.2	3.8	5.8	11.0	16.5	18.3	52.4%
TOTAL	970.2	1319.3	1653.1	2059.9	2765.7	3403.1	3598.1	22.2%

图 1-25　全球前 20 大电子零售商

数据来源：群邑全球，《今年，明年：全球媒介投资年中预测》，2023 年

中国数字广告市场的发展离不开整体数字生态的日益成熟、数字经济的稳步提升，也离不开持续的技术创新。无论是短视频平台的崛起、短剧的内容营销，还是直播带货的新模式，都体现了中国在营销手段上的大胆尝试。人工智能、大数据分析和移动技术等技术的进步，也在改变广告的创建、定向和交付方式。

将时间快转至今，可以看到各大平台提供了多样化的工具和解决方案，以满足不同广告主的需求。这些工具和技术创新覆盖品牌宣传、效果营销和销售转化等多个方面，为广告商提供了更有效的方法来吸引和参与消费者。

	字节	腾讯	小红书	哔哩哔哩	微博	快手	百度	阿里巴巴	京东
品	平台自有重点内容IP								
效	巨量星图 巨量引擎AD 巨量千川 效果通	互选 聚光 adq	蒲公英 聚光 薯条	花火 三连推广-必选	聚宝盆 粉丝通	磁力聚星 磁力引擎	度星选 凤巢	UD内容 万相台无界 百灵 UD效果	京准通
销	巨量千川 本地推	adq	聚光 千帆	三连推广-起飞		磁力金牛		万相台无界 UD效果 淘直播	京易投
ISV	巨量云图 抖音电商罗盘	如翼 有数 视频号小店	种草全域达 灵犀 种草有数数据联盟 小红盟	MATES经营协同 MATES模型 星火计划 京火计划		磁力方舟	观星盘	达摩盘 品牌经营洞察 数据银行	京东DMP 营销方略 京东数坊

图1-26 各大平台商业化部分工具和营销解决方案整理

数据来源：群邑智库，《邑引其纲，万目皆张2024年品牌营销趋势》

与此同时，中国市场的平台化营销趋势开始显现。从高速扩张期到存量争夺期，再到降本增效期，最后进入竞合协作期，互联网平台的战略也在不断演变。媒介趋势由曝光数字化到全链数字化，再到线上闭环化，演化至全域融合，媒介的数字化推动品牌营销进入品效销全域时代。平台之间的竞争与合作并存，共同推动流量货币化效率的提升。

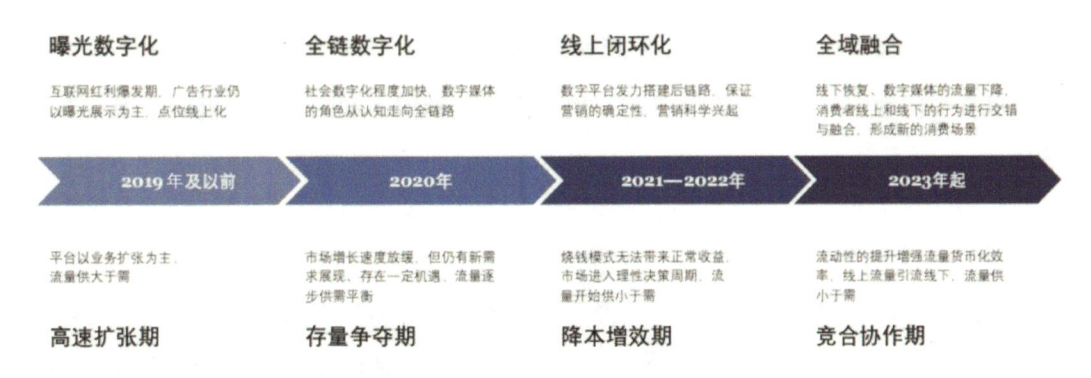

图1-27 2019—2023年媒体发展趋势与互联网平台战略演变进程

数据来源：群邑智库，《邑引其纲，万目皆张2024年品牌营销趋势》

Wavemaker 蔚迈在《Wavetalk——生态升级时代，市场部应如何把握平台营销的新战场？》的播客中有分享，不同的平台生态和内容导向决定了它们吸引的消费者、目标受众以及商家都有所不同。从 B 站、小红书到抖音，每个平台都拥有自己独特的生态系统，这要求我们在整合传播策略上进行更为精准的聚焦。因此，跨平台的整合营销是未来趋势，我们需要为每个平台制定独特且符合其特性的策略，以便为品牌提供定制化的营销方案。

Wavemaker 蔚迈中国首席数字官邢慧 Tanya Xing 在讨论变化时，用"转型"一词来凸显变革的紧迫感。她特别强调了组织架构的转型，指出过去我们更多的是基于能力来划分组织架构和构建团队。但现在，组织架构的构建也需要考虑不同平台的重要性、特性以及各自营销产品的不同。

Wavemaker 蔚迈始终积极适应行业变化，我们的专家团队积极参与平台的迭代过程，推动产品改进，确保品牌与平台同步发展。例如，Wavemaker 蔚迈推出涵盖全域与细分策略的"鲲鹏计划"，其"一方数据全域营销一站式解决方案（Cross Platform Solution）"针对性地解决跨平台精准营销的问题，同时，深耕四大平台（抖音、微信、小红书、Bilibili）为客户提供细分维度的科学解决方案。

中国数字广告市场的迅猛发展，不仅改变了国内的营销格局，也为全球市场提供了诸多值得借鉴的经验和启示。规模效应可以促进数字广告产业链的发展和创新，为全球广告市场提供更多的机遇和选择。丰富而迅捷的创新可以为全球广告市场提供更多的创意和技术支持，为全球广告市场探索和实践新的模式。事实上，国际的数字平台也在不断借鉴中国的数字营销实践，发展适合不同市场的策略与解决方案。

2. 高速发展下的暗流涌动：直面蓬勃背后的挑战

尽管中国数字广告市场发展迅速，展现出巨大的潜力和活力，但也面临着一系列挑战。

（1）应对割裂的消费者行为与偏好

中国拥有庞大的消费者基数，其消费者行为和偏好呈现出高度个性化和多元化的特征。他们的消费场景不再单一局限于线上或线下，而是根据自身需求和场景选择不同的购物方式。他们也越来越倾向于在多个平台间进行购物，并在不同的平台上展现出截然不同的购物偏好：他可能在抖音上热衷于潮流服饰，在淘宝则倾向于护肤品，而在京东又偏向电子产品的消费。尽管依然是同一个人，但数据却呈现了三个完全不同的消费者。这些割裂的消费者行为与偏好为企业带来了巨大的挑战。

企业需要通过精准化的营销画像，利用 AI 捕捉消费者动态的需求，来更好地连接多元化的消费者行为与偏好。基于大量的数据点，包括消费者的购买历史、浏览行为、社交媒体活动等，让 AI 技术帮助企业处理和分析这些数据，快速识别机会和挑战，并做出相应的策略调整。

（2）媒介通胀加剧，叠加媒体投资高度集中

在流量红利消退、宏观市场偏弱的大环境下，2024 年，中国媒介领域仍将面临成本上升的压力。群邑预测，2024 年，数字媒体的价格涨幅普遍高于传统媒体，其中社交媒体（包括短视频平台）的价格涨幅最高，达到 14.2%。用户时间碎片化，导致获取优质流量的成本越来越高，企业为了争夺有限的注意力资源，不得不付出更高的广告成本。

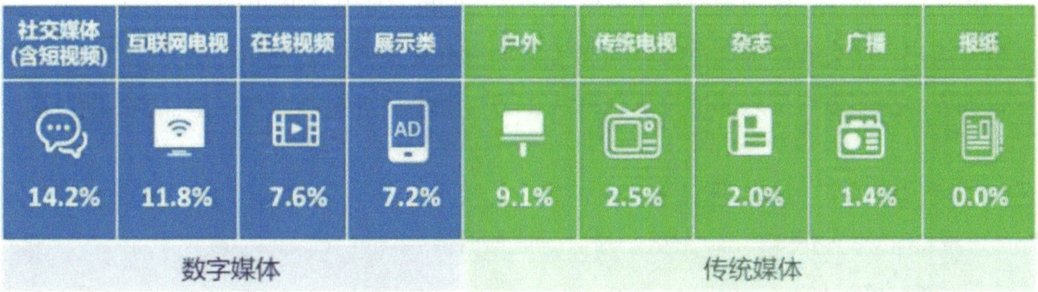

数字媒体					传统媒体				
社交媒体（含短视频）	互联网电视	在线视频	展示类	户外	传统电视	杂志	广播	报纸
14.2%	11.8%	7.6%	7.2%	9.1%	2.5%	2.0%	1.4%	0.0%

图 1-28　2024 年各媒介类型的价格涨幅预测

数据来源：群邑《2024 中国媒介价格涨幅预测》

不仅如此，强劲的平台经济发展，令广告花费越来越向头部的广告平台倾斜。据群邑智库统计，中国前十大互联网平台的广告收入占了总体数字广告花费的 95.9%，占据中国总体媒介花费超 80%。其中三大巨头（字节跳动、阿里巴巴、拼多多）对国内广告市场的增长贡献率达到了 64%。

媒介领域的通胀叠加数字广告市场投资高度集中，迫使企业和商家重新考虑其营销策略，经营的压力更促使他们寻找短期内效率更高的广告投放方式，以应对企业营销预算的挑战。

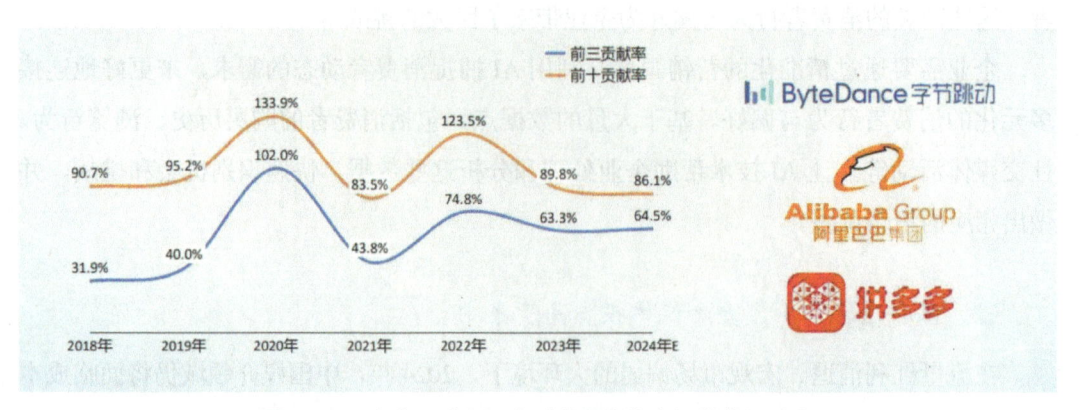

图 1-29 十大互联网平台对中国广告市场花费贡献率

数据来源：群邑，《今年，明年：中国媒体行业预测》，2024 年夏季版

（3）应对平台竞合发展后的运维挑战

用户增速放缓，国内消费需求疲软，平台之间的竞争从增量市场转向存量市场。为了争夺用户，平台在产品、服务、价格等方面展开更加激烈的竞争。从 2021 年到 2024 年，淘宝、拼多多和京东的用户重合率从 21.7% 逐渐增加至 26.5%，重合率不断升高。

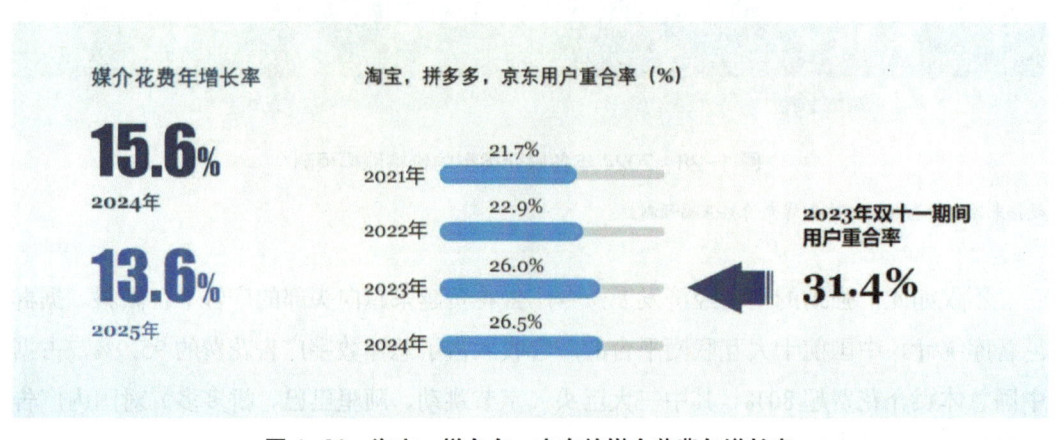

图 1-30 淘宝、拼多多、京东的媒介花费年增长率

数据来源：群邑，《今年，明年：中国媒体行业预测》，2024 年夏季版

在此背景下，为了流量获取方式多元化，中国互联网平台不再局限于自身流量池，而是积极寻求外部流量来源。平台之间通过调整业务边界，打破"围墙花园"，正在通过流量互通和数据交互的方式开展合作，呈现竞合发展的趋势。例如，微信朋友圈的广告向淘宝开放了一键直达的无缝链接；小红书与淘宝、京东等电商平台合作，打通从内

容种草到电商转化的全链路。

与之相对应的是，平台生态的改变、平台规则的复杂化以及平台工具及解决方案的多样化加剧了品牌自运营难度和成本。也因此，品牌需要投入更多的资源来优化其营销策略。

（4）数字环境多变，人才转型痛点突出

如上文所提，中国数字营销环境多变且竞争激烈，企业面临着建立长远眼光和打造敏捷团队等诸多挑战。然而，更突出的痛点在于，快速变化的数字环境对人才转型提出了更高要求。

不同于传统营销，中国数字营销更注重数据驱动、平台运营和效果转化，需要人才掌握新的技能和知识。平台提供了丰富的维度和数据以及不同的产品和监测方式。身在中国的数字营销人员，不仅要熟悉整体市场，还要深入研究字节跳动、腾讯、小红书、B 站等头部平台的玩法和变现方式。他们需要迅速掌握平台上的新工具和功能，将不同元素有效串联，为企业提供完整的解决方案。同时，企业需要具备跨平台的洞察力和策略制定能力，以确保企业在竞争激烈的市场中保持领先。这对现有团队架构和人才提出了具备快速学习和适应能力的转型要求。

3. 矛盾而又乐观的未来

回望 2024 年的中国营销市场，矛盾共存。是消费降级还是消费升级？年轻人新的消费宣言是"可以买贵的，不能买贵了""该省省该花花"，他们同时追求高品质和高折扣，消费降级和消费升级并存。是更智能了还是更迷茫了？我们似乎学会了很多新技术、新算法、新营销手段，但营销人却感觉生意越来越难做了，智能与迷茫并存。中国复杂的营销土壤，既是危机四伏的竞技场，也是挑战者的游乐园。环境越困难越能看清真正的问题，勤奋的"中国做题家"们正不懈努力地钻研解题思路，共同憧憬着艰难又乐观的未来。

（1）消费更理性了，但更愿意为感性溢价买单了

在当前的经济环境下，消费心态的谨慎与消费者的保守情绪，让众多品牌感受到了前所未有的压力。Wavemaker 蔚迈在《挑剔的消费者，正在加速淘汰低价值"平替"》一文中指出，消费者谨慎心态的背后，是"平替"品牌和商品的加速出局。因为谨慎的背后，是精明与挑剔。他们要的不是单纯的"便宜"，而是切实可感的"价值感"。在

市场竞争日益激烈的今天，品牌要想走得更远，就必须加强长期的品牌价值建设。针对缔造高价值品牌 Wavemaker 蔚迈给出了几点建议：

①跟奢侈品市场，学习增加价值的"溢价"。奢侈品品牌通过日积月累的品牌叙事、传承导入与文化建设，成功将自身与核心要素转化为重要的文化符号，提升品牌价值感知的"溢价"空间。

②用受众战略地图，系统梳理品牌的价值层级与用户细分之间的关系，重新定义与消费者的价值层级与链接。

③必须能够清晰、有力地传达品牌的核心定位与价值主张，让消费者明了为何选择它而非其他竞品。品牌应通过策略性的传播布局，将自身的价值主张和故事深入人心，从而实现品牌的长期稳定发展。

（2）注意力更分散了，但兴趣更聚焦了

在碎片化时代中，消费者的注意力更为分散了，媒体的触达远远不够了。海量信息裹挟下的用户会主动地转向自己更加感兴趣的内容，其行为轨迹更易受到兴趣圈层的影响。Wavemaker 蔚迈认为，在网络世界中，消费者的每一个兴趣行为都会产生一个个数据点。从表现上看，他们离散而多样，看似毫无逻辑。但每个偶然行为的背后都有一定的必然性。当下迫切的问题是：如何抓住兴趣场景的突破口，深度挖掘数据价值，找到万千碎片化数据背后的隐性关联，以此更好地找准并影响消费者？

在此背景下，Wavemaker 蔚迈基于抖音"以兴趣场景内容为核"的平台特性，推出"抖音高阶场景营销解决方案——Content to Human"。其兴趣场景营销商业模型 GRAVITY，是从品牌自定义需求出发，聚焦行业具体场景，在行业通用标签之上，定制品牌兴趣场景标签并进行量化洞察分析。它能帮助品牌定制相符合的种草、购买、应用等多维场景，辅之以精细化及个性化的沟通策略，通过营销智慧获得可见的增长。

（3）数据更智能了，但策略更难了

当前，我们并不缺少"更多的"数据，今天的营销技术让数据更为智能，但对营销人也提出了更高的策略要求——如何发现有意义的数据及其之间的联系？

Wavemaker 蔚迈中国 CEO Jose Campon 何塞分享了他的见解："许多人将数据比作'新石油'，认为它是推动现代社会运转的重要资源。事实上，我认为把数据比作'新的沙粒'更为有趣且贴切。

我们都站在由无数沙粒组成的土地上——无论是上海、北京，还是世界各地的每一个城市。我们生活的地方都是建在沙粒之上的。正如单个沙粒无法构成一座城市一样，单一的数据点也无法揭示任何有价值的信息。只有当我们把这些沙粒汇集起来，赋予远见和长远规划，才能建造出有意义的建筑，进而形成一座城市，乃至一个国家。

我们的目标是理解和更好地运用数据，通过收集正确的数据——合适的'沙粒'，来建造正确的'建筑'。因此，我们需要从了解我们想做什么开始。我们的客户处于怎样的增长阶段？他们面临哪些挑战？我们如何帮助他们实现成长？

然而，这仅仅是开始。当所有要素汇聚在一起时，我们如何打破边界，连通所有的平台？我们如何打破数据的孤岛，最终帮助我们的客户发展业务？这些问题至关重要，但却常常被忽视。当我们能够更好地看到全局，让数据服务于创造力的提升，让沙粒汇聚成城时，就能创造出无限可能。"

02

第 二 章

数字营销
行业生态

一、渠道篇

（一）社媒

1. 移动社交用户规模小幅增长，受泛内容平台分流影响，黏性略降

近一年移动社交用户规模仍呈小幅增长的趋势，2024年6月规模达11.59亿，活跃渗透率长期处于93%以上。

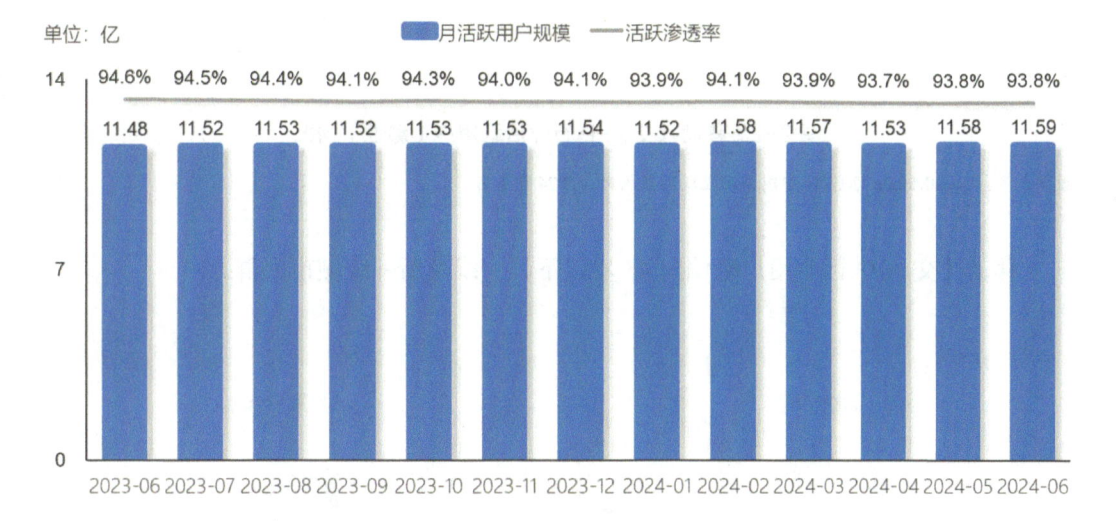

月份	月活跃用户规模（亿）	活跃渗透率
2023-06	11.48	94.6%
2023-07	11.52	94.5%
2023-08	11.53	94.4%
2023-09	11.52	94.1%
2023-10	11.53	94.3%
2023-11	11.53	94.0%
2023-12	11.54	94.1%
2024-01	11.52	93.9%
2024-02	11.58	94.1%
2024-03	11.57	93.9%
2024-04	11.53	93.7%
2024-05	11.58	93.8%
2024-06	11.59	93.8%

图 2-1 移动社交 APP 行业月活跃用户规模

数据来源：QuestMobile TRUTH 中国移动互联网数据库，2024年6月

移动社交行业用户黏性有小幅下降，主要受到泛内容平台的冲击，部分用户转移注意力。

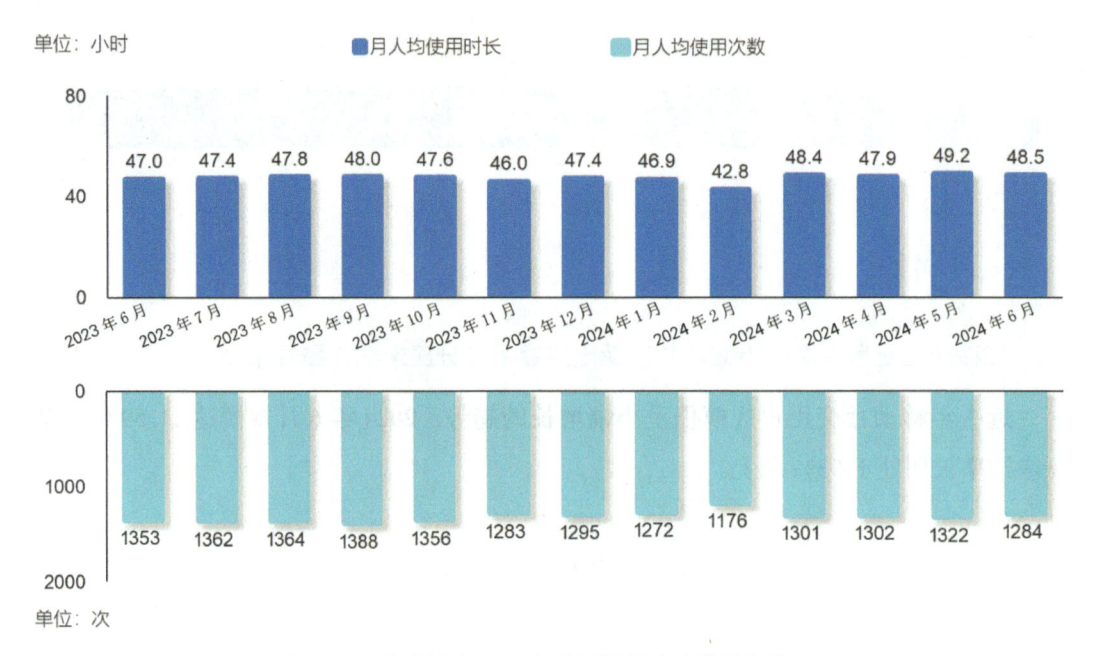

图 2-2　移动社交 APP 行业活跃用户（黏性）情况

数据来源：QuestMobile TRUTH 中国移动互联网数据库，2024 年 6 月

移动社交 APP 行业用户略偏向 45 岁以下、一线及新一线城市人群。

年龄分布

活跃占比TGI	102	102	101	97
24岁以下	21.7%			
25~35岁		23.9%		
36~45岁			18.7%	
46岁以上				35.6%

城际分布

	占比	活跃占比TGI
一线城市	9.8%	105
新一线城市	19.0%	103
二线城市	19.6%	99
三线城市	23.7%	100
四线城市	17.0%	98
五线及以下城市	10.8%	96

注：活跃占比TGI指目标行业某个标签属性的月活跃占比除以全网具有该标签属性的月活跃占比×100。

图 2-3　2024 年 6 月移动社交 APP 行业用户画像

数据来源：QuestMobile GROWTH 用户画像标签数据库，2024 年 6 月

女性倾向通过社交平台了解热门资讯及陌生人社交，男性倾向兴趣讨论及婚恋交友；线上消费能力方面，各细分行业人群结构基本相似，其中婚恋交友人群线上消费能力在 1000 元以下占比超过 20%。

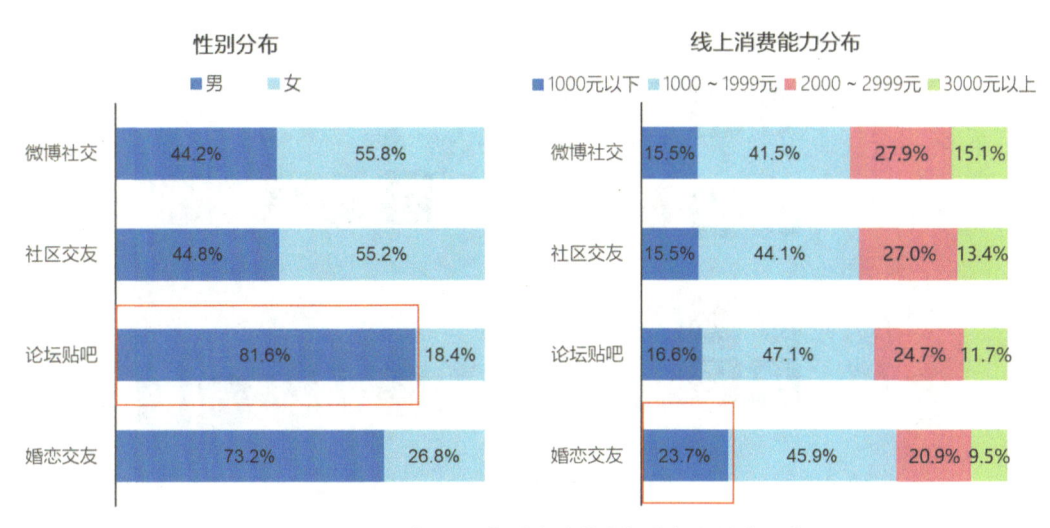

性别分布
■ 男　■ 女

行业	男	女
微博社交	44.2%	55.8%
社区交友	44.8%	55.2%
论坛贴吧	81.6%	18.4%
婚恋交友	73.2%	26.8%

线上消费能力分布
■ 1000元以下　■ 1000~1999元　■ 2000~2999元　■ 3000元以上

行业	1000元以下	1000~1999元	2000~2999元	3000元以上
微博社交	15.5%	41.5%	27.9%	15.1%
社区交友	15.5%	44.1%	27.0%	13.4%
论坛贴吧	16.6%	47.1%	24.7%	11.7%
婚恋交友	23.7%	45.9%	20.9%	9.5%

图 2-4　2024 年 6 月典型移动社交细分行业用户画像

数据来源：QuestMobile GROWTH 用户画像标签数据库，2024 年 6 月

一线 & 新一线城市用户普遍在社会文化、人际交往、兴趣培养等方面展现出多元化和全面性的需求。

■ 活跃渗透率　— 活跃渗透率TGI

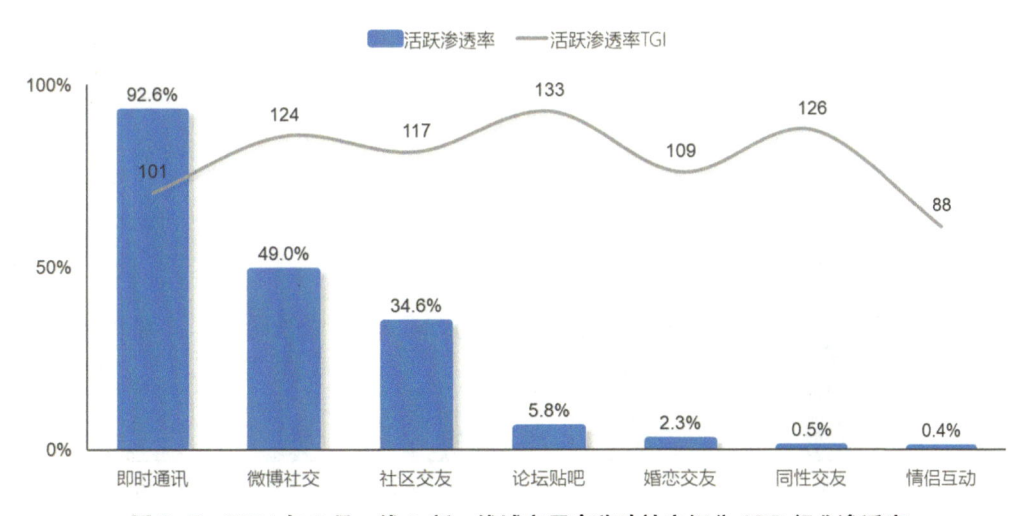

类别	活跃渗透率	TGI
即时通讯	92.6%	101
微博社交	49.0%	124
社区交友	34.6%	117
论坛贴吧	5.8%	133
婚恋交友	2.3%	109
同性交友	0.5%	126
情侣互动	0.4%	88

图 2-5　2024 年 6 月一线 & 新一线城市用户移动社交细分 APP 行业渗透率

数据来源：QuestMobile GROWTH 用户画像标签数据库，2024 年 6 月

2. 社交行业商业价值潜力巨大，移动社交主流场景下各平台活跃

社交行业所蕴含的商业价值不容置疑。当 AI 侵入社交领域，对原先的社交行业会带来什么样的影响，值得持续关注。

图 2-6　移动社交主流场景及典型 APP

数据来源：QuestMobile 产业研究院，2024 年 6 月

随着社交需求的多样化和用户习惯的演变，微信和 QQ 等综合性社交平台不仅满足了用户的基本通讯需求，还提供了丰富的社交互动和便捷的生活服务功能，推动平台月活跃用户规模同比增长。

单位：万

同比增长率	0.9%	2.7%	-14.2%	-4.5%	-25.6%
社交分类	熟人社交	熟人社交	陌生交友	陌生交友	陌生交友
	微信	QQ	MOMO陌陌	Soul	探探
	105602	67374	10055	2637	1119

图 2-7　2024 年 6 月典型关系社交类 APP 月活跃用户规模

数据来源：QuestMobile TRUTH 中国移动互联网数据库，2024 年 6 月

第二章　数字营销行业生态　051

泛内容平台已成为人们社交、分享生活的主要渠道。媒体、网友的快速传播社会热点话题，带动各内容平台用户活跃。

图 2-8　2024 年 6 月典型内容类 APP 月活跃用户规模 & 月人均使用时长

数据来源：QuestMobile TRUTH 中国移动互联网数据库，2024 年 6 月

图 2-9　2024 年一季度提及相关关键词内容互动量

数据来源：QuestMobile NEW MEDIA 新媒体数据库，2024 年 3 月

注：1. 内容统计平台包括抖音、快手、小红书、哔哩哔哩、微博、微信公众号；2. 内容互动量=点赞+评论+转发。

游戏社交、婚恋和职场社交平台为用户提供垂直交流和专业内容，助力用户深度互动，典型平台流量实现稳步增长。

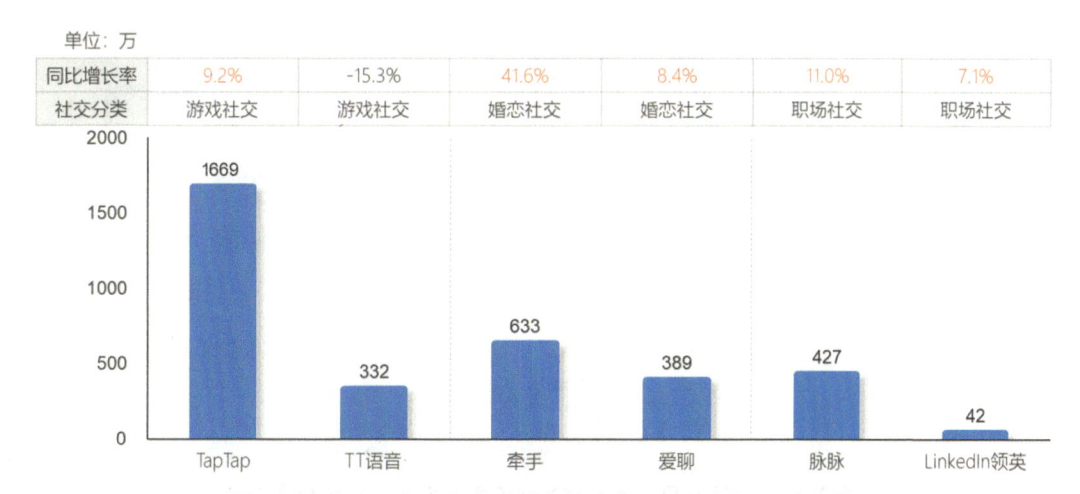

单位：万						
同比增长率	9.2%	-15.3%	41.6%	8.4%	11.0%	7.1%
社交分类	游戏社交	游戏社交	婚恋社交	婚恋社交	职场社交	职场社交
APP	TapTap	TT语音	牵手	爱聊	脉脉	LinkedIn领英
月活跃用户	1669	332	633	389	427	42

图 2-10　2024 年 6 月典型垂直社交类 APP 月活跃用户规模

数据来源：QuestMobile TRUTH 中国移动互联网数据库，2024 年 6 月

3. 当 AI 深度嵌入各行业，竞争与机遇并存

从现有 APP 应用场景来看，大致可分为 AI 工具和 AI 社交/娱乐两大赛道；既有场景聚焦型 APP，也有多场景覆盖的综合型 APP。

图 2-11　AIGC APP 分类

数据来源：QuestMobile 产业研究院，2024 年 6 月

虽说各家对智能体的分类及命名稍有不同，但社交/娱乐、教育学习、职场办公相关是共同聚焦场景。

图 2-12　月活跃用户规模 TOP AIGC APP 中智能体分类方式

数据来源：QuestMobile 产业研究院，2024 年 6 月

第二章　数字营销行业生态　053

总的来说，社交文化、基于内容所形成的圈层文化在 AI 社交 / 娱乐 APP 用户间有着较强的显性化特征。

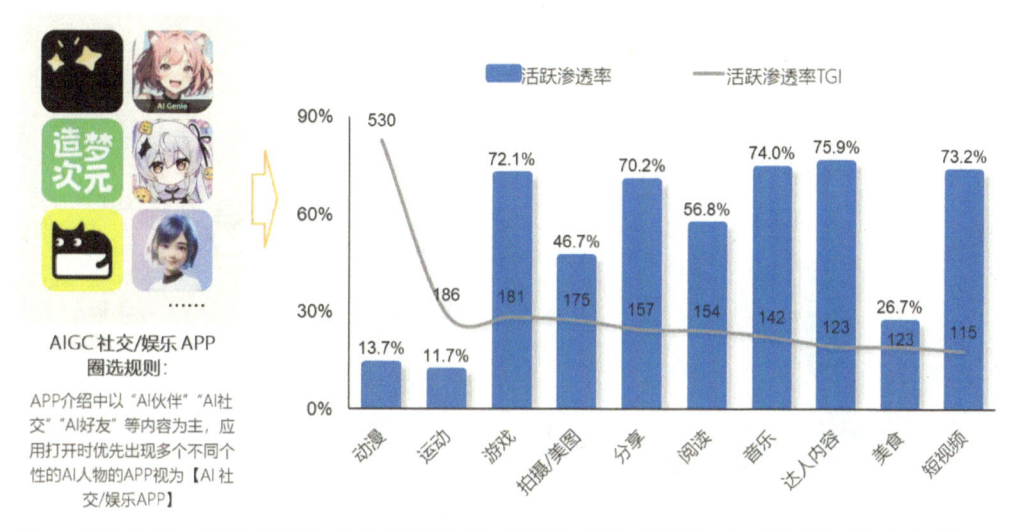

AIGC 社交/娱乐 APP 圈选规则：
APP介绍中以"AI伙伴""AI社交""AI好友"等内容为主，应用打开时优先出现多个不同个性的AI人物的APP视为【AI 社交/娱乐APP】

兴趣偏好	活跃渗透率	活跃渗透率TGI
动漫	13.7%	530
运动	11.7%	186
游戏	72.1%	181
拍摄/美图	46.7%	175
分享	70.2%	157
阅读	56.8%	154
音乐	74.0%	142
达人内容	75.9%	123
美食	26.7%	123
短视频	73.2%	115

注：1. 选取活跃占比≥2%的兴趣偏好；2. 考虑自相关因素，兴趣偏好中剔除AIGC兴趣；3. 活跃渗透率TGI=指定人群某个标签属性的月活跃占比/全网具有该标签属性的月活跃占比×100。

图 2-13　2024 年 5 月 AIGC 社交 / 娱乐 APP 用户 兴趣偏好 TGI TOP 10

数据来源：QuestMobile GROWTH 用户画像标签数据库，2024 年 5 月

从数据上来看，此类人群对社交软件有着较高的偏好。本质上体现的是对 AI 社交的兴趣，这也是对原社交行业的另外一种机遇。值得注意的是，他们对 QQ 的渗透率仅次于微信，且渗透率 TGI 高于微信（140 vs 111）。

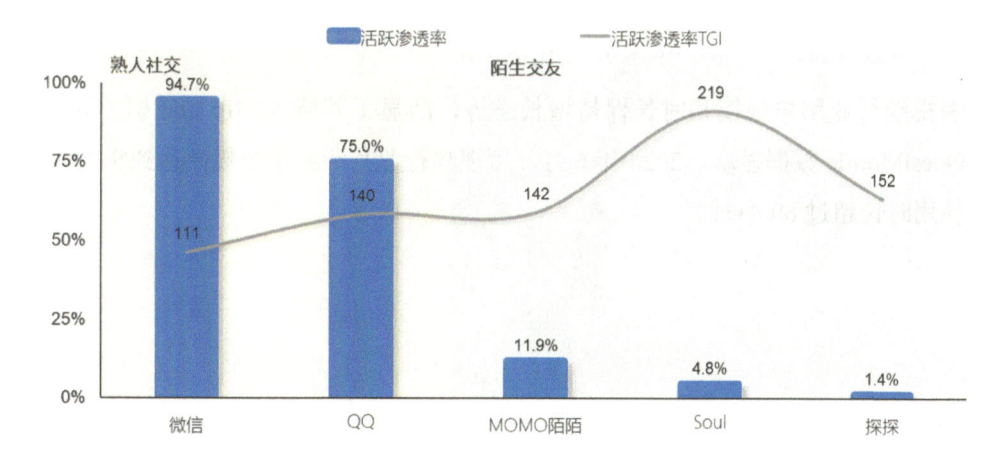

APP	类型	活跃渗透率	活跃渗透率TGI
微信	熟人社交	94.7%	111
QQ		75.0%	140
MOMO陌陌	陌生交友	11.9%	142
Soul		4.8%	219
探探		1.4%	152

注：活跃渗透率TGI=指定人群某个APP的月活跃占比/全网该APP的月活跃占比×100。

图 2-14　2024 年 5 月 AIGC 社交 / 娱乐 APP 用户在移动社交平台活跃渗透率

数据来源：QuestMobile GROWTH 用户画像标签数据库，2024 年 5 月

从 QQ 的产品功能来看，围绕用户兴趣出发的社区类板块（QQ 频道、游戏中心、动漫）是吸引此类人群的关键之一。

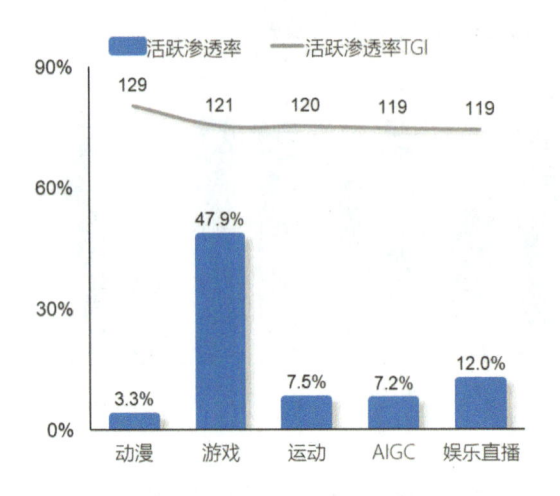

图 2-15　2024 年 5 月 QQ 用户兴趣偏好 TOP5
数据来源：QuestMobile GROWTH 用户画像标签数据库，2024 年 5 月

注：1. 选取活跃占比≥2%的兴趣偏好；2. 活跃渗透率TGI=指定人群某个标签属性的月活跃占比/全网具有该标签属性的月活跃占比 ×100；3. 图表中APP按2024年5月月活跃用户规模降序排序。

图 2-16　QQ APP 典型产品功能
数据来源：根据公开资料整理，2024 年 6 月

- QQ社交关系的建立往往基于某一共同的兴趣爱好，这一特性同样反映在AIGC产品使用的探索。
- 为契合用户的兴趣爱好，QQ提供了游戏、动漫等一系列功能模块。

（二）短视频

1. 行业流量稳定，内容不断扩展

短视频行业用户规模和时长保持增长态势，凸显了其持久的市场吸引力和发展潜力。QuestMobile 数据显示，2024 年 6 月，短视频行业月活跃用户规模达到 9.89 亿，月人均使用时长超过 60 小时。

单位：亿

月份	月活跃用户规模	同比增长率	月人均使用时长
2023年6月	9.56	5.2%	57.0
2023年7月	9.61	4.4%	62.4
2023年8月	9.70	3.4%	62.7
2023年9月	9.80	4.3%	56.5
2023年10月	9.78	3.3%	59.6
2023年11月	9.77	2.3%	57.3
2023年12月	9.79	2.5%	60.7
2024年1月	9.87	3.2%	62.1
2024年2月	9.98	5.5%	57.2
2024年3月	9.76	3.7%	60.4
2024年4月	9.77	2.7%	58.5
2024年5月	9.78	2.2%	60.8
2024年6月	9.89	3.4%	60.7

单位：小时

图 2-17 短视频 APP 行业月活跃用户规模及月人均使用时长

数据来源：QuestMobile TRUTH 中国移动互联网数据库，2024 年 6 月

短视频行业流量高度集中，抖音、快手等月活跃用户规模 TOP 5 APP 占据行业超九成流量。

单位：亿

CR5：99.6%

APP	月活跃用户规模（亿）
抖音	7.80
快手	4.27
抖音极速版	2.74
快手极速版	2.28
西瓜视频	1.21
抖音火山版	0.86
好看视频	0.35
微视	0.15
vivo短视频	0.04
优酷视频	0.04

注：CR5=TOP5 APP 活跃用户加总去重规模占该行业活跃规模比例。

图 2-18 2024 年 6 月短视频 APP 行业月活跃用户规模 TOP 10

数据来源：QuestMobile TRUTH 中国移动互联网数据库，2024 年 6 月

短视频头部平台重合用户规模达 3 亿，对内容创新、用户体验优化及差异化等提出更高要求，从而稳固现有用户群体并吸引新用户。

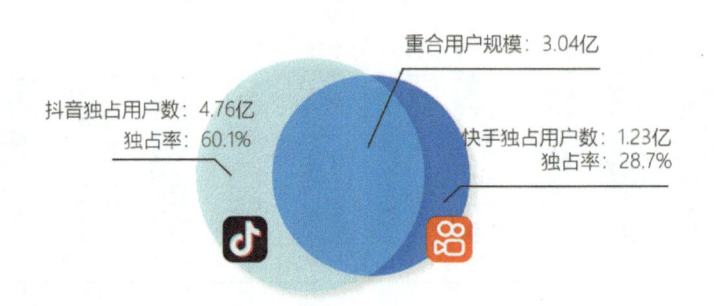

重合用户规模：3.04亿
抖音独占用户数：4.76亿 独占率：60.1%
快手独占用户数：1.23亿 独占率：28.7%

注：1. 重合用户数：在统计周期(月)内，同时使用过两个APP的用户数；2. 独占用户数：在统计周期(月)内，两个APP中，仅使用过该APP的用户数；3. 独占率：在统计周期(月)内，该APP的独占用户数与其活跃用户数的比值。即A独占/A。

图 2-19　2024 年 6 月抖音、快手 APP 活跃用户重合及独占

数据来源：QuestMobile TRUTH 中国移动互联网数据库 2024 年 6 月

抖音和快手等平台，大力发展竖屏短剧，并结合短视频的流量优势，通过投放内容切片进行引流，短剧小程序通过广告、付费观看、内容电商等模式实现变现。

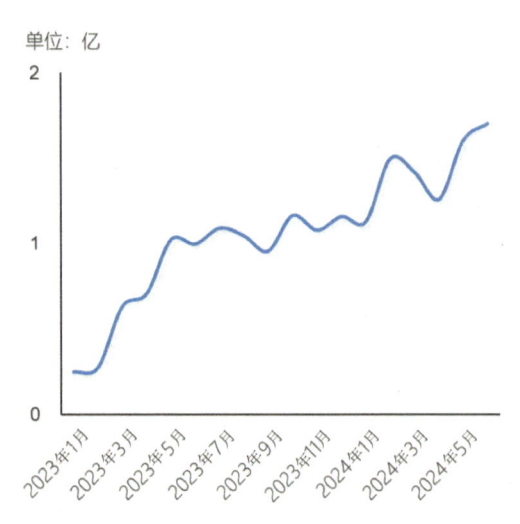

单位：亿

单位：万

短剧小程序	用户规模(万)
微剧吧	2856.7
麦萌剧场	1596.5
碧海剧场	1568.7
千易剧场	1495.8
蜜糖剧场	1233.4
饭余剧场	1112.5
比翼短剧	1093.9
笑笑视界	1088.1
麦香短剧	941.5
雨露剧场	809.9

图 2-20　2023 年 1 月—2024 年 6 月抖音短剧小程序去重用户规模

数据来源：QuestMobile TRUTH 中国移动互联网数据库，2024 年 6 月

图 2-21　2024 年 6 月抖音短剧小程序用户规模 TOP 10

数据来源：QuestMobile TRUTH 中国移动互联网数据库，2024 年 6 月

以抖音平台短剧《我的归途有风》为例，该剧有效触达了偏好美食的人群，尤其是对年轻人群的渗透。

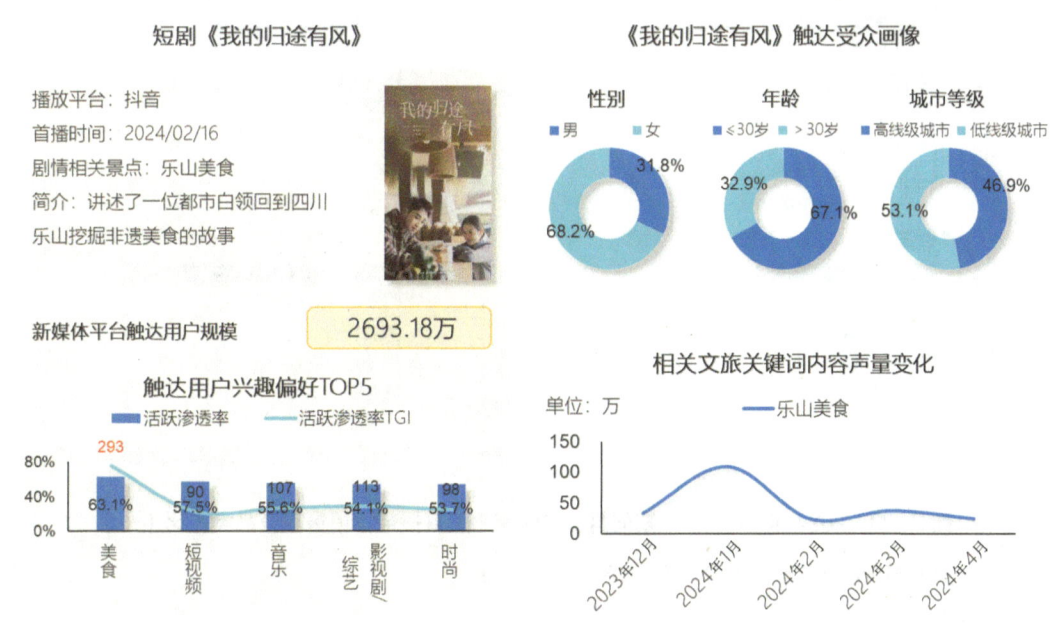

图 2-22　典型短剧触达人群分析

数据来源：QuestMobile GROWTH 用户画像标签数据库，2024 年 4 月；NEW MEDIA 新媒体数据库，2024 年 4 月

2. 短视频平台电商属性不断加强

短视频平台是品牌直播带货的主要渠道，直播间带货形式多样，除超头主播、明星直播间，还有品牌自播、买手直播、数字人直播等形式，带货类目更加丰富。

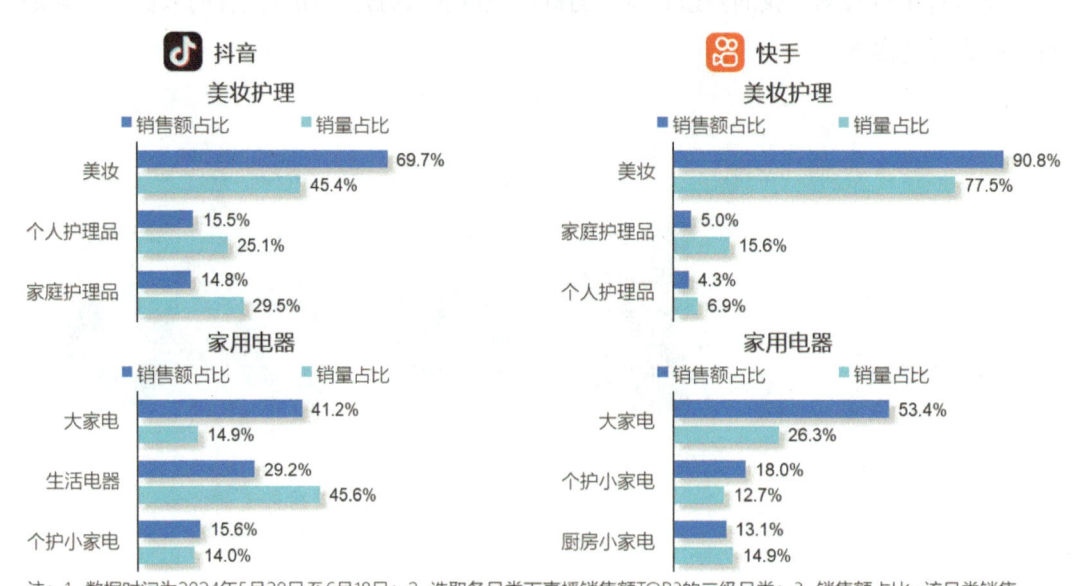

抖音 美妆护理

品类	销售额占比	销量占比
美妆	69.7%	45.4%
个人护理品	15.5%	25.1%
家庭护理品	14.8%	29.5%

快手 美妆护理

品类	销售额占比	销量占比
美妆	90.8%	77.5%
家庭护理品	5.0%	15.6%
个人护理品	4.3%	6.9%

抖音 家用电器

品类	销售额占比	销量占比
大家电	41.2%	14.9%
生活电器	29.2%	45.6%
个护小家电	15.6%	14.0%

快手 家用电器

品类	销售额占比	销量占比
大家电	53.4%	26.3%
个护小家电	18.0%	12.7%
厨房小家电	13.1%	14.9%

注：1. 数据时间为2024年5月20日至6月18日；2. 选取各品类下直播销售额TOP3的二级品类；3. 销售额占比=该品类销售额/一级品类销售额×100%，销量占比=该品类销量/一级品类销量×100%。

图2-23　2024年"6·18"期间抖音与快手平台直播带货销售额分品类占比（一）

数据来源：QuestMobile TRUTH BRAND 品牌数据库，2024年6月

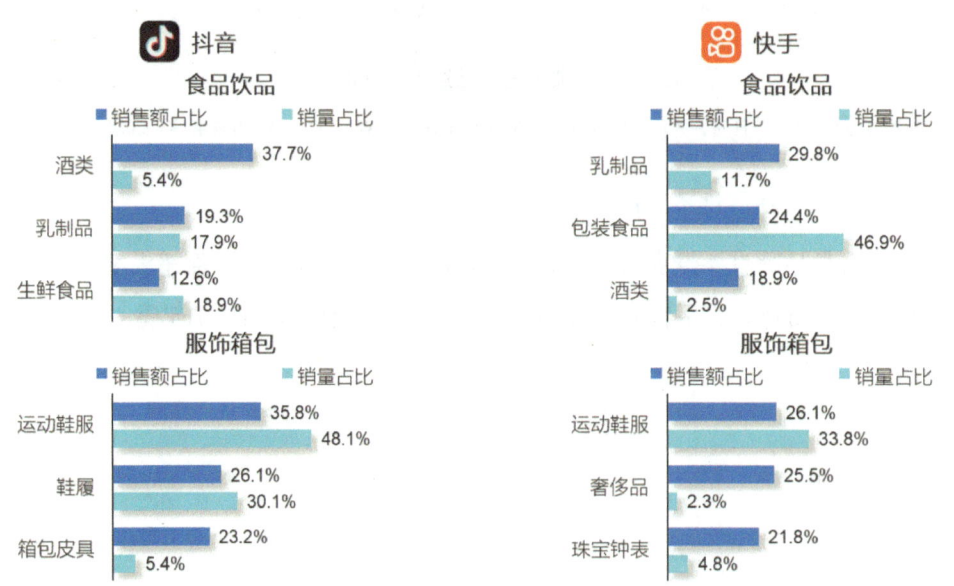

抖音 食品饮品

品类	销售额占比	销量占比
酒类	37.7%	5.4%
乳制品	19.3%	17.9%
生鲜食品	12.6%	18.9%

快手 食品饮品

品类	销售额占比	销量占比
乳制品	29.8%	11.7%
包装食品	24.4%	46.9%
酒类	18.9%	2.5%

抖音 服饰箱包

品类	销售额占比	销量占比
运动鞋服	35.8%	48.1%
鞋履	26.1%	30.1%
箱包皮具	23.2%	5.4%

快手 服饰箱包

品类	销售额占比	销量占比
运动鞋服	26.1%	33.8%
奢侈品	25.5%	2.3%
珠宝钟表	21.8%	4.8%

注：1. 数据时间为2024年5月20日至6月18日；2. 选取各品类下直播销售额TOP3的二级品类；3. 销售额占比=该品类销售额/一级品类销售额×100%，销量占比=该品类销量/一级品类销量×100%。

图2-24　2024年"6·18"期间抖音与快手平台直播带货销售额分品类占比（二）

数据来源：QuestMobile TRUTH BRAND 品牌数据库，2024年6月

第二章 数字营销行业生态　059

另外，短视频平台对"6·18"、双十一等大型促销活动的参与度不断提高，在活动节奏、营销策略等方面与典型电商趋于一致，从补贴优惠加大到售后解决方案的升级，刺激用户下单，对线上消费的争夺更加激烈。

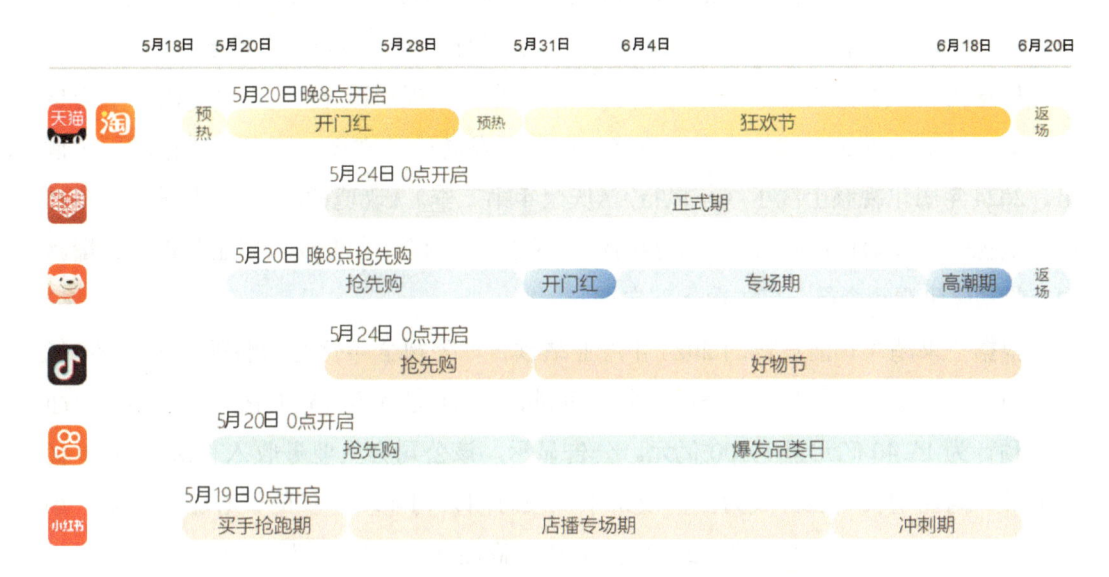

图 2-25　2024 年 "6·18" 典型平台营销节奏概览

数据来源：QuestMobile 营销洞察研究院，公开资料整理，2024 年 6 月

阶段策略	天猫/淘	京东	抖音	快手
补贴优惠	百亿补贴 / 跨店满300-50	20元补贴 / 百亿补贴	百亿补贴	低价好物 / 10亿红包
联合广告	联合广告投放	联合广告投放	流量置换	流量置换
品类定向引流	品类日	超级直播日 / PLUS会员日	主题日/特色专区	品类日
品类榜单	天猫热卖榜单	京东竞速榜	主题日/特色专区	品类日
退换货	退换货运费险	免费上门换货（自营）		

售前 / 售后

图 2-26　2024 年 "6·18" 典型平台用户侧营销策略概览

数据来源：QuestMobile 营销洞察研究院，公开资料整理，2024 年 6 月

（三）长视频

近日，长视频行业的领军者均已交出了 2024 年的成绩单。爱奇艺发布 2024 年全年收入为 292.3 亿元，运营利润 23.6 亿元，运营利润率 8%，连续三年实现运营盈利。在缺少《狂飙》超级爆款的形势下，2024 年爱奇艺整体仍处于"盈利"状态。

根据腾讯发布的财报数据显示，腾讯视频主打"提质减量"，以"好内容"为核心，聚焦"超级头部＋精品垂类"战略，持续开发高质量剧集，确保优质作品稳定输出。2024 年腾讯视频上线了《与凤行》《庆余年第二季》《玫瑰的故事》《九重紫》多部热门电视剧，带动长视频付费会员数持续增长至 1.13 亿，广告收入亦显著提升。爆款内容带动腾讯视频会员与广告收入双向增收。

根据芒果超媒日前披露的 2024 年度业绩预告，公司全年营业利润预计为 16.66 亿元至 20.26 亿元，归属于上市公司股东的净利润 12.50 亿元至 16.10 亿元，扣非归母净利润预计为 15.40 亿元至 19.00 亿元。公告显示，该公司会员业务收入首次突破 50 亿元大关，同比增长 18%，成为当前及未来一段时间公司业绩增长的核心驱动因素。小芒电商继续保持快速发展态势，2024 年 GMV（商品交易总额）超过 160 亿，同比增长 55%。芒果 TV 广告 2024 年下半年收入环比上半年增长 8%，芒果创新全 live 直播模式让《歌手 2024》共拿下 30 个品牌合作，《乘风 2024》长期稳坐客户数和创收额的"双料冠军"，《小巷人家》总合作品牌数达到 30 家。2025 开年大剧《国色芳华》共收获 40 家广告主，刷新芒果剧集近年来的招商纪录。

2024 年，优酷接连压中《惜花芷》《墨雨云间》《新生》等多部热剧，在综艺领域发力创新，推出了《盒子里的猫》《这是我的岛》等多部新综艺 IP。根据财报数据显示，阿里大文娱集团收入 54.38 亿元，同比增长 8%，主要由优酷广告收入增长所带动。优质内容对优酷平台营收的助益不可忽略。

整体来看，经过 19 个年头的经营，在"降本增效"的运营战略下，爱、优、腾、芒已经改变过去常年亏损的颓势，扭亏为盈、逐渐走上差异化求增长的道路。从各家财报的信息中可获知，无论是平台会员收入的增长，抑或是广告收入的提升，都离不开好内容的承托。一言以蔽之，内容仍是刺激平台营收增长的第一生产力。从用户侧而言，长视频仅次于短视频，是群体使用规模第二大的线上娱乐类型，也是网络用户不可或缺的在线娱乐形式，尤其是在大屏（智能电视）、小屏（移动媒体）的双向推动下，长视频行业仍有广阔发展空间。

1. 用户：智能电视成为长视频流量新洼地，用户观看黏性大幅提升

从整体网络用户发展规模来看，截至 2024 年 12 月，网络视频用户规模为 10.7 亿人，相比 2023 年 12 月增加了 3613 万人，占网民整体的 97.7%。视频用户渗透率进一步增长，我国用户的视频普及率同步提升。

时间	用户规模（亿人）	使用率
2022.06	9.95	94.6%
2022.12	10.31	96.5%
2023.06	10.44	96.8%
2023.12	10.67	97.7%
2024.06	10.68	97.1%
2024.12	10.70	96.6%

图 2-27　2022 年 6 月至 2024 年 12 月网络视频（含短视频）用户规模及使用率

数据来源：CNNIC，第 55 次《中国互联网络发展状况统计报告》

在移动端流量渐趋封顶的形势下，智能大屏成为长视频流量增长的新洼地。勾正科技 URS 数据显示，2024 年我国智能电视人口规模达 9.3 亿人，同比增长了 2.7%；OTT 日均开机规模达 2.3 亿人，同比增长了 3.5%，大屏内容对用户的吸引力增加，智能大屏的臻享视听体验让用户重回客厅，从而带来长视频流量的增长。

- 9.3 亿人　智能电视用户规模　+2.7%
- 2.3 亿人　日均开机规模　+3.5%

图 2-28　2024 年 OTT 个人用户收视情况分布

数据来源：勾正科技 URS（Uni Reach System），Uni-insight，2024 年 1—12 月

80 后、90 后、00 后是智能电视端的主力收视人群。勾正科技 URS 数据显示，智能电视端男性用户占比 52.6%，略高于女性，但整体性别结构相对均衡；15～49 岁

（80后、90后、00后）用户占比71%。除此之外，区别于移动端，智能大屏高频触达两端人群（15岁以下少儿群体占比9.5%和60岁及以上的老年人群占比10.3%），具有特色人群的独占性；智能大屏高度覆盖二、三、四线城市人群，尤其在下沉城市的用户高度活跃。

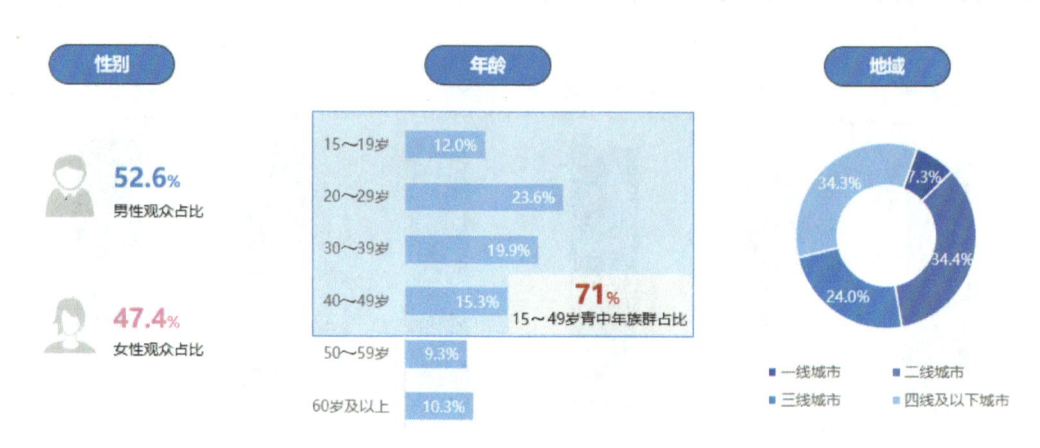

图 2-29　智能大屏端点播人群画像

数据来源：勾正科技 URS（Uni Reach System），Uni-insight，2024 年 1—12 月

大屏使用粘性强。用户在 OTT 端直、点播日人均时长均超 3 小时，OTT 端点播时长是手机长视频时长的近 2 倍，远远高于移动端。根据勾正科技 URS 数据显示，2024年 OTT 开机频次同比增长了 10%，直播、点播在线率同步提升，大屏端用户收视粘性进一步增加。

图 2-30　2024 年智能大屏开机频次、直点播在线率变化

数据来源：勾正科技 URS（Uni Reach System），Uni-insight，2024 年 1—12 月

2. 内容：爆款内容频出，长视频媒体差异化竞争促平台发展

影视寒冬过后，长视频行业进入稳健发展阶段。电视剧领域，2024年提质减量、爆款频现、多面开花是关键词。广电总局数据显示，2022—2023年，每年制作发行的电视剧部数分别为160部和156部，国内电视剧需求量稳中减量，重在提质。

图 2-31 2024 年智能电视端每月日活 TOP 1 节目

数据来源：勾正科技 URS（Uni Reach System），Uni-insight，2024 年 1—12 月

2024 年，电视剧领域现象级爆款不断涌现，涉及多种题材类型。勾正科技 URS 数据显示，《大江大河之岁月如歌》《追风者》《承欢记》《庆余年第 2 季》《玫瑰的故事》《凡人歌》《人民警察》《我是刑警》在 2024 年各月引领大屏用户收视日活，年代、谍战、都市爱情、古装传奇、女性题材，题材多种多样，由此说明，题材类型不是限定用户喜好的界限，内容质量的优劣才是决定用户喜欢的关键因素。除此之外，《繁花》《南来北往》《与凤行》《墨雨云间》等电视剧市场表现成绩亮眼，2024 年的精品剧不断涌现，好内容收获观众认可。

聚焦综艺领域，创新、回归是 2024 年综艺行业的关键词。除了《奔跑吧第 8 季》《王牌对王牌第 8 季》《极限挑战第 10 季》等经典老 IP 持续收割观众的喜爱外，2024年，也涌现了《这是我的岛》《盒子的猫》《十天之后回到现实》《熊猫一家人》等一批创新节目，吸人眼球。与此同时，《歌手》作为一个历经九季的经典 IP，《歌手 2024》以全 Live 直播的全新面貌一鸣惊人，直播模式的创新为行业树立综艺创作新标杆，经典 IP 坚持守正创新焕发新生、强势回归。2024 年"回归"的节目除了《歌手》外，还

有"脱口秀",《喜人奇妙夜》《喜剧之王单口季》《脱口秀和Ta的朋友们》相继开播,脱口秀节目重回大众视野。

好内容吸引用户观看,长视频内容的精品化提升了智能大屏用户的收视黏性。根据勾正科技 URS 数据显示,2024 年 H1 智能电视端月活用户规模同比去年同期增长了 6.4%,总的收视时长也同比增长了 11.5%,精品内容召唤用户重回客厅。

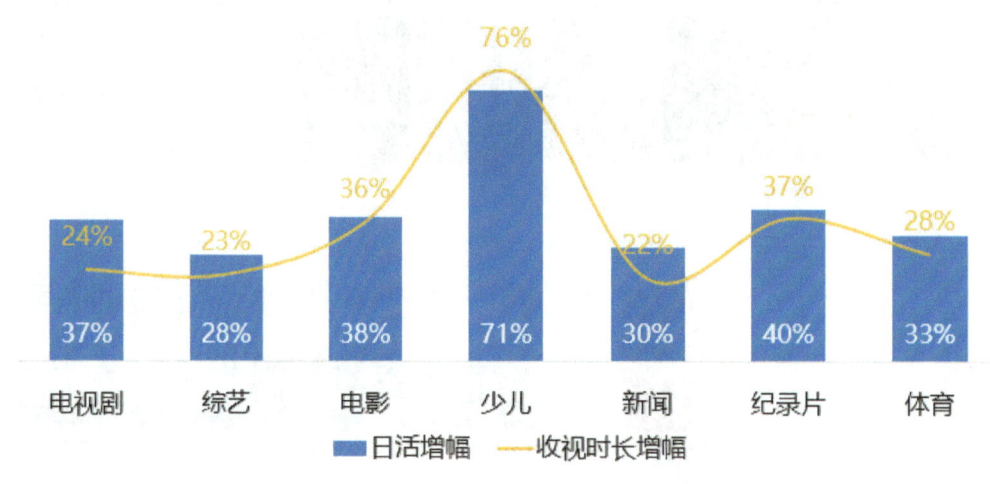

节目类型	日活增幅	收视时长增幅
电视剧	37%	24%
综艺	28%	23%
电影	38%	36%
少儿	71%	76%
新闻	30%	22%
纪录片	40%	37%
体育	33%	28%

图 2-32　2024 年 vs 2023 年大屏端不同节目类型日活、收视时长对比

数据来源:勾正科技 URS(Uni Reach System),Uni-insight,2024 年 1—12 月

从长视频内容对用户的牵引力来看,电视剧的观看人群最多且观看时长占比最高,其次是综艺、少儿、电影、体育等内容。各大平台因平台战略差异,内容侧重各有不同。根据勾正科技 URS 数据显示,从 2024 年分平台 TOP 100 上新节目分布来看,头部内容中腾讯视频(云视听极光)数量领先,电视剧、综艺的数量占比均在 30% 以上。爱奇艺(银河奇异果)的头部电视剧表现更突出,占比在 30% 以上。优酷(酷喵)的电视剧、综艺占比相差不大,走均衡化发展战略。芒果 TV 以综艺立台,头部内容中综艺占比超过 2 成。

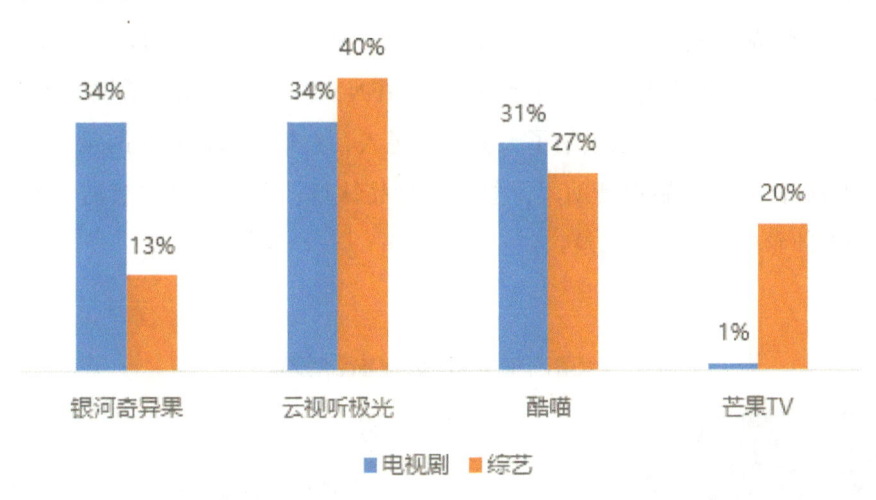

图 2-33　2024年智能电视点播分平台日到达 TOP 100 上新剧、综数量占比分布

数据来源：勾正科技 URS（Uni Reach System），Uni-insight，2024 年 1—12 月

坚持走"大 IP"路线是腾讯视频的重要内容战略。2024 年，腾讯视频相继推出《繁花》《与凤行》《承欢记》《庆余年第 2 季》《玫瑰的故事》等多部爆款大剧，以几乎每月一部的频率抢占用户注意力。2024 年，腾讯视频的大剧策略成效显著，一是依靠优质大剧内容，2024 年智能大屏端腾讯视频（云视听极光）的月活规模增长了 7.4%；二是爆款大剧吸引广告主投放，《繁花》《庆余年第 2 季》《玫瑰的故事》合作品牌数均在 40 个以上，为平台带来丰厚的广告收入。

爱奇艺一直秉持"开创"精神，积极下探"新"内容。2024 年，爱奇艺持续深耕多元类型内容，年代剧《南来北往》以 20 世纪 80 年代铁路乘警的侠义精神和代际间爱与救赎的家庭情感，俘获春节观众们的注意力；一部"金融＋谍战"的《追风者》在国内掀起一股历史科普风潮；《我的阿勒泰》致力于"微短剧＋文旅"的融合创新，直接带火了新疆阿勒泰地区的旅游。丰富的内容选择让爱奇艺（银河奇异果）在智能电视端的月活规模一直稳居首位，且呈小幅增长态势。

优酷走差异化路线，"经典 IP＋独家港剧＋悬疑"是优酷剧场形成差异化的"杀手锏"。在经典 IP 侧，优酷拥有《甄嬛传》《知否知否应是绿肥红瘦》《三生三世十里桃花》等多部超级大 IP 版权，这些经典剧是剧迷们日间或周末无聊时下饭剧的最佳选择。"独家港剧"是优酷差异化路线的又一大特色，2023 年一部《新闻女王》火遍内地，让观众再次见识到了港剧的魅力，2024 年《家族荣耀之继承者》延续"港味"同样收获大批观众。在悬疑赛道，优酷以精品化路线升级悬疑剧场，2024 年推出《新生》《微暗之火》《边水往事》等电影质感的悬疑剧，收获市场高热度。此外，2024 年优酷押中《墨雨云间》《惜花芷》《花间令》等多部古装 IP，吸纳巨大流量。以《墨雨云间》为例，在智能大屏端电视剧播出后，带动优酷（CIBN 酷喵）的平均日活规模相比播前一个月增长了 11.1%，且电视剧吸纳了天猫、外星人、空刻意面、农夫山泉、东方树叶、vivo、欧莱雅等 40 多个品牌赞助，行业覆盖食品饮料、母婴、个护清洁等 8 大品类，刷新"优酷 24 年单剧收入"纪录。

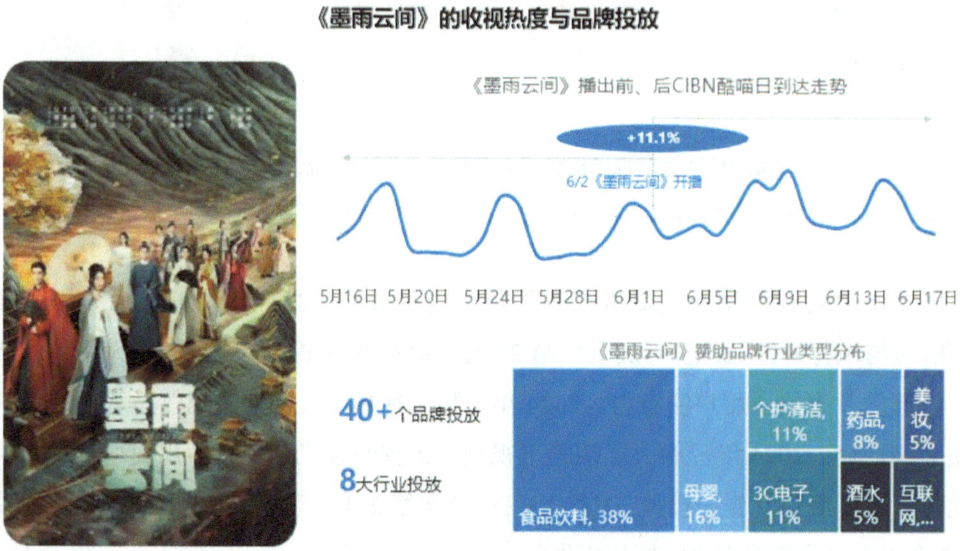

图 2-34 《墨雨云间》的收视热度与品牌投放

数据来源：勾正科技 URS（Uni Reach System），Uni-insight

在综艺赛道，优酷发力"创新"策略，拓展平台流量池。2024 年，优酷推出了《这是我的岛》《盒子的猫》等多部新节目 IP，以海岛成长观察、虚构游戏冒险等新题材内容，为平台吸纳更多"新"流量。勾正科技 URS 数据显示，在一众优质内容的带动下，2024 年优酷在智能电视端（CIBN 酷喵）的月活规模同比增长了 19%，大幅拉升了优酷在大屏端的媒体竞争力。

芒果 TV 在"湖南卫视＋芒果 TV"双平台战略的大框架下，内容布局上一直坚持以"综艺立台"，电视剧上走"小而美"路线。2024 年，在长视频领域也表现出新的战略变化。电视剧端，2024 年，芒果 TV 采购了 S+ 级剧《与凤行》的版权，古装偶像剧更迎合芒果 TV 年轻女性观众的观剧偏好，提升了平台的会员收入外，《与凤行》为芒果TV带来37个品牌客户，下半年爆剧《小巷人家》总合作30家品牌，优质内容带动2024年芒果TV全年广告收入实现正增长。

在综艺方面，芒果TV以《乘风2024》《大侦探第9季》《你好星期六》《披荆斩棘的哥哥第3季》等经典IP稳固住基本盘的同时，推出《熊猫一家人》《城市捉迷藏》《跳进地理书的旅行》等新IP拓展新流量。

值得一提的是，2024年，湖南广电革新《歌手》IP以"全Live直播＋国际歌手竞演＋跨屏互动"等创新形式，再创现象级综艺爆款，《歌手2024》稳居2024年H1卫视直播综艺日活冠军。好内容提振平台竞争力，《歌手2024》播出期间，湖南卫视的收视市场份额相比播前一个月增长了20.6%，而全Live直播综艺模式的大胆创新提振了长视频行业的市场信心，并沿袭成行业可复制的一条综艺制作新路径和新范式。与此同时，《歌手2024》的成功吸引了君乐宝简醇、vivo、汤臣倍健、百雀羚等10个品牌的投放，好节目的吸金力可见一斑。

图2-35 《歌手2024》的收视热度与品牌投放

数据来源：勾正科技URS（Uni Reach System），Uni-insight

从整个OTT内容市场看，2024年爆款内容频出。电视剧领域，2024年平台联播剧《凡人歌》《与凤行》摘得点播冠、亚军，《庆余年第2季》《南来北往》《九重紫》等平台独播剧紧随其后，首播期内点播收视亮眼。

点播电视剧日活领先情况（首播）

序号	剧名	播出平台
1	凡人歌	芒果TV、爱奇艺
2	与凤行	芒果TV、咪咕
3	庆余年第2季	腾讯视频
4	南来北往	爱奇艺
5	九重紫	腾讯视频
6	侦察英雄	腾讯视频、爱奇艺
7	唐朝诡事录之西行	爱奇艺
8	惜花芷	腾讯视频
9	追风者	爱奇艺
10	我是刑警	爱奇艺
11	雪迷宫	优酷、腾讯视频
12	墨雨云间	腾讯视频
13	玫瑰的故事	腾讯视频
14	永夜星河	腾讯视频
15	承欢记	腾讯视频

图 2-36　2024 年点播电视剧（首播）日活领先情况

数据来源：勾正科技 URS（Uni Reach System），Uni-insight；2024 年 1—12 月

综艺领域，经典"综 N 代"节目依旧是大屏点播重点，《哈哈哈哈哈第 4 季》日活最高。银河奇异果以《喜剧之王单口季》等 5 部独播综艺领先，其次是酷喵上榜《盲盒旅行局》等 3 部。

点播综艺日活领先情况（首播）

序号	节目	播出平台
1	哈哈哈哈哈第4季	爱奇艺、芒果TV
2	喜剧之王单口季	爱奇艺
3	奔跑吧第8季	爱奇艺、芒果TV
4	乘风2024	芒果TV
5	新说唱2024	爱奇艺
6	歌手2024	芒果TV
7	萌探2024	爱奇艺
8	种地吧第2季	爱奇艺
9	十天之后回到现实	爱奇艺
10	现在就出发第2季	芒果TV
11	这是我的岛	优酷
12	无限超越班第2季	优酷
13	盒子里的猫	优酷
14	密室大逃脱第6季	芒果TV
15	大侦探第9季	芒果TV

图 2-37　2024 年点播综艺（首播）日活领先情况

数据来源：勾正科技 URS（Uni Reach System），Uni-insight；2024 年 1—12 月

3. 商业：优质大剧强吸金，长视频招商能力增长

精品内容是带动平台广告增收的核心动力，2024 年好内容的爆发（尤其是电视剧领域）同步带动了广告招商力的增长。根据相关数据显示，同比 2023 年，2024 年电视剧投放品牌数同比增长了 14%，腾讯视频、优酷平台增幅超 18%。

在优质内容的带动下，优酷、爱奇艺、腾讯视频、芒果 TV 各平台电视剧自主招商的品牌数也大幅提升。2024 年，腾讯视频推出《繁花》《庆余年第 2 季》《玫瑰的故事》《九重紫》等多部爆剧，带动平台自招商品牌数同比增长了 18.3%。《墨雨云间》《追风者》等热剧的播出，同步带动了优酷、爱奇艺平台自招商客户数也实现了不同程度的增长。

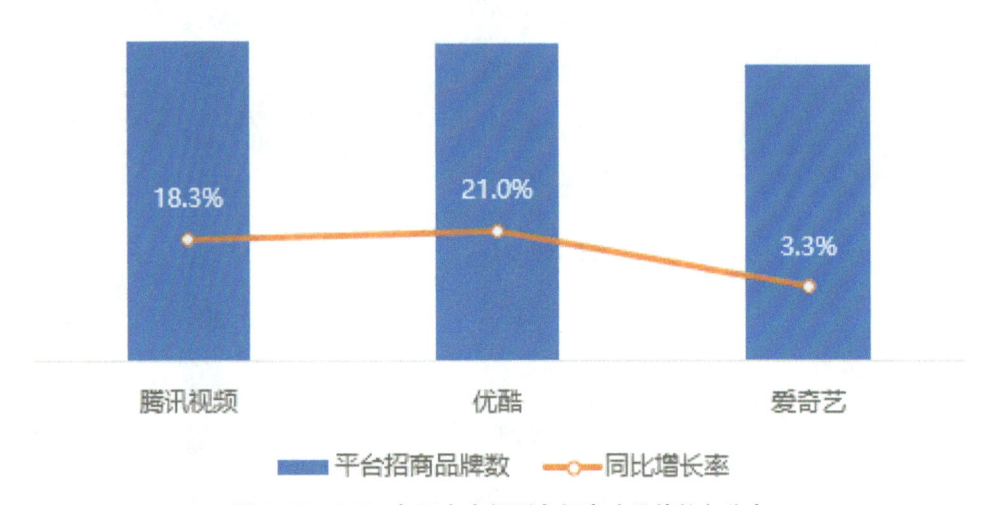

图 2-38 2024 年平台电视剧自招商（品牌数）分布

数据来源：击壤科技，《2024 年 H1 剧集广告大盘报告》

热剧效应招徕品牌客户的投放，2024 年大剧内容"吸睛"又"吸金"。腾讯视频《玫瑰的故事》以 50 个品牌合作遥遥领先，其次是优酷播出的《墨雨云间》和爱奇艺独播的《南来北往》单剧合作品牌数在 40 个以上，而这三部剧在大屏端的直点播日活量进入 2024 年 TOP15 榜单。由此可见，长视频的商业价值不容小觑，爆款内容汇聚品牌与用户注意力，是沟通品牌与受众的关键桥梁。在短视频的挤压下，长视频渠道的营销力并没有淡出广告主的视野，对品牌而言，长视频内容的质量及收视热度是决定广告主投放的关键动因。

（四）电商

1. 中国电商格局

2024 年，中国电商格局表现为主流电商稳健发展，兴趣电商飞速增长，社交电商和即时零售成为新增长引擎。

（1）综合电商

①淘宝天猫

2024年淘天策略为淡化价格竞争，消除行业壁垒，激发商家潜力，全面优化消费者体验。

具体措施为：

弱化绝对低价战略，回归GMV，更注重整体商业价值的提升，并通过一系列举措消除行业壁垒，激发商家潜力；注重业务创新，进行购物玩法与业务调整；加大会员服务与补贴优化；售后政策优化；内容化升级，启动OTT直播电商，发布"淘宝种草计划"；扶持升级商家，如推出直播全托管、蓝星计划、店铺体验分体系等；建立1688买家体验升级计划与淘工厂。

②京东

2024年京东策略为深入业务一线，以"又好又便宜"为核心，推动业务创新，提升用户体验，带动各品类良性增长与活跃用户数、购物频次提升。

具体措施为：

确定内容生态、开放生态、即时零售为三大必赢之战，进行战略升级；扶持商家发展，加大现金投入，推出"京喜自营"，升级"春晓计划"，推出海外仓标准产品，开启"白牌国货工厂百亿扶持计划"；强化价格竞争力，京东超市公布"就是便宜"品牌主张，加码百亿补贴，延长价保概念，调整搜索推荐规则，向优质价格竞争力商品倾斜流量。

③拼多多

2024年，拼多多围绕战略调整、扶持激励商家、业务创新等方面发力，旨在巩固国内市场份额，开拓海外市场，推动业务持续增长。

具体措施为：

进行战略调整，转变国内业务重心，从追求商业化、提升利润，转变为将GMV放回第一目标，通过一系列举措吸引消费者，扩大市场份额；海外市场积极扩张，拼多多旗下的Temu持续推进海外扩张，已上线全球共计82个国家地区，从而创造新的增长机遇；积极扶持激励商家；积极进行业务线创新，如智能定价与截流、精准营销与选品。

（2）内容电商

①抖音

2024年抖音电商在战略、扶持激励、业务创新等方面积极变革，以应对市场变化，推动业务增长。

具体措施为：

推进低价战略，2月宣布启动低价战略，将"价格力"设定为2024年优先级最高任务，把"低价"提升为核心战略；转变经营目标，7月调整经营目标优先级，下半年重点追求GMV增长，精细化提升价格力，在保证商品价格优势的同时，注重品质与服务，实现有质量的增长；扶持产业带商家，推出GMV返现，最高比例达50%，加大政策优化与流量支持；创新业务线，推出新APP与频道"抖音商城版"APP、"低价好卖"频道等；增加功能内测与玩法更新。

②快手

2024年快手电商通过战略合作、全域经营、商家达人扶持等举措，推动电商业务持续健康增长，构建内容与电商深度融合的生态体系。

具体措施为：

拓展战略合作与业务，1月与携程合作，发力本地生活生态，9月上线小时达服务；实施全域经营策略，融合创新内容电商，推出达人直播带货合作计划"达播星计划"，发布首部AIGC短剧，上线"购物团""万人团"等营销工具；升级客服平台，优化用户咨询、售后等服务流程；加大商家及达人生态建设，启动快手优选项目，推出"新商起航计划"。

③视频号

2024年视频号围绕架构调整、功能升级、商家达人扶持等方面，致力于深化电商业务布局，融入微信生态，挖掘私域潜力，推动电商生态繁荣。

具体措施为：

视频号直播电商团队调整并入微信开放平台，使直播电商业务更好融入微信生态，凸显视频号对电商业务的战略重视。功能升级与体验优化，如广告投放拓展，视频号直播广告支持投放朋友圈广告，并开始涉足本地生活业务。对达人、商家和微短剧进行扶持激励。

④小红书

2024年小红书聚焦电商业务升级，强化"生活方式电商"定位，通过架构调整、业务创新及生态扶持，推动买手经济与年轻消费群体深度融合。

具体措施为：

战略升级，进行组织调整，合并买手运营与商家运营业务，成立新的电商运营部。首提"生活方式电商"，满足用户对品质生活的追求。内测自研大模型"小地瓜"，优化社交与搜索体验。营销工具升级，上线移动端营销平台"聚光Lite"，9月全量开放一体化电商营销平台"乘风"。交易链路强化。12月明确2025年三大方向：多行业拓展、投中投后能力加强、生态开放，进一步完善电商基建。

（3）直播电商

2024年，红人直播电商行业在挑战与机遇中前行，呈现出风格多元化、行业规范化等特点。直播风格走向差异化，如贴心导购型的李佳琦，情绪调动型的辛巴和陪伴闲聊型的李诞。同时，切片分销成为新动力，众多头部主播纷纷涉足切片分销领域，如辛巴成立短视频切片带货公司，李诞提供切片授权合作等。切片分销将主播直播内容进行二次创作与分发，能够触达更广泛的用户群体，借助主播的影响力实现商品的多次销售，为行业增长注入新动力，成为推动直播电商发展的重要模式。

（4）即时零售电商

2024年即时零售电商持续保持强劲增长势头，在内容化、履约时效、服务体验等方面取得显著进展，同时各平台积极创新竞争，推动行业不断变革。

① 美团

坚定实施低价战略，强调2024年到店之战关键在"天天低价"，外卖将"高性价比"确立为重要方向并推出"省钱版"。大力打造内容生态，短视频界面改版、增设剧场频道、上线原创自制短剧、短视频页面"剧场"频道改为"短剧"频道。

② 饿了么

发布全新品牌形象"饿了么大蓝"及标语"好伙伴，主打e个陪伴"。积极开拓新业务，推出成人情趣用品业务、即时零售新IP"24小时·随便点"等。注重商家成长扶持。

（5）新零售

2024年，新零售在数字化浪潮下持续演进，通过线上线下融合、供应链优化、业态创新等举措，重塑消费体验，满足消费者多元需求，展现出强大的市场活力与发展潜力。代表品牌有山姆会员店、盒马、胖东来等。

（6）特色电商

2024年，特色电商在市场多元化需求推动下，呈现出规模扩张、模式创新、品类丰富等发展态势，通过挖掘细分市场，以独特定位与服务满足消费者个性化需求，在电商领域崭露头角。特色电商包括折扣特卖电商、闲置交易电商、潮流消费电商、私域团购电商等。

2. 存量市场下，"穷则思变"，各路电商玩家下场"拼刺刀"

移动购物APP行业流量增长明显放缓，平台转向培育存量用户，提高核心人群的用户黏性。QuestMobile数据显示，2023年12月，移动购物行业APP用户规模达10.74亿，同比增长率由2022年同期的7.6%下降至1.5%。但用户使用时长增长依然可观，月人均使用时长达11.4小时，同比增长10.1%。

图2-39 移动购物APP行业用户规模与同比增长率变化

数据来源：QuestMobile TRUTH 中国移动互联网数据库，2023年12月

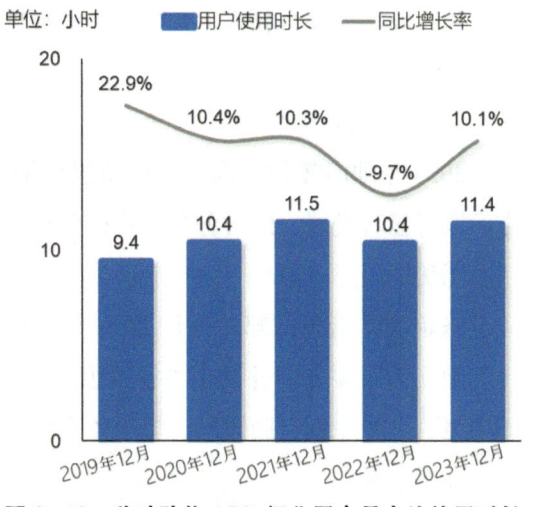

图2-40 移动购物APP行业用户月人均使用时长与同比增长率变化

数据来源：QuestMobile TRUTH 中国移动互联网数据库，2023年12月

理性消费趋势催化下，人们更注重可持续发展，二手电商加速发展，闲置交易APP行业活跃用户规模同比增长近30%。

第二章 数字营销行业生态

图 2-41　2023 年 12 月移动购物行业用户规模同比增长率 TOP 5 细分 APP 行业

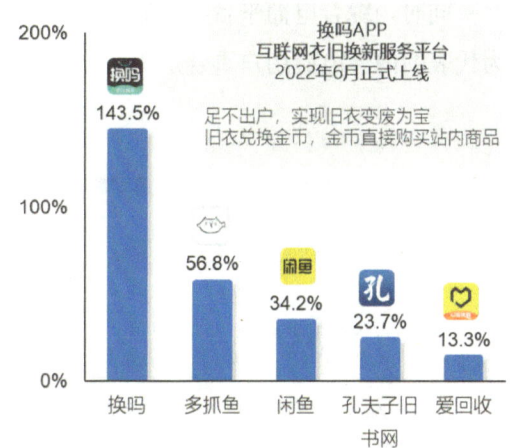

闲置交易 29.1%
数码电商 21.9%
优惠比价 3.0%
综合电商 1.5%
导购分享 0.7%

注：移动购物行业用户规模同比增长TOP5细分行业仅统计2023年12月活跃用户规模大于2000万的行业。

数据来源：QuestMobile TRUTH 中国移动互联网数据库，2023 年 12 月

图 2-42　2023 年 12 月闲置交易行业用户规模同比增长率 TOP 5 APP

换吗APP 互联网衣旧换新服务平台 2022年6月正式上线
足不出户，实现旧衣变废为宝
旧衣兑换金币，金币直接购买站内商品

换吗 143.5%
多抓鱼 56.8%
闲鱼 34.2%
孔夫子旧书网 23.7%
爱回收 13.3%

数据来源：QuestMobile TRUTH 中国移动互联网数据库，2023 年 12 月

移动购物电商平台进入存量博弈阶段，彼此间的用户渗透逐渐加深，呈现"你中有我，我中有你"的竞争态势。

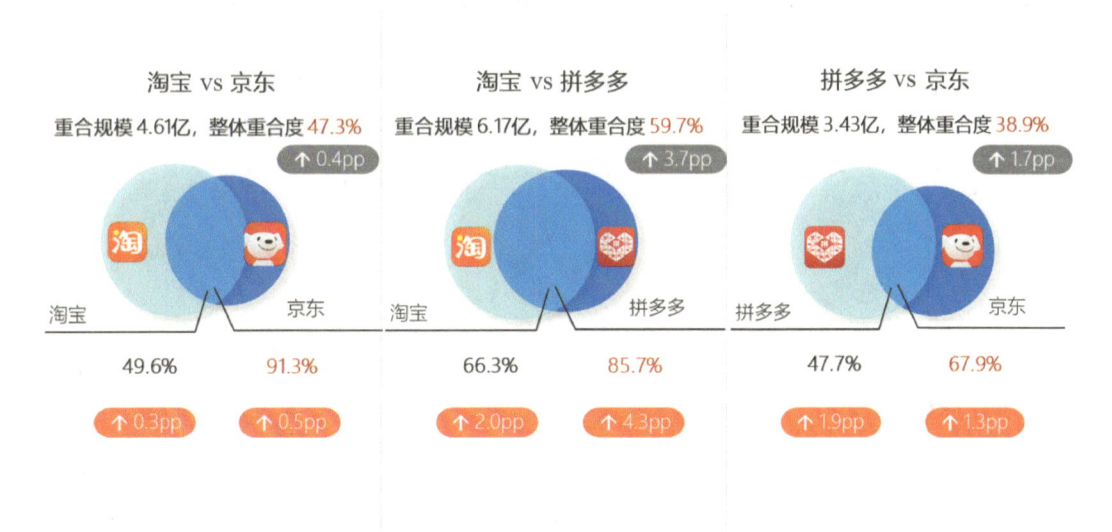

淘宝 vs 京东
重合规模 4.61 亿，整体重合度 47.3% ↑0.4pp
淘宝 49.6% ↑0.3pp
京东 91.3% ↑0.5pp

淘宝 vs 拼多多
重合规模 6.17 亿，整体重合度 59.7% ↑3.7pp
淘宝 66.3% ↑2.0pp
拼多多 85.7% ↑4.3pp

拼多多 vs 京东
重合规模 3.43 亿，整体重合度 38.9% ↑1.7pp
拼多多 47.7% ↑1.9pp
京东 67.9% ↑1.3pp

注：1. 整体重合度=A与B的重合用户规模/（A+B）去重活跃用户规模；2. 相比去年同期变化=2023年12月重合率-2022年12月重合率。

图 2-43　2023 年 12 月典型综合电商平台用户重合情况及相比去年同期变化

数据来源：QuestMobile TRUTH 中国移动互联网数据库，2023 年 12 月

同时，综合电商平台与内容电商平台的竞争也日渐胶着，电商平台与以抖音、快手为代表的内容电商用户重合加深。

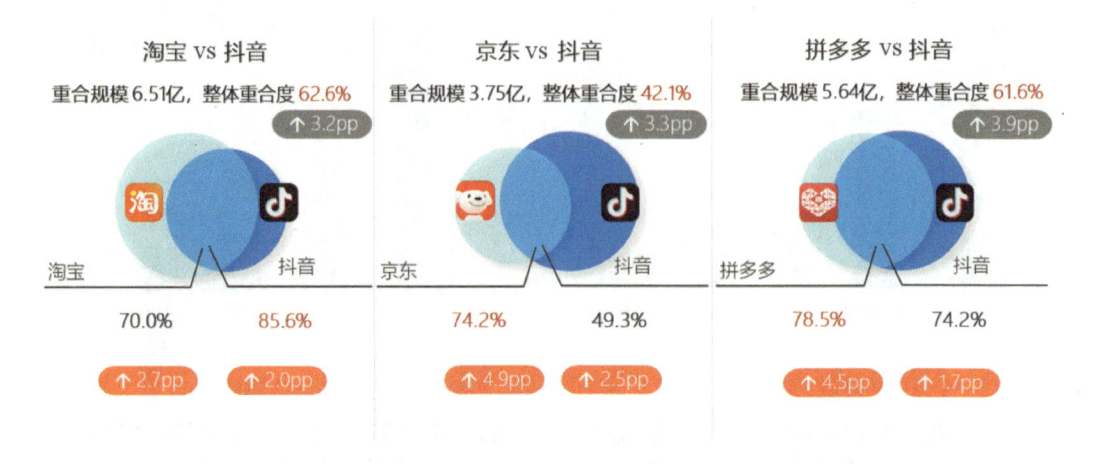

淘宝 vs 抖音
重合规模6.51亿，整体重合度62.6% ↑3.2pp
- 淘宝 70.0% ↑2.7pp
- 抖音 85.6% ↑2.0pp

京东 vs 抖音
重合规模3.75亿，整体重合度42.1% ↑3.3pp
- 京东 74.2% ↑4.9pp
- 抖音 49.3% ↑2.5pp

拼多多 vs 抖音
重合规模5.64亿，整体重合度61.6% ↑3.9pp
- 拼多多 78.5% ↑4.5pp
- 抖音 74.2% ↑1.7pp

注：1. 整体重合度=A与B的重合用户规模/（A+B）去重活跃用户规模；2. 相比去年同期变化=2023年12月重合率-2022年12月重合率。

图2-44　2023年12月综合电商平台与内容电商平台用户重合情况及相比去年同期变化（一）

数据来源：QuestMobile TRUTH 中国移动互联网数据库，2023年12月

从综合电商平台与内容电商平台重合情况来看，淘宝、京东、拼多多与抖音的重合用户规模均高于3.5亿，与快手的重合用户规模分别为3.11亿、1.60亿、3.02亿。

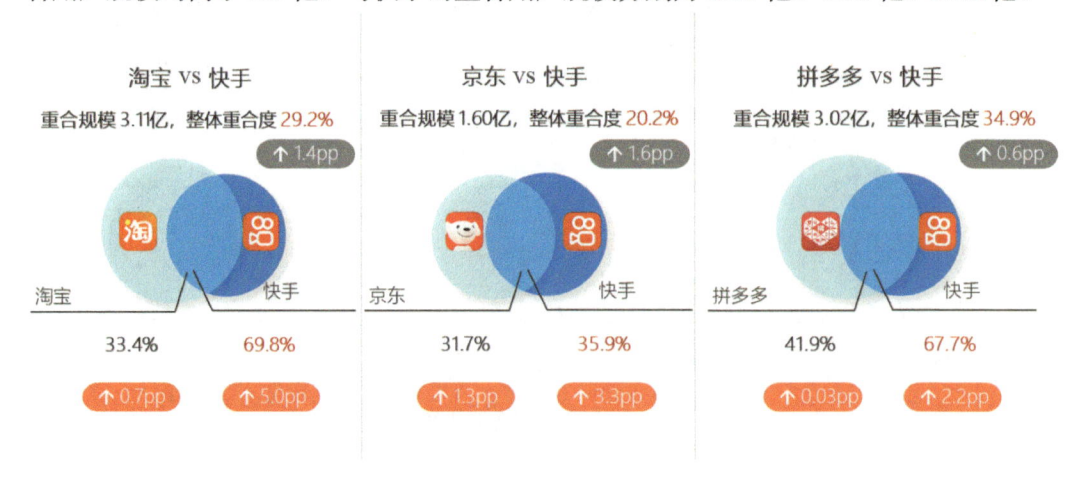

淘宝 vs 快手
重合规模3.11亿，整体重合度29.2% ↑1.4pp
- 淘宝 33.4% ↑0.7pp
- 快手 69.8% ↑5.0pp

京东 vs 快手
重合规模1.60亿，整体重合度20.2% ↑1.6pp
- 京东 31.7% ↑1.3pp
- 快手 35.9% ↑3.3pp

拼多多 vs 快手
重合规模3.02亿，整体重合度34.9% ↑0.6pp
- 拼多多 41.9% ↑0.03pp
- 快手 67.7% ↑2.2pp

注：1. 整体重合度=A与B的重合用户规模/（A+B）去重活跃用户规模；2. 相比去年同期变化=2023年12月重合率-2022年12月重合率。

图2-45　2023年12月综合电商平台与内容电商平台用户重合情况及相比去年同期变化（二）

数据来源：QuestMobile TRUTH 中国移动互联网数据库，2023年12月

第二章　数字营销行业生态　　077

此外，内容驱动流量增长，新媒体电商整体用户增长势头也高于传统电商平台。

图 2-46　2023 年 12 月典型内容电商 APP 用户规模增长情况

抖音 7.61　微博 5.06　快手 4.46　哔哩哔哩 2.26 ↑15.3%　小红书 2.14 ↑24.5%

数据来源：QuestMobile TRUTH 中国移动互联网数据库，2023 年 12 月

图 2-47　2023 年 12 月典型综合电商 APP 用户规模增长情况

淘宝 9.30（4.8%）　拼多多 7.19（2.6%）　京东 5.05（4.8%）

数据来源：QuestMobile TRUTH 中国移动互联网数据库，2023 年 12 月

3. 春节期间典型电商平台流量抢夺激烈

春节前期购置年货需求增多，电商平台开启年货节，通过百亿补贴、跨店满减、小年直播夜等促销活动刺激消费者，春节假期开展不打烊、春晚同款等系列营销活动，双重促进平台用户活跃。QuestMobile 数据显示，京东作为央视春晚独家互动合作平台，除夕当天流量达 1.51 亿，同比流量增长 105.4%。

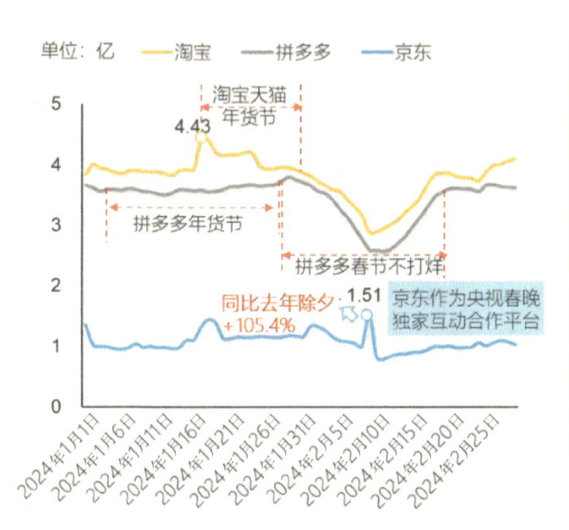

图 2-48　综合电商 APP 日活跃用户规模 TOP3

数据来源：QuestMobile TRUTH 中国移动互联网数据库，2024 年 2 月

图 2-49　2024 年春节期间综合电商 APP 典型营销案例

淘宝热搜"春晚同款"上榜　　拼多多春节不打烊会场　　京东开设春晚同款会场

数据来源：根据公开资料整理，2024 年 2 月

即时零售平台备战年货节，成为传统电商和线下超市之外的新力量；典型平台推出高端礼盒、开展价格促销、优化升级春节期间配送服务，助推平台在除夕前一天流量达到高峰。

图 2-50　典型即时零售 APP 日活跃用户规模

数据来源：QuestMobile TRUTH 中国移动互联网数据库，2024 年 2 月

图 2-51　典型即时零售 APP 年货节营销举措

盒马
- 围绕"好货不贵"主题上架高质价比的礼盒
- 革新了年菜工艺，启用全新的原汤冷冻工艺
- 推出"让年菜先到家"的配套服务

叮咚买菜
- 开发一站式年货商品服务，覆盖12个品类和多种用餐场景。定制研发迷你八宝甜盅、金元宝造型的八宝饭
- 今年春节期间不打烊，让消费者能够随时享受最快29分钟配送到家的服务

小象超市
- 年货节推出"爆品秒杀"和"半价日真5折"等优惠活动
- 丰富和细化年货节商品供给，上架高端水果礼盒，以及休闲零食、牛奶、五谷杂粮等多元化礼盒，还上线百款年花商品和52余款年节饰品
- 年货的存储、分拣、配送等领域推出物流与服务的优化升级，商品最快30分钟送到家

数据来源：根据公开资料整理，2024 年 2 月

抖音旗下各平台联合开展抢新春券包、抖音商城好物年货节等系列活动，接连不断刺激各圈层用户互动分享，抢占春节流量。

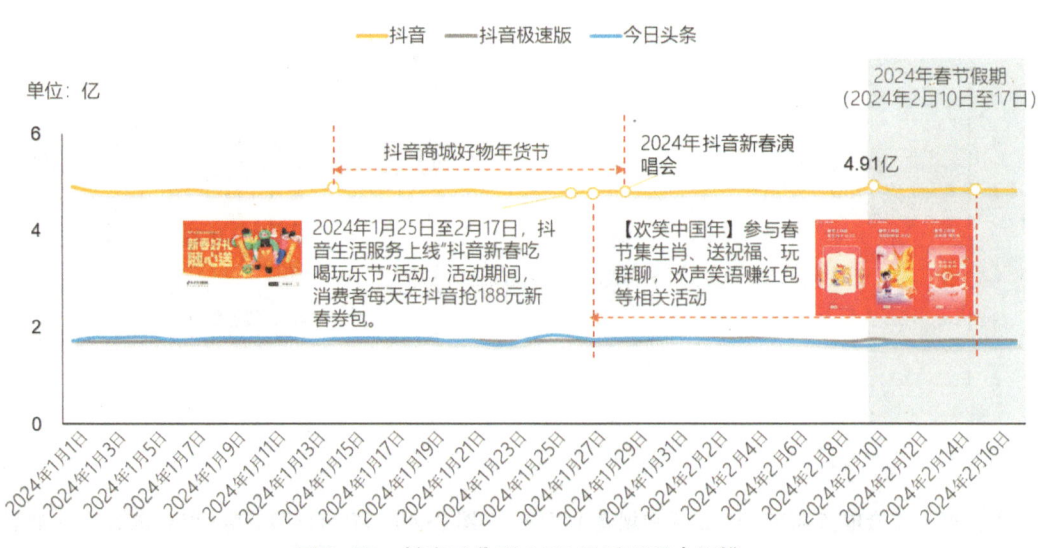

图 2-52　抖音系典型 APP 日活跃用户规模

数据来源：QuestMobile TRUTH 中国移动互联网数据库，2024 年 2 月

快手编排紧密的年味营销活动，拉近与"老铁"间距离；用户在平台买年货、看铁晚、逛云上庙会、除夕夜追明星大咖直播，助力快手APP除夕当日流量达2.16亿。

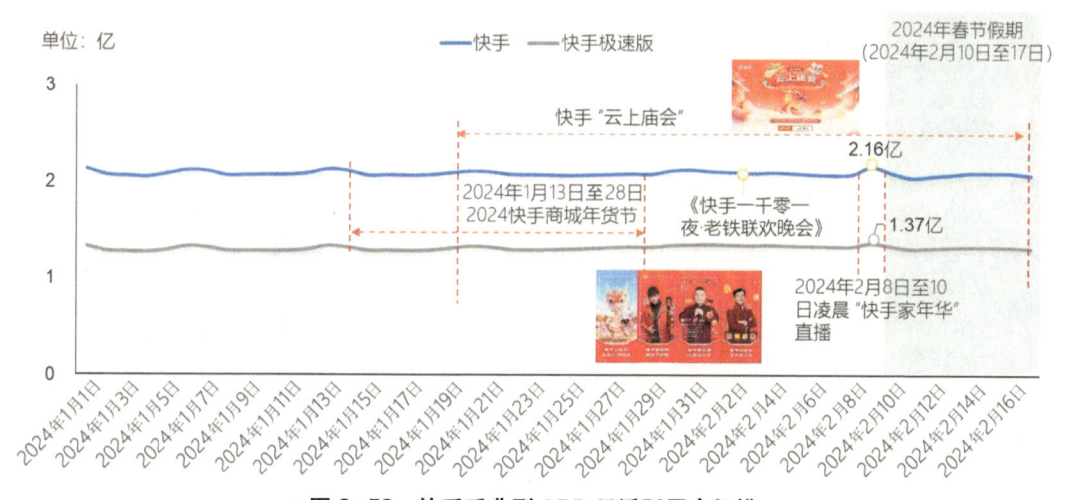

图 2-53　快手系典型 APP 日活跃用户规模

数据来源：QuestMobile TRUTH 中国移动互联网数据库，2024 年 2 月

4. 五一假期线上电商平台、线下城市商圈消费需求增长；"6·18"期间货架电商基本盘稳固，内容电商持续增长

五一期间电商平台的各类优惠直播活动，激发了消费者的购物欲望。尤其是对于休闲娱乐、旅游出行相关产品和服务的需求增加，推动电商平台流量的上升。

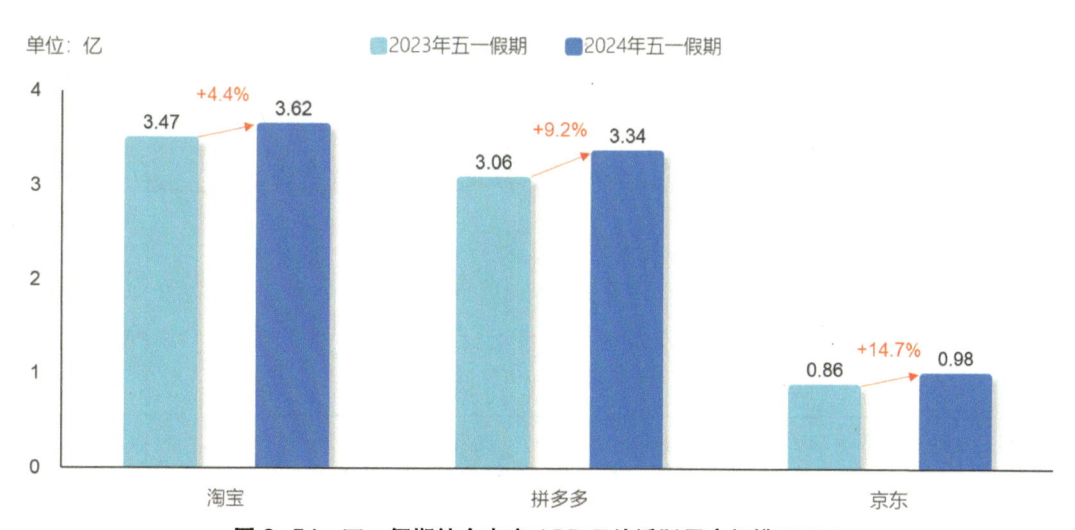

图 2-54　五一假期综合电商 APP 日均活跃用户规模 TOP 3

数据来源：QuestMobile TRUTH 中国移动互联网数据库，2024 年 5 月

线下各城市商圈也紧跟假期热度，推出与当地特色相结合的娱乐消费活动，促进实体消费增长。

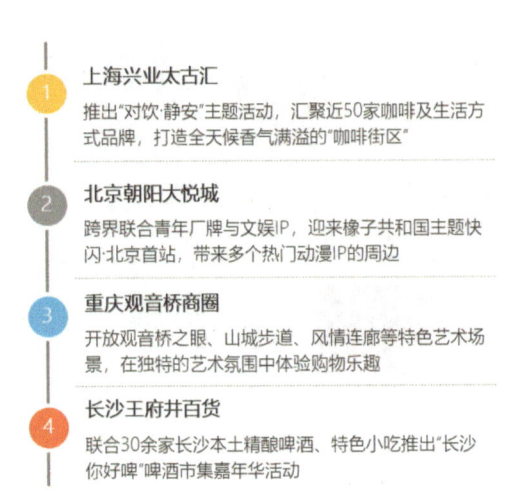

1 上海兴业太古汇
推出"对饮·静安"主题活动，汇聚近50家咖啡及生活方式品牌，打造全天候香气满溢的"咖啡街区"

2 北京朝阳大悦城
跨界联合青年厂牌与文娱IP，迎来橡子共和国主题快闪·北京首站，带来多个热门动漫IP的周边

3 重庆观音桥商圈
开放观音桥之眼、山城步道、风情连廊等特色艺术场景，在独特的艺术氛围中体验购物乐趣

4 长沙王府井百货
联合30余家长沙本土精酿啤酒、特色小吃推出"长沙你好啤"啤酒市集嘉年华活动

图 2-55　2024 年五一假期典型城市商圈活动

数据来源：商务部，2024 年 5 月

图 2-56　2024 年五一假期典型超市 APP 日均活跃用户规模

数据来源：QuestMobile TRUTH 中国移动互联网数据库，2024 年 5 月

移动购物行业流量平稳，增量见顶；临近大促尾声，该行业流量达到高峰，日活跃用户规模均值达 6.67 亿。

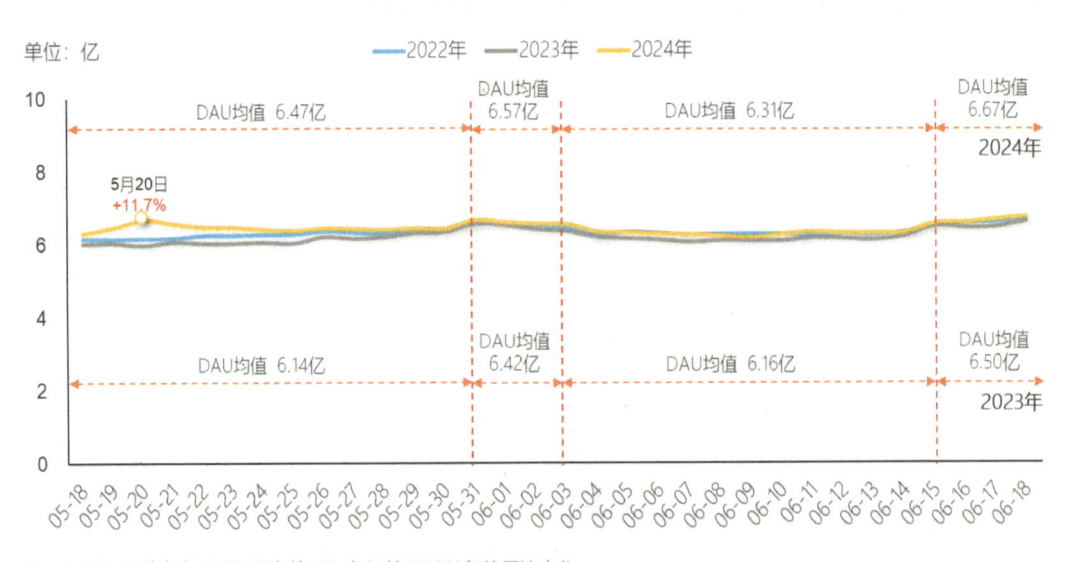

图 2-57　2022—2024 年"6·18"期间移动购物 APP 行业日活跃用户规模

数据来源：QuestMobile TRUTH 中国移动互联网数据库，2024 年 6 月

第二章　数字营销行业生态

综合电商平台用户活跃变化与大促节点一致，内容电商平台流量变化相对平稳。

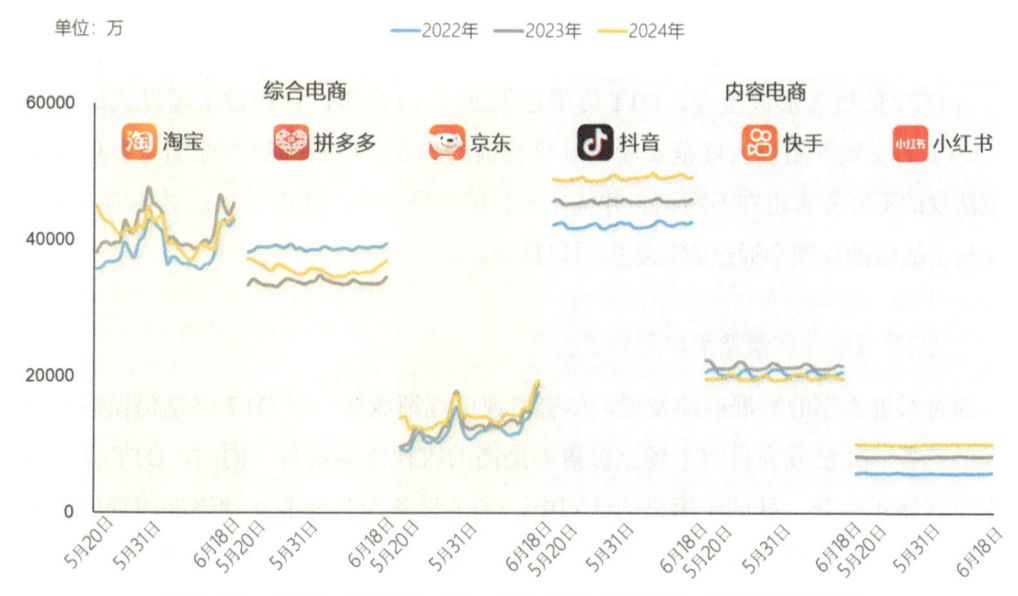

图 2-58　2022—2024 年"6·18"期间 典型 APP 日活跃用户规模

数据来源：QuestMobile TRUTH 中国移动互联网数据库，2024 年 6 月

"6·18"大促期间，电商平台全渠道流量聚合，多入口触达用户，优化流量的获取、转化和留存。

公司	阿里巴巴	拼多多	京东	抖音	快手	小红书
去重总用户量（万）	95185	93308	78302	77598	42130	22006

各渠道流量占比：
- 淘宝：APP 99.9%
- 拼多多：APP 74.3%，微信小程序 27.1%
- 京东：APP 73.7%，微信小程序 47.1%
- 抖音：APP 100.0%
- 快手：APP 98.4%，2.7%
- 小红书：APP 99.1%

注：1. 数据统计时间为2024年5月20日至6月18日；2. 去重总用户量：在统计周期(周/月)内，该应用在各渠道用户量的去重总量(仅对全景流量去重)；3. 各渠道流量规模占比=该渠道用户量/去重总用户量；4. 各渠道流量占比低于1%的渠道未做显示。

图 2-59　2024 年"6·18"期间典型综合电商和内容电商平台全景流量规模分布

数据来源：QuestMobile TRUTH 全景生态流量数据库，2024 年 6 月

（五）OTT

自 OTT 的概念形成至今，OTT 终端已发展了 10 余年，在经过了爆发式的增长期后，OTT 的发展开始进入规范发展与寻求突破的阶段。电视大屏行业随着管理制度与政策法规的不断完善也在不断调整并优化自身的发展战略，而电视观众对各项行业政策以及运营战略的反馈会通过收视数据得以体现。

1. OTT 设备保有量及用户量持续上升

通过对近六年的数据追踪发现，尽管增速已逐渐放缓，但 OTT 终端仍保持着每年增长的趋势，并已成为目前市场上覆盖率最高的收视终端设备。同时，OTT 设备的联网率也在逐年上升，可见在用户的认知中，OTT 设备作为智能互动终端的身份越来越被接受。OTT 设备作为智能互动终端的主要功能 —— 互动收视的用户量在近六年也呈增长趋势，尤其在新一线城市、三/四线城市以及华南地区的用户覆盖率均已过半。

随着 OTT 设备的市场覆盖，目前已经成为最主流的大屏收视终端，并且其覆盖率仍在持续上升，这意味着 OTT 的主页已成为家庭大屏收视的第一流量入口，这个入口也将成为各内容/服务平台的必争之地。而 OTT 互动平台用户量的逐步上升，也代表电视大屏的互动模式正在逐渐被用户所接受，用户的大屏使用习惯仍在渐进式地转变中。从整体看，OTT 在大屏收视市场的影响力一直在增强，且在未来一段时间仍将保持增长。

（1）OTT 终端覆盖率逐年提升，智能电视是主流大屏收视终端

在 2018 年，OTT 设备（包括智能电视和互联网盒子）的全国家庭覆盖率[①]仅 39%，之后 5 年内，OTT 设备在全国家庭中的覆盖率逐年上升。截至 2023 年底，OTT 设备已覆盖全国 60% 的家庭，较 2022 年度提升 3.4%。

与 OTT 设备共同成长的还有 IPTV 机顶盒的家庭覆盖率。在 2018 年，IPTV 机顶盒的覆盖率为 36%，在逐年稳步增长下，至 2023 年底，IPTV 机顶盒已覆盖全国 58% 的家庭。从收视终端看，IPTV 机顶盒和 OTT 设备已成为受众大屏收视的重要媒介。

[①] 设备家庭覆盖率：拥有一个或多个目标调查设备的家庭数量占所有家庭的比例；一个家庭中可能有多种目标调查设备，如一个家庭可能同时拥有 OTT 和 IPTV 设备。

图 2-60　2018—2023 年收视设备家庭覆盖率

数据来源：CSM 基础研究，2024 年

自 2018 年来，在市场保有的 OTT 终端设备中，智能电视一直是 OTT 设备的主流。在 2018 年，智能电视终端在所有 OTT 终端中占比为 96.4%，之后几年中，该比例持续上升，在 2023 年底，智能电视终端占比已达 98.7%。同时期，互联网盒子的占比持续下降，由 2018 年的 11.3% 降至 2023 年的 5.5%。随着智能电视覆盖率的持续提升，互联网盒子作为传统电视到智能电视转型期的过渡性产物，正在逐步退出家庭大屏收视舞台。

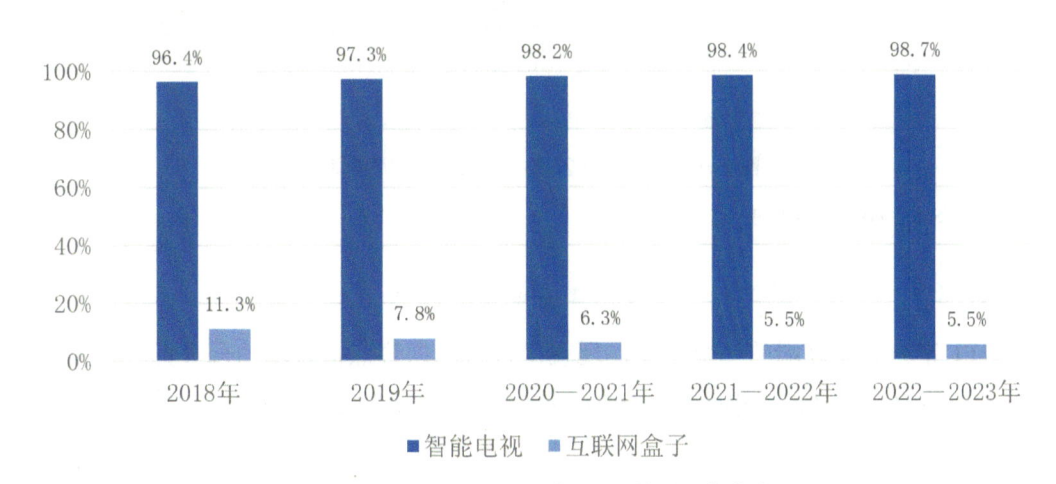

图 2-61　2018—2023 年 OTT 终端设备占比

数据来源：CSM 基础研究，2024 年

（2）用户逐步接受 OTT 设备互动性

在 OTT 终端，尤其是智能电视推出市场初期，部分用户并不了解设备的互动性，并未将设备与互联网连接，仅将其视为普通的电视收视屏。随着设备普及率的增长、受众对设备认知度的增加，OTT 终端的联网率[①]逐年上升。在 2018 年，市场上 58.1% 的 OTT 设备与互联网连接，至 2023 年底，该比例已上升至 71.9%，增幅达 23.8%。

从全国电视家庭户的角度看，在 2018 年，全国 22.7% 的家庭户为 OTT 联网家庭户[②]。至 2024 年，全国 43.3% 的家庭户为 OTT 联网家庭户，较 2018 年增幅达 90.7%。可见，越来越多的家庭开始逐渐熟悉并习惯 OTT 设备的互动功能，设备的潜力得以逐步激发。

图 2-62　2018—2023 年 OTT 终端联网率

数据来源：CSM 基础研究，2024 年

（3）OTT 互动平台在新一线城市触达超 40% 受众

OTT 作为智能终端的一个主要体现就是包含了内容点播及增值服务的互动服务。随着大屏用户对互动模式接受度的增加，OTT 互动平台的受众规模也在增加。数据显

---

① OTT 终端联网率 = 家庭中联网 OTT 终端数量 / 所有 OTT 终端数量 ×100%。
② OTT 联网户占比 =OTT 联网家庭户数量 /OTT 家庭户数量 ×100%；OTT 联网家庭户：家庭中拥有至少一个 OTT 设备，且至少一个 OTT 连接互联网；OTT 家庭户：家庭中拥有至少一个 OTT 设备。

示，在 2019 年，OTT 互动平台触达了 26.6% 的电视观众[①]，至 2023 年，该比例已达到 39.6%，增幅达 48.9%。因行业政策等影响，在 2024 年 OTT 互动平台的受众规模停止增长，保持在 39.5%。

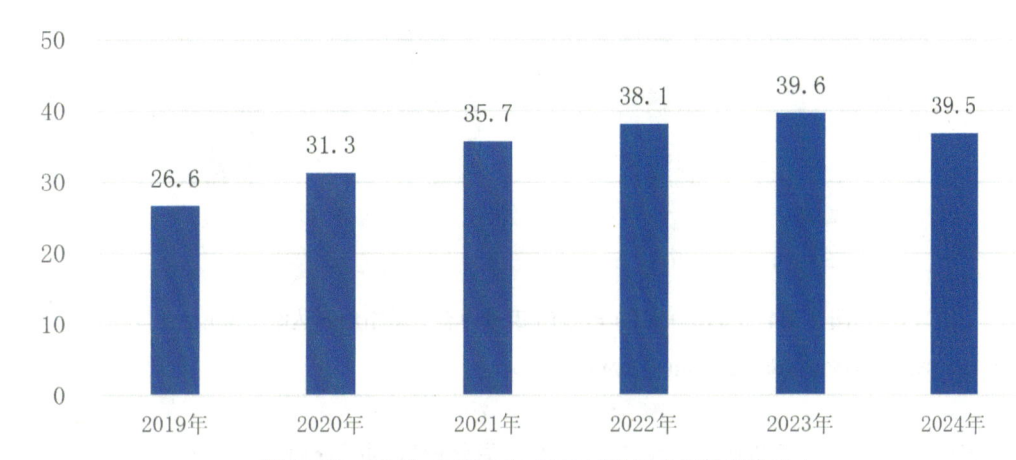

图 2-63　2019—2024 年 OTT 互动平台到达率（%）

数据来源：CSM 媒介研究重点城市组，2019—2024 年

分不同城市组看，在 2024 年，OTT 互动平台在新一线城市以及二线城市的受众触达较高。一线城市组 OTT 互动平台的到达率在 2019—2024 年间始终为所有城市组中最高，在 2019 年，一线城市组 OTT 互动平台的触达率已达到 32.4%，同时期三、四线城市组的触达率仅 18.7%。此后，OTT 互动平台在一线城市的触达率保持上升趋势，直至 2024 年首次下降；此期间，各线城市组的 OTT 互动平台触达率均在快速上升，其与一线城市的触达率差距在逐年缩小。截至 2024 年，一线城市组的 OTT 互动平台到达率为 42.4%，较 2019 年增幅为 30.6%；三、四线城市组的 OTT 互动平台到达率为 36.8%，较 2019 年增幅为 96.8%。

---

① 数据统计周期内至少一次连续使用 OTT 互动服务超过 1 分钟的电视观众，数据统计以人为单位，下同。

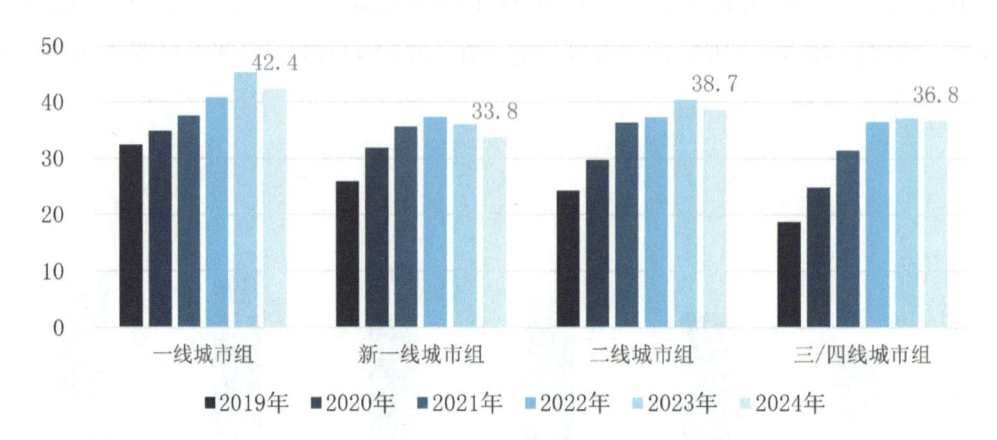

图 2-64　2019—2024 年 OTT 互动平台分城市组到达率（%）

数据来源：CSM 媒介研究重点城市组，2019—2024 年

分区域看，OTT 互动平台在华南、华中及华北地区的受众触达率较高，在西南和东北地区有待拓展。从近年的发展趋势看，各地区的用户量在 2023 年后均有所回落，但其整体仍呈上升趋势。其中在华南地区，OTT 互动平台受众增幅最为显著，其受众规模在 2023 年达到最高点 55.6%，在 2024 年回落至 53.8%，较 2019 年同期增幅 62.0%。

在华中和西南地区，OTT 互动平台的受众规模变化趋势与其他地区略微不同。在华中地区，其受众规模在 2022 年达到最高点后逐年小幅回落，截至 2024 年，OTT 互动平台规模占比为 42.5%，较最高点回落 2.6%，但仍高于 2021 年的受众规模。在西南地区，其受众规模在 2021 年达到最高点后逐年小幅回落，截至 2024 年，OTT 互动平台在西南地区的受众规模为 25.4%，较最高点回落 4.4%，但仍高于 2020 年的受众规模。

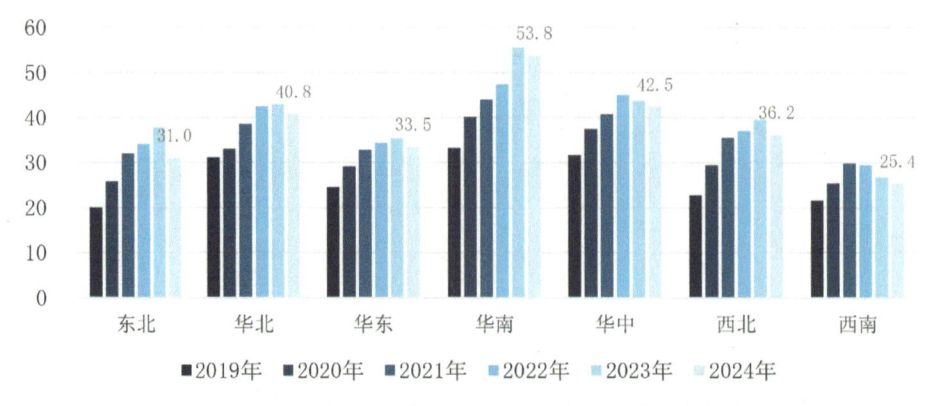

图 2-65　2019—2024 年 OTT 互动平台分区域到达率（%）

数据来源：CSM 媒介研究重点城市组，2019—2024 年

2. OTT 是主流非直播收视平台，用户优势显著

在电视大屏激烈的竞争中，OTT 以优异的覆盖率数据和用户数据保持了较高的市场影响力。在收视占比上，OTT 互动平台为电视大屏贡献了近一半的非直播收视，是主流的非直播收视平台。同时，电视大屏的主要盈利途径是用户付费及广告主付费，因此，付费意愿高的用户群体以及广告主主要关注的用户群体就成为了电视大屏的高价值用户群。这部分高价值用户为 OTT 互动平台贡献了大比例收视，这使得 OTT 平台具有较高的用户优势，从而提升了平台的商业竞争力。

（1）OTT 互动平台在非直播收视中占比超四成

如将所有非直播收视视为整体，目前主要由数字有线的互动平台（以点播、回看为主，还包括其他互动功能服务，下同）、IPTV 互动平台以及 OTT 互动平台共同构成。在 2024 年，OTT 互动平台在整体非直播收视中，占比 49.0%[①]，在三个主要非直播收视提供方中优势明显。在 2019 年，OTT 互动平台在非直播收视中占比 33.3%，之后逐年上升，在 2023 年达到最高点 49.0%，在 2024 年略有回落，但仍较 2019 年上涨 15.7%，增幅达 47.1%。OTT 互动平台在非直播收视中占比整体呈上升趋势，近年来趋于稳定。

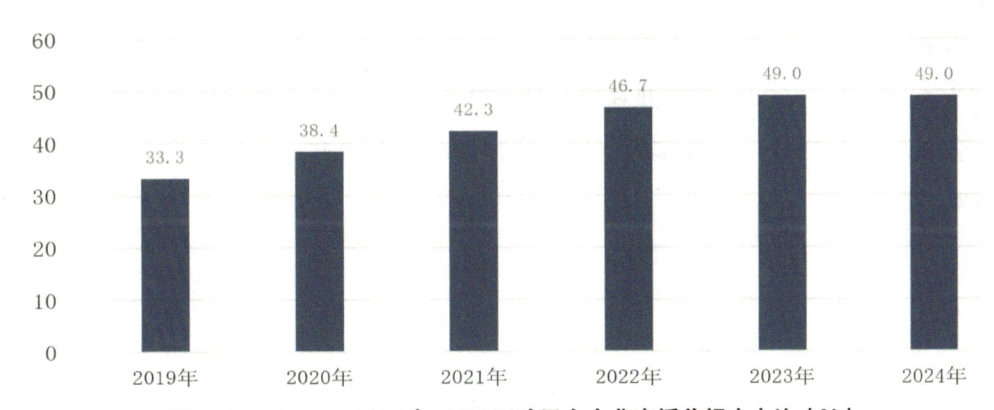

年份	占比
2019年	33.3
2020年	38.4
2021年	42.3
2022年	46.7
2023年	49.0
2024年	49.0

图 2-66　2019—2024 年 OTT 互动平台在非直播收视中占比（%）

数据来源：CSM 媒介研究重点城市组，2019—2024 年

分城市组看，OTT 互动平台在各城市组收视占比较均衡，其在非直播收视中的占比均超过 40%，其中在一线城市组和二线城市组中占比相对较高，均接近 50%。从变化趋势看，各线城市组在 2019—2023 年间呈逐年上升趋势，2024 年该比例有所回落，

---

① OTT 互动平台在非直播收视中占比 =OTT 互动平台收视率（%）非直播收视收视率 ÷100%。

其中在三、四线城市组的回落比例最低。

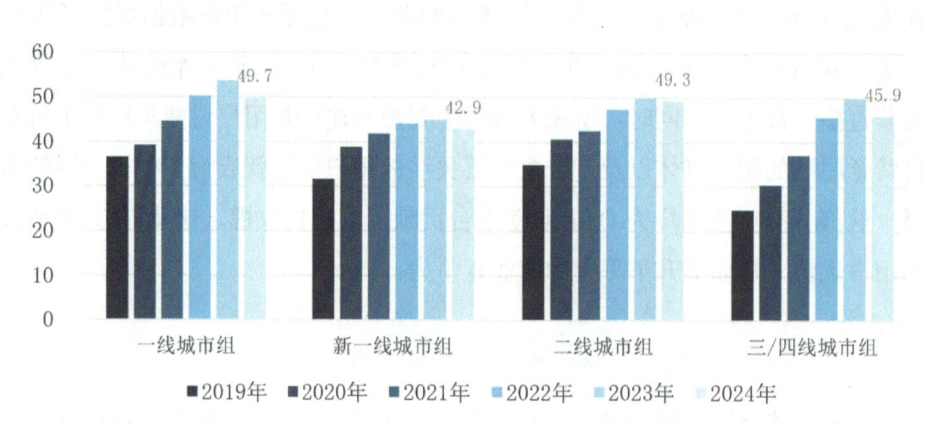

图 2-67　2019—2024 年分城市组 OTT 互动平台在非直播收视中占比（%）

数据来源：CSM 媒介研究重点城市组，2019—2024 年

分区域看，OTT 互动平台在除西南外六个地区非直播收视中的占比均超过 40%，其中在华南地区、华北地区和华中地区非直播收视中的占比超过 50%，竞争力突出。从变化趋势看，在除东北外的六大区域 OTT 互动平台在非直播收视中占比在 2019—2023 年间均呈逐年上升趋势，平台竞争力持续提升，而在 2024 年则略有回落。其中，华南及华中地区在 2019—2023 年间的增幅尤为显著，其在 2023 年的占比较 2019 年的增幅分别为 59.1% 和 37.2%。在东北地区，该占比在 2019—2021 年间快速增长并在 2021 年达到 50%，在 2021—2023 年间，该占比持续稳定在 50%，在 2024 年该占比滑落至 46.4%。

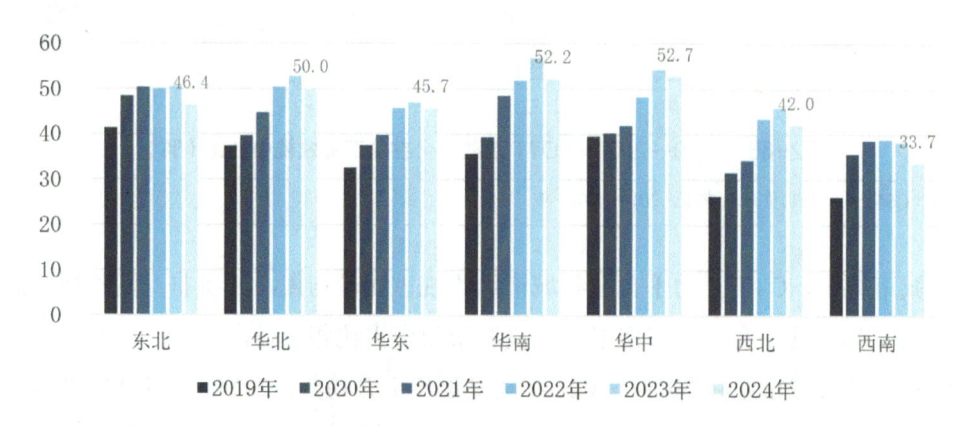

图 2-68　2019—2024 年分区域 OTT 互动平台在非直播收视中占比（%）

数据来源：CSM 媒介研究重点城市组，2019—2024 年

（2）OTT 互动平台用户年轻化、高学历化特征显著

在 2024 年，相较于电视大屏的整体受众，OTT 互动平台受众呈现显著的年轻化特征，34 岁以下年轻人贡献的收视比例达到 44.4%[①]。其中，15.8 的收视由 4～14 岁的青少年贡献，25～34 岁青年人所贡献的收视达到 21.2%。与电视大屏观众结构相比，45 岁以下观众在 OTT 互动平台上更为集中，尤其是 4～14 岁、25～44 岁年龄段中，OTT 互动平台优势显著。

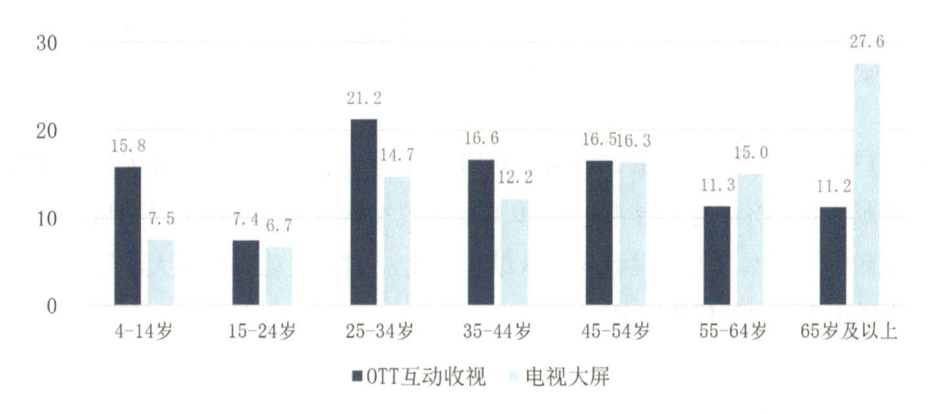

年龄段	OTT 互动收视	电视大屏
4-14岁	15.8	7.5
15-24岁	7.4	6.7
25-34岁	21.2	14.7
35-44岁	16.6	12.2
45-54岁	16.5	16.3
55-64岁	11.3	15.0
65岁及以上	11.2	27.6

图 2-69　2024 年 OTT 互动平台观众年龄构成（%）

数据来源：CSM 媒介研究重点城市组，2024 年

从分年趋势看，儿童受众对 OTT 互动平台的贡献呈逐年上涨的趋势，其中 4～14 岁儿童观众的收视贡献自 2019 年起持续增长，在 2024 年达到 15.8%，较 2019 年增幅 38.6%。15～24 岁以及 35～44 岁观众的收视贡献在 2019—2024 年间基本保持稳定，仅有小幅波动，其中 2024 年的贡献率较 2023 年有小幅提升，可见 OTT 互动平台在该年龄段仍有拓展潜力。

[①] 观众构成 %= 平台目标受众收视率 % / 平台整体收视率 %×100%，即目标受众对平台整体收视的贡献。

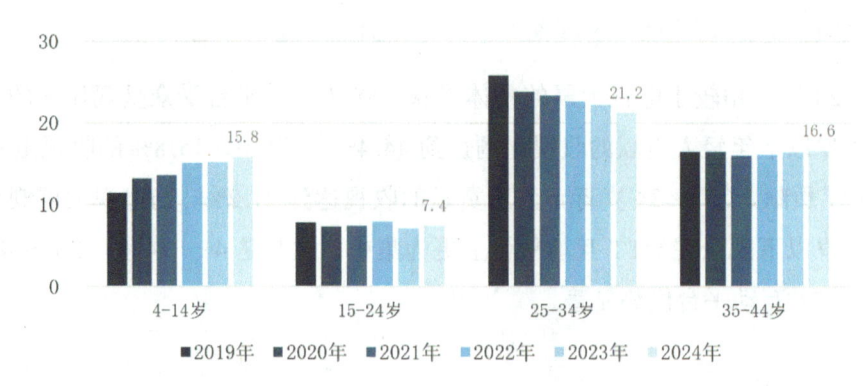

図 2-70 2019—2024 年 OTT 互動平台重点年齢组观众构成（%）

数据来源：CSM 媒介研究重点城市组，2019—2024 年

从用户的教育程度看，在 2024 年，OTT 互动平台的观众中，小学及以下学历观众的收视贡献为 20.8%，与平台 4～14 岁受众收视贡献高相一致；大学及以上学历观众的收视贡献为 31.5%。与电视大屏观众结构相比，OTT 互动收视在大学及以上学历与小学以下学历人群中的优势明显。

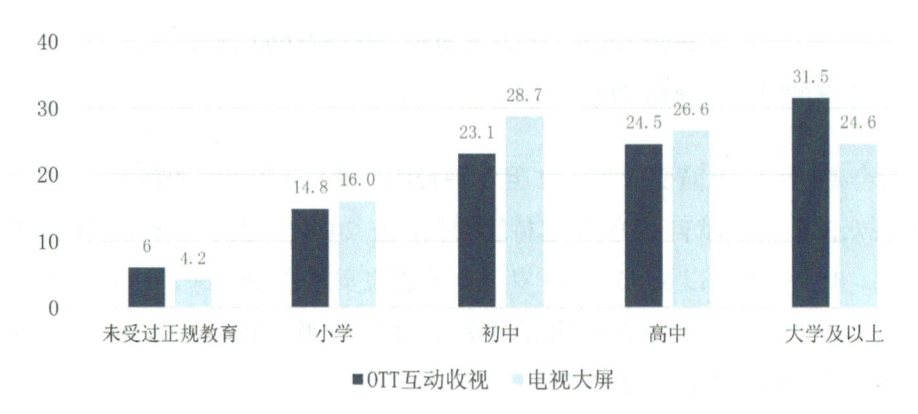

图 2-71 2024 年 OTT 互动平台观众受教育程度构成（%）

数据来源：CSM 媒介研究重点城市组，2024 年

通过对重点教育程度组观众构成数据的变化趋势分析发现，大学及以上教育程度的观众在 OTT 互动平台中的优势在近几年基本稳定，相较于 2019 年，2024 年 OTT 互动平台大学及以上教育程度观众的份额上升了 1.2%，达到 31.5%，为近六年高点，可看到 OTT 互动平台在高学历用户中的优势仍有扩大的可能。与平台观众年龄构成变化趋势相一致，OTT 互动平台小学及以下观众的收视贡献呈逐年上升趋势。相较于

2023年，2024年OTT互动平台小学及以下教育程度观众的收视贡献保持稳定，仅有0.2%的小幅下降，相较于2019年，其增幅达23.8%。

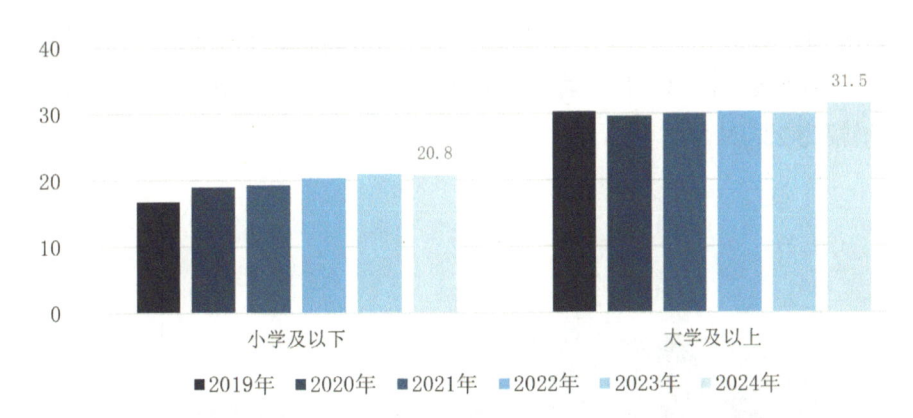

图2-72　2019—2024年OTT互动平台重点教育程度组观众构成（%）

数据来源：CSM媒介研究重点城市组，2019—2024年

除年轻、高学历受众外，有孩群体也是广告主，尤其是儿童用品、教育辅导等相关品牌广告主重点关注的群体。在2024年，有孩家庭为OTT互动平台贡献了47.7%的收视；同期，有孩家庭为电视大屏贡献了31.1%的收视。从收视数据看，OTT互动平台近半收视为有孩家庭所贡献，有孩家庭是OTT互动平台的主力军；相较于电视大屏的其他收视服务，有孩家庭更偏向于使用OTT互动平台进行内容收看。

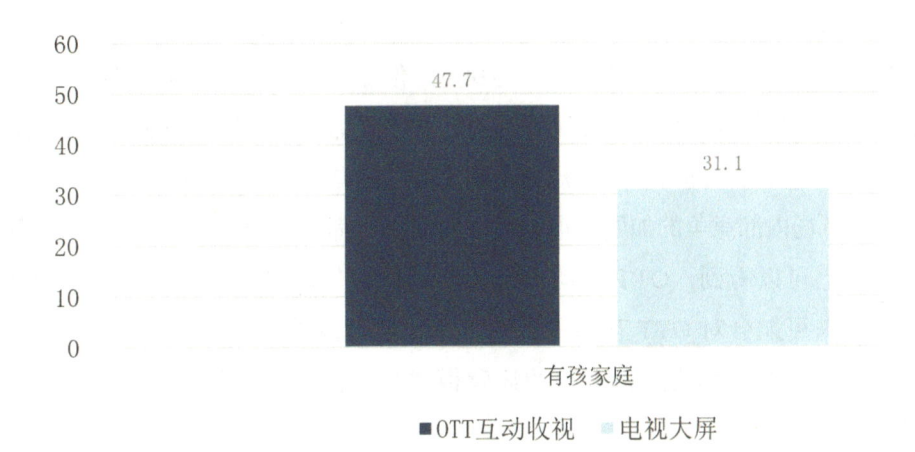

图2-73　2024年OTT电视大屏与互动平台有孩家庭构成（%）

数据来源：CSM媒介研究重点城市组，2024年

分年数据显示，OTT 互动平台在有孩家庭中的收视优势在 2019 年至 2024 年一直持续；从年度走势看，电视大屏与 OTT 互动平台的有孩家庭收视比例均呈逐年上升趋势，OTT 互动平台中有孩家庭收视的增速更快。数据显示，有孩家庭为电视大屏贡献的收视比例在 2019 年为 28.4%，于 2024 年，该比例上升至 31.1%，增幅为 9.5%；在 2019 年，有孩家庭为 OTT 互动平台贡献收视 39.0%，至 2024 年，该比例上升至 47.7%，增幅为 22.3%。

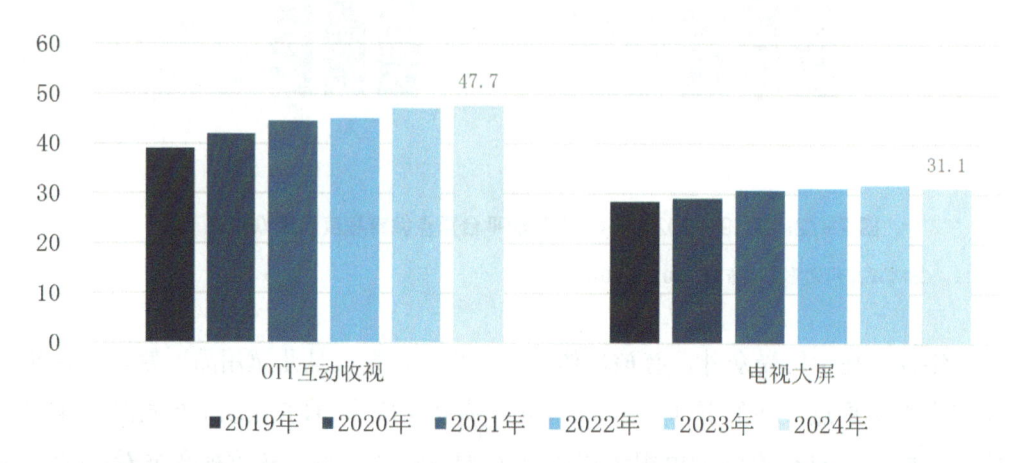

图 2-74　2019—2024 年电视大屏与 OTT 互动平台有孩家庭观众构成（%）

数据来源：CSM 媒介研究 重点城市组，2019—2024 年

3. 居安思危，挖掘营销潜力，探索营销新机会

通过对 OTT 大屏近 6 年的收视数据分析可见，OTT 在电视大屏市场的影响力以及竞争力都不可小觑，且其优势地位已日趋稳定。但随着用户红利的逐渐消失，电视大屏的竞争也成为一片红海，各运营方都在通过多种多样的运营策略来吸引更多的用户以及用户的注意力；同时，随着政策法规的不断完善，运营方也需要不断调整策略使平台服务合规化。市场内部竞争的加剧与市场环境的变化，都为 OTT 未来的发展带来了变数。

从数据上可以看到，OTT 互动平台的市场份额发展已进入瓶颈期，用户黏性开始下降，未来可能会对 OTT 互动平台的市场地位形成威胁。同时，多人收视成为主流，这对一直以终端作为运营对象的运营模式带来挑战，不利于精准化用户服务及广告经营。

(1) OTT 互动平台市场份额呈下降趋势

在 2024 年，OTT 互动平台市场份额①为 11.8%，占整体非直播收视的 49.0%，在整体非直播收视市场中占有优势。从分年趋势看，在 2019 年至 2022 年，OTT 互动平台市场份额逐年上升，每年增幅分别为 23%、22%、12%，增幅逐年放缓；自 2023 年起，OTT 互动平台的市场份额开始下降，每年降幅分别为 3% 和 6%，降幅呈扩大趋势。

数据可见，OTT 互动平台的发展正逐步放缓，其上升空间逐步见顶，在遇到 2023 年的政策变动后，其发展由正向转为负向。从政策落地后的数据变化看，该政策对非直播收视的影响是整体的，所有平台的非直播收视均受到不同程度的影响。如剔除非直播收视的整体变化，只关注 OTT 互动平台在非直播收视中的发展，在 2023 年前，OTT 互动平台收视份额在非直播收视市场中的占比逐年上升，在 2023 年达到 49%，即电视大屏一半的非直播收视由 OTT 互动平台产生，但在 2024 年，该比例首次停止增长，仍保持在 49%。可见，排除了整体非直播收视变化的影响，OTT 互动平台在非直播收视中的优势也开始下降，其在整体大屏收视以及非直播收视中的发展都遇到了瓶颈。

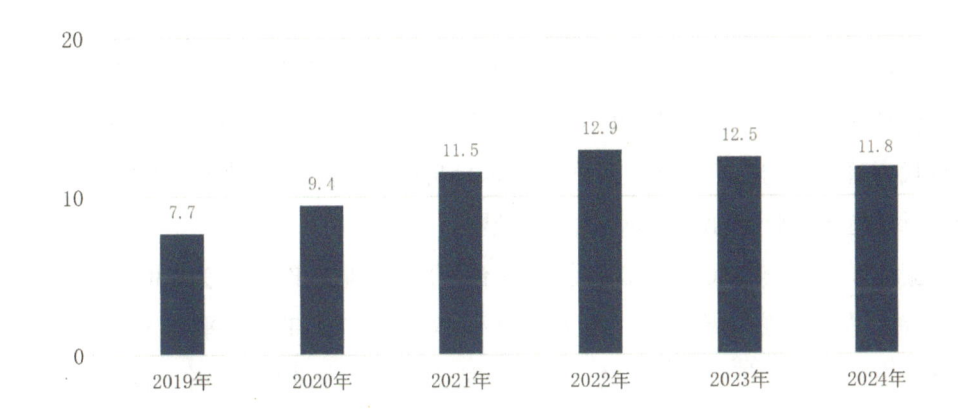

图 2-75　2019 年—2024 年 OTT 互动平台市场份额（%）

数据来源：CSM 媒介研究重点城市组，2019—2024 年

通过对不同年龄组用户的 OTT 互动平台市场份额数据进行年度变化分析，以进一步了解 OTT 互动平台市场份额的变化。44 岁以下以及 65 岁以上用户的 OTT 互动平台收视份额都在 2023 年后开始下降，而 45～64 岁用户的 OTT 互动平台收视份额则在

---

① 市场份额（%）= 平台收视率（%）/ 电视大屏收视率（%）×100%。

2022年后保持稳定。可见，45～64岁用户是较稳定的用户群体，而其他年龄段的用户则受政策及其他平台内容的影响较大。因此从突破发展瓶颈的角度看，易受影响的年龄段，尤其是44岁以下人群是OTT互动平台需要重点突破的人群。

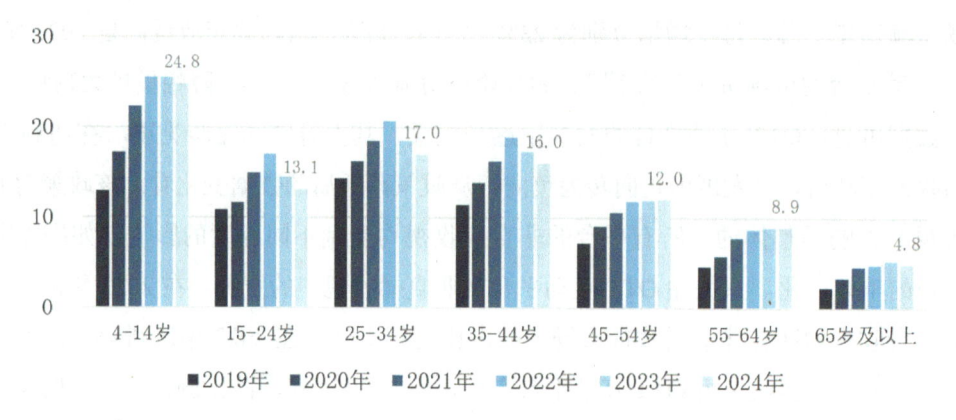

图2-76　2019年—2024年OTT互动平台各年龄段观众市场份额（%）

数据来源：CSM媒介研究重点城市组，2019—2024年

（2）OTT互动平台用户黏性下滑

多平台在电视大屏的竞争中，除了用户量，另一个重要指标是用户使用时长，可以衡量平台对用户注意力的占用。更长的用户使用时长代表着用户对平台有更强的使用黏性，也代表着平台的竞争优势。近六年数据分析显示，OTT互动平台对用户注意力的占用呈下降趋势，平台的用户黏性优势在减弱。

数据结果显示，在2024年OTT互动平台用户人均收视时长[①]为130分钟，即2小时10分钟。从年度变化趋势看，自2019年至2024年，OTT互动平台人均收视时长呈波动下降趋势。2020年为近六年的人均收视时长峰值，达到151分钟，较2024年高21分钟；2019年和2022年为近六年人均收视时长次高峰，人均收视时长为144分钟，较2024年高14分钟，较2020年的峰值下降7分钟。

---

① 人均收视时长＝调研时期内所有用户平台收视时长累加/平台到达人数/天数。

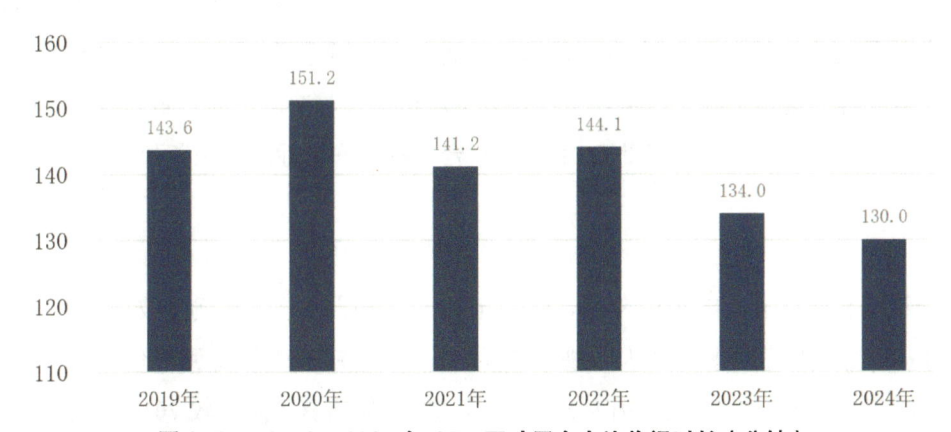

图 2-77　2019—2024 年 OTT 互动平台人均收视时长（分钟）

数据来源：CSM 媒介研究重点城市组，2019—2024 年

分城市组看，各城市组的 OTT 互动平台人均收视时长均超过 2 小时，其中三、四线城市的时长最高，一线城市最低。从分年走势看，一线城市以及新一线城市近六年的 OTT 互动平台人均收视时长呈下降趋势，在 2024 年，一线城市组 OTT 互动平台人均收视时长为 126 分钟，较 2019 年降幅 16.1%；新一线城市 OTT 互动平台人均收视时长为 134 分钟，较 2019 年降幅 6.2%。在二线城市及三、四线城市，OTT 互动平台人均收视时长则在 2024 年有所回升，其中，2024 年二线城市 OTT 互动平台人均收视时长为 127 分钟，尽管较 2023 年有所回升，仍较 2019 年降幅 8.5%。三、四线城市为各城市组中唯一较 2019 年提升的城市组，在 2024 年 OTT 互动平台人均收视时长达到 137 分钟，较 2019 年增幅为 7.9%。

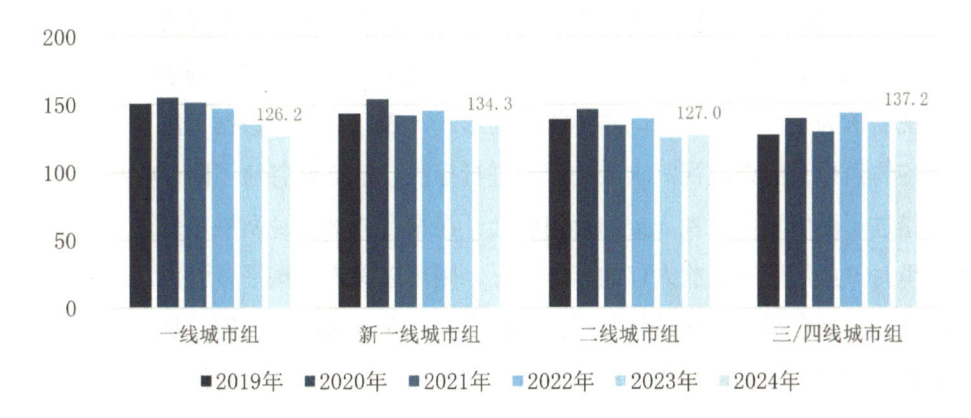

图 2-78　2019—2024 年分城市组 OTT 互动平台人均收视时长（分钟）

数据来源：CSM 媒介研究重点城市组，2019—2024 年

从变化趋势看，OTT互动平台在二线城市以及三、四线城市的受众黏性呈向好发展，尤其是三、四线城市呈波动上升趋势；而在一线城市及新一线城市，OTT互动平台的受众黏性在逐步下降。保持在二线及以下城市增长趋势的同时，重新找回一线及新一线城市观众的关注度将能帮助OTT互动平台突破用户黏性的增长瓶颈。

（3）破局多人收视场景，挖掘OTT平台营销潜力

分年度数据显示，自2019年起，OTT互动平台多人收视[①]比例呈波动式上升趋势。在2019年，OTT互动平台多人收视比例为52.8%，在2021年达到峰值58.5%；2024年，OTT互动平台多人收视比例为58.8%，较2021年略有下降，较2019年提升5.6%。

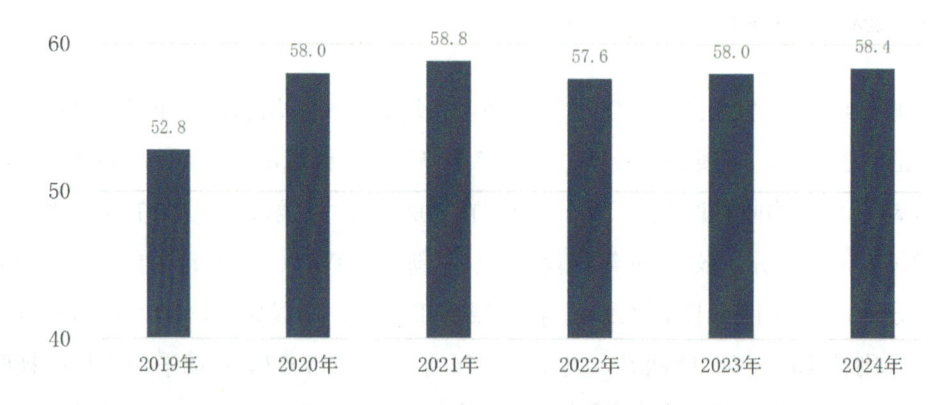

图2-79 2019—2024年OTT互动平台多人收视观众构成（%）

数据来源：CSM媒介研究重点城市组，2019—2024年

多人收视已经是OTT互动平台的主流收视场景，且呈持续增长的趋势。在OTT平台上，通常以到端数据及标签系统支持运营体系的运作，但在逐渐成为主流的多人收视环境下，到端的数据体系不利于整体运营策略的制定。多人收视的场景中，通常会以单人的收视需求为主，其他人则以陪伴收视的形式出现。到端的数据无法了解屏前人口情况，标签体系也只能以收视需求人的行为进行标注，这样就忽略了陪伴收视人员，这也使平台错过了面向陪伴收视人员的营销机会。在平台面临自身发展瓶颈及竞争者来势汹汹的环境时，如能了解屏前人口的具体情况，则可以深入挖掘平台潜力。通过到人的数据系统支持，平台可以面向陪伴收视人员推送其可能感兴趣的内容，从而提升平台用户使用时长，增强用户黏性；还可以面向陪伴收视人员进行精准广告推送，进一步拓展现

---

① 多人收视即收视行为发生时，屏幕前有至少两人在进行收看。

有广告服务范围，提升广告投放精准性。破局多人收视场景可以帮助平台面从用户服务及广告经营上整体提升平台经营实力，探索营销新机会。

4. 总结

通过对 OTT 大屏近 6 年的收视数据分析发现，OTT 终端的覆盖率已超 60% 并呈持续上升趋势，终端覆盖优势在未来将继续扩大。从用户量看，OTT 互动平台的用户数走势向好。同时，OTT 互动平台的收视份额在整体非直播收视中的占比一直保持优势。此外，由年轻、高学历人群构成的主要用户群体共同铸就了 OTT 在大屏的影响力和竞争力。

OTT 互动平台凭借优势的用户覆盖、丰富的内容及灵活的收视模式在大屏竞争中崭露头角并持续扩大优势。在 2023 年，电视大屏的收视环境发生了变化，简洁便利的操作让部分观众回归了直播收视；IPTV 打破了地域区隔，各省运营平台成立联盟，探索共同成长的经营模式；数字有线发力"重温经典"，尝试通过优质的内容和便捷的操作，以差异化的思路尝试在大屏运营模式上进行突破。客观环境的变化和各运营方的创新策略都给 OTT 的未来发展带来了挑战。在变化的环境下，如何巩固经营优势、挖掘平台潜力、探索创新路径、推动经营模式的升级，并最终达成营销战略的优化是 OTT 运营方所面临的难题，全行业都拭目以待 OTT 在未来的蜕变。

（六）融媒体

融媒体，即不同媒体之间相互交融、相互作用之后形成的新型媒体形态，是传统媒体和新兴媒体一体化融合发展后的结果。2024 年，媒体融合开启第二个十年，进入社会责任创新实践和产业深度融合的新阶段。主流媒体立足自身传播力、引导力、影响力和公信力优势，把握政策导向、技术前沿、产业动向，继续深化平台、技术、内容、经营、组织等各个层面的融合态势，实现了进一步创新融合发展。

1. 融媒体建设持续发力，融合传播影响力不断提升

作为数字营销生态格局中的特殊角色，融媒体结合主流媒体与新兴媒体双重优势，不断释放网络传播影响力。其中，央媒和各大省级以上广电机构是重要代表。

（1）融媒体综合传播实力强劲，部分机构表现尤为亮眼

央媒方面，CTR数据显示，2024年上半年，中央广播电视总台、人民日报和新华社在8家主要央媒机构的网络传播力排名中位居前三，网络传播效果持续领跑。其中，中央广播电视总台的旗舰APP"央视频"在重大赛事和重磅IP盛典的影响下屡创流量高峰，在微博、抖音和今日头条平台有3个粉丝量过亿的头部账号，在微博、微信公众号、短视频等主要渠道共生产7800余篇爆款作品，在各分渠道榜单中均处引领态势。人民日报在抖音、快手、微信公众号等平台均实现了90%的爆款率。新华社上半年累计生产爆款作品达6600余篇。

表2-1　2024年上半年主要央媒机构网络传播力评估结果

综合排名	评价对象	综合得分
1	中央广播电视总台	95.72
2	《人民日报》	83.04
3	新华社	70.03
4	中新社	62.44
5	《中国日报》	52.75
6	《光明日报》	52.19
7	《经济日报》	51.68
8	《求是》	50.21

数据来源：2024年6月，CTR

省级以上广电机构方面，2024年上半年，中央广播电视总台、湖南广播电视台和河南广播电视台分别以88.35、65.8、62.66的评分位居前三。其中，北京广播电视台排名较去年提升一位，位居第四，旗下"北京时间"微信视频号在38家省级广电媒体号排名中位列头部阵营。另外，黑龙江广播电视台表现也尤为亮眼，紧抓年初"哈尔滨"文旅热带来的流量机遇，加强布局短视频赛道，综合排名较2023年提升三位，位居第七。

表2-2　2024年上半年38家省级以上广电机构网络传播力TOP10

综合排名	评价对象	综合得分
1	中央广播电视总台	88.35
2	湖南广播电视台	65.8

续表 2-2

综合排名	评价对象	综合得分
3	河南广播电视台	62.66
4	北京广播电视台	60.53
5	上海广播电视台	59.64
6	浙江广播电视集团	58.86
7	黑龙江广播电视台	56.85
8	福建广播影视集团	55.38
9	广东广播电视台	55.13
10	山东广播电视台	54.74

数据来源：2024 年 6 月，CTR

（2）融媒体在不同渠道呈现出不同传播亮点

目前，融媒体建设过程中，已经形成了包括自建 APP、第三方平台账号等在内的丰富的矩阵体系，支持融媒体传播影响力升级。

①自建 APP 渠道

自建 APP 方面，CTR 数据显示，截至 2024 年 6 月底，45 家主流媒体机构运维的活跃自有 APP 产品中共有 16 款累计下载量过亿，9 款平均活跃用户规模达到百万级。其中，湖南广播电视台旗下的"芒果 TV"、中央广播电视总台旗下的"云听""央视频"综合表现较为突出，位列前三。

表 2-3　2024 年上半年 38 家省级以上广电机构自有 APP TOP 10

排名	APP	机构	APP 指数
1	芒果 TV	湖南广播电视台	93.93
2	云听	中央广播电视总台	88.26
3	央视频	中央广播电视总台	87.45
4	央视体育	中央广播电视总台	86.25
5	央视影音	中央广播电视总台	82.73
6	央视新闻	中央广播电视总台	81.47
7	大象新闻	河南广播电视台	79.55
8	Z 视介	浙江广播电视集团	79.46
9	央视财经	中央广播电视总台	79.21
10	听听 FM	北京广播电视台	79.01

数据来源：2024 年 6 月，CTR

2024年，各机构均在加强自建APP的革新升级，紧抓产业风口，在短剧、AI视听、全域直播活动等赛道上积极布局。短剧赛道方面，上海百视TV在APP内上线了短剧频道，湖南广电旗下风芒APP或将从"新闻资讯类平台"转型为"以微短剧为主的下一代短视频平台"；AI视听赛道方面，中央广播电视总台旗下的央视频APP最为典型，于2024年4月上线"AI视界"频道，并发布了AI全流程微短剧《中国神话》、自制原创微短剧《AI看典籍》等，展现中华文化魅力；全域直播赛道方面，例如，芒果TV综N代《歌手2024》创新歌唱竞技类"全直播真LIVE"模式，并在全网进行实时打榜，吸引用户回归自有平台与大屏，首期斩获四网同时段收视第一。

②短视频渠道

短视频方面，CTR数据显示，截至2024年6月底，45家主流媒体机构在抖音、快手渠道共有743个粉丝量百万级以上的活跃账号，其中有98个为千万级以上粉丝量账号。中央广播电视总台表现亮眼，旗下共有22个账号已达千万级，省级广电机构共有53个千万级账号。另外，38家省级以上广电机构账号在抖音渠道上半年粉丝增长6000万，与2023年同期增量基本接近。其中，浙江广播电视集团在抖音、微信视频号渠道表现突出，在短视频渠道的排名位次从第九位提升至第三位。

表2-4　2024年上半年38家省级以上广电机构网络传播力短视频渠道榜单TOP10

排名	评价对象	得分
1	中央广播电视总台	95.045
2	河南广播电视台	79.147
3	浙江广播电视集团	61.315
4	北京广播电视台	61.158
5	山东广播电视台	60.332
6	黑龙江广播电视台	59.137
7	福建广播影视集团	59.055
8	上海广播电视台	59.019
9	四川广播电视台	57.832
10	湖南广播电视台	57.164

数据来源：2024年6月，CTR

值得一提的是，视频号已成为流量新蓝海，各方机构纷纷入局。2024年上半年，38家省级以上广电机构视频号CTR指数排名TOP10中，中央广播电视总台旗下"央视新闻"、河南广播电视台旗下的"民生大参考""大象新闻""民生频道"表现较为亮眼，另外，北京台、黑龙江台、上海台、四川台、浙江台和福建台均有账号上榜。其中，"央视新闻"视频号上半年累计互动量超9500万次，共产生132篇10万赞爆款作品；"民生大参考"视频号在上半年累计互动量超过1亿次，"大象新闻"视频号上半年累计互动量1.2亿次，位居该指标排名首位。

表2-5　2024年上半年38家省级以上广电机构视频号CTR指数TOP10

排名	账号	机构	发文量	爆款作品量	累计互动量（万次）	CTR指数
1	央视新闻	中央广播电视总台	1413	132	10092	81.13
2	民生大参考	河南广播电视台	3902	68	10680	81.11
3	大象新闻	河南广播电视台	7703	67	12255	81.09
4	民生频道	河南广播电视台	4977	18	7057	79.56
5	北京时间	北京广播电视台	7177	53	6505	79.08
6	极小光与新小闻	黑龙江广播电视台	11794	24	6739	78.61
7	看看新闻Knews	上海广播电视台	14803	28	6818	78.46
8	四川观察	四川广播电视台	3081	20	4548	78.23
9	中国蓝新闻	浙江广播电视集团	4411	20	4925	78.18
10	海峡新干线	福建广播影视集团	5255	26	5360	78.15

数据来源：2024年6月，CTR

③微信公众号渠道

微信公众号渠道方面，CTR数据显示，截至2024年6月底，45家主流媒体机构累计发布65.3万篇公众号文章，其中阅读量10万+的爆款文章共2.3万篇，有225个季度累计阅读量百万级以上的头肩部公众号。各家机构排名位次保持稳定，中央广播电视总台、上海广播电视台、黑龙江广播电视台分别位居前三。

表2-6　2024年上半年38家省级以上广电机构网络传播力微信公众号渠道榜单TOP10

排名	评价对象	得分
1	中央广播电视总台	97.1
2	上海广播电视台	71.55
3	黑龙江广播电视台	68.43
4	北京广播电视台	67.85
5	浙江广播电视集团	66.05
6	广东广播电视台	62.43

续表 2-6

排名	评价对象	得分
7	陕西广播电视台	60.93
8	河北广播电视台	60.49
9	福建广播影视集团	60.1
10	江苏省广播电视总台	59.9

数据来源：2024 年 6 月，CTR

主流媒体在公众号渠道持续深耕，基于其信息公告板的渠道属性，进行广泛的信息传播。较为有特色的是，立足于我国多民族文化，主流媒体在微信公众号开设了多个少数民族语言账号，实现信息的精准传播。CTR 数据显示，以内蒙古、西藏、新疆地区的蒙古语、藏语、哈萨克语和维吾尔语为检索对象，发现 45 家机构中，中央广播电视总台、人民网以及新疆、西藏、青海、内蒙古、四川等地的广播电视台均开设了超 20 个相应少数民族语言账号，其中中央广播电视总台每个语种公众号均关联了视频号，做图文和视频两种形式的传播。

④微博渠道

微博渠道方面，头部机构保持基本稳定。CTR 数据显示，2024 年上半年中央广播电视总台、北京广播电视台和湖南广播电视台分别以 92.686、71.024、60.141 的评分位居前三。其中，相比去年同期，北京广播电视台排名提升两位，旗下"北京卫视"微博号粉丝量超千万，10 万赞以上爆款作品数量超百篇，位列媒体账号排名前列。另外，上海台、山东台均相比去年排名提升一位。

表 2-7　2024 年上半年 38 家省级以上广电机构网络传播力微博渠道榜单 TOP 10

排名	评价对象	得分
1	中央广播电视总台	92.686
2	北京广播电视台	71.024
3	湖南广播电视台	60.141
4	浙江广播电视集团	60.075
5	上海广播电视台	58.131
6	河南广播电视台	53.802
7	江苏省广播电视总台	53.602
8	山东广播电视台	53.017
9	四川广播电视台	52.679
10	河北广播电视台	52.436

数据来源：2024 年 6 月，CTR

⑤其他第三方平台渠道（今日头条、Bilibili 等平台）

其他第三方平台方面，各大机构也在积极布局。CTR 数据显示，2024 年上半年，中央广播电视总台、上海广播电视台、江西广播电视台位居 38 家省级以上广电机构网络传播力其他第三方渠道榜单前三。

表 2-8　2024 年上半年 38 家省级以上广电机构网络传播力其他第三方渠道榜单 TOP 10

排名	评价对象	得分
1	中央广播电视总台	100
2	上海广播电视台	58.448
3	江西广播电视台	57.98
4	北京广播电视台	57.499
5	黑龙江广播电视台	56.764
6	福建广播影视集团	56.734
7	浙江广播电视集团	56.514
8	河南广播电视台	55.85
9	湖北广播电视台	55.558
10	安徽广播电视台	53.922

数据来源：2024 年 6 月，CTR

各大机构在第三方平台不断加强与政务号、KOL 等合作，提升融合传播效果。例如，央视新闻与政务号"庐州老交"、KOL"谈苏阳"合作发布缉毒短片作品，在 B 站获百万播放量；新华社与小红书合作，推进时尚设计师与非遗手艺人结对共创，促进云南非遗文化在年轻一代中的传播，并设置有奖互动，在鼓励年轻人关注家乡非遗的同时加强了与受众的互动，提升用户参与感，增强用户黏性。

⑥海外社媒渠道

CTR 数据显示，2024 年上半年，国内主流媒体机构在海外三大社交媒体平台上运营近千个社媒账号，其中订阅量达到百万级或以上的头肩部账号超过 170 个。中央广播电视总台、新华社和人民日报表现出色，位列海外传播力前三。其中，中央广播电视总台 CGTN 在海外三大平台粉丝量持续扩大，保持领先地位，CGTN（主账号）在三大平台粉丝规模（未去重）达 1.39 亿，高于 BBC news 和 CNN 头部账号粉丝规模。

表 2-9 2024 年上半年国内主流媒体机构海外社媒传播效果 TOP 10

综合排名	评价对象	综合得分	Facebook 得分	YouTube 得分	X 得分
1	中央广播电视总台	99.74	99.97	99.28	99.98
2	新华社	91.36	91.06	88.88	94.6
3	人民日报社（含环球时报社）	89.93	92.24	83.85	94.34
4	中国日报社	89.72	92.23	85.67	91.52
5	SMG	88.02	84.39	92.92	86.52
6	中国新闻社	83.71	81.71	84.28	85.37
7	湖南广播电视台	82.67	76.66	94.58	76.09
8	上海日报社	79.25	84.07	72.47	81.53
9	澎湃新闻	78.53	82.81	73.19	79.77
10	江苏省广播电视总台	73.71	66.33	85.47	68.6

数据来源：2024 年 6 月，CTR

中国媒体正积极参与到全球热点事件的传播和解读中，例如，在 Facebook 平台发布中国日常生活、中国经济社会发展等软资讯内容；在 YouTube 平台发布影视综类内容。CTR 数据显示，国内媒体机构在 YouTube 平台开设的官方账号在上半年累计发布视频作品 8.7 万条，播放量达到 10 万及以上的作品 560 余条。中国媒体在议题设置、文化出海、"ChinaTravel"等方面做了诸多布局，通过开放和友好的传播方式，在全球舆论舞台上发挥积极作用。

2. 融媒体经营再上新台阶，媒体融合纵深推进

融媒体建设已持续多年，各方均在持续探索有价值的经营模式或方向，以期实现稳定发展。以广电机构经营为例，国家广播电视总局数据显示，2024 年前三季度全国广播电视服务业总收入 10029.24 亿元，同比增长 4.73%，按主体分，传统广播电视机构总收入 4187.34 亿元，网络视听服务机构总收入 5841.90 亿元[①]。对传统广电机构而言，新业务的营收已经超越传统业务，融媒体建设颇有成效。2024 年，融媒体建设迎来新的风口，媒体经营再上新台阶。

[①] 国家广播电视总局：《2024 年前三季度广播电视服务业总收入突破万亿元》，(2024-10-28)，https://www.nrta.gov.cn/art/2024/10/28/art_114_69421.html。

（1）技术实力不断增强，加速布局 AIGC 技术

技术始终是媒体融合发展过程中的重要驱动力和关键变量，也是主流媒体进行融媒体建设过程中的重要布局。近几年，主流媒体加强 5G、4K/8K、AI、虚拟现实、云计算等前沿技术布局，聚焦底层技术架构建设与业务实践应用，取得了较好成果。例如，底层技术架构建设方面，湖南广电旗下的芒果融创聚焦技术底座和平台型产品建设，已完成芒果云的整体技术架构设计，协同多方机构打造芒果云"端—边—云"全网算力架构，形成立足马栏山覆盖全国的算力、算网体系；业务实践应用方面，以内容生产、分发、呈现为典型代表，如 2024 年巴黎奥运会期间，中央广播电视总台发布了自主研发的十大科技创新应用，包括"4K 超高清＋三维声"制作、云网一体化协同生产架构、AI 编辑、AI 辅助拍摄等。

其中，AICG 技术成为推动媒体深度融合的"新引擎"。国家广电总局发展研究中心副主任杨明品曾表示："AIGC 是走向智媒体的加速器。"[①] 2024 年，部分机构已投身于 AIGC 实验室建设。例如，中央广播电视总台人工智能工作室揭牌；上海广播电视台挂牌成立"生成式人工智能媒体融合创新工作室"；重庆卫视与腾讯共建人工智能融媒体创新中心；无锡广电"AI/AIGC 应用创新实验室"正式成立；等等。其间，AIGC 已实现多样态场景落地，例如，总台依托"央视听媒体大模型"推出首部 AI 系列动画片《千秋诗颂》，并随后推出了 AI 微短剧《中国神话》《AI 看典籍》等；《杭州新闻联播》完全启用 AI 数字人播报；首个 AI 导演爱芒（英文名 AIM）参与湖南卫视综艺节目录制等。

AIGC 重塑融媒体生产、分发、运营逻辑，拥有广阔的应用前景。但是目前 AIGC 技术发展还未成熟，AIGC 应用刚刚起步，各机构要结合自身经营状况谨慎布局，以防陷入盲目跟风、概念炒作的"陷阱"，影响融媒体建设进程。

（2）内容精品化程度纵深，微短剧成新的业务重点

内容精品化是媒体深度融合过程中的重点发展趋势。因为，流量见顶及用户注意力碎片化趋势下，只有高质量优质内容才是吸引用户的"利器"。在"新时代精品工程""网络视听节目精品创作传播工程"扶持项目等政策指导下，各机构均在加强精品化内容建设，在选题、剧本、团队、制作、呈现等各个环节都颇"下功夫"，涌现了一

---

① 传媒内参：《广电 AIGC 发展报告》，2024 年 5 月 1 日，https://mp.weixin.qq.com/s/MQJo2SYYIwfI-hG1xmLblw。

批优秀作品。例如，中央广播电视总台在 2024 年继续以文化为"核心议题"，推出诸如《大唐诗人传》《踏歌行》等系列精品节目，同时，也孵化出融媒体互动活动《"在中国大地上边走边跳"——四川遂宁站》等生活类栏目，依托地方特色，呈现基层百姓生活，折射出高质量发展的社会现状。

其中，各机构依然在内容层面寻找新的发展机会点，力图在"卷内容"的媒体市场中谋得发展先机，微短剧成为重要突破口。2024 年，微短剧市场逐步走向成熟化与规范化，并随着市场竞争程度上升实现精品化升级，为拥有内容制作优势的主流媒体机构提供了契机。例如，中央广播电视总台发布了微短剧生态合作计划"微短剧里看中国"，充分发挥国家级媒体引领作用，积极布局微短剧赛道；湖南广电旗下芒果 TV 与抖音发布了"精品短剧扶持计划"；陕西广电网络推出微信小程序"西部短剧"，进军短剧行业；等等。特别是 2024 年初，国家广播电视总局推出"跟着微短剧去旅行"创作计划，提出掀起文旅微短剧创作热潮。各主流媒体机构依据本地资源优势，携手本地文旅部门推出多款微短剧作品，带动当地旅游经济发展。例如，展现"中华诗词之市"定州的历史文化底蕴的《你好，苏东坡》、展示苏州人文生活的《面若桃花》、揭示浙江安吉风土人情的《不能拥抱的她》等。截至 2024 年 8 月，已有 59 部优秀剧目入选"跟着微短剧去旅行"创作计划，支持微短剧市场高质量发展，赋能主流媒体加速融媒体建设。

（3）积极探索产业经营新方向，增强自主造血能力

"增强自我造血机能"是媒体融合的重要战略方向，是主流媒体增强竞争力的关键举措。时代正要求主流媒体重塑以"售卖稀缺媒体资源"为主的商业模式，基于媒体价值定位走向产业融合。2023 年全国广播电视行业统计公报数据显示，2023 年，全国广播电视和网络视听行业总收入 14126.08 亿元，同比增长 13.74%，其中涉及多元经营方面的短视频、网络直播等收入同比增长 33.39%，技术服务、游戏、主题乐园及衍生产品等其他创收收入也同比增长了 14.90%。同样，《2023 年度全国报业经营整体分析报告》也显示，2023 年，报业多元化经营收入占比则大幅增加，从 13.9% 增至 27.0%，媒体经营收入构成更趋合理。从数据来看，主流媒体在融媒体产业经营层面已取得了较好的成效。

2024 年，主流媒体不断拓展媒体经营边界，在产业融合层面持续深入，形成了"媒体＋科技""媒体＋文化""媒体＋电商"等多样态格局。例如，"媒体＋科技"方面，深圳广电旗下天擎数字公司以虚拟现实技术为核心，在活动营销、云空间、数字

展厅等方面构建了丰富的产品线，2024年经营收入预计达到1亿元[①]；"媒体+文化"方面，苏州广电在2024年全面进军文化产业赛道，基于旗下文产创意中心，打造了长船湾青年码头运河剧场、中国电影资料馆江南分馆、橙天嘉禾LIVERSE音宇宙三个具有广电特色的标杆项目，打造文商旅融合的城市地标。特别是最近几年，主流媒体积极投身产业园区（基地）建设，展现出强大的吸附集聚效应，在实现资源整合利用、推进产业贯通升级等方面发挥至关重要的作用。

数字技术驱动媒体变革加速，主流媒体在融媒体建设过程中应当基于自身特色，持续探索商业经营模式，加强自主造血能力，在现有的媒体格局中占据优势地位，为"加强全媒体传播体系建设，塑造主流舆论新格局"奠定基础。

（4）深化机构改革，优化资源配置

2023年发布的《党和国家机构改革方案》指导着新一轮机构改革，而到2024年，各地方机构改革纷纷按下"加速键"。其中，广电和文旅部门职能融合成为重点。2024年，多个省市广电与文旅部门进行了调整，如安徽省重新组建省文化和旅游厅、浙江省设浙江省文化广电和旅游厅等。广电和文旅的融合有利于优质内容与产业资源的共享互促，助力"媒体+文旅"纵深发展，实现社会效益与经济效益双收。

相关部门的调整为主流媒体加速融媒体建设提供了良好的支持。同时，2024年7月，《中共中央关于进一步全面深化改革、推进中国式现代化的决定》发布，其中"构建适应全媒体生产传播工作机制和评价体系，推进主流媒体系统性变革"为主流媒体机构改革提出了明确且具体的要求。实际上，为深度落实媒体融合战略，主流媒体持续推进体制机制改革，但是也面临着管理体制、运行机制、用人机制等多方面的瓶颈，但其中，也不乏出现一些优秀案例。例如，浙江省瑞安市融媒体中心以人事制度改革为突破口，优化组织架构、建强人才队伍、完善绩效分配，构建起"干部能上能下、员工能进能出、收入能高能低"的工作机制，2023年实现营收1.8亿元，2024年将冲刺5亿元。正如瑞安市融媒体中心总编辑华小波在接受媒体采访时表示："体制机制改革最重要的目的是有效配置资源，释放组织活力，而最重要的资源是人，所以人才是机制体制改革的核心。"[②]

不同主流媒体推进体制机制改革的方式与侧重点不同，取得的成效也各有所异。但

[①] 杨冰：《媒体经营如何培育新质生产力？》，2024年5月23日，https://mp.weixin.qq.com/s/tZON90hzb-tjW0zscZHn3g。
[②] 冷成琳：《抓住人事制度改革这个"牛鼻子"，这家融媒体中心改革3年实现营收翻番》，2024年8月5日，https://mp.weixin.qq.com/s/Hi1QE47OnAAvgTflHnAi_Q。

本质上，优化资源配置、简化决策流程、提升组织活力等改革目标较为一致。各机构必须充分结合自身经营状况，盘整现有资源，找到适配的机构改革路径。

（七）智能终端

1. 各品牌竞相推出颇具竞争力的新机型，市场出现多轮购机热潮

2023年，国内智能手机市场逐季回暖，9月新机密集发布、双十一"价格战"以及春节前夕，出现几轮购机小高潮。

月份	出货量（万台）	同比增长率
2023年1月	1 829	-43.6%
2023年2月	2 044	39.6%
2023年3月	2 156	2.5%
2023年4月	1 807	2.1%
2023年5月	2 520	22.6%
2023年6月	2 086	-24.1%
2023年7月	1 729	-9.6%
2023年8月	1 793	-1.2%
2023年9月	3 193	60.9%
2023年10月	2 818	18.5%
2023年11月	2 986	34.4%
2023年12月	2 684	0.0%
2024年1月	2 951	61.4%
2024年2月	1 404	-31.3%

图2-80　2023年1月至2024年2月国内智能手机出货量

数据来源：QuestMobile研究院，2024年4月；中国信息通信研究院，2024年2月

中国智能手机市场主要参与者格局较为稳定，华为仍为国内市场领导者，苹果、vivo、小米、荣耀的终端活跃设备数均有不同程度的增长。

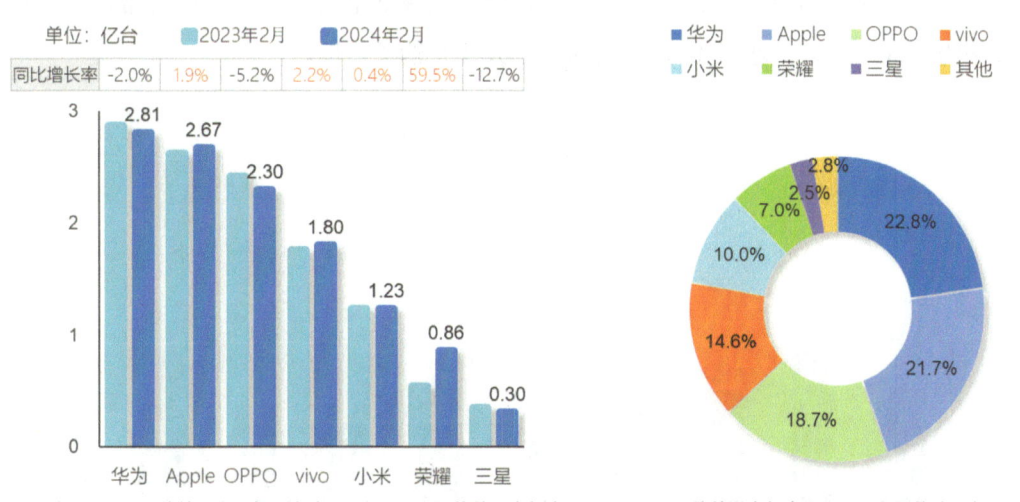

第二章 数字营销行业生态

单位：亿台　■2023年2月　■2024年2月

| 同比增长率 | -2.0% | 1.9% | -5.2% | 2.2% | 0.4% | 59.5% | -12.7% |

华为：2.81 / 2.67
Apple：2.67 / 2.30（注：对应数据）
OPPO：2.30 / 1.80
vivo：1.80 / 1.23
小米：1.23 / 0.86
荣耀：0.86 / 0.30
三星：0.30

■华为　■Apple　■OPPO　■vivo
■小米　■荣耀　■三星　■其他

- 华为 22.8%
- Apple 21.7%
- OPPO 18.7%
- vivo 14.6%
- 小米 10.0%
- 荣耀 7.0%
- 三星 2.5%
- 其他 2.8%

注：OPPO品牌数据中不包括真我及一加，vivo品牌数据中包含iQOO，小米品牌数据中包含红米；荣耀品牌数据自2021年11月开始进行独立拆分，拆分涉及周期自2021年9月开始，荣耀品牌独立机型覆盖范围增多。

图 2-81　智能终端品牌活跃设备数量变化

数据来源：QuestMobile TRUTH 中国移动互联网数据库，2024 年 2 月

图 2-82　2024 年 2 月智能终端品牌活跃设备数量占比

数据来源：QuestMobile TRUTH 中国移动互联网数据库，2024 年 2 月

终端厂商将旗舰机拥有的配置功能下放至千元机的做法越来越多见，使用 2000 元以下机型的用户占比提升。同时，各厂商积极推进高端化，5000 元以上机型占比也有微增。

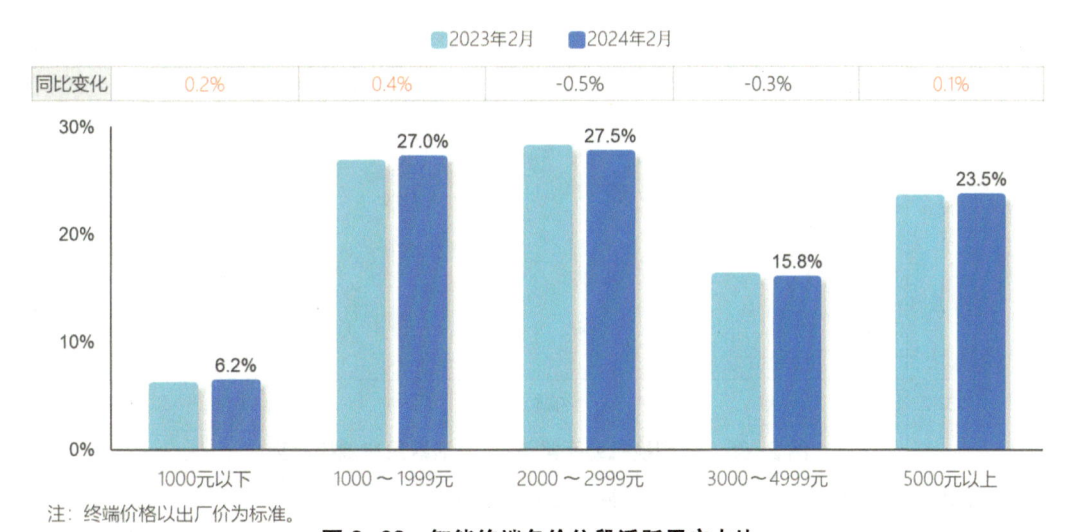

■2023年2月　■2024年2月

| 同比变化 | 0.2% | 0.4% | -0.5% | -0.3% | 0.1% |

- 1000元以下：6.2%
- 1000～1999元：27.0%
- 2000～2999元：27.5%
- 3000～4999元：15.8%
- 5000元以上：23.5%

注：终端价格以出厂价为标准。

图 2-83　智能终端各价位段活跃用户占比

数据来源：QuestMobile TRUTH 中国移动互联网数据库，2024 年 2 月

国内智能手机市场在三、四季度众多新机的刺激下重拾增长，高端机带动行业回暖，华为 Mate 60 Pro、小米 14 等旗舰机型引发用户购买热潮。

单位：万台

上市时间	2023年8月	2023年10月	2023年6月	2023年11月	2023年7月	2023年11月	2023年8月	2023年8月	2023年10月	2023年9月
机型	华为Mate 60 Pro	小米14	荣耀90	OPPO Reno11	荣耀X50	vivo X100	华为Mate 60	红米K60至尊版	小米14 Pro	华为Mate X5
激活量	1283.2	798.0	616.4	594.7	575.7	457.0	449.8	436.6	425.8	402.2

图 2-84　2023 年新上市国产机型上市后激活设备数量 TOP 10
（统计范围：上市月至 2024 年 2 月）

数据来源：QuestMobile TRUTH 中国移动互联网数据库，2024 年 2 月

2023 年，换机助手类 APP 用户规模全年保持增长态势。其中，9 月发布的 iPhone 15 系列引起消费者抢购，带动次月 iOS 换机助手应用流量急速提升。

单位：万

换机助手　手机克隆　转移到iOS　　　同比增长率

换机助手：4610 → 5845　+26.8%
手机克隆：3191 → 4989　+56.3%
转移到iOS：→ 1778（较前一月增长 +111.4%）

（2023年2月 — 2024年2月）

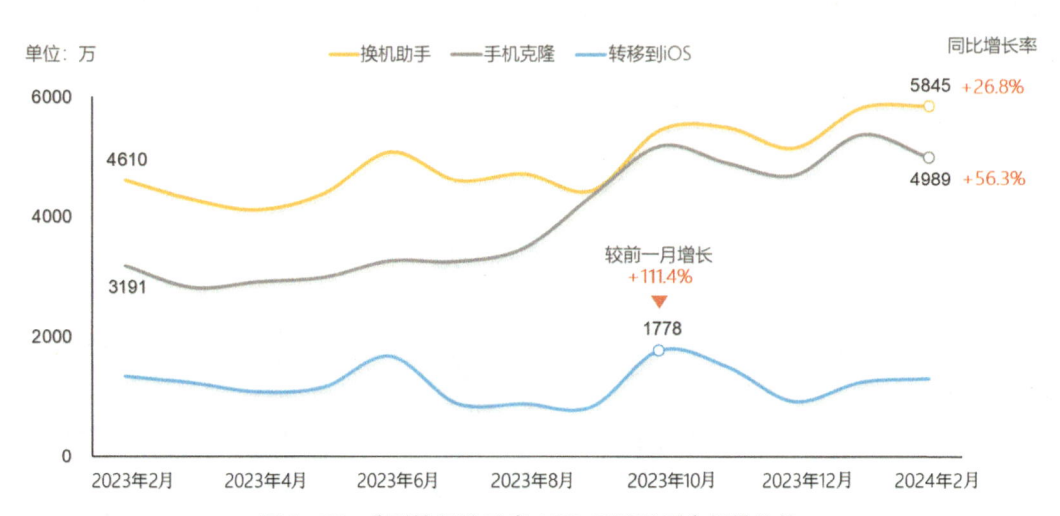

图 2-85　典型换机助手类 APP 月活跃用户规模趋势

数据来源：QuestMobile TRUTH 中国移动互联网数据库，2024 年 2 月

国产品牌间竞争进入白热化阶段，"卷配置""卷价格"的情形下，用户更愿意尝试

多品牌新产品。苹果、小米凭借系统、生态优势，用户黏性相对较高。

来源 \ 去向	华为	Apple	OPPO	vivo	小米	荣耀
华为	35.3%	9.6%	16.1%	13.3%	12.8%	11.1%
Apple	15.8%	53.6%	8.8%	6.3%	6.4%	1.6%
OPPO	16.2%	9.9%	40.4%	16.7%	8.6%	6.9%
vivo	16.8%	9.9%	21.2%	34.1%	9.4%	7.2%
小米	16.2%	11.4%	11.4%	10.3%	43.8%	4.9%
荣耀	28.5%	8.0%	20.6%	16.5%	9.5%	15.2%

注：去向占比，指在统计周期(月)内，从A终端品牌换到B终端品牌的用户数占从A终端品牌换到所有终端品牌用户数的比例。

图 2-86　2024 年 2 月典型智能终端换机品牌去向

数据来源：QuestMobile TRUTH 中国移动互联网数据库，2024 年 2 月

华为、荣耀在热门机型的带动下，用户品牌忠诚度明显提升。苹果在高端机市场受到多个品牌夹击，造成用户流失。

同比变化	6.6%	-4.9%	-2.3%	-0.2%	-1.2%	4.2%
2023年2月	28.7%	58.5%	42.7%	34.3%	45.0%	11.0%
2024年2月	35.3%	53.6%	40.4%	34.1%	43.8%	15.2%
	华为	Apple	OPPO	vivo	小米	荣耀

注：本品牌去向占比，指在统计周期(月)内，从A终端品牌换到A终端品牌的用户数占从A终端品牌换到所有终端品牌用户数的比例。

图 2-87　智能终端品牌换机用户本品牌去向占比

数据来源：QuestMobile TRUTH 中国移动互联网数据库，2024 年 2 月

2. 各品牌在不同价位段和年龄段用户中表现各异，同时积极布局折叠屏及智能汽车领域

华为 Mate 60 系列、折叠屏系列的热销，使其在 5000 元以上机型市场中领先优势明显，OPPO、vivo 主打中间价位段，红米成为千元机"性价比之王"。

	华为	OPPO	vivo	小米	荣耀
	活跃占比	活跃占比	活跃占比	活跃占比	活跃占比
1~999元	3.8%	13.5%	0.8%	23.2%	3.8%
1000~1999元	19.3%	29.9%	28.5%	51.9%	43.3%
2000~2999元	9.7%	37.7%	52.7%	12.9%	34.0%
3000~4999元	18.5%	12.8%	15.8%	8.2%	5.8%
5000元以上	48.7%	6.1%	2.3%	3.8%	13.1%

注：1. OPPO品牌数据中不包括真我及一加，vivo品牌数据中包含iQOO，小米品牌数据中包含红米；2. 活跃占比=目标品牌在某个价位段的月活跃设备数/该目标品牌的月活跃设备数。

图 2-88　2024 年 2 月各品牌终端价格分布

数据来源：QuestMobile TRUTH 中国移动互联网数据库，2024 年 2 月

华为凭借多价位段产品系列布局，使其在多个年龄段的消费群体中展现出较强的市场领导力，00 后、90 后年轻人群在品牌选择上更加多元化。

📱	00后 活跃占比	00后 TGI	90后 活跃占比	90后 TGI	80后 活跃占比	80后 TGI	70后 活跃占比	70后 TGI	60后 活跃占比	60后 TGI
华为	18.9%	82.9	21.8%	95.4	24.1%	105.7	24.1%	105.7	26.4%	115.8
Apple	22.8%	105.0	21.9%	101.1	21.3%	98.1	22.0%	101.6	20.6%	94.9
OPPO	19.4%	104.0	18.2%	97.8	17.5%	93.6	17.6%	94.3	19.6%	105.3
vivo	16.4%	112.5	15.0%	102.8	13.8%	94.3	15.5%	105.9	11.9%	81.7
小米	10.7%	106.3	10.7%	106.9	10.8%	107.4	8.9%	88.9	9.0%	89.7
荣耀	6.9%	99.3	7.1%	102.0	6.9%	98.8	6.9%	98.5	7.1%	101.6

注：1. OPPO品牌数据中不包括真我及一加，vivo品牌数据中包含iQOO，小米品牌数据中包含红米；2. 活跃占比=目标人群使用某品牌的月活跃设备数/该目标人群的月活跃用户数；3. TGI=目标人群使用某品牌的月活跃占比/全网中该品牌的月活跃占比×100。

图 2-89　2024 年 2 月各年龄段用户终端品牌偏好

数据来源：QuestMobile TRUTH 中国移动互联网数据库，2024 年 2 月

　　终端品牌注重在短视频、内容社交及电商平台的营销投放。同时，各品牌根据目标受众的触媒特征，选择不同的媒介渠道作为核心投放阵地。

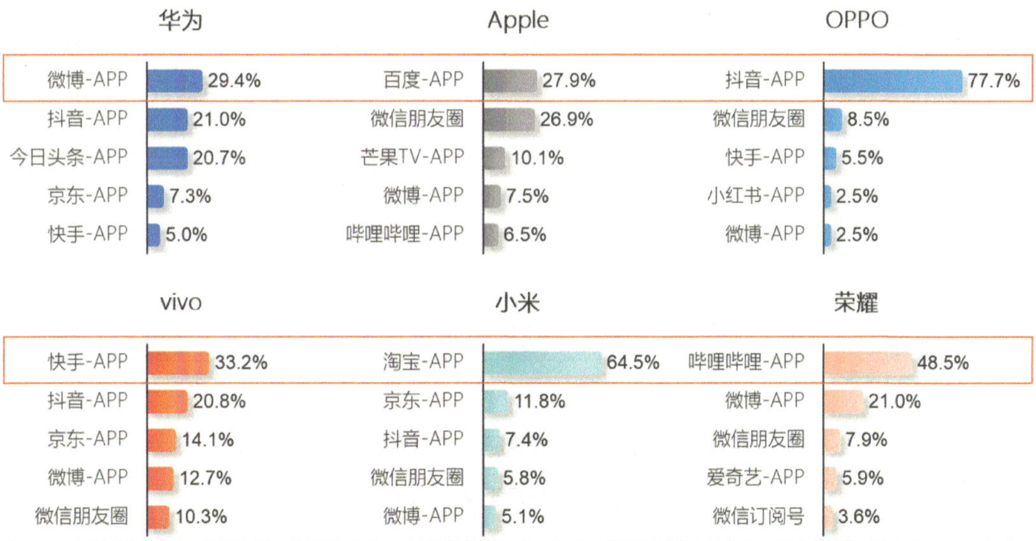

华为
- 微博-APP　29.4%
- 抖音-APP　21.0%
- 今日头条-APP　20.7%
- 京东-APP　7.3%
- 快手-APP　5.0%

Apple
- 百度-APP　27.9%
- 微信朋友圈　26.9%
- 芒果TV-APP　10.1%
- 微博-APP　7.5%
- 哔哩哔哩-APP　6.5%

OPPO
- 抖音-APP　77.7%
- 微信朋友圈　8.5%
- 快手-APP　5.5%
- 小红书-APP　2.5%
- 微博-APP　2.5%

vivo
- 快手-APP　33.2%
- 抖音-APP　20.8%
- 京东-APP　14.1%
- 微博-APP　12.7%
- 微信朋友圈　10.3%

小米
- 淘宝-APP　64.5%
- 京东-APP　11.8%
- 抖音-APP　7.4%
- 微信朋友圈　5.8%
- 微博-APP　5.1%

荣耀
- 哔哩哔哩-APP　48.5%
- 微博-APP　21.0%
- 微信朋友圈　7.9%
- 爱奇艺-APP　5.9%
- 微信订阅号　3.6%

注：广告监测数据范围主要为媒介展示类广告，未覆盖范围包含：① 不含搜索逻辑相关广告，包括搜索引擎广告、电商内广告、生活服务平台内广告、应用商店内广告等。② 不含游戏内广告、工具内皮肤广告等。③ 不包含剧综冠名、植入广告。④ 不包含基于粉丝逻辑的广告。

图 2-90　2024 年 2 月各智能终端品牌广告投放费用 TOP 5 媒介

数据来源：QuestMobile AD INSIGHT 广告洞察数据库，2024 年 2 月

各智能终端品牌间的战火已逐步蔓延至折叠屏市场及智能汽车领域。

折叠屏市场

折叠屏成为高端手机迭代的主力方向，国产品牌在此领域与苹果手机形成差异化竞争，抢占更多份额；2023年，各品牌陆续发布了10余款折叠屏产品，行业进入集中爆发阶段

布局方向

智能汽车业务

智能汽车成为新的"移动智能终端"和"第三空间"，其更加追求车机功能的丰富度和人机交互的流畅度，吸引更多手机厂商入局，以智能化技术赋能汽车行业，手机圈与汽车圈的融合进一步加速

图 2-91　2024 年智能终端品牌重点布局方向

数据来源：QuestMobile 研究院，2024 年 4 月

2023 年，折叠屏手机市场呈现爆发式增长，竞争日益激烈，华为 Mate X5 激活量突破 400 万台，三星 Galaxy Z 系列两款机型也成为消费者的热门选择。

单位：万台

上市时间	2023年9月	2023年8月	2023年8月	2023年9月	2023年7月	2023年10月	2023年4月	2023年8月	2023年10月	2023年4月
折叠方式	横向	竖向	横向	竖向	横向	横向	竖向	横向	横向	横向

机型	激活量
华为 Mate X5	402.2
三星 Z Flip5	203.9
三星 Z Fold5	192.2
OPPO Find N3 Flip	178.9
荣耀 Magic V2	109.3
OPPO Find N3	109.3
vivo X Flip	85.6
小米 Mix Fold3	76.0
荣耀 Magic Vs2	69.6
vivo X Fold2	68.9

图 2-92　2023 年新上市折叠屏机型上市后激活设备数量

（统计范围：上市月至 2024 年 2 月）

数据来源：QuestMobile TRUTH 中国移动互联网数据库，2024 年 2 月

随着折叠屏技术的成熟和价格的逐渐亲民，吸引更广泛的消费者群体，用户从"尝鲜"转到"常用"。此外，折叠屏强大的影像配置、大屏分屏功能吸引拍照、阅读爱好者。

基础画像

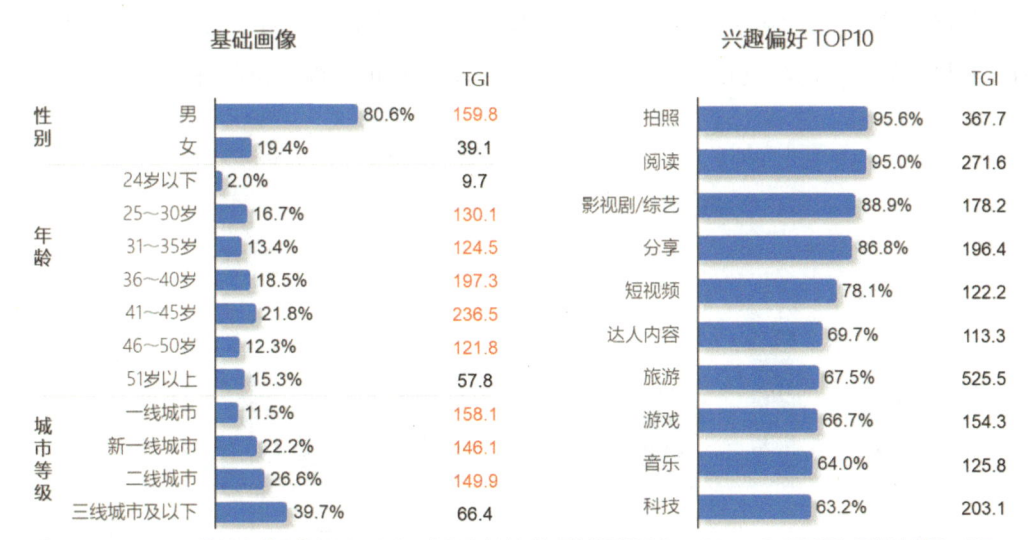

类别		占比	TGI
性别	男	80.6%	159.8
	女	19.4%	39.1
年龄	24岁以下	2.0%	9.7
	25~30岁	16.7%	130.1
	31~35岁	13.4%	124.5
	36~40岁	18.5%	197.3
	41~45岁	21.8%	236.5
	46~50岁	12.3%	121.8
	51岁以上	15.3%	57.8
城市等级	一线城市	11.5%	158.1
	新一线城市	22.2%	146.1
	二线城市	26.6%	149.9
	三线城市及以下	39.7%	66.4

兴趣偏好 TOP10

	占比	TGI
拍照	95.6%	367.7
阅读	95.0%	271.6
影视剧/综艺	88.9%	178.2
分享	86.8%	196.4
短视频	78.1%	122.2
达人内容	69.7%	113.3
旅游	67.5%	525.5
游戏	66.7%	154.3
音乐	64.0%	125.8
科技	63.2%	203.1

注：1. TGI=目标人群某个标签属性的活跃占比/全网具有该标签属性的活跃占比×100%；2. 折叠屏机型统计范围：选取2023年新上市的热门机型。

图 2-93　2024 年 2 月折叠屏机型 用户画像

数据来源：QuestMobile GROWTH 用户画像标签数据库，2024 年 2 月

华为通过短片，以更生动形象的方式展示 Mate X5 的机型亮点，上市当月官方号流量翻倍增长。三星充分利用粉丝经济，提升传播效率。

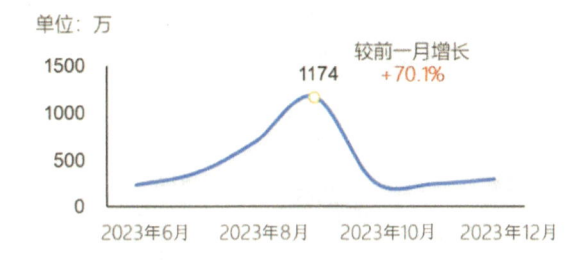

单位：万

2023年8月：1174，较前一月增长 +70.1%

华为与谢霆锋合作推出微电影《锋行任务》，影片以科技创新和挑战为主题，充分展示了华为 Mate X5 的硬核实力和时尚设计，传递新机"够硬核、够风潮、够机智"的理念

三星邀请歌手于文文作为Z系列品牌挚友，邀请歌手陈楚生等多位明星作为折叠体验官，利用其粉丝基础和影响力，吸引年轻消费者的关注

注：1. 去重活跃用户数：在统计周期内，在指定KOL平台中浏览或关注过目标KOL发布内容的去重用户数；2. KOL平台包括抖音、快手、微博、小红书、哔哩哔哩、微信公众号。

图 2-94　华为新媒体平台官方账号去重活跃用户规模

数据来源：QuestMobile NEW MEDIA 新媒体数据库，2024 年 2 月

图 2-95　三星 Galaxy Z 系列营销

数据来源：根据公开资料整理，2024 年 4 月

新能源汽车车主倾向于选择能够与汽车车机系统实现更流畅互联的手机品牌，华为、苹果凭借成熟的车机互联生态，成为他们偏好选择的智能手机品牌。

品牌	活跃占比	活跃占比TGI
华为	32.5%	142.5
Apple	23.1%	106.4
vivo	11.0%	75.4
小米	10.0%	99.7
OPPO	9.3%	49.9
荣耀	8.1%	115.9
三星	2.9%	118.1
魅族	0.1%	219.1

注：TGI=目标人群使用某品牌的月活跃占比/全网中该品牌的月活跃占比×100。

图 2-96　2024 年 2 月新能源汽车活跃用户终端品牌偏好

数据来源：QuestMobile TRUTH 中国移动互联网数据库，2024 年 2 月

在 AI、大数据、云计算领域积累了众多优势的手机制造商，在"手机＋车机"的生态下"攻城略地"。

华为　深入造车供应链
合作分为零部件供应、提供全栈智能解决方案模式、智选车模式，已与赛力斯合作推出问界品牌、与奇瑞合作推出智界品牌

问界M7
销量：2.11万辆
活跃量：12.60万辆

小米　直接入场整合供应链造车
直接入场造车的小米，首款纯电动轿车——小米SU7于3月28日正式发布

小米SU7
内容声量：730.2万
（2024年1—2月）

魅族　融入吉利汽车体系
将自身软硬件搭载到吉利体系车型，领克08 EM-P 首发搭载Flyme Auto，Flyme Link首次应用于吉利银河E8

领克08 EM-P
销量：0.34万辆
活跃量：3.96万辆

银河E8
销量：0.21万辆
活跃量：0.42万辆

注：1. 车系销量：在统计周期（月）内，该车系销售的车辆数。2. 车系活跃量：在统计周期（月）内，该车系车辆有行驶行为的车辆数。3. 内容声量：在抖音、快手、微博、小红书、哔哩哔哩、微信公众号六个平台上，去重活跃用户数大于5万的 KOL，提及某关键词的相关发帖的互动量（点赞＋评论＋转发数）。

图 2-97　手机厂商造车模式

数据来源：根据公开资料整理，2024 年 4 月

图 2-98　2024 年 2 月典型车系销量 & 活跃量

数据来源：QuestAuto 中国新能源汽车数据库，2024 年 2 月；QuestMobile NEW MEDIA 新媒体数据库，2024 年 2 月

第二章　数字营销行业生态

与三位重度玩家不同，OPPO 和 vivo 采取和车企合作开发智能互联系统的方式进行布局。

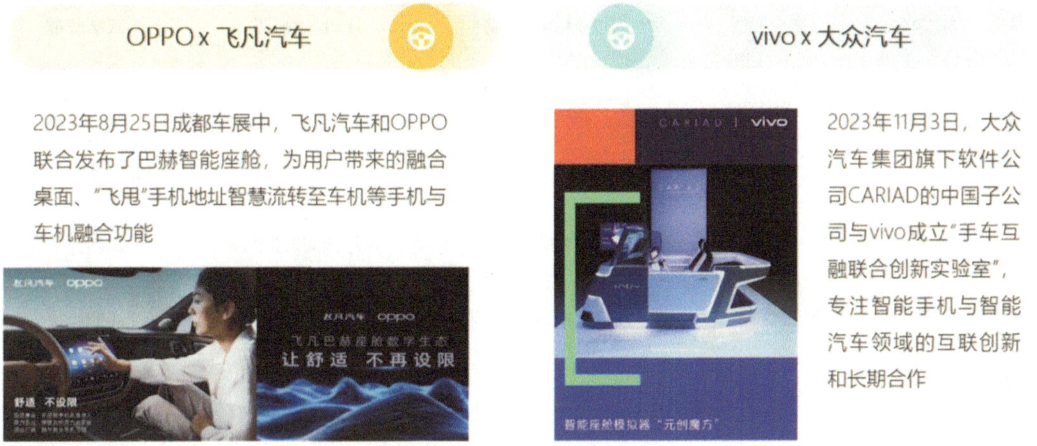

图 2-99　车机生态合作

数据来源：QuestMobile 研究院，2024 年 4 月

3. AI 正在成为手机市场下一个"必争之地"

智能手机加速迈进 AI 时代，2024 年成为 "AI 手机" 元年，各厂商纷纷加入战局。

图 2-100　手机发展历程

数据来源：QuestMobile 研究院，2024 年 4 月

随着生成式 AI 时代的高速发展，手机厂商纷纷拥抱 AI，发布自研端侧大模型，增

强自身的竞争力。

品牌	AI大模型	落地机型	操作系统	部署方式
华为	盘古大模型	华为Mate 60系列	HarmonyOS	云端部署
OPPO	安第斯大模型（AndesGPT）	OPPO Find X7系列	ColorOS	云端部署+端云协同
vivo	蓝心大模型（BlueLM）	vivo S18系列、vivo X100系列	OriginOS	云端部署+端云协同
小米	MiLM	小米14系列	小米澎湃OS	端侧计算
荣耀	魔法大模型	荣耀Magic 6系列	MagicOS	端侧计算
三星	高斯大模型	Galaxy S24系列	One UI	云端部署
魅族	Flyme AI大模型	魅族21系列	FlymeOS	—

图 2-101　手机品牌 AI 大模型布局情况

数据来源：QuestMobile 研究院，2024 年 4 月

目前，各手机厂商推出的 AI 功能主要集中在影像处理、智能助手、便捷交互等方面，旨在为用户提供更加高效的使用体验。

OPPO Find X7　发布时间：2024年1月8日
- AIGC消除：支持多类型元素识别与消除，并生成自然的填充画面
- 智能通话摘要：将通话内容的重点通过文档的方式进行记录
- 小布助手：创作、问答更加人性化

荣耀Magic6　发布时间：2024年1月11日
- 「任意门」：实现信息跨应用、跨设备的智慧流转
- 灵动胶囊：根据用户的行为习惯和喜好，主动提供相应的服务
- 智慧成片：根据描述，分析图库中现有图片视频，自动剪辑成片

三星Galaxy S24　发布时间：2024年1月18日
- 即圈即搜：通过圈选、涂抹就可对目标进行搜索
- 实时双向翻译：同时对话的内容可以转化成相应文本
- 搭载由AI驱动的超视觉影像

魅族21 Pro　发布时间：2024年2月29日
- 开放式AI终端：面向所有大模型开放
- AI图库：通过描述图片内容的关键词来搜索图库中的照片
- AI灵动键：一键呼出Aicy语音助手，AI识屏同步开启

图 2-102　热门品牌 AI 手机营销重点

数据来源：QuestMobile 研究院，2024 年 4 月

OPPO、三星突出强调新机型 AI 技术的应用与创新功能，激发用户的热烈讨论，上市两个月 OPPO Find X7、三星 S24 系列激活设备数均突破百万台，彰显出市场对 AI 手机的强劲需求。

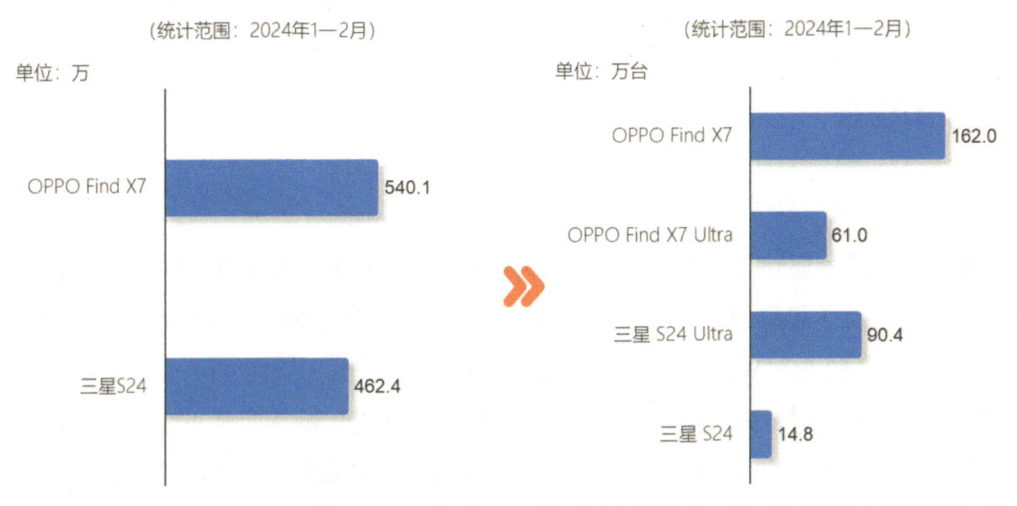

（统计范围：2024年1—2月）
单位：万

机型	内容声量
OPPO Find X7	540.1
三星S24	462.4

注：内容声量，指在抖音、快手、微博、小红书、哔哩哔哩、微信公众号六个平台中，去重活跃用户数大于5万的KOL，提及某关键词的相关发帖的互动量（点赞+评论+转发数）。

图 2-103　典型新上市机型新媒体平台内容声量

数据来源：QuestMobile NEW MEDIA 新媒体数据库，2024 年 2 月

（统计范围：2024年1—2月）
单位：万台

机型	激活设备数
OPPO Find X7	162.0
OPPO Find X7 Ultra	61.0
三星 S24 Ultra	90.4
三星 S24	14.8

图 2-104　上市以来各机型激活设备数

数据来源：QuestMobile TRUTH 中国移动互联网数据库，2024 年 2 月

二、服务商篇

（一）技术

1. 数字营销与数字技术的关系阐述

数字营销的本质在于引入数字技术作为底层驱动，在各种数字技术的快速升级迭代下应用于各种营销场景中，实现智能化升级，创造新的商业模式、开辟新的市场机会。自 2020 年互联网进入 Web 3.0 时代，信息交互被引入了更多智能化、个性化和去中心化的特性。与此同时，大数据、云计算、物联网、区块链以及智能算法等一系列前沿技术取得了重大进展，数字营销开始向更加多元化和个性化的方向发展，并凭借着高度的灵活性、精确性以及数据驱动的决策优势，成为企业增长的关键引擎，引领着数字经济的发展潮流。

进入 2024 年，以人工智能、大模型、空间计算、区块链等为代表的数字技术日益成熟并快速实现商业化应用，进一步重塑了数字营销的底层技术基石，丰富了数字营销的内涵。其中尤其是人工智能技术的机器学习、深度学习与自然语言处理能力取得了显著进展，极大提升了数字营销的智能化水平；AIGC 生成式人工智能极大提升了内容生产力，为数字营销内容生产与传播注入强大动力；空间计算技术，如增强现实、虚拟现实为用户提供了更加沉浸式的互动体验，为品牌和消费者之间搭建起新的交流场景；更加成熟的区块链技术带来了基于区块链的透明广告投放、效果追踪以及数字资产交易，增强了数字营销活动的可信度与效率，也给数字营销带来了新的商业模式。

2. 不同营销服务场景数字技术应用创新

具体来看，数字营销技术服务场景可分为广告与投放、内容（创意）体验、社交与关系营销、销售与交易、数据与分析、管理六类。数字技术深度嵌入上述场景中，帮助数字营销服务商快速响应市场变化，为广告主提供更加灵活和高效的营销活动：

（1）广告与投放

在数字营销中，广告投放涉及系统化的运用多种技术手段和数字化工具，更精确地定位目标受众，优化广告投放策略，帮助广告主提高投资回报率。在数据驱动和 AI 能力的加持下，广告投放系统的智能化、自动化程度不断深化，并成为数字营销服务商的重要发力方向。

例如，AI 营销服务商云积天赫，联合天猫面向商家的平台自研与生态研发结合的可视化数智产品平台"观星仪"，推出了一款"AI 全域自动化营销工具"，拥有 43 类营销预测模型，通过了亿级以上的人群验证，数十轮模型迭代，经过了数千次营销活动的验证，帮助品牌在会员营销效果和店铺转化效果上得到稳定的提升，实现稳定的生意增长。

另一方面，内容渠道的碎片化和营销触点的多样化加剧了营销投放中的不确定性，通过 AI 算法和大数据分析能力，自动化营销不仅是提升流程层面的效率，而且是聚焦于实现确定性的 ROI 投放，进一步精准预测营销活动的效果，优化资源配置，确保广告主的每一分投入都能带来可量化的回报，助力企业降低营销风险，提高整体盈利能力。阿里云的 MCDP（Mobile Content Delivery Platform）组件提供了 APP 内的个性化广告投放能力，支持针对定向人群进行个性化广告投放，帮助 APP 运营人员实现精细化运营，提升投放效率和效果。2024 年 1 月 23 日，巨量引擎发布自动化技术品牌 UBMax（Universal Bidding for Max），又称"优必投"。它立足应用下载、线索留资、电商引流三个场景。在巨量引擎的产品地图上，UBMax 汇聚多种自动化能力，扮演着全面提升效率的角色，旨在由客户表达投放场景和目标，由系统整合客户提供的创意、预算、出价等设置，进行自动投放和优化，实现更稳成本、更少操作、更多转化。

（2）内容（创意）体验

内容（创意）体验是数字营销中至关重要的环节之一。基于大数据对时事热点和消费趋势的充分分析，营销服务商可以更及时且更充分地把握消费者兴趣与关注点，再借助 AIGC 技术与工具，生成更有针对性的品牌战略与传播优化建议，并进行相关性更强的营销内容创作与创新，使得营销活动具备更高的曝光度和关注度，促进品牌与消费者的互动，从而推动数字营销的有效推广。

2024 年，美的龙年春节营销便引入了 AIGC 视频制作技术，以品牌认养的"渝可""渝爱"熊猫兄妹为原型创作了品牌贺岁大片《新年贺新春·但是八段锦》。与此同时，美的还将 AIGC 融入品牌互动营销活动中，发起了 # 有 AI 则美 有龙则灵 # 的 AIGC 创作大赛，用户可以生成自己独特的守护龙，表达对家和美好生活的期待和向往。

无独有偶，光刻机巨头 ASML 在品牌成立 40 周年之际，也使用 AIGC 技术制作了品牌宣传片《站在巨人肩膀上》。据介绍，该视频使用了 CGI、文字转视频等剪短 AI 工具和技术，影片使用 Midjourney（图片类 AI 工具）将 1963 个自然语言提示词生成了 7852 张图像，再由 Runway（视频类 AI 工具）进行处理，覆盖了影片的 25957 帧，每帧 1000MB。

此外，AIGC 技术将促进营销媒介的融合，更好地整合各种媒介形式和营销渠道，实现更有效的营销传播。企业通过 AIGC 技术生成文本、图像、音频和视频等多种形式的营销内容，并将这些内容整合在一起，形成统一的营销方案，以便更好地传播品牌信息，吸引客户注意力，还能生产出适用于不同社交媒体平台的营销内容，根据用户在不同平台上的行为特征进行个性化推送，这有助于企业更好地触达目标客户群体，提升营销效果。

天娱数科旗下的"魔方 Mix-AIGC 短视频智能营销助手"基于积累的短视频素材和数据，结合 GPT、DALL-E2 等 AI 大模型技术，通过多维数据报表实现短视频的制作和投放效率的提升。这些工具使得天娱数科能够更加高效地生产和推广短视频内容，并提供精确的数据分析和报告，从而提升短视频营销的效果和效率。

数字人也是提升内容创意体验的重要方向之一。得益于视觉呈现技术的不断进步和 5G、云计算、人工智能、元宇宙等先进技术的融合，数字人在数字营销领域的应用渗透进一步深入，并逐渐分化为"虚拟数字人""真人数字分身"两大方向，为品牌和受众之间的搭建更具体验感的沟通互动途径，成为数字营销中新涌现的重要一环。

虚拟数字人是基于计算机图形学、图形渲染、动作捕捉、深度学习等前沿技术，全新构建出的具备人的外观、人的行为并具备自身独特的"人格"特性，可以与人交互的虚拟数字形象，包括虚拟偶像、虚拟主播、数字员工等。2024 年，虚拟数字人形象在各种数字营销场景中已经随处可见，蓝色光标旗下的创意复现型数字人"苏小妹"已与眉山、北京、苏州、吉林等多个城市地区展开文旅合作，利用最先进的数字技术和内容形式为帮助各省市打造数字化文旅内容。在电商平台上，也有越来越多的虚拟主播活跃在直播间中，全天候和用户进行自然逼真的商品讲解和内容互动，极大地提升了用户体验的质量和效率。

真人数字分身则是以真实物理世界中的人物为映射，基于 AI、CG、动作捕捉的技术进步与融合，打造出的数字化身份。在营销事件中，由于真人数字分身的映射主体往往本身具备一定的流量热度或粉丝基础，也更能帮助提升品牌话题度和知名度，打开更多的曝光和销量空间。2024 年 4 月，京东云打造的刘强东 AI 数字人亮相京东家电家居、京东超市采销直播间，当晚"采销东哥"介绍了多种商品，还和用户聊天互动、发红包，总共吸引了 2000 万观众，成交额突破了 5000 万元。

（3）社交与关系营销

数字营销的发展依赖于当下的传播环境与消费环境，传播愈发的同质化、多中心化和消费由功能导向转变为体验式导向，使得参与感、互动感、情绪价值在消费者的购买决策中占据重要地位，也让互动性作为数字营销的本质特征进一步彰显。

人工智能技术在数字媒体领域的应用，极大地增强了数字媒体平台互动交互的智能化和开放性，对提升用户卷入度和品牌认知度等方面产生了更为积极影响。例如服务商为品牌方提供智能聊天机器人、虚拟助手、数字客服等一系列 AI 工具，帮助客户实现面对用户的 7×24 小时即时响应，并根据用户的语言、行为、偏好等数据信息充分识别用户的情绪状态，提供更加智能、适宜的互动支持与情感陪伴，让用户对品牌产生更强烈的情绪反馈从而提升用户体验，增强用户对品牌的好感度和忠诚度。京东数字客服芊言不仅能解决售前、售中、售后等各类销售咨询问题，还依托语音识别、语音合成、自然语言理解、视频驱动多模态技术融合的创新成果，将更加逼真的表情动作、更加真挚的情感与个性化的应答回复融合，帮助品牌提升用户互动的质量和效率，同时也为用户提供了更加丰富和便捷的服务体验。

此外，在数字营销生态中，搜索引擎一直是用户重要的信息获取渠道，也是品牌方和服务商重要的消费者营销触点，在生成式人工智能的驱动下，搜索引擎从"搜索"到"发现"的智能化转型速度加快，智能搜索平台从单纯的搜索结果呈现和个性化推荐，转向深度挖掘用户信息需求，以更对话式交互方式为用户提供贴合实际需求的融合社交、电商、娱乐等跨平台一站式整合服务体验。

（4）销售与交易

在当前的营销环境中，广告主正越来越多地将数字营销活动与整体经营策略紧密结合，旨在通过优化营销资源配置，在激烈的市场竞争中实现更佳的经营业绩。这一过程中，营销服务商和媒体平台需要帮助品牌主实现的关键目标是提高人与货之间的匹配效率，确保精准高效并去除冗余，从而大幅提升投资回报率（ROI）。

为了实现人货精准匹配，阿里妈妈利用阿里巴巴自主研发的大语言模型，推出了专为电商场景设计的 LMA（Large Model for Advertising）技术。其 LMA 的突破性进展在于其基于多模态大模型的能力，能够进行超大规模多模态表征的预训练，深入理解商品的文本、图像、视频等多种模态信息。通过结合海量的消费者行为数据进行模型微调，LMA 能够更准确地理解消费者需求，从而显著提升人货匹配效率。LMA 的技术突破为电商营销带来了直接的价值。由于机器能更深层次地理解消费者的购物意图，它不仅帮助商家识别并吸引高度匹配的目标人群，还协助商家制定能够打动这些目标人群的最优选品策略。这不仅提高了营销的个性化水平，还增强了营销活动的效果和整体业务绩效。

在电商销售场景中，搜索是消费者购买需求最明确、转化效率最高的主力销售渠道之一。目前，各大内容平台的站内搜索生态也日益完善，这促进了广告主在平台上的经营水平大幅提升。例如，快手将自研快意大模型引入搜索产品的升级优化中，提升了对消费者搜索意图的识别能力，以搜索提效驱动生意增长。快手财报数据显示，2024 年第二季度的搜索 GMV 同比提升了超过 80%。

（5）数据收集与分析

数字营销基于数字技术收集、分析和应用数据，依赖于多种类型的数据来制定营销策略并衡量效果，所包括的数据不限于场景数据、广告位数据、品牌产品数据、用户数据等多种来源或类型。

在人工智能及生成式人工智能的驱动下，营销服务商不仅能够通过更灵活的数据捕获技术实现对多模态、多渠道数据的实时采集，并通过自动化和智能化的分析流程对消费者反馈、渠道业绩、市场趋势等进行深度分析与洞察，帮助企业更加高效精准地完成营销策略制定输出、营销效果测量优化等工作。

CDP（用户数据管理）作为可以集成、管理和分析企业全域数据的一方数据平台，在结合媒体数据、三方数据的基础上，随着 AI 技术开始在各个业务流程的深入渗透，也使得 CDP 在商业和营销领域发挥着更加重要的能力和潜力。例如，在 AI 技术的协助下，CDP 平台可以接入并处理更多的非结构化数据，帮助企业实现覆盖第三方数据、自有触点数据、媒体 API 回传的企业数据、企业内部系统的消费者数据及线下捕捉数据等全渠道、多模态、多场景、多系统的数据采集提取，并自动识别和清洗重复、不完整或错误的数据，从而形成更加完整、准确的数据湖，并利用这些不断产生的数据更加精准地洞察客户群体，精准定位营销过程中可能出现的问题，为营销活动提供科学化的赋能支持，并推动更好的更加个性化的消费者体验。

另外，智能情感分析与识别也是人工智能技术中的一个重要分支技术。它在数字营销中逐渐深入的应用使得数字营销能够更精准地捕捉和理解消费者的情绪和感受，从而实现更深层次的个性化营销和客户关系管理。以星巴克为例，为了更深入地理解消费者的情绪，星巴克利用人工智能技术分析消费者在社交媒体上的互动内容。当一位消费者在社交媒体上传了星巴克咖啡的照片并发表评论后，AI 系统捕捉到了这一帖子并分析了其中的情绪信号。随后，星巴克通过智能互动感谢了消费者的正面反馈，并邀请其享用一杯免费咖啡。这种情感智能互动不仅帮助品牌更好地理解用户需求，还增强了用户体验和品牌忠诚度。

（6）管理

数字营销管理涉及使用数字渠道和工具来规划、执行和优化营销活动。

在内部管理场景中，随着新技术的不断涌现，无论是技术服务商抑或是广告主都在积极拥抱新技术和新工具。然而，内部的组织架构与工作流程仍需与这些新技术工具进一步磨合。广告主企业通常已有营销工具和系统（如营销自动化平台、数据分析工具等），在引入新的 AI 工具时，需考虑其与现有系统的兼容性，包括数据格式和接口标准等。即使 AI 工具成功集成，还需确保其能协同工作，优化业务流程和提升效率。这要求对业务流程进行深入分析和优化，以充分发挥 AI 工具的优势，例如，实现客户细分、个性化营销等功能。但要实现这些，需有效配置和整合系统，确保数据流畅传递和业务流程无缝衔接。

相比之下，技术服务商将 AI 融入工作流的脚步更为激进，2023 年，利欧数字便推出面向营销全行业的 AIGC 生态平台「LEO AIAD」。LEO AIAD 在算力提升、生产力优化、私有化模型搭建、投放效率升级、数字资产确权等方面进行了研发。LEO AIAD 以人智协同的各项功能重新定义了营销人的工作流程，帮助营销人提高工作效率，目前，已经实现了对接内部包括程序化购买系统、桌面交易工具、数据处理环节、系统运维等多个自研系统，利欧数字内部也已经实现了全员使用 LEO AIAD。

而不断更新扩张又壁垒分明的数字营销生态，也要求技术服务商能协助广告主以用户为中心围绕全链路进行全盘考虑，构建基于多渠道协同运营的数字营销管理体系，从而提高数字营销活动的整体效果，确保品牌的市场竞争力和商业价值。以营销科技厂商深演智能为例，其以营销自动化平台（MA）能力为核心的 AlphaData 解决方案，为广告主提供包括营销自动化平台（MA）、客户数据平台（CDP）、活动预算管理、广告智能投放等全渠道营销综合解决方案能力。深演智能全渠道营销平台拥有强力 AI 模型驱动的智慧营销和丰富的互动渠道与功能支持，系统不仅打通前端指标的转化路径，也会同时打通客户的后端转化数据，形成完整的分析和报表，帮助广告主实现营销效果的最大化。

（二）代理

在数字营销的复杂生态中，代理商扮演着不可或缺的角色，宛如技艺高超的园丁，精心培育品牌在数字媒体的土壤中生根发芽、茁壮成长。代理商不仅精通各种数字营销策略和技巧，更是品牌与消费者之间的桥梁，通过精准的市场定位和创新的营销手段，帮助品牌在竞争激烈的市场中获得显著的曝光和深度的用户连接。

1. 角色与核心功能

代理商的首要职责是为品牌提供全面的市场洞察与策略制定。他们通过深入的市场调研，利用大数据和分析工具，帮助品牌了解目标受众的需求和偏好，识别市场机会。这一过程不仅包括数据收集，还涵盖对数据的解读和分析，使品牌能够制定出科学合理的市场策略。一旦策略制定完毕，代理商需要将其转化为具体的创意执行。这包括内容创作、广告设计、社交媒体管理等。通过创新的方式传达品牌信息，代理商能够吸引并保持用户的注意力。这一环节需要代理商不仅具备创意思维，还需熟悉各种数字工具和平台，以确保内容的传播效果。在营销活动实施后，代理商还需进行效果评估和优化。这意味着通过数据分析工具监测广告效果，评估不同渠道和策略的表现。基于实时数据，代理商可以快速调整策略，确保营销活动的持续有效性和投资回报的最大化。

2. 趋势及服务模式

全链路营销已成为现代代理商的标准配置。这一模式强调从市场调研、策略制定、创意执行到效果评估的全流程整合，确保品牌在数字营销中的全方位覆盖。

（1）闭环营销体系

通过构建闭环营销体系，代理商能够实现品牌推广、流量获取、转化优化、客户关系管理等各个环节的全面覆盖。这种模式使得品牌能够在消费者决策的每个阶段都提供相关的信息和互动，提高整体营销效率和 ROI。

（2）数据驱动的决策

在这一体系中，数据驱动的决策显得尤为重要。代理商通过监测用户行为数据，识别消费者的需求变化，实时优化营销策略。这种灵活性不仅提升了转化效率，也确保品牌在竞争中保持优势。

3. 数智互联

随着技术的不断进步，代理商在数字营销中的角色也在不断演变。人工智能（AI）、大数据、增强现实（AR）和虚拟现实（VR）等新兴技术正在重塑品牌与消费者之间的互动。

（1）人工智能的深度应用

AI 在市场调研、内容创作和客户关系管理中发挥着越来越重要的作用。通过对大量数据的分析，AI 帮助代理商更精准地理解消费者行为和市场趋势。例如，AI 可以通过分析社交媒体反馈，帮助代理商制定更加符合受众需求的广告策略。

（2）自动化提升效率

自动化工具的引入使代理商能够高效执行营销活动。实时监控和效果评估的自动化，降低了人力成本，并提升了反应速度。这使得代理商能够将更多精力投入战略思考和创意执行中，增强了整体竞争力。

4. 品牌与代理商的协同发展

在数字营销生态中，品牌与代理商的合作关系至关重要。有效的合作不仅能提升品牌的市场竞争力，还能增强消费者的品牌体验。

（1）共同的目标与愿景

品牌和代理商需在目标和愿景上达成一致。双方应建立开放的沟通渠道，定期交流项目进展和市场反馈，确保营销活动的连贯性和一致性。这种协同发展能够提升品牌形象，增强市场影响力。

（2）长期战略合作

短期的合作往往无法实现长期的品牌价值，代理商与品牌的合作关系应建立在战略层面，制定长期的发展规划。通过持续的合作，品牌能够获得稳定的市场支持和创新，确保其在市场中的持续增长。

5. 当前的市场趋势与挑战

在快速变化的数字营销环境中，代理商面临着新的市场趋势和挑战。全域营销、内容营销、情绪营销和体育营销等新策略成为代理商需要关注的重点。

（1）全域营销

全域营销强调品牌在消费者决策的每个环节都需要有策略地布局和行动。成功的品牌通常以消费者的决策场景为中心，全面提升用户体验。这要求代理商具备灵活的市场反应能力和深厚的行业知识，以便为品牌提供切实可行的全域营销策略。

（2）内容营销的多样化

内容营销正在成为品牌主的重要策略之一。随着社交媒体和短视频平台的兴起，品牌需要提供多样化的内容以吸引用户。例如，2023年，美妆行业在社交媒体上的种草内容量大幅增加，表明内容营销的有效性和重要性。

（3）情绪营销的崛起

情绪营销关注与消费者的情感连接，通过创造积极的情绪体验来增强品牌忠诚度和消费者信任。这要求代理商不仅要理解市场动态，还需深入洞察消费者心理，以便制定出具有情感共鸣的营销策略。

6. 未来展望与应对策略

展望未来，数字营销代理商的角色将更加重要，但也面临着新的挑战。

（1）消费者隐私与数据安全

在数字经济时代，消费者隐私和数据安全问题日益突出。代理商必须确保在收集和使用消费者数据时遵循相关法律法规，建立完善的数据保护机制。这不仅涉及技术层面的防护，还需在企业文化和操作流程中重视隐私保护。

（2）持续创新与适应性

代理商需不断创新服务模式，以满足品牌的多样化需求。灵活的战略和适应性将成为代理商在未来竞争中的核心优势。通过持续关注行业趋势和技术革新，代理商能够及时调整策略，保持市场竞争力。

在数字营销的生态系统中，代理商不仅是品牌与消费者之间的桥梁，更是营销策略的制定者和执行者。通过全链路营销和技术创新，代理商为品牌提供了全面的支持，帮助其在复杂的市场环境中实现可持续增长。面对未来的挑战与机遇，代理商需不断调整策略，强化合作关系，以确保在数字营销的竞争中立于不败之地。通过这些努力，代理商能够为品牌带来更大的价值，推动数字营销的不断发展与创新。

三、用户篇

1. 我国数字经济规模蓬勃发展，互联网大盘流量同步稳定增长

云计算、大数据、物联网等数字经济新兴业务收入连年攀升，以 2023 年为例，数字经济占电信业务收入的比例超过 20%。

《数字中国发展报告（2023）》中显示，2023年我国数字经济核心产业增加值超12万亿元，约占GDP比重10%。

数字经济规模（单位：万亿）与占GDP比重：
- 2017年：27.2，32.9%
- 2018年：31.3，34.8%
- 2019年：35.8，36.2%
- 2020年：39.2，38.6%
- 2021年：45.5，39.8%
- 2022年：50.2，41.5%

数字经济新兴业务收入（单位：亿元）及占电信业务收入比例：
- 2019年：1374，10.5%
- 2020年：1737，12.8%
- 2021年：2372，16.1%
- 2022年：3060，19.4%
- 2023年：3564，21.2%

注：根据《数字中国发展报告（2023）》，新兴业务指云计算、大数据、物联网等业务。

图 2-105　数字经济规模　　　　　图 2-106　数字经济新兴业务收入

数据来源：中国信息通信研究院，2024 年 7 月　　　数据来源：中国信息通信研究院，2024 年 7 月

数字经济底层基础设施建设步伐加快，网络基础建设、算力基础建设不断扩容提速，为数字经济发展提供有力支持。

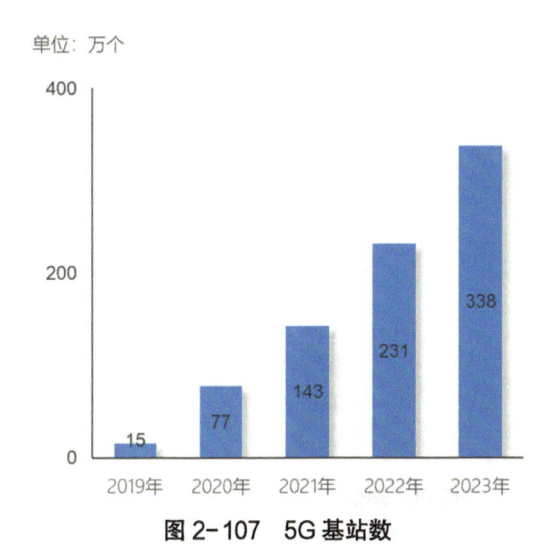

单位：万个

图 2-107　5G 基站数

2019年	15
2020年	77
2021年	143
2022年	231
2023年	338

数据来源：中国信息通信研究院；中国工业和信息化部，2024 年 7 月

单位：万架

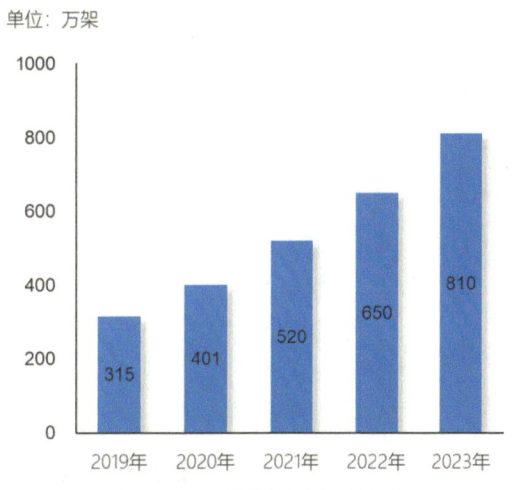

图 2-108　数据中心标准机架

2019年	315
2020年	401
2021年	520
2022年	650
2023年	810

数据来源：中国信息通信研究院；中国工业和信息化部，2024 年 7 月

数字经济与实体经济深度融合，互联网加速渗透到实体产业，推动全网流量的增长，2024 年 12 月活跃用户已达到 12.57 亿。

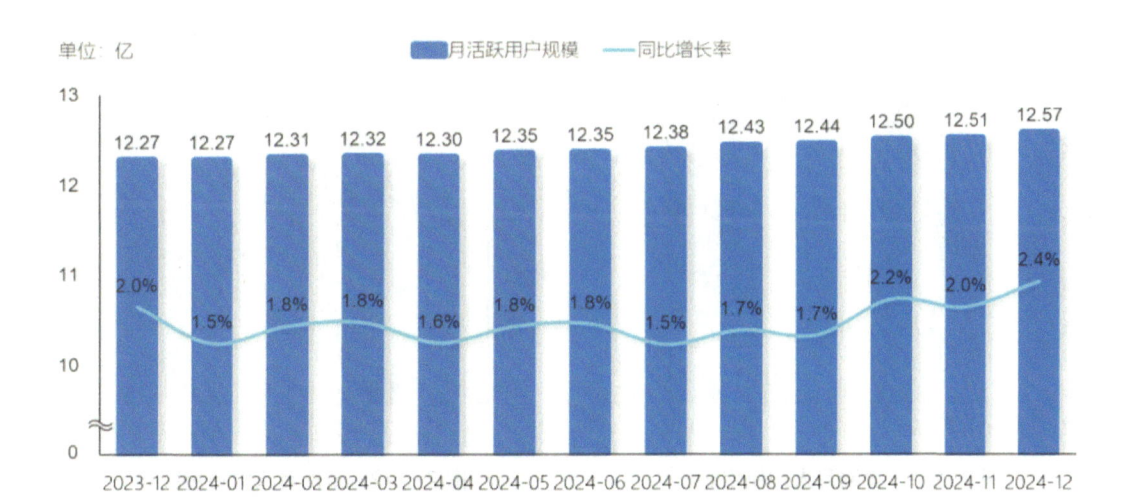

单位：亿

月份	月活跃用户规模	同比增长率
2023-12	12.27	2.0%
2024-01	12.27	1.5%
2024-02	12.31	1.8%
2024-03	12.32	1.8%
2024-04	12.30	1.6%
2024-05	12.35	1.8%
2024-06	12.35	1.8%
2024-07	12.38	1.5%
2024-08	12.43	1.7%
2024-09	12.44	1.7%
2024-10	12.50	2.2%
2024-11	12.51	2.0%
2024-12	12.57	2.4%

图 2-109　中国移动互联网 月活跃用户规模

数据来源：QuestMobile TRUTH 中国移动互联网数据库 2024 年 12 月

现阶段，互联网用户增量主要来源为一线城市人群，用户向高线级的城市聚集。

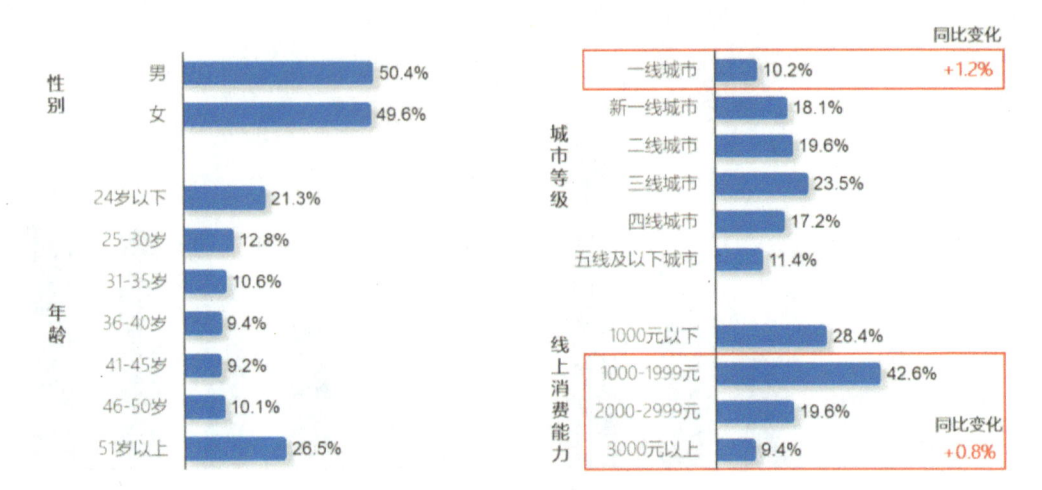

图 2-110　2024 年 12 月 全网用户画像

性别：男 50.4%；女 49.6%

年龄：24岁以下 21.3%；25-30岁 12.8%；31-35岁 10.6%；36-40岁 9.4%；41-45岁 9.2%；46-50岁 10.1%；51岁以上 26.5%

城市等级：一线城市 10.2%（同比变化 +1.2%）；新一线城市 18.1%；二线城市 19.6%；三线城市 23.5%；四线城市 17.2%；五线及以下城市 11.4%

线上消费能力：1000元以下 28.4%；1000-1999元 42.6%；2000-2999元 19.6%；3000元以上 9.4%（同比变化 +0.8%）

数据来源：QuestMobile GROWTH 用户画像标签数据库 2024 年 12 月

全网的触网程度有所起伏，月人均使用时长有所增长，人均使用次数则出现小幅下降，用户对 APP 使用集中度提高。

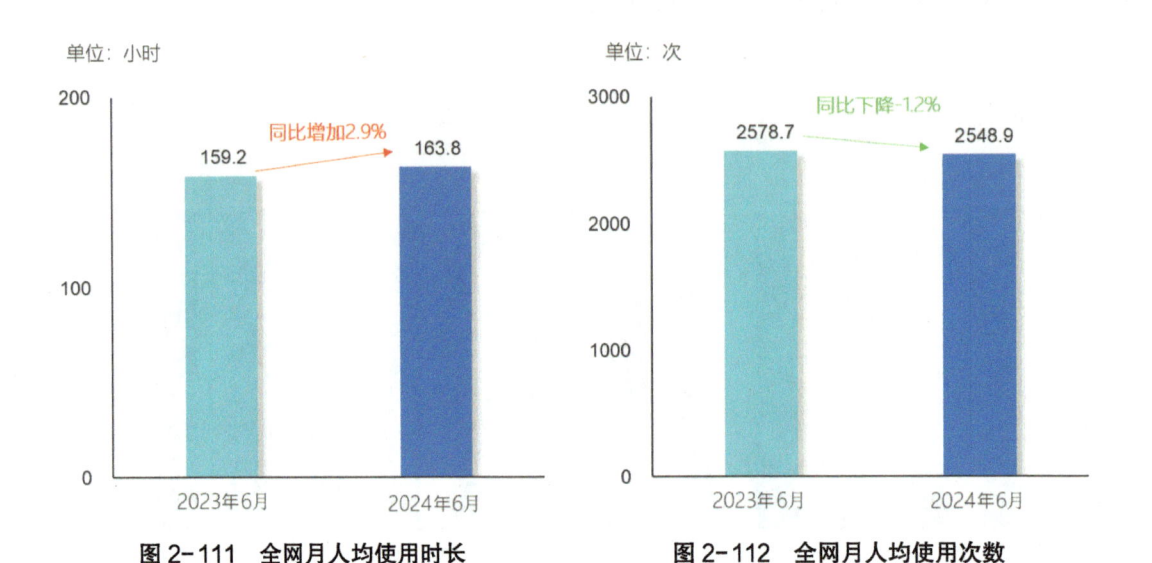

单位：小时
2023年6月：159.2　2024年6月：163.8　同比增加 2.9%

图 2-111　全网月人均使用时长

数据来源：QuestMobile TRUTH 中国移动互联网数据库，2024 年 6 月

单位：次
2023年6月：2578.7　2024年6月：2548.9　同比下降 -1.2%

图 2-112　全网月人均使用次数

数据来源：QuestMobile TRUTH 中国移动互联网数据库，2024 年 6 月

全网月人均使用 APP 个数基本持平，月人均使用 21～40 个 APP 的用户占比有所提升。QuestMobile 数据显示，2024 年 6 月，使用 21～30 个 APP 的用户占 31.1%，使用 31～40 个 APP 的用户占 21.4%。

单位：个

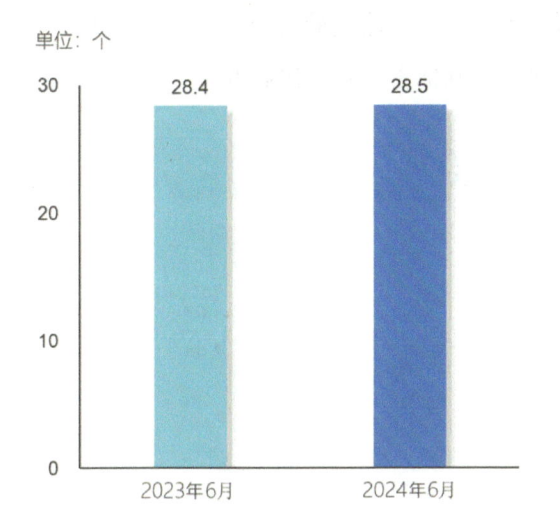

图 2-113　全网月人均使用 APP 个数

数据来源：QuestMobile TRUTH 中国移动互联网数据库，2024 年 6 月

图 2-114　全网月人均使用 APP 个数

数据来源：QuestMobile TRUTH 中国移动互联网数据库，2024 年 6 月

2. 互联网流量竞争日趋激烈，小程序的崛起成为关键的流量入口

QuestMobile 数据显示，2024 年 6 月，典型四大小程序平台中，微信小程序以月活跃用户规模 9.30 亿位列第一，支付宝小程序、百度智能小程序规模分别位列第二、第三。

注：小程序整体包括微信小程序、支付宝小程序、百度智能小程序及抖音小程序。

图 2-115　小程序整体月活跃用户规模

数据来源：QuestMobile TRUTH 全景生态流量数据库，2024 年 6 月

图 2-116　2024 年 6 月典型小程序平台月活跃用户规模

数据来源：QuestMobile TRUTH 全景生态流量数据库，2024 年 6 月

生活服务行业小程序凭借高使用频率吸引流量，仍是流量最大聚集地。基于抖音平台特色，抖音小程序中移动视频行业优势凸显，与其他平台差异化显著。

微信小程序
- 生活服务 32.0%
- 金融理财 13.0%
- 实用工具 10.0%
- 移动购物 9.0%
- 办公商务 6.0%

支付宝小程序
- 生活服务 44.0%
- 移动购物 15.0%
- 实用工具 11.0%
- 汽车服务 6.0%
- 金融理财 6.0%

百度智能小程序
- 生活服务 25.0%
- 教育学习 10.0%
- 汽车服务 10.0%
- 新闻资讯 8.0%
- 移动购物 8.0%

抖音小程序
- 移动视频 78.0%
- 实用工具 4.0%
- 新闻资讯 3.0%
- 生活服务 3.0%
- 主题美化 2.0%

注：选取行业占比TOP5展示。

图 2-117　2024 年 6 月 典型小程序平台 TOP 100 小程序各行业数量占比

数据来源：QuestMobile TRUTH 全景生态流量数据库，2024 年 6 月

小程序成为餐饮服务、外卖和快递服务场景的重要流量渠道入口，满足用户对即时性和便捷性的需求。

图例：APP　微信小程序　支付宝小程序　百度智能小程序

	美团	中国移动	饿了么	美团外卖	中国电信	菜鸟	大众点评	顺丰速运	中国联通	肯德基
去重总用户量(万)	70162	45192	31978	19753	14248	13885	13838	11069	10160	8151
同比增长率	28.6%	19.3%	-0.5%	-12.9%	15.0%	3.3%	11.1%	-11.2%	-0.6%	-10.7%

美团：APP 66.3%，微信小程序 56.6%（注：图中显示微信小程序占比与APP堆叠显示）
中国移动：23.5% / 73.9% / 10.5%
饿了么：29.0% / 67.0% / 14.8%
美团外卖：33.0% / 71.4%
中国电信：23.3% / 77.5% / 2.7%
菜鸟：71.1% / 4.9% / 29.3%
大众点评：83.9% / 22.0% / 1.4%
顺丰速运：17.9% / 85.9% / 2.0%
中国联通：95.4% / 4.6% / 1.1%
肯德基：35.9% / 66.7% / 1.6%

注：1. 去重总用户量：在统计周期(周/月)内，该应用在各渠道用户量的去重总量(仅对全景流量去重)；2. 各渠道流量规模占比 = 该渠道用户量 / 去重总用户量；3. 各渠道流量占比低于1%的渠道未做显示。

图 2-118　2024 年 6 月生活服务行业 TOP 10 应用全景流量规模占比分布

数据来源：QuestMobile TRUTH 全景生态流量数据库，2024 年 6 月

典型生活服务平台美团外卖和饿了么通过小程序深入多个垂直场景中，全面满足用户需求。

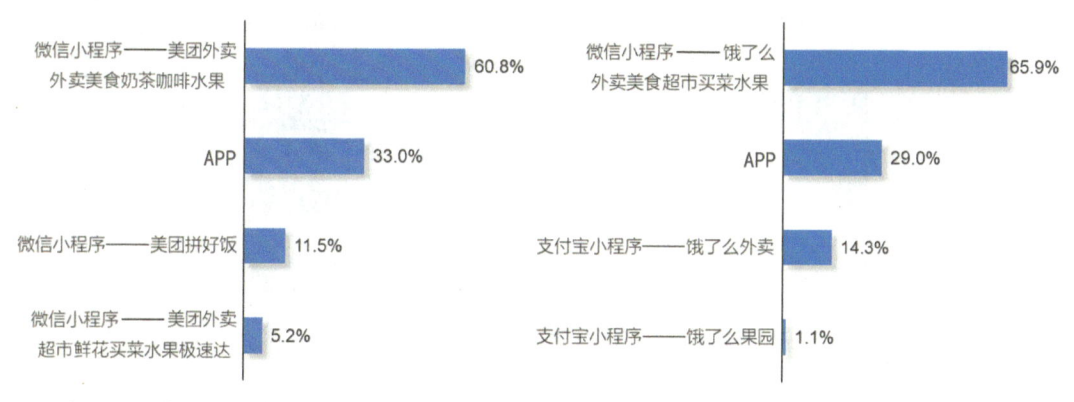

微信小程序——美团外卖 外卖美食奶茶咖啡水果 60.8%
APP 33.0%
微信小程序——美团拼好饭 11.5%
微信小程序——美团外卖 超市鲜花买菜水果极速达 5.2%

微信小程序——饿了么 外卖美食超市买菜水果 65.9%
APP 29.0%
支付宝小程序——饿了么外卖 14.3%
支付宝小程序——饿了么果园 1.1%

注：1. 以上数据及占比已经过QuestMobile全景生态流量审计；2. 用户量占比：在统计周期(月)内，该渠道用户量占总用户量的比例；3. 选取比例大于1%的生态流量渠道。

图 2-119　2024 年 6 月美团外卖全景生态流量规模占比分布

数据来源：QuestMobile TRUTH 全景生态流量数据库，2024 年 6 月

图 2-120　2024 年 6 月饿了么全景生态流量规模占比分布

数据来源：QuestMobile TRUTH 全景生态流量数据库，2024 年 6 月

数字经济的浪潮中金融机构全面数字化升级。叠加大模型技术在金融行业广泛应用，金融理财行业活跃用户规模近 10 亿。细分行业方面，支付结算行业用户使用时长占比最高，达 67.6%。

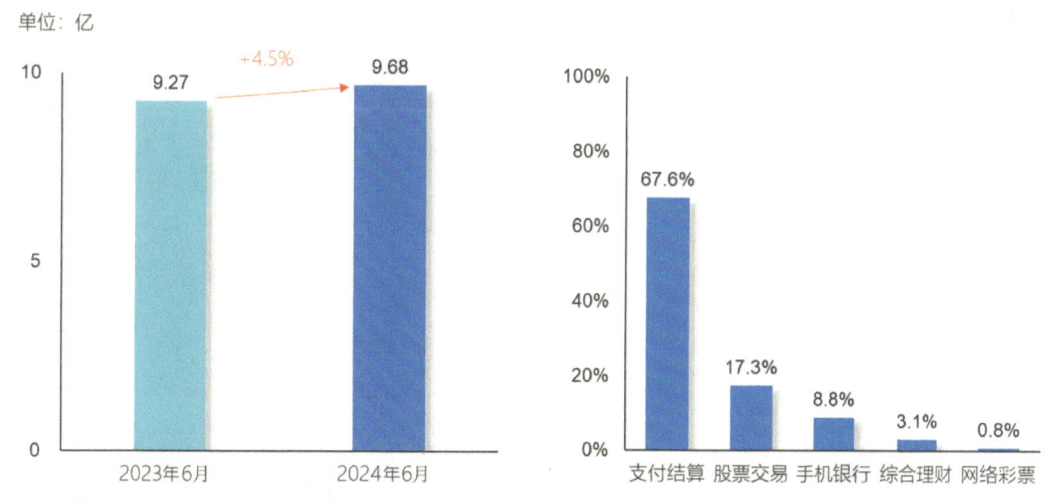

单位：亿

2023年6月 9.27　+4.5%　2024年6月 9.68

支付结算 67.6%
股票交易 17.3%
手机银行 8.8%
综合理财 3.1%
网络彩票 0.8%

注：金融理财细分APP行业用户使用总时长占比=各细分APP行业用户使用时长/金融理财APP行业用户使用总时长。

图 2-121　金融理财 APP 行业月活跃用户规模

数据来源：QuestMobile TRUTH 中国移动互联网数据库，2024 年 6 月

图 2-122　2024 年 6 月金融理财细分 APP 行业用户使用总时长占比 TOP5

数据来源：QuestMobile TRUTH 中国移动互联网数据库，2024 年 6 月

支付结算类应用凭借其便捷性、多功能性赢得用户青睐，随着用户需求的不断增长，支付结算类应用流量也随之显著增长。

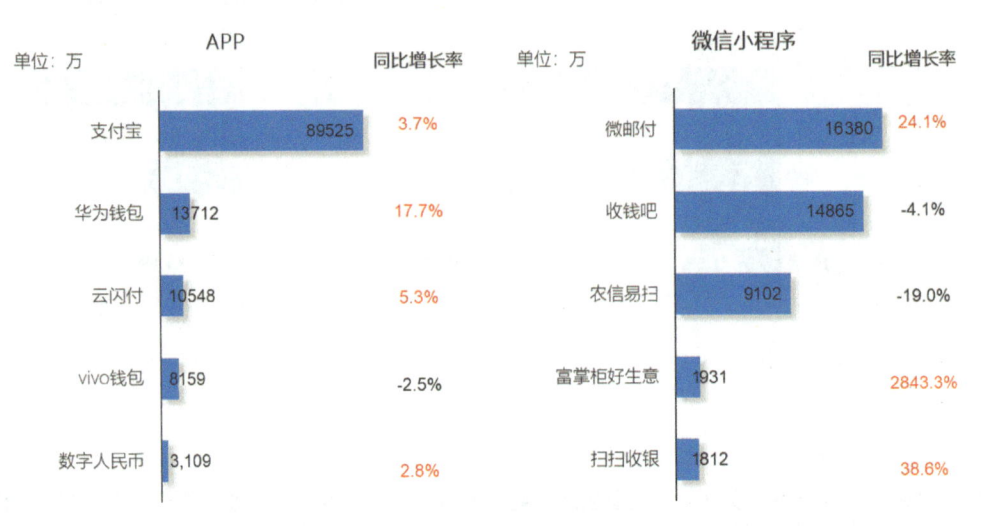

APP	活跃用户数（万）	同比增长率
支付宝	89525	3.7%
华为钱包	13712	17.7%
云闪付	10548	5.3%
vivo钱包	8159	-2.5%
数字人民币	3,109	2.8%

微信小程序	活跃用户数（万）	同比增长率
微邮付	16380	24.1%
收钱吧	14865	-4.1%
农信易扫	9102	-19.0%
富掌柜好生意	1931	2843.3%
扫扫收银	1812	38.6%

图2-123　2024年6月支付结算应用月活跃用户规模TOP5

数据来源：QuestMobile TRUTH 中国移动互联网数据库，2024年6月

3. 典型分层人群汲取流量，带动各行业用户规模增加

移动互联网人群中女性用户增长，增量贡献超过男性。年龄方面，30岁以下的年轻用户增量过千万，构成了全网增长的重要部分，而50岁以上的银发人群对增量的贡献超过了其他年龄段。

维度	分类	占比	同比增量（万）
性别	男	50.5%	1000
性别	女	49.5%	1221
年龄	24岁及以下	21.3%	557
年龄	25~30岁	12.8%	490
年龄	31~40岁	20.1%	471
年龄	41~50岁	19.3%	103
年龄	51岁及以上	26.5%	600

维度	分类	占比	同比增量（万）
线上消费意愿	高	20.6%	1281
线上消费意愿	中	55.0%	2709
线上消费意愿	低	24.4%	-1781
城市等级	一线城市	9.1%	965
城市等级	新一线城市	18.4%	-159
城市等级	二线城市	19.9%	333
城市等级	三线城市	23.9%	107
城市等级	四线城市	17.3%	977
城市等级	五线及以下城市	11.4%	23

注：同比增量=目标人群在2024年3月某画像指标下活跃用户规模 – 在2023年3月该画像指标下活跃用户规模。

图2-124　2024年3月移动互联网人群用户画像分布

数据来源：QuestMobile GROWTH 用户画像标签数据库，2024年3月结合各画像指标，女性、00后、银发以及新中产人群成为移动互联网增量的重要贡献人群。

女性人群	00后人群	银发人群	新中产人群
人群规模：61014万	人群规模：16907万	人群规模：32585万	人群规模：26110万
全网渗透率：49.5%	全网渗透率：13.7%	全网渗透率：26.5%	全网渗透率：21.2%

注：1. 银发人群指年龄在50岁以上的人群；2. 新中产人群指年龄在25～40岁，身处三线及以上城市，月线上消费能力在1000元及以上，月线上消费意愿为中、高的人群。

图 2-125　移动互联网典型人群

数据来源：QuestMobile TRUTH 中国移动互联网数据库，2024 年 3 月

女性、00 后以及银发人群对移动互联网的使用黏性均有不同程度的增强。新中产群体，加强了在网络上短时间间隔但长时间持续的使用习惯。

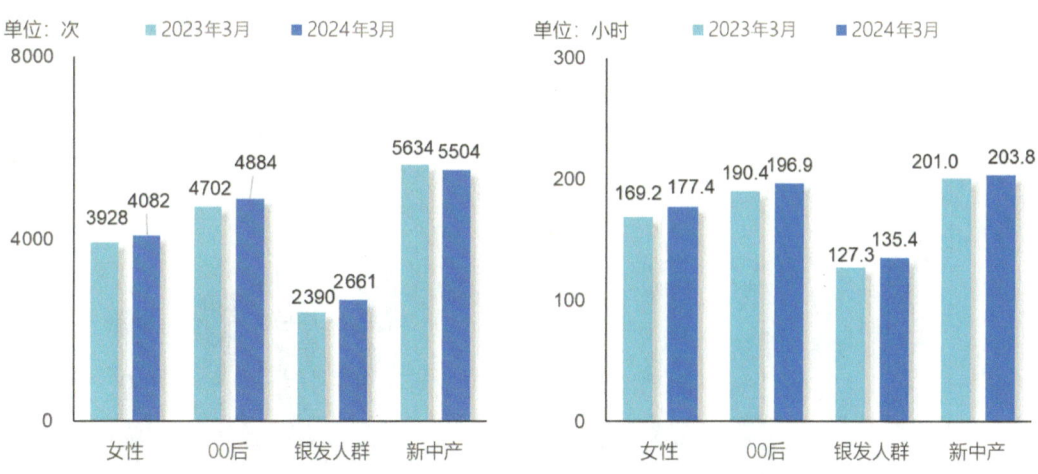

单位：次　2023年3月　2024年3月

人群	2023年3月	2024年3月
女性	3928	4082
00后	4702	4884
银发人群	2390	2661
新中产	5634	5504

单位：小时　2023年3月　2024年3月

人群	2023年3月	2024年3月
女性	169.2	177.4
00后	190.4	196.9
银发人群	127.3	135.4
新中产	201.0	203.8

注：1、银发人群指年龄在50岁以上的人群；2、新中产人群指年龄在25岁-40岁之间，身处三线及以上城市，月线上消费能力在1000元及以上，月线上消费意愿为中、高的人群。

图 2-126　各人群人均使用次数　　　　**图 2-127　各人群人均使用时长**

数据来源：QuestMobile TRUTH 中国移动互联网数据库，2024 年 3 月　　　数据来源：QuestMobile TRUTH 中国移动互联网数据库，2024 年 3 月

女性人群的增量多来自手机银行、本地生活等行业，同比增量均在 3000 万以上。支付结算行业成为 00 后人群增量的重要来源。

女性人群（单位：万，女性用户同比增量）

手机银行	本地生活	综合电商	火车服务	智能家居
3419	3098	2812	2687	2393

00 后人群（单位：万，00 后用户同比增量）

支付结算	本地生活	综合电商	短视频	地图导航
2716	2485	2406	2328	2165

图 2-128　各典型人群移动互联网细分行业月活用户同比增量 TOP5（一）

数据来源：QuestMobile TRUTH 中国移动互联网数据库，2024 年 3 月

银发人群对终端天气、手机银行、支付结算以及有声听书的使用增量均在千万以上。新兴技术吸引新中产人群，AIGC APP 行业为新中产人群贡献近 3000 万的增量。

银发人群（单位：万，银发用户同比增量）

终端天气	手机银行	支付结算	有声听书	智能家居
1214	1076	1040	1035	950

新中产人群（单位：万，新中产用户同比增量）

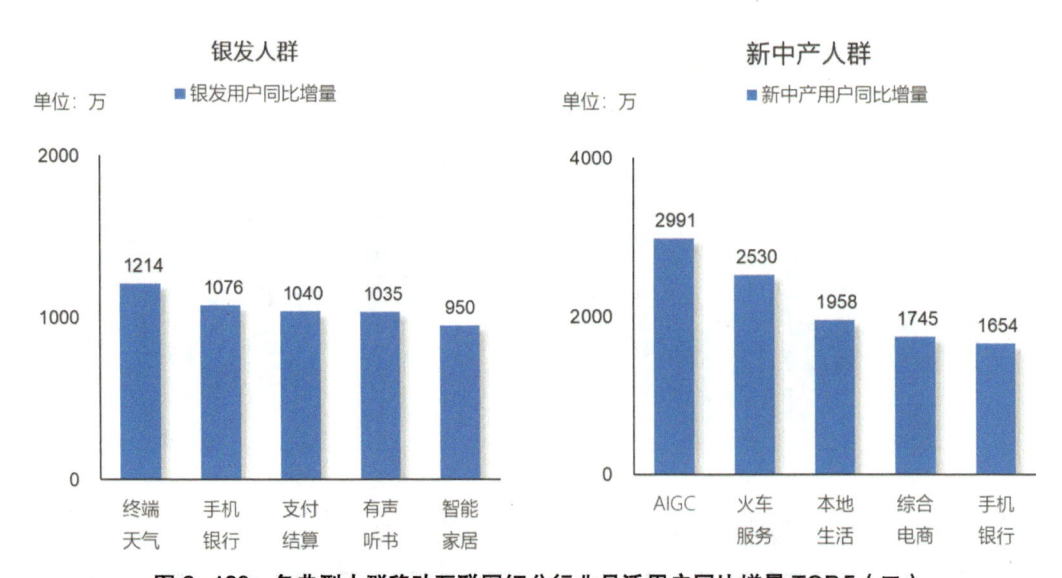

AIGC	火车服务	本地生活	综合电商	手机银行
2991	2530	1958	1745	1654

图 2-129　各典型人群移动互联网细分行业月活用户同比增量 TOP5（二）

数据来源：QuestMobile TRUTH 中国移动互联网数据库，2024 年 3 月

女性人群更倾向于关注美妆和母婴领域的 KOL 以获取相关建议和信息。00 后人群通过颜值类 KOL 了解时尚审美等信息，借助房产家居类 KOL 获取相关信息。

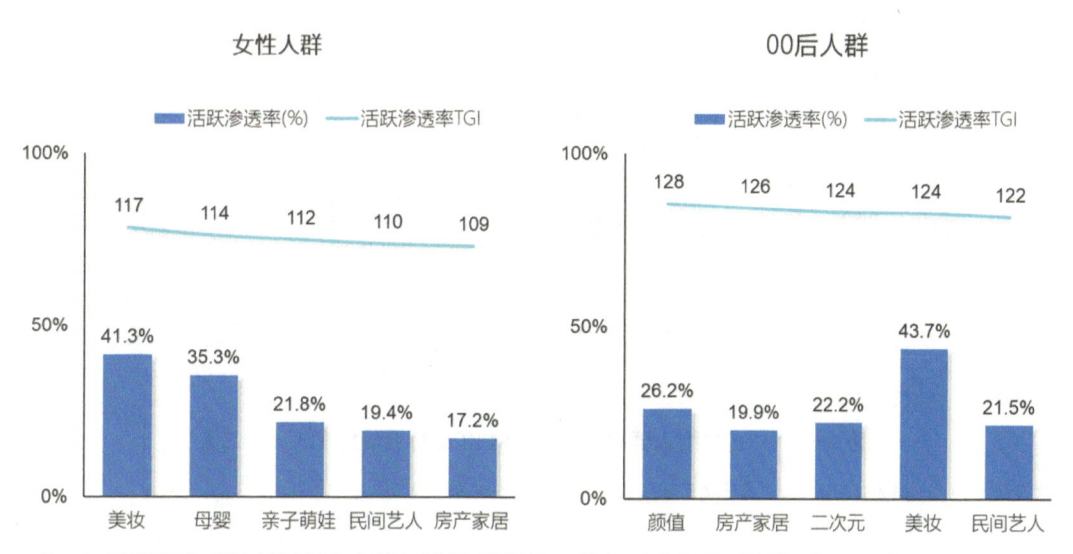

女性人群

行业	活跃渗透率(%)	活跃渗透率TGI
美妆	41.3%	117
母婴	35.3%	114
亲子萌娃	21.8%	112
民间艺人	19.4%	110
房产家居	17.2%	109

00后人群

行业	活跃渗透率(%)	活跃渗透率TGI
颜值	26.2%	128
房产家居	19.9%	126
二次元	22.2%	124
美妆	43.7%	124
民间艺人	21.5%	122

注：1. 活跃渗透率=目标人群在指定KOL平台中浏览观看某类KOL发布内容的月活跃用户数／该目标人群的月活跃用户数；2. 活跃渗透率TGI=目标人群中，在指定KOL平台中浏览观看某类KOL发布内容的月活跃渗透率／全网在KOL平台中浏览观看该类KOL发布内容的月活跃渗透率×100%；3. 选择活跃渗透率 > 10%，按TGI排序。

图 2-130　各典型人群对移动互联网 KOL 行业偏好 TOP5（一）

数据来源：QuestMobile TRUTH 中国移动互联网数据库，2024 年 3 月

银发人群偏好时政资讯、影视娱乐类 KOL，关注社会热点，追求娱乐休闲，对成熟内容有较高接受度。新中产人群追求职业发展和生活质量提升，借助企业、美妆类 KOL 获取相关专业知识。

银发人群 / **新中产人群**

活跃渗透率(%) / 活跃渗透率TGI

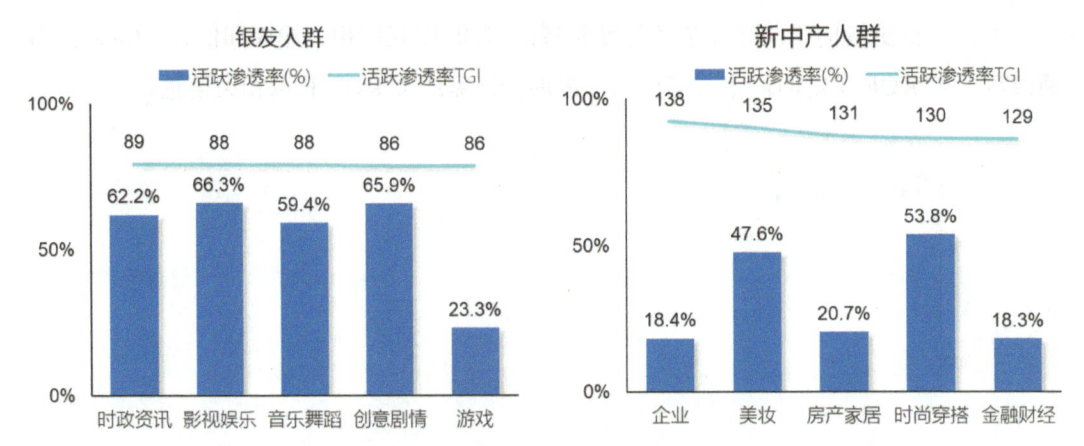

银发人群：
- 时政资讯：62.2%，TGI 89
- 影视娱乐：66.3%，TGI 88
- 音乐舞蹈：59.4%，TGI 88
- 创意剧情：65.9%，TGI 86
- 游戏：23.3%，TGI 86

新中产人群：
- 企业：18.4%，TGI 138
- 美妆：47.6%，TGI 135
- 房产家居：20.7%，TGI 131
- 时尚穿搭：53.8%，TGI 130
- 金融财经：18.3%，TGI 129

注：1、活跃渗透率=目标人群在指定KOL平台中浏览观看某类KOL发布内容的月活跃用户数，除以该目标人群的月活跃用户数；2、活跃渗透率TGI=目标人群中，在指定KOL平台中浏览观看某类KOL发布内容的月活跃渗透率，除以全网在KOL平台中浏览观看该类KOL发布内容的月活跃渗透率*100；3、选择活跃渗透率>10%，按TGI排序；4、银发人群指年龄在50岁以上的人群；5、新中产人群指年龄在25岁-40岁之间，身处三线及以上城市，月线上消费能力在1,000月及以上，月线上消费意愿为中、高的人群

图 2-131　各典型人群对移动互联网 KOL 行业偏好 TOP5（二）

数据来源：QuestMobile TRUTH 中国移动互联网数据库，2024 年 3 月

4. 典型细分场景人群洞察

（1）线上购物场景

电商行业流量保持增长，"内容＋直播"也成为传统电商平台不可缺少的一环，用户使用时长持续提升。

月活跃用户规模（单位：亿）
同比增长率	4.7%	4.2%	3.5%
	10.65	10.72	10.80
	2024年4月	2024年5月	2024年6月

月人均使用时长（单位：小时）
同比增长率	5.7%	4.1%	1.9%
	10.41	11.02	10.35
	2024年4月	2024年5月	2024年6月

图 2-132　2024 年二季度 移动购物 APP 行业流量及黏性表现

数据来源：QuestMobile TRUTH 中国移动互联网数据库，2024 年 6 月

头部平台淘宝、拼多多、京东保持为线上购物 TOP 3 平台，流量稳步增长，绿色经济与小众圈层经济的发展带动闲鱼 APP 流量同比增速超 30%，数码电商平台流量增长也相对较高。

图 2-133 2024 年 6 月移动购物行业月活跃用户规模 TOP 10 APP

数据来源：QuestMobile TRUTH 中国移动互联网数据库，2024 年 6 月

线上消费受电商营销策略带动，2024 年 "6·18" 购物节期间，各电商平台纷纷取消预售，大促活动节奏提前，5 月 20 日开始，流量即达到高峰。

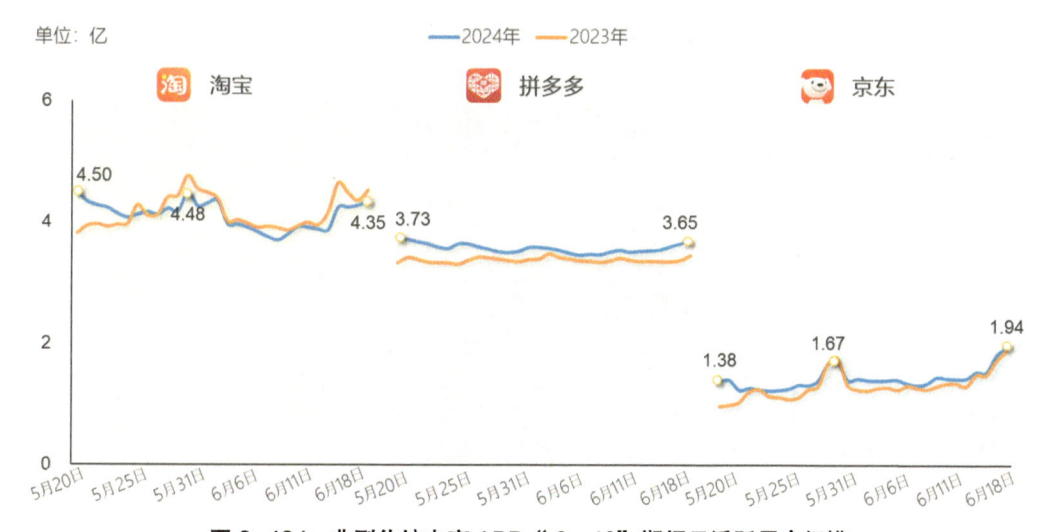

图 2-134 典型传统电商 APP "6·18" 期间日活跃用户规模

数据来源：QuestMobile TRUTH 中国移动互联网数据库，2024 年 6 月

而抖音、快手和小红书等内容平台则充分利用自身的直播优势，推出了一系列直播带货活动，提升了用户参与度，"6·18"大促期间用户使用时长整体提升。

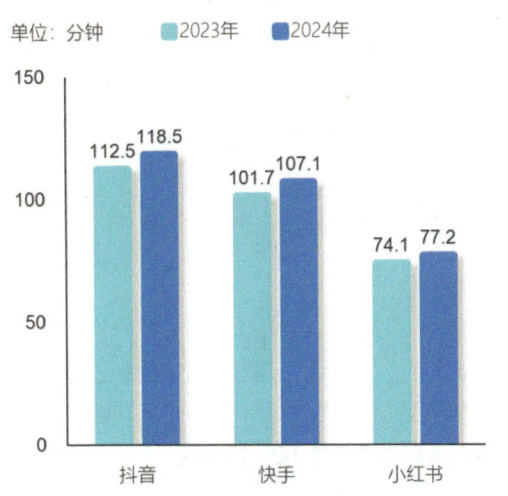

典型内容电商APP"6·18"期间人均单日使用时长均值
单位：分钟　■2023年　■2024年

平台	2023年	2024年
抖音	112.5	118.5
快手	101.7	107.1
小红书	74.1	77.2

注："6·18"期间统计时间为5月20日至6月18日。

内容电商"6·18"活动

抖音
"抖音商城'6·18'好物节"5月24日上线，推出"官方立减""一件直降"两大活动，上线单品超值购、商城频道主题日、搜索彩蛋等玩法，同时给予达人直播流量支持

快手
5月20日，快手开启"天天都是'6·18'，大牌补贴比全网"主题购物节，推出跨店"每满300减60"、"会场最高领1888元红包"、大牌大补加倍补、直播间消费金等活动

小红书
"6·18"期间，小红书电商对直播、尤其是店播给予重点流量倾斜，设置"超级店播日""店铺排位赛"和"店播消返券"，买手直播方面也推出两大玩法

图2-135　典型内容电商APP"6·18"期间人均单日使用时长均值与"6·18"活动

数据来源：QuestMobile TRUTH 中国移动互联网数据库，2024年6月

各类品牌也借助软广内容造势，且投放呈扩张态势。以小红书为例，"6·18"大促商单投放数量大幅增加，并获得了高互动的营销效果。

第二章　数字营销行业生态

单位：万篇

- 2023年"6·18"期间：8.4
- 2024年"6·18"期间：20.6
- +146.2%

单位：万次

- 2023年"6·18"期间：3592.2
- 2024年"6·18"期间：5122.1
- +42.6%

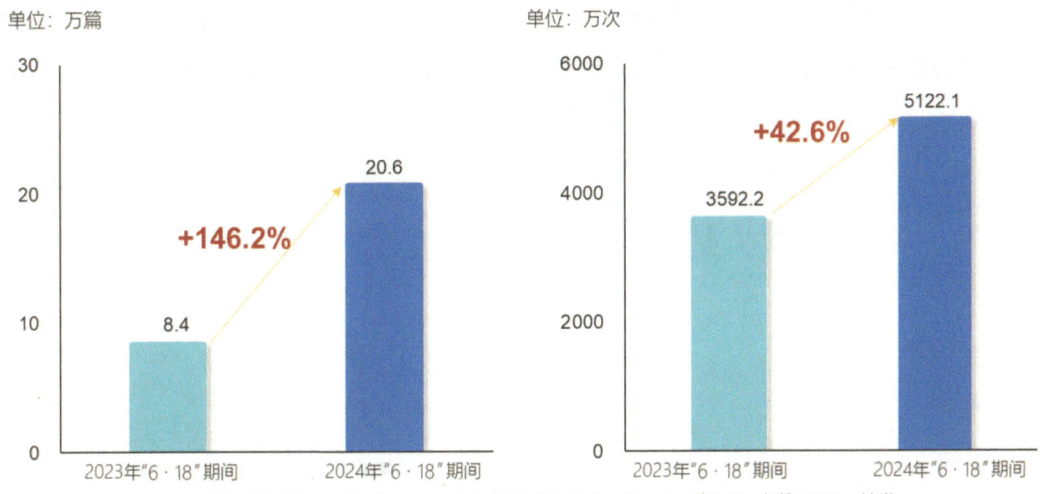

注：1. 达人商业内容，指新媒体平台中品牌与达人合作的软性广告投放内容；2. 互动量=点赞+评论+转发。

图 2-136　2024年 vs 2023年"6·18"期间小红书平台提及"6·18"达人商业内容合作数量变化

数据来源：QuestMobile NEW MEDIA 新媒体数据库，2024年6月

图 2-137　2024年 vs 2023年"6·18"期间小红书平台提及"6·18"达人商业内容互动量变

数据来源：QuestMobile NEW MEDIA 新媒体数据库，2024年6月

（2）汽车消费场景

汽车资讯行业流量趋于稳定，汽车品牌通过内容营销，自制或与 KOL 合作发布汽车测评类内容，更有效地触达用户并实现深度互动。

单位：亿（汽车资讯 APP 行业月活跃用户规模）

月份	月活跃用户
2024-01	1.43
—	1.46
2024-04	—
—	1.46
—	1.44
2024-07	—
—	—
—	1.46
2024-10	—
—	—
2024-12	1.43

单位：亿（抖音 & 微博 APP 汽车测评类内容触达用户数，2024-01 至 2024-12）

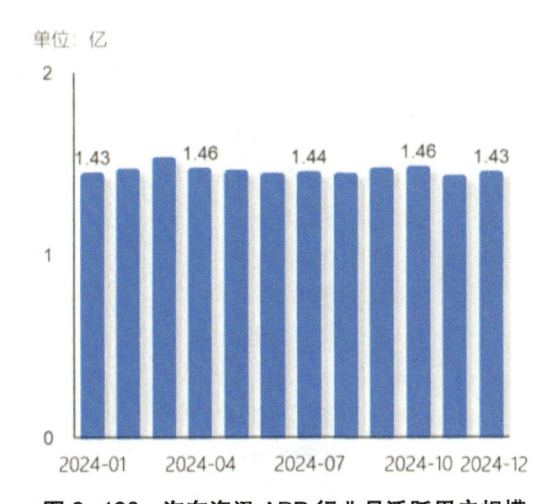

- 抖音：约3.12（2024-12）
- 微博：约2.15（2024-12）

图 2-138　汽车资讯 APP 行业月活跃用户规模

数据来源：QuestMobile TRUTH 中国移动互联网数据库 2024年12月

图 2-139　抖音 & 微博 APP 汽车测评类内容触达用户数

数据来源：QuestMobile NEW MEDIA 新媒体数据库 2024年12月

年轻与下沉也是汽车消费的典型特征。以新能源车购车人群为例，35岁以下年轻群体占比显著增长，二、三线城市新能源汽车渗透率不断提升，逐步撬动四线及以下市场。

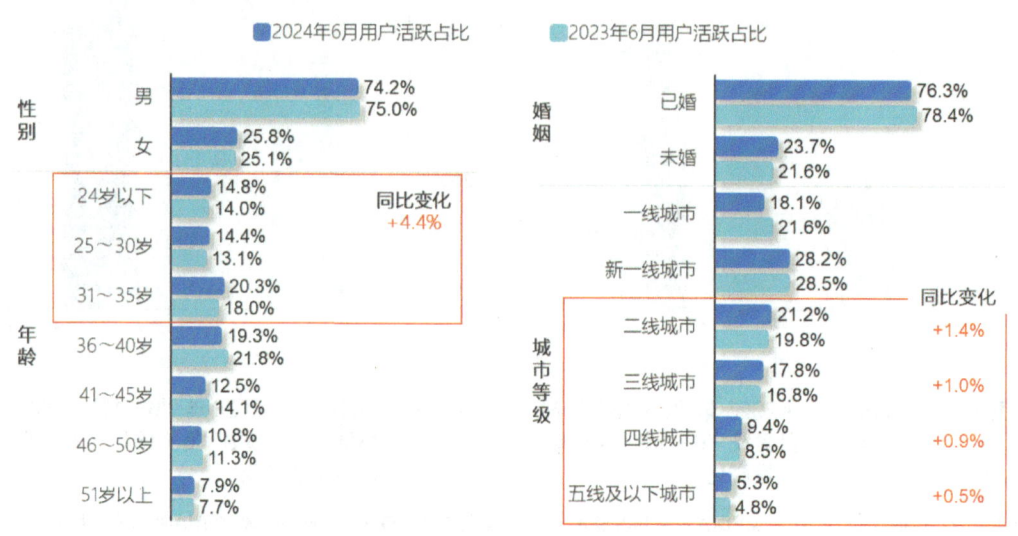

		2024年6月用户活跃占比	2023年6月用户活跃占比	同比变化
性别	男	74.2%	75.0%	
	女	25.8%	25.1%	
年龄	24岁以下	14.8%	14.0%	+4.4%
	25~30岁	14.4%	13.1%	
	31~35岁	20.3%	18.0%	
	36~40岁	19.3%	21.8%	
	41~45岁	12.5%	14.1%	
	46~50岁	10.8%	11.3%	
	51岁以上	7.9%	7.7%	
婚姻	已婚	76.3%	78.4%	
	未婚	23.7%	21.6%	
城市等级	一线城市	18.1%	21.6%	
	新一线城市	28.2%	28.5%	
	二线城市	21.2%	19.8%	+1.4%
	三线城市	17.8%	16.8%	+1.0%
	四线城市	9.4%	8.5%	+0.9%
	五线及以下城市	5.3%	4.8%	+0.5%

注：活跃占比，指在统计周期（月）内，新能源汽车整体活跃用户中具有某个属性的活跃用户数所占的比例。

图 2-140　新能源汽车市场车主画像

数据来源：QuestAuto 中国新能源汽车数据库，2024 年 6 月

加油类应用方面，头部两个平台流量优势明显，用户集中度进一步提升。新能源汽车快速渗透，对应配套充电设施建设进程加快，头部充能品牌流量保持高速增长。

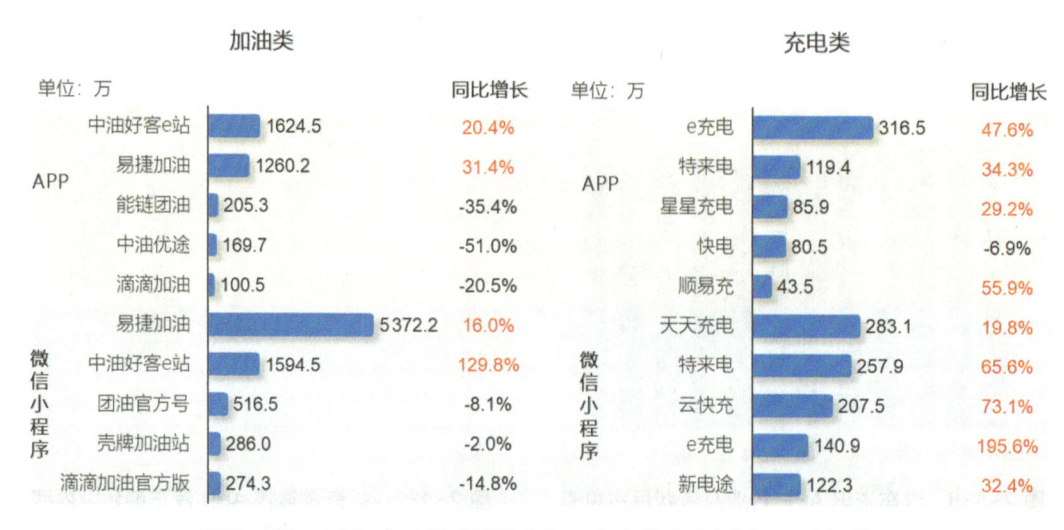

加油类（单位：万）

			同比增长
APP	中油好客e站	1624.5	20.4%
	易捷加油	1260.2	31.4%
	能链团油	205.3	-35.4%
	中油优途	169.7	-51.0%
	滴滴加油	100.5	-20.5%
微信小程序	易捷加油	5372.2	16.0%
	中油好客e站	1594.5	129.8%
	团油官方号	516.5	-8.1%
	壳牌加油站	286.0	-2.0%
	滴滴加油官方版	274.3	-14.8%

充电类（单位：万）

			同比增长
APP	e充电	316.5	47.6%
	特来电	119.4	34.3%
	星星充电	85.9	29.2%
	快电	80.5	-6.9%
	顺易充	43.5	55.9%
微信小程序	天天充电	283.1	19.8%
	特来电	257.9	65.6%
	云快充	207.5	73.1%
	e充电	140.9	195.6%
	新电途	122.3	32.4%

图 2-141　2024 年 6 月典型汽车加油充电类应用月活跃用户规模

数据来源：QuestMobile TRUTH 中国移动互联网数据库，2024 年 6 月

第二章 数字营销行业生态

后市场加速新能源化转型，新能源汽车对电子零部件的需求提高了许多，车机系统升级和维护等服务开始迅速普及，头部养车平台开始加强与新能源车企的合作。

汽车养护类APP	2023年6月	2024年6月	同比增长率
途虎养车	—	1295.4	13.7%
天猫养车	—	165.2	7.5%
京东养车	—	130.6	60.7%

新增新能源汽车养车服务
新能源汽车三电系统代替了传统汽车的发动机、变速箱，养车服务平台新增与三电系统相关的动力电池检测、动力电池和新能源充电桩专修等项目，同时加强数字化链路发展，形成"线上预约+线下维修"的服务模式

养车平台加强与新能源主机厂、电池厂合作
途虎养车与宁德时代、亿纬锂能和蜂巢等多家动力电池供应商达成长期合作，京东养车与广汽埃安、极星、一汽奔腾、宁德时代等达成服务代理合作，天猫养车得到小鹏、零跑等品牌本地服务授权

图 2-142 汽车养护类 APP 月活跃用户规模 TOP3
数据来源：QuestMobile TRUTH 中国移动互联网数据库，2024年6月

图 2-143 典型后市场新能源化升级示例
数据来源：公开资料整理

智能网联背景下，车企积极构建以 APP 为核心的线上渠道，合资车企具有存量优势，国产新兴自主品牌加快追赶脚步。

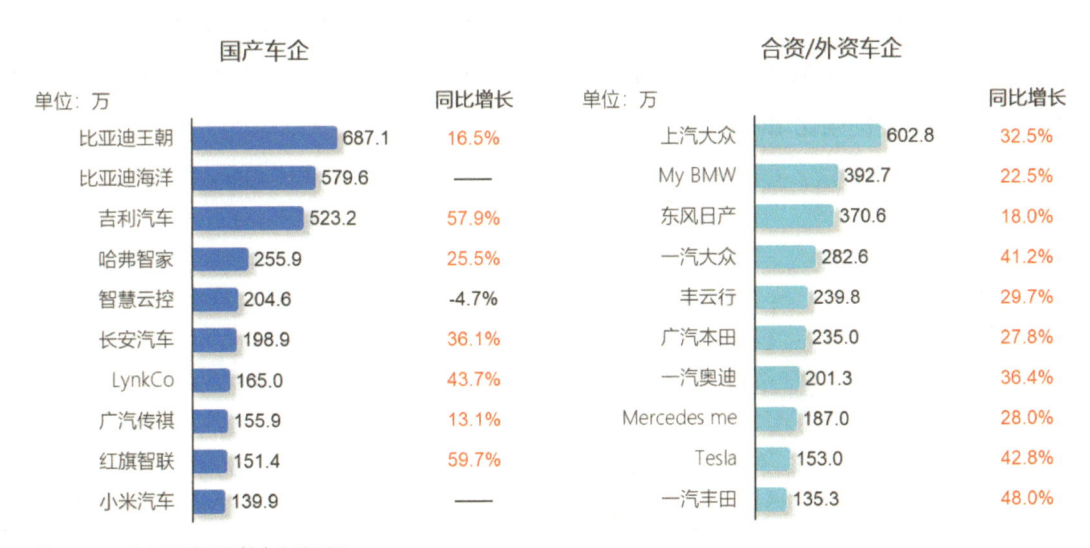

国产车企（单位：万）

车企	月活	同比增长
比亚迪王朝	687.1	16.5%
比亚迪海洋	579.6	——
吉利汽车	523.2	57.9%
哈弗智家	255.9	25.5%
智慧云控	204.6	-4.7%
长安汽车	198.9	36.1%
LynkCo	165.0	43.7%
广汽传祺	155.9	13.1%
红旗智联	151.4	59.7%
小米汽车	139.9	——

合资/外资车企（单位：万）

车企	月活	同比增长
上汽大众	602.8	32.5%
My BMW	392.7	22.5%
东风日产	370.6	18.0%
一汽大众	282.6	41.2%
丰云行	239.8	29.7%
广汽本田	235.0	27.8%
一汽奥迪	201.3	36.4%
Mercedes me	187.0	28.0%
Tesla	153.0	42.8%
一汽丰田	135.3	48.0%

注："——"为2023年6月前未上线APP。

图 2-144 2024 年 6 月车企官方智能汽车 APP 月活跃用户规模
数据来源：QuestMobile TRUTH 中国移动互联网数据库，2024年6月

(3) 旅游场景

文旅新潮玩法促进旅游需求释放，2024年，全国文旅市场继续升温，超越疫情前同期水平。

图 2-145 中国旅游人次与旅游收入变化趋势

数据来源：QuestMobile 营销洞察研究院，文化和旅游部，2024年5月

图 2-146 中国重点节假日旅游人次变化趋势

数据来源：QuestMobile 营销洞察研究院，文化和旅游部，2024年5月

注：2024年清明节公布的旅游人次为假期三天旅游人次，2023年清明节公布的旅游人次为假期一天的旅游人次，故无法计算统一口径下的同比增长。

从旅游相关应用看，用户规模保持增长。QuestMobile 数据显示，2024年4月，五一假期前夕，航班服务、旅行工具和酒店服务行业 APP 用户规模分别实现37.1%、35.4% 和 20.7% 的同比增长。

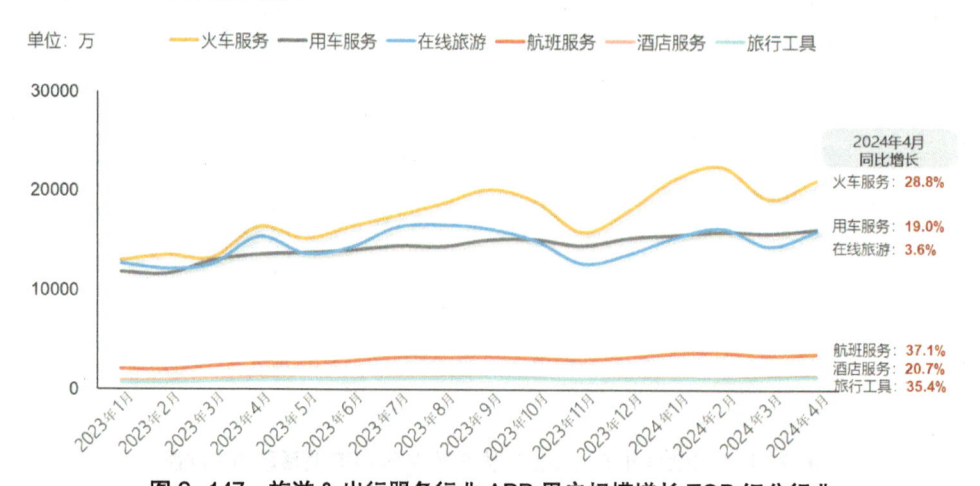

图 2-147 旅游 & 出行服务行业 APP 用户规模增长 TOP 细分行业

数据来源：QuestMobile TRUTH 中国移动互联网数据库，2024年4月

从旅游目的地看，基本盘保持稳定，北京、上海、成都等大型旅游城市仍排在前列，县域旅游人群增量突出。例如，安阳市在五一期间接待游客达到664.9万人次，同比增幅接近180%。

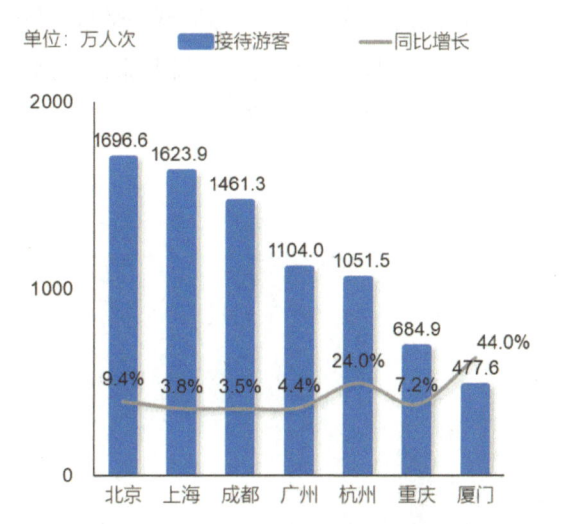

图2-148　五一假期典型热门旅游城市旅游人次及同比变化

数据来源：QuestMobile 营销洞察研究院，各地文旅官方微信公众号，2024年5月

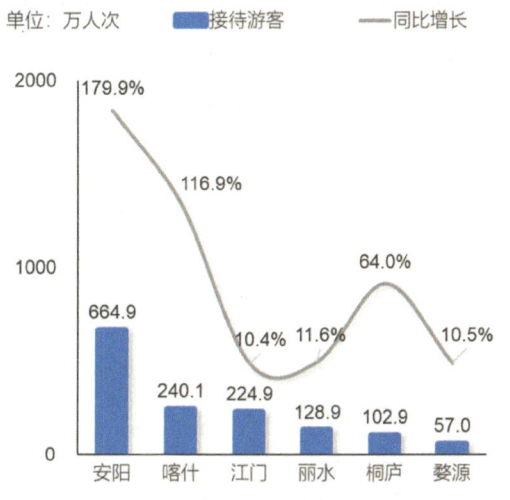

图2-149　五一假期典型热门三线及以下城市旅游人次及同比变化

数据来源：QuestMobile 营销洞察研究院，各地文旅官方微信公众号，2024年5月

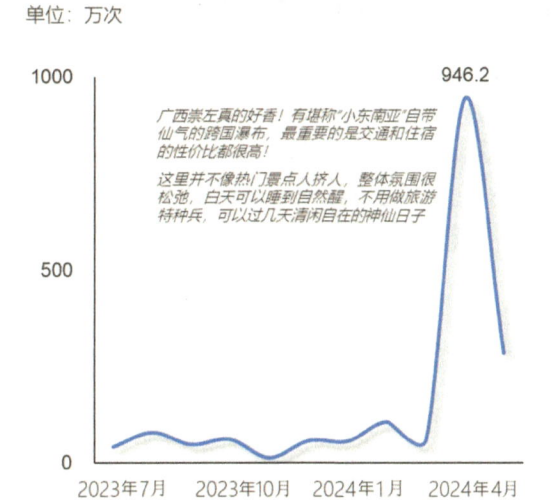

注：1. 互动量=点赞+评论+转发；2. 统计时间为2023年7月1日至2024年5月14日；3. 县域游关键词包含县域游、县城旅游等；4. "县域游"热门内容指互动量排名前5000的相关内容。

图2-150　抖音＆小红书平台"县域游"相关内容互动量变化趋势

数据来源：QuestMobile NEW MEDIA 新媒体数据库，2024年5月

图2-151　抖音＆小红书平台"县域游"热门内容提及TOP目的地城市

数据来源：QuestMobile NEW MEDIA 新媒体数据库，2024年5月

旅游去向呈下沉化趋势，相关营销突出性价比、松弛感等的吸引力，旅游目的地选择与娱乐/消费文化结合更为紧密，以丽水为例，因作为《与凤行》取景地而吸引游客；安吉则凭借"村咖"产业，桐庐突出慢生活等。

用户倾向通过使用数字化工具提升旅行便捷度，优化旅游体验，同时展现多平台比价特征，用户对平台应用目标明确。QuestMobile 数据显示，以携程旅行与去哪儿旅行为例，2024 年 4 月同时使用这两个平台的用户环比增长近 300 万，整体重合度增长 1.4 个百分点。

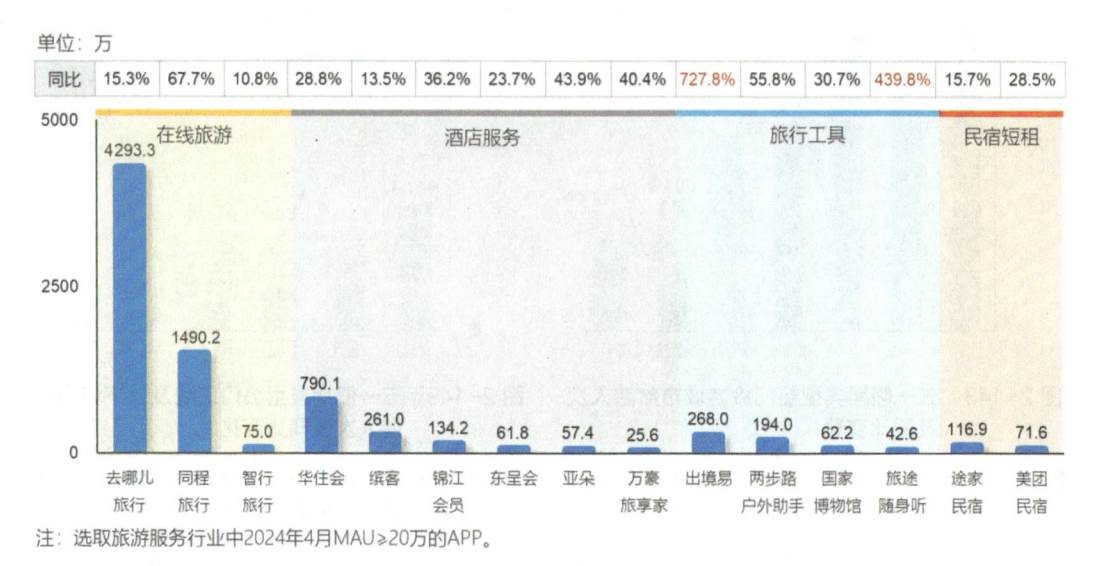

图 2-152　2024 年 4 月旅游服务行业月活跃用户规模同比增长率 TOP 15 APP

数据来源：QuestMobile TRUTH 中国移动互联网数据库，2024 年 4 月

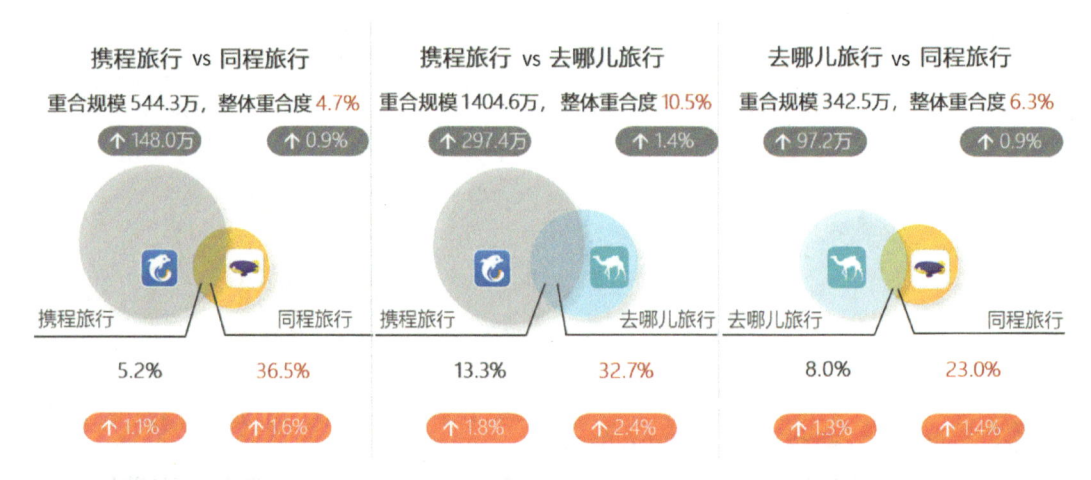

图 2-153　2024 年 4 月典型在线旅游平台 APP 用户重合情况及环比变化

数据来源：QuestMobile TRUTH 中国移动互联网数据库，2024 年 4 月

跟随式玩法（打卡）占比依然最高，旅游出行仍主打自在享受。用户在旅游方式选择上追求个性化，不再局限于传统模式，而是积极寻找符合个人兴趣和需求的定制化旅游体验，文化探索、知识学习、粉丝经济和精神追求等多元化的用户需求，正推动着旅游市场向更加细分化的方向发展，催生出一系列小众旅游概念。

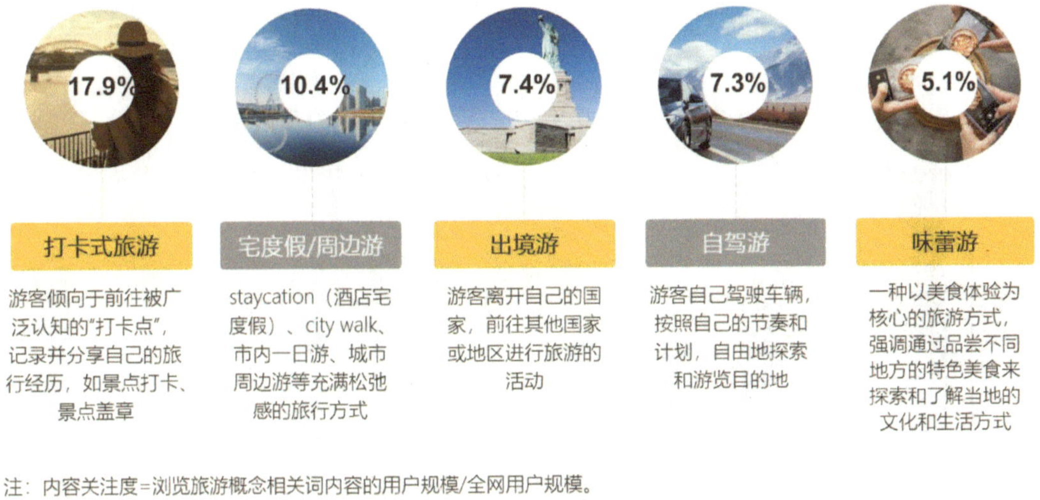

概念	占比	说明
打卡式旅游	17.9%	游客倾向于前往被广泛认知的"打卡点"，记录并分享自己的旅行经历，如景点打卡、景点盖章
宅度假/周边游	10.4%	staycation（酒店宅度假）、city walk、市内一日游、城市周边游等充满松弛感的旅行方式
出境游	7.4%	游客离开自己的国家，前往其他国家或地区进行旅游的活动
自驾游	7.3%	游客自己驾驶车辆，按照自己的节奏和计划，自由地探索和游览目的地
味蕾游	5.1%	一种以美食体验为核心的旅游方式，强调通过品尝不同地方的特色美食来探索和了解当地的文化和生活方式

注：内容关注度=浏览旅游概念相关词内容的用户规模/全网用户规模。

图 2-154　2024 年 4 月全网用户内容关注度 TOP 5 旅游概念

数据来源：QuestMobile GROWTH 用户画像标签数据库，2024 年 4 月

国风民俗游（热爱古镇/古建筑/非遗/民俗景点）	4.6%
亲子游（以家庭为单位的旅行方式）	4.2%
追星式旅游（参加演唱会/音乐节后就地旅行）	2.9%
知识游（热衷前往旅行地博物馆）	2.8%
特种兵式旅游（高强度、高效率的旅行方式）	2.5%
沉浸式旅游（沉浸式主题乐园/展演/小镇等）	1.7%
县域游（反向旅行，在安逸县城中轻松度假）	1.4%
轻量化户外游（在旅行地徒步/露营）	1.2%
土味式旅游（在旅行地赶大集、逛市场）	0.4%
寺庙游（佛寺抄经、吃斋面、体验"佛系生活"）	0.2%

注：内容关注度=浏览旅游概念相关词内容的用户规模/全网用户规模。

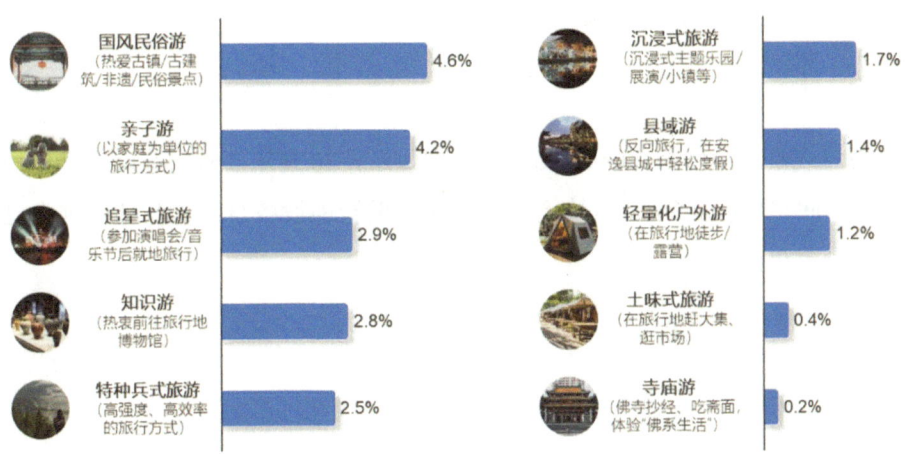

图 2-155　2024 年 4 月全网用户内容关注度 TOP 6～TOP 15 旅游概念

数据来源：QuestMobile GROWTH 用户画像标签数据库，2024 年 4 月

生活方式、经济状况和体验追求则塑造了不同人群的旅游偏好，例如，大学生更倾向于选择性价比高的特种兵式旅游、探索小众县域旅行地以及参与追星式旅游。相比之下，都市白领则更偏爱解压放松的轻量化户外游，以及通过赶集逛市场等方式，深入体验当地的日常生活和文化特色。

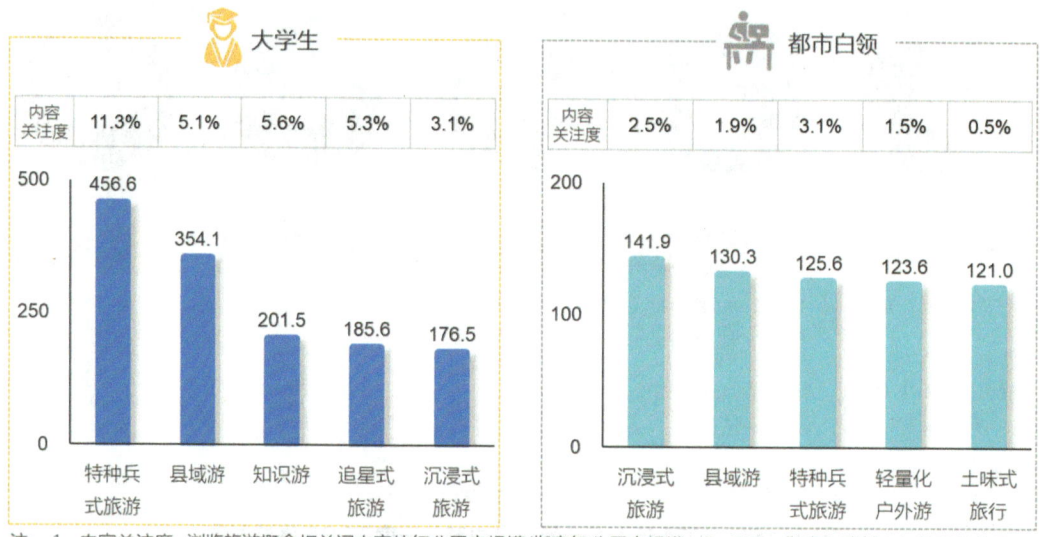

大学生

内容关注度	11.3%	5.1%	5.6%	5.3%	3.1%
TGI	456.6	354.1	201.5	185.6	176.5
	特种兵式旅游	县域游	知识游	追星式旅游	沉浸式旅游

都市白领

内容关注度	2.5%	1.9%	3.1%	1.5%	0.5%
TGI	141.9	130.3	125.6	123.6	121.0
	沉浸式旅游	县域游	特种兵式旅游	轻量化户外游	土味式旅行

注：1. 内容关注度=浏览旅游概念相关词内容的细分用户规模/指定细分用户规模；2. TGI = 指定人群某个标签属性的月活跃占比/全网具有该标签属性的月活跃占比 * 100；3. 大学生：通过19~24岁用户交叉特定APP、小程序使用行为圈定；4. 都市白领指二线及以上城市白领。

图2-156　2024年4月典型细分用户内容关注度TGI TOP 5 旅游概念

数据来源：QuestMobile GROWTH 用户画像标签数据库，2024年4月

（4）运动健身场景

运动健身用户规模持续增长。QuestMobile 数据显示，2024年5月，运动健身用户规模超过1.3亿，同比增长8.7%。从线上设备看，借助智能设备自我监测辅助健身已成规模，大众健身正在普及。

第二章 数字营销行业生态

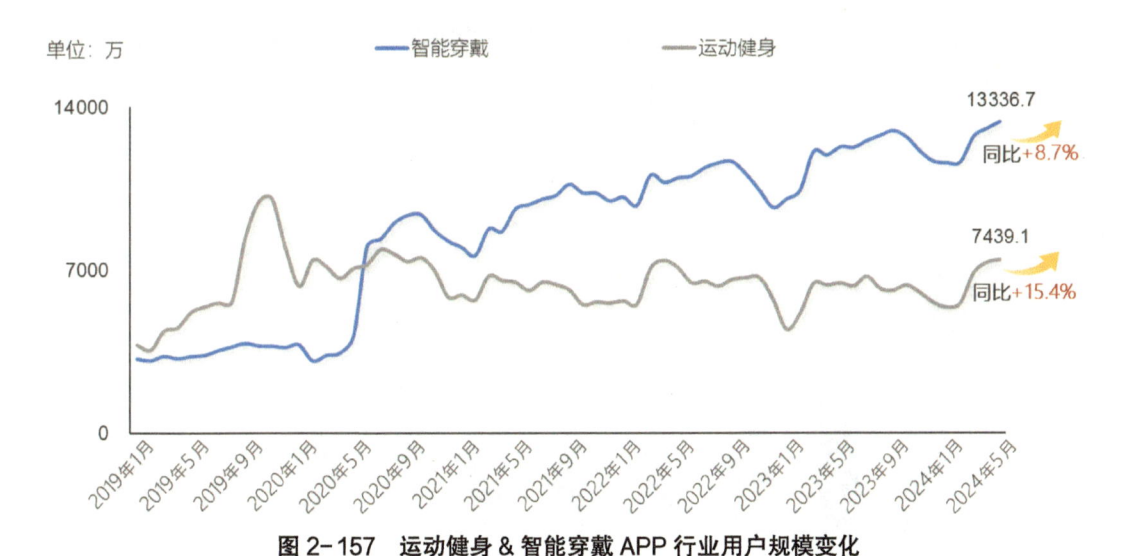

图 2-157 运动健身 & 智能穿戴 APP 行业用户规模变化

数据来源：QuestMobile TRUTH 中国移动互联网数据库，2024 年 5 月

用户健身渠道选择多元化，除专业 APP 外，通过 KOL 内容获取健身知识的用户规模明显提升。QuestMobile 数据显示，2024 年 5 月，运动健身内容的兴趣人群规模超过 1.6 亿，同比增长达到 12.5%。

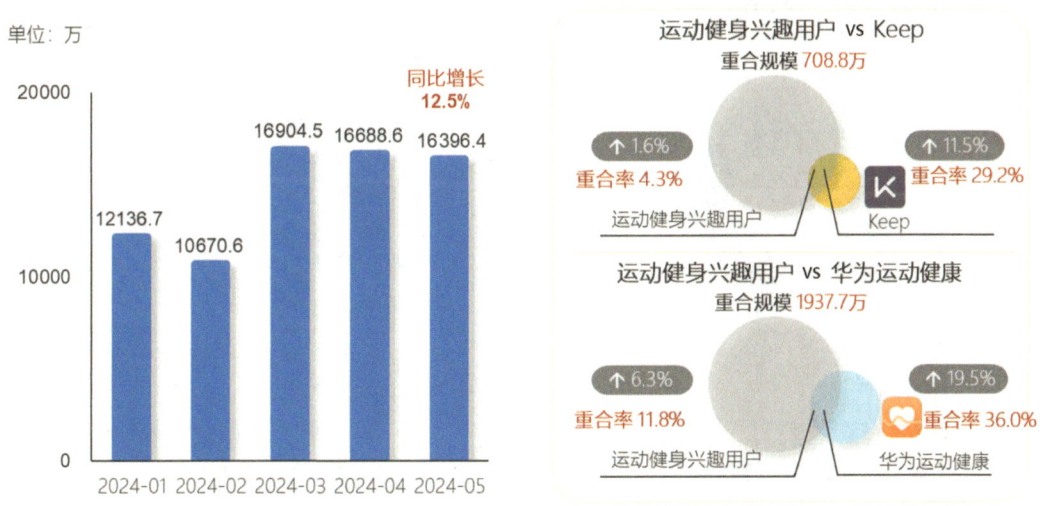

注：1. 运动健身兴趣用户，指抖音、快手、小红书、哔哩哔哩、微博、微信公众号六大内容平台中，对运动健身相关内容浏览稿件量超平台人均浏览稿件量的用户；2. 右图灰框内为重合率同比变化=2024年5月重合率-2023年5月重合率。

图 2-158 运动健身兴趣用户规模变化

数据来源：QuestMobile GROWTH 用户画像标签数据库，2024 年 5 月

图 2-159 2024 年 5 月运动健身兴趣用户与典型健身相关 APP 重合情况

数据来源：QuestMobile NEW MEDIA 新媒体数据库，2024 年 5 月

运动健身方式多元化，舞蹈、游泳、跑步已成为减肥健身的首选项目。其中，运动健身兴趣人群对舞蹈内容的关注度最高，达到 81.5%。

图 2-160　2024 年 5 月运动健身兴趣用户内容关注度 TOP 10 减肥健身类型

数据来源：QuestMobile GROWTH 用户画像标签数据库；NEW MEDIA 新媒体数据库，2024 年 5 月

运动健身行业用户具有覆盖各年龄阶段、呈年轻化趋势、关注健康、健身塑形与美食兼顾等特征。以年龄为例，2024 年 5 月，运动健身兴趣人群中 24 岁及以下人群的占比达到 26%，较去年同期增加 4.5 个百分点。

图 2-161　2024 年 5 月 vs 2023 年 5 月运动健身兴趣用户画像特征

数据来源：QuestMobile GROWTH 用户画像标签数据库，2024 年 5 月

对 KOL 的要求同样需要高颜值、好身材及专业属性，运动博主帕梅拉 2024 年 5 月的粉丝数较去年同期增长 13.5%，达到 4120 万。

KOL	2024年5月	2023年5月	同比增长
帕梅拉 PamelaReif 运动博主	4120.3	3630.0	↑13.5%
王孟南台球教学 台球教学	1740.7	1633.8	↑6.5%
平常心myd 篮球运动员	1601.1	1430.5	↑11.9%
帅soserious 运动博主	1439.3	1261.0	↑14.1%
铁血硬汉 运动博主	1439.2	1365.0	↑5.4%
DavidBeckham 足球运动员	1368.5	798.8	↑71.3%
超级草根王师傅 篮球博主	1316.1	984.2	↑33.7%
王钟瑶JUNE 台球博主	1315.8	1172.0	↑12.3%
黑猫的黑 运动博主	1301.4	1232.9	↑5.6%
C罗Cristiano 足球运动员	1019.8	941.8	↑8.3%

注：1. 筛选2024年5月抖音、快手、小红书、哔哩哔哩、微博、微信公众号合计粉丝数大于1000万的运动健身类KOL；2. 典型运动健身类KOL为2024年5月粉丝数同比增长TOP10运动健身类KOL。

图 2-162　2024 年 5 月典型运动健身类 KOL 粉丝数及同比增长

数据来源：QuestMobile NEW MEDIA 新媒体数据库，2024 年 5 月

（5）教育求职场景

教育工具类应用因其高效便捷的辅助功能，日益受到广大学生与教育工作者的青睐，成为推动教育科技领域增长的新动力。

单位：万　■月活跃用户规模　—同比增长率

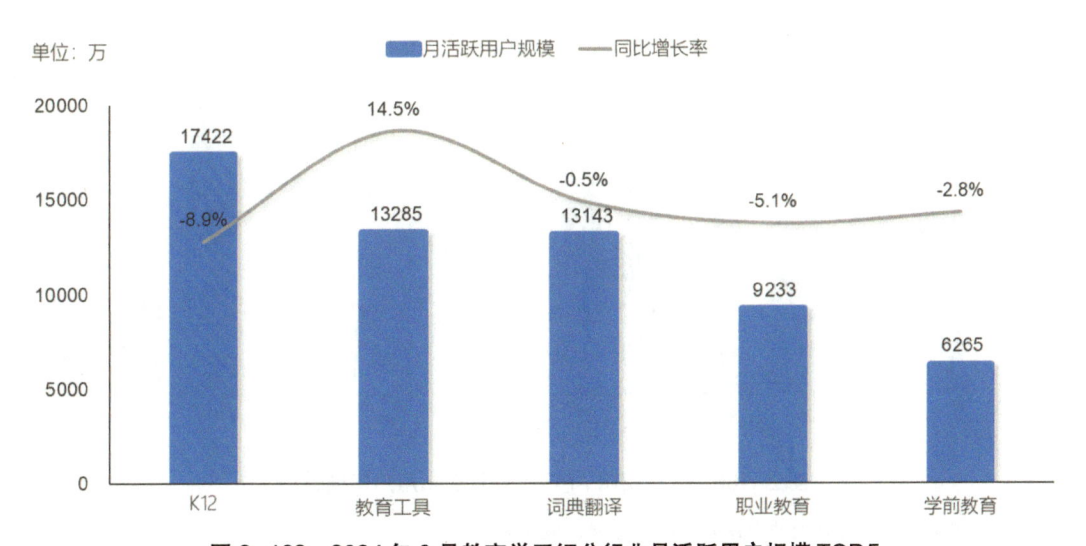

类别	月活跃用户规模	同比增长率
K12	17422	-8.9%
教育工具	13285	14.5%
词典翻译	13143	-0.5%
职业教育	9233	-5.1%
学前教育	6265	-2.8%

图 2-163　2024 年 6 月教育学习细分行业月活跃用户规模 TOP 5

数据来源：QuestMobile TRUTH 中国移动互联网数据库，2024 年 6 月

教师课件优化、家长作业核查、班级管理等场景数字化类应用流量表现亮眼。

应用场景	综合	作业检查	课件互动	课堂管理	课程学习	校园活动	实习管理	家教机	查课表	大学题库
APP	学习通	小猿口算	希沃白板	班级优化大师	小鹅通学员版	到梦空间	工学云	家长管理	超级课程表	学小易
月活跃用户规模（万）	2923	1925	609	586	448	384	350	340	315	253
同比增长率	2.7%	52.5%	46.9%	8.1%	35.8%	-1.5%	2.8%	27.2%	-6.7%	-73.6%

图 2-164　2024 年 6 月教育工具 APP 行业月活跃用户规模 TOP 10

数据来源：QuestMobile TRUTH 中国移动互联网数据库，2024 年 6 月

求职招聘 APP 行业流量攀升，凸显市场活跃与数字化招聘趋势。QuestMobile 数据显示，在 2024 年 3 月招聘热季，求职招聘行业月活跃用户规模达到 1.16 亿，较去年同期增长 13.8%，具体 APP 中，头部求职招聘类 APP 流量提升明显。

月份	2023年6月	2023年7月	2023年8月	2023年9月	2023年10月	2023年11月	2023年12月	2024年1月	2024年2月	2024年3月	2024年4月	2024年5月	2024年6月
月活跃用户规模（万）	9860	9675	8956	9292	9688	9128	8629	8571	9557	11663	10708	10424	10497
同比增长率	17.5%	13.9%	9.3%	11.7%	17.8%	17.2%	25.6%	19.6%	2.1%	13.8%	11.3%	7.3%	6.5%

图 2-165　求职招聘 APP 行业月活跃用户规模趋势

数据来源：QuestMobile TRUTH 中国移动互联网数据库，2024 年 6 月

单位：万　　　　　　　　　■ 月活跃用户规模　　—— 同比增长率

APP	月活跃用户规模（万）	同比增长率
Boss直聘	4905	17.3%
智联招聘	2351	-6.5%
前程无忧 51Job	1658	-5.0%
猎聘	899	1.6%
公考雷达	797	12.4%
鱼泡网	784	23.6%
脉脉	427	11.0%
赶集直招	390	-29.8%
志愿汇	321	1.6%
店长直聘	213	1.3%

图 2-166　2024 年 6 月求职招聘 APP 行业月活跃用户规模 TOP 10

数据来源：QuestMobile TRUTH 中国移动互联网数据库，2024 年 6 月

另一方面，求职招聘类 APP 重合用户数提升，凸显求职者多元化择业策略。

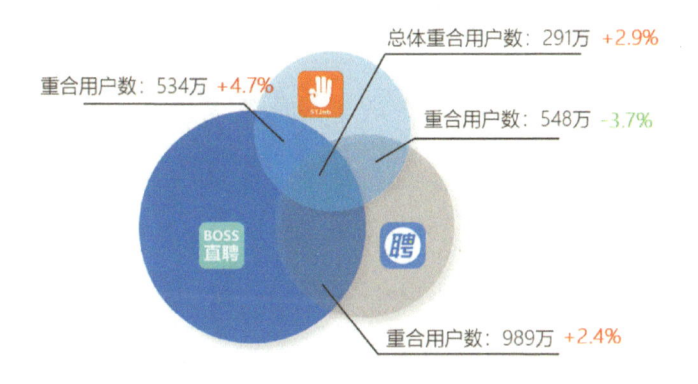

总体重合用户数：291万 +2.9%
重合用户数：534万 +4.7%
重合用户数：548万 -3.7%
重合用户数：989万 +2.4%

注：1. 重合用户数：在统计周期(月)内，同时使用过两个APP或者三个APP的用户数；2. 红色/绿色百分比表示较去年同期用数变化。

图 2-167　2024 年 6 月典型求职招聘 APP 重合用户数

数据来源：QuestMobile TRUTH 中国移动互联网数据库，2024 年 6 月

03

第 三 章

数字营销
与品牌实践

一、营销篇

（一）AI 营销

2023 年，是生成式人工智能（Generative Artificial Intelligence，GAI）应用的元年。

到 2024 年 6 月，仅过去一年，GAI 就已快速渗透到营销行业的方方面面，互联网营销的所有门类几乎都在基于 GAI "重做一遍"。

GAI 的这波热潮源起 2022 年底 OpenAI 发布的 ChatGPT 3.5。它强大的内容生成能力和接近人类水平的"智慧"程度，在人类世界引发强烈震动，并随即快速被应用于各行各业。

营销行业作为 GAI 应用的最佳入口，过去一年，其 AI 应用热度持续攀升，考虑到 AI 本身也在快速迭代，可以预判，未来的 1～2 年，AI 将是营销领域最重要的发展驱动力。

不同于其他已经成熟的营销技术（如程序化交易、社交聆听、广告监测等），人工智能技术本身的发展极快，大模型 3～5 个月就会升级一次。与此对应，其在营销场景中的应用速度也很快，越来越多的企业试水 AI 营销，尝试将其纳入日常工作流程，市场上的 AI 应用案例也不断涌现。

创意、策略、投流、数据分析等营销从业者，无论具体从事哪一工种，都对 AI 保持着高度关注。一方面，大家要了解 AI 最新发展情况、学习 AI 技能，在知识和能力上不落伍；另一方面，也要持续了解市场上领先企业和品牌的 AI 应用实践，为自己在工作中引入 AI 提供借鉴。

1. 生成式 AI 带来营销生产力大爆发

（1）回顾人工智能的发展历程

1956 年，美国达特茅斯学院在科学家和研究人员关于如何使用计算机来模拟人类智能的讨论中，人工智能概念被首次提出。从 20 世纪 60 年代至今，在人工智能半个世纪的发展历程中，经历了两次显著的低谷期，即"AI 寒冬"。

每当人工智能技术取得重大突破时，社会各界普遍会对人工智能的美好未来寄予厚望，短期内无论是学术研究还是市场投资，都会经历一段快速的增长。然而，一旦公众对人工智能的承诺和期望远远超越了现实的实现能力，广泛的失望情绪便会出现，应用项目进入停滞或面临困境，人们就会失去兴趣。随着市场炒作的消失、研究活动的减少和资本投资的流失，人工智能领域会进入所谓的"AI 寒冬"。

但 20 世纪 90 年代的"AI 寒冬"过后，人工智能的发展曲线持续向上。从 AlphaGo 到 ChatGPT，全球的人工智能热情以极快的速度推进，越来越多围绕人工智能的国家级投资和战略出现。到 2022 年底，OpenAI 发布的 ChatGPT 凭借其强大的内容生成能力和互动能力令世界瞩目。

当前处于 AI 的黄金时代还是寒冬前期？至少到现在为止，我们还没看到这波浪潮有任何下降或迎来拐点的迹象。新一代 AI 的能力不断提升，并且在不断开拓新的应用领域，技术的进步使 AI 成功跨越第三次寒冬，迎来第三次高潮。可以预见，这将是一次真正引领时代变革的 AI 浪潮。

图 3-1 AI 的发展历程

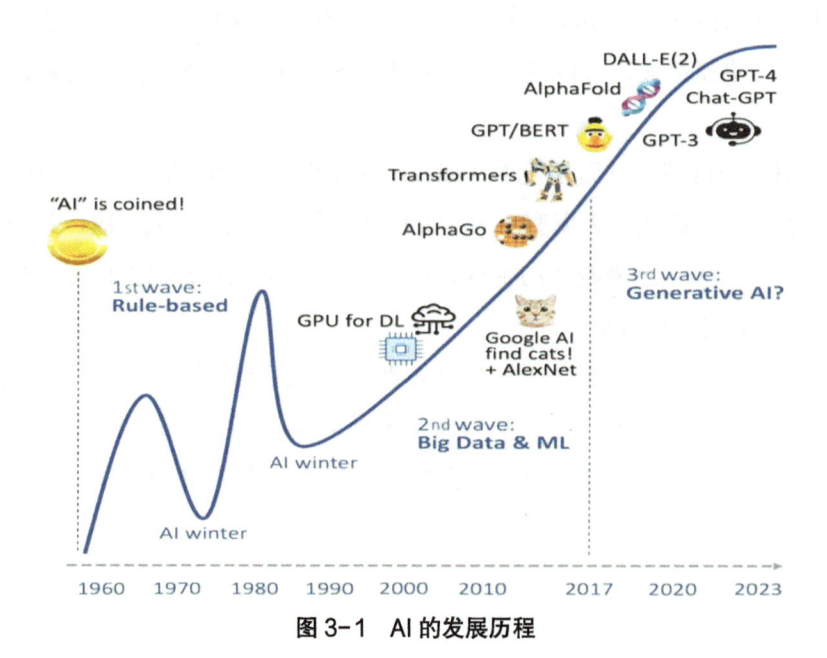

图表来源：Parmida Beigi，PhD @bigdataqueen

（2）人工智能的两大类别：分析式 AI、生成式 AI

人工智能可分为"分析式人工智能"和"生成式人工智能"（Generative AI）（Glikson 和 Woolley，2020）。

①分析式 AI

分析式 AI 也被称为决策式 AI，指通过学习数据中的条件概率分布，根据已有数据进行分析、判断、预测，辅助用户进行决策。主要应用模型有用于推荐系统和风控系统的辅助决策模型、用于自动驾驶和机器人的决策智能体。电商的产品推荐系统是其在营销场景中的典型应用。

②生成式 AI

生成式 AI 是指通过学习数据中的联合概率分布，不是简单分析已有数据而是学习归纳已有数据后进行演绎创造，基于历史进行模仿式、缝合式创作，生成全新的内容，同时也能解决判别问题。生成式 AI 有三项核心能力：创造能力、推理能力、互动能力。

特别需要关注的是，基于互动能力，在融合创造能力和推理能力之后，通过多模态/跨媒介的输入输出，生成式 AI 已经能涌现出和人类进行高质量交流的综合能力。除了分析和判断，生成式 AI 的核心能力是"创造"，即生成全新的内容。通过从数据中学习要素，进而生成全新的、原创的内容或产品。它不仅能实现传统 AI 的分析、判断、决策功能，还能实现传统 AI 力所不能及的创造功能。

③通用人工智能 AGI（Artificial General Intelligence）

AI 不断发展，就会实现更接近于"人"能力的通用人工智能 AGI。AGI 指智能代理理解或学习人类所能完成的任何智力任务的能力。它是人工智能研究的主要目标。

AGI 主要专注于研制像人一样思考、像人一样从事多种用途、完成更复杂工作的机器，具有文字、图片、视频、音频等多模态内容的理解能力，能通过联网和插件整合更多外部应用，可以胜任更复杂的任务。

（3）2024 年生成式人工智能技术主要发展趋势

如前文所述，人工智能技术发展迭代速度极快，数月时间就可能出现大的产品更新或能力升级。以 2024 年 6 月为节点，我们总结了 2024 年上半年人工智能发展的四个显著趋势：

①技术迭代周期缩短，易用性、便利性大大提升

例如，2024 年 2 月 15 日，OpenAI 发布的人工智能文生视频大模型 Sora，可以快速制作最长 1 分钟、准确反映用户提示、可一镜到底的视频。

仅仅过去 3 个月，2024 年 5 月 14 日，OpenAI 就发布了 GPT-4o，多模态性能进步明显，且宣告模型将免费开放，API 接口降价提速。

②全球范围内，巨头纷纷降价，企业应用门槛降低

2024年5月，大模型打响价格战，从海外的OpenAI、谷歌，到国内的字节跳动、阿里、百度、智谱AI、科大讯飞等，大模型厂商纷纷宣布降价。5月15日，字节跳动AI大模型豆包主力模型降价，1元钱能买125万tokens；5月21日，阿里云通义千问大降价，1元钱能买200万tokens；文心大模型两大主力模型全面免费，立即生效；5月22日，腾讯混元-lite模型从4k升级到256k，且全面免费，科大讯飞宣布讯飞星火API能力免费开放。

③B端、C端应用和服务加速落地

中国国内AI大模型的相关应用正加速落地。行业人士普遍认为，未来AI大模型的应用会越来越多，除了B端、C端应用加速落地或基于AI大模型升级，大模型还催生了另一种商业模式，即将大模型服务化，降低全社会开发AI大模型及其相关应用的成本，加速AI大模型在各行各业的渗透。

秒针营销科学院于2023年底针对数字营销市场广告主、品牌主的调研数据显示，22%的广告主表示已经在使用AI营销（在14个选项中排第十），47%表示未来会使用AI营销（在14个选项中排第一）。虽然AI是"未来预期"最高的创新营销形式，但已使用的比例并不高，说明企业在AI营销落地上还存在障碍。具体到AIGC应用，用AI做图文创意的使用率最高，已达到33%，AI工具和插件也有30%的使用率。虽然当前直接用AI做视频创意的比例还不高，仅20%，但它存在于更多营销广告主的未来计划中。

可以判断，2024年必将有更多的企业和品牌在营销中探索并实践AI。中国营销市场的AI实践应用，在全球一定是领先的。

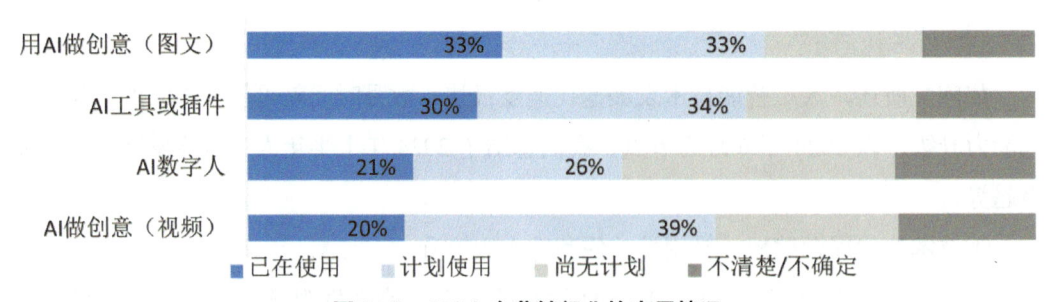

	已在使用	计划使用	尚无计划	不清楚/不确定
用AI做创意（图文）	33%	33%		
AI工具或插件	30%	34%		
AI数字人	21%	26%		
AI做创意（视频）	20%	39%		

图3-2　AIGC在营销行业的应用情况

数据来源：秒针营销科学院×GDMS×M360，《2024中国数字营销趋势报告》

④供给侧竞争激烈，网红应用崛起

2023年，中国市场开发大模型的公司非常多，俗称"百模大战"，市场中几乎所有

的互联网企业和大平台都推出了 AI 大模型。

从全球来看，国内的 AI 大模型还是处于追随者地位。但 2024 年，人工智能初创公司月之暗面（Moonshot AI）研发的国产大模型 Kimi 的出现和爆火，打破了这一局面，成为国产 AI 大模型首次在部分能力上超过了海外主流模型的代表性产品，Kimi 的初代版本便支持 20 万汉字的长文本输入，3 月位居国产 AI 大模型第二位，仅次于文心一言。

（4）人工智能驱动产业变革，带来营销生产力大爆发

麦肯锡在研究了 16 个 AI 应用的场景后，关于 AI 将重点影响的领域，得出以下结论：生成式 AI 的潜在价值（约 75%）集中在以下四大领域：客户运营、营销和销售、软件工程、产品研发。

这也意味着上述四大领域的产业受生成式 AI 影响最大。

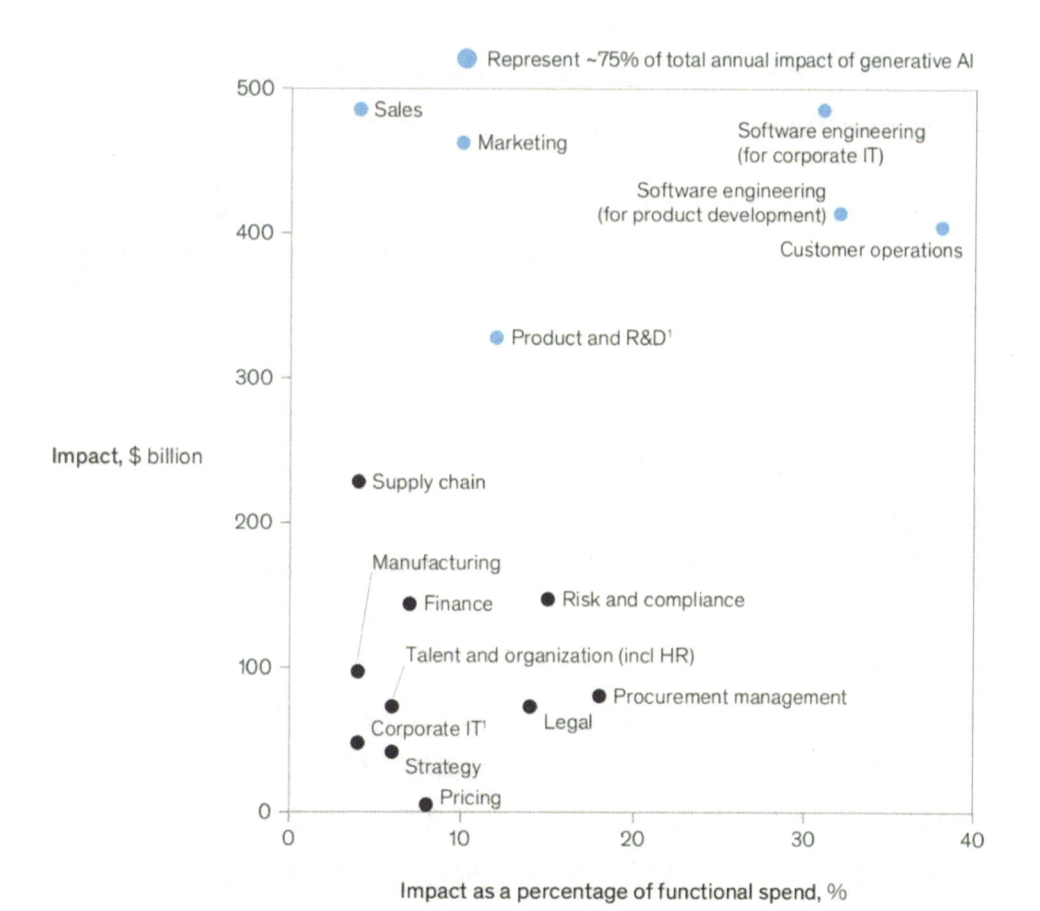

图 3-3　生成式 AI 影响的主要领域

数据来源：麦肯锡，《生成式人工智能的经济潜力：下一波生产力浪潮》，2023 年 7 月

来自 Statista 的数据预测，2024 年底，全球生成式营销产业规模预计将达到 360 亿美元，这一数字反映了人工智能在营销领域的巨大潜力和市场需求。随着技术的不断进步和创新，人工智能将继续在营销领域发挥重要作用，为企业带来更高效、精准的营销效果。

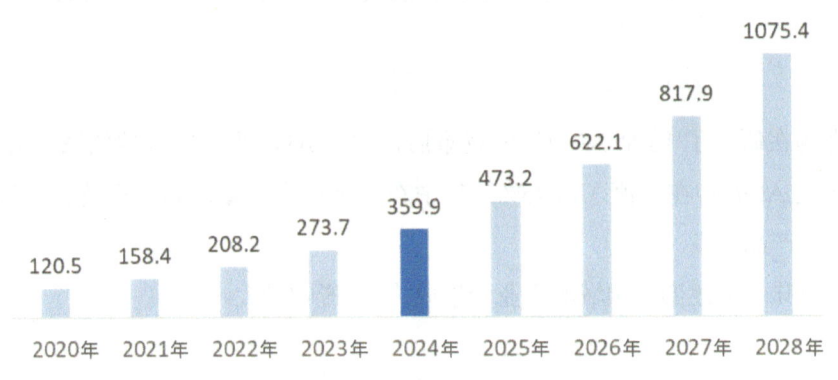

图 3-4　2020—2028 年全球营销领域人工智能市场价值

数据来源：Statista.com，2020—2028 年全球营销领域人工智能（AI）市场价值

秒针营销科学院与复旦大学管理学院、明略科技联合发布的《2023 AI+：人工智能与营销新纪元白皮书》中提出：AI 将带来营销生产力的大爆发。营销生产力主要包括洞察能力、创意能力和媒介沟通能力：

①洞察能力

包括消费者需求、市场环境、行业趋势、竞争态势等数据和信息的采集与分析，以及最终获得分析结果的能力和效率。

②创意能力

包括创造和生成文字、图片、视频、音频、设计网站甚至新产品的创新能力和生产效率。

③媒介沟通能力

广告主使用媒介渠道进行营销的能力和效率。媒介渠道包括移动设备、电视、社交媒体、搜索引擎、电商、线下等各种用于营销传播的媒体平台。

2024 年 8 月，秒针营销科学院与复旦大学管理学院、明略科技发布的《2024 AI+：生成式营销产业研究蓝皮书》更进一步，将生成式 AI 变革下的营销新范式定义为"生成式营销"。

生成式营销基于生成式 AI 的三种能力：创造能力、推理能力、互动能力，可在营销中构建不同的智能体（Agent）闭环。具体的营销流程为：基于营销洞察，产出营销内容，将内容分发到媒介中进行传播。这个过程中：

①基于营销洞察，生成式营销基于创造力，可在短时间内，产出多个高质量的内容，提升内容生成力。

②在媒介触点上，生成式营销能将营销内容主动、即时、个性化地传递给相应的客户，提升媒介传播的生产力。

③营销环境中存在大量营销内容，基于推理能力，生成式营销可以更敏捷、更全面、更大量地形成并输出营销洞察。提升洞察的生产力，这里产出的洞察最终将指导流程①的营销内容生成。

上述三步，最终可构成一个闭环运作的流程，每个环节都能应用 AI 工具，运作成熟之后，就可以在企业内部构建完整的广告投放、社媒运营的闭环智能体 Agent。

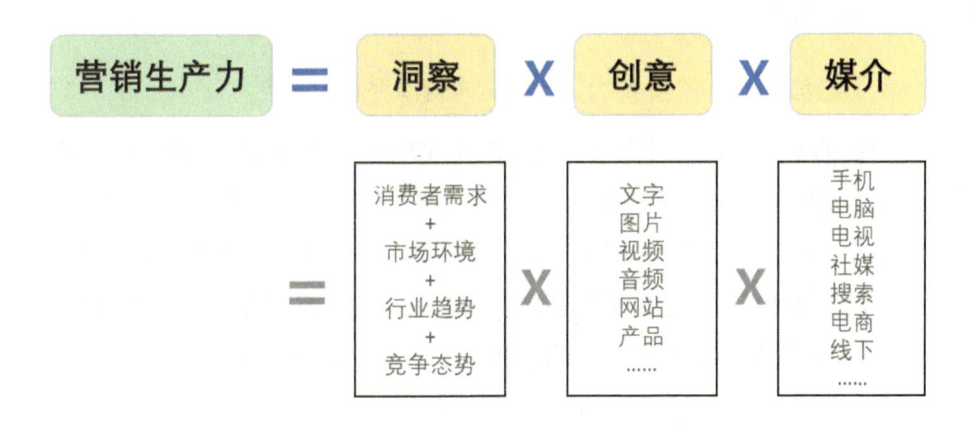

营销生产力 = 洞察 × 创意 × 媒介

= （消费者需求 + 市场环境 + 行业趋势 + 竞争态势）× （文字 图片 视频 音频 网站 产品 ……）× （手机 电脑 电视 社媒 搜索 电商 线下 ……）

营销行业大模型
让洞察、创意、媒介效率突破发展瓶颈

图 3-5　AI 带来营销生产力大爆发

来源：秒针营销科学院 × 复旦大学管理学院 × 明略科技，《2023 AI+：人工智能与营销新纪元白皮书》

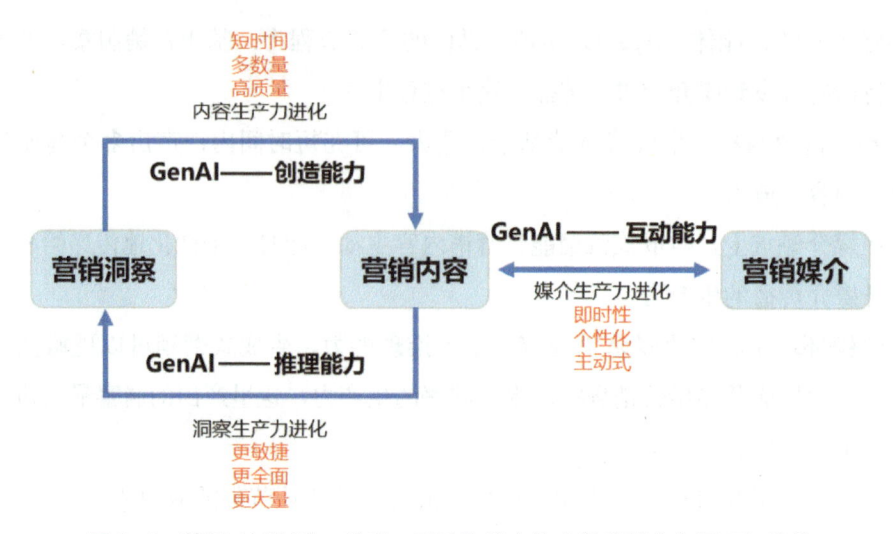

图 3-6 基于 AI "创造、推理、互动" 能力构建的营销业务闭环智能体

图文来源：秒针营销科学院

2. AI 能力趋势：供给侧 AI 能力进化和需求侧消费者的响应

企业营销的本质，是通过高效的供需匹配实现和顾客的价值交换，指向的是创造顾客价值、满足顾客需求（科特勒，2020）。目前，营销学术界和业界更多把生成式 AI 当作一种效率工具，关注企业如何利用其创造力，提升新"供给物"生产的效率。然而，生成式营销技术的"创造能力"能多大程度上创造顾客价值，取决的不仅仅是企业"供给侧"效率的提升，亦取决于"需求侧"消费者如何响应 AI 创造的"新供给"（响应包括感知、接受、购买、参与、互动、反馈等）。

由于生成式 AI 的创造力需要不断从消费者反馈中增强和进化，因此，我们不仅需要从供给能力和效率的角度研究 AI 的"创造效率"，还要从消费者响应角度分析如何改进 AI 的"创造效果"。明确消费者对 AI 生成创造物的感知与响应，对准确评估生成式营销技术的创造效率与效果至关重要。

（1）AI 供给能力研究

供给侧，人工智能在营销领域的创造能力如何？是否达到人类水平，甚至超越人类？是否有能力替代人类的工作和岗位？学界已有许多研究成果。本书节选了部分 2023—2024 年上半年的研究成果，便于读者了解 AI 能力的最新进展。

表 3-1　2023—2024 代表性 AI 营销实证研究成果

能力	结论	研究作者和时间
文案创造力	人工智能的文案创作能力等同人类经验年限为 2.47 年。消费者无法区分 AI 和人类的作品	李育辉，庞菊爱，谭北平（2023）
新品创造力	人工智能在新产品创意概念上的水平明显高于人类	Girotra, K., Meincke, L., Terwiesch, C., & Ulrich, K. T. (2023)
性格与行为特征	生成式 AI 在互动时已经具有和人相似的性格和行为特征	Mei, Q.,Xie, Y., Yuan, W., & Jackson, M. O. (2024)
人类与 AI 能力比较	人类与 AI 在能力对比上，情感智能（情绪识别、同理心等）、道德判断和伦理价值、灵活性和适应性、创造力和艺术性、复杂问题的解决能力的优势最高。AI 在学习速度和知识积累、无感情因素的客观决策、重复性任务的效率和准确性、大数据处理和分析、高速计算和预测能力上更强	李育辉（2024）

①人工智能的营销文案创造力水平

关于营销文案的创造力水平，中国市场的实证研究已有部分结论。

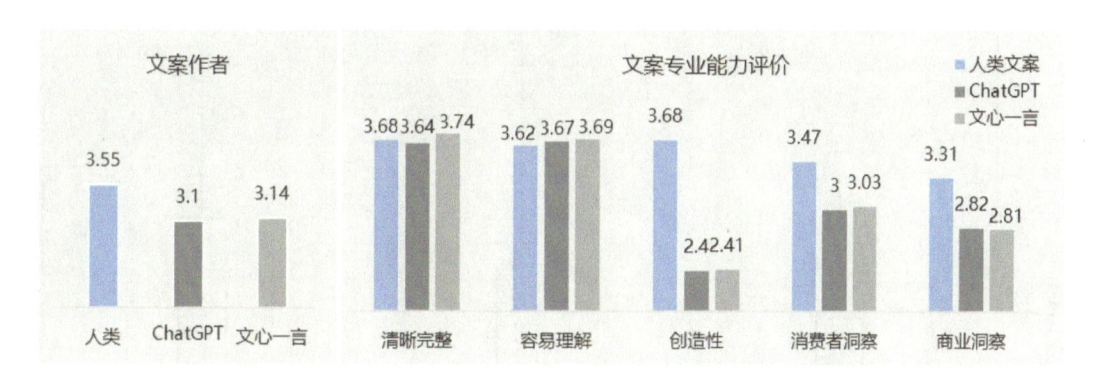

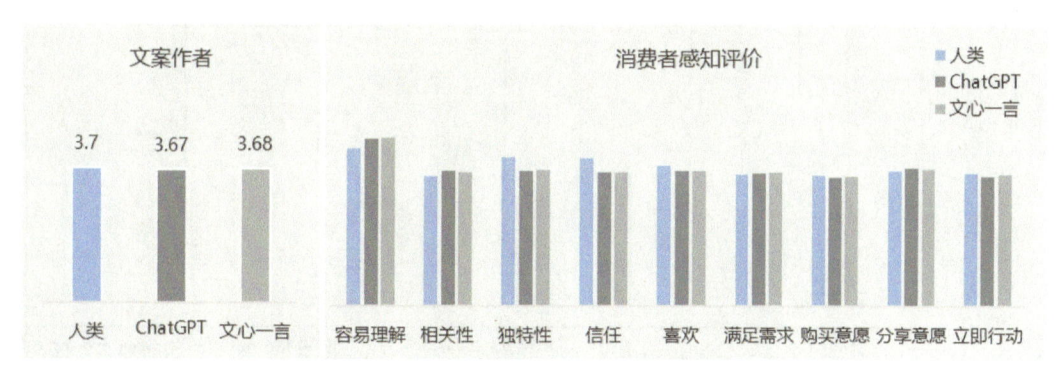

图 3-7　人工智能与人类作者文案能力对比

数据来源：《人工智能与人类的创造力比较研究：基于专家和消费者的双重视角》[①]

[①] 李育辉、庞菊爱、谭北平：《人工智能与人类的创造力比较研究：基于专家和消费者的双重视角》，《商业经济与管理》，2023 年第 10 期，第 23-35 页。DOI:10.14134/j.cnki.cn33-1336/f.2023.10.002。

在同样的背景信息和要求下，将人类撰写的文案和 AI 撰写的文案，分别交由消费者和专家在双盲测试环境下进行评价，实验结果显示：在文案作者身份上，专家能够识别人工智能和人类，而消费者无法区分；人工智能的文案创作能力等同的人类经验年限为 2.47 年，与人类存在 1.36 年的差距；在文案专业能力上，人类得分显著高于人工智能，特别是在创造性和洞察能力上；消费者对两类文案的整体感知水平无显著差异。

②人工智能的新品概念创造力水平

2023 年，国外已有研究表明，在新产品创意大赛中，AI 已超过了世界顶尖商学院的 MBA 学生。

该研究以新产品创新竞赛的方式，让人类和 ChatGPT 分别针对大学生群体设计实用产品。实验首先让宾夕法尼亚大学沃顿商学院的 MBA 学生提出了 200 个新产品创

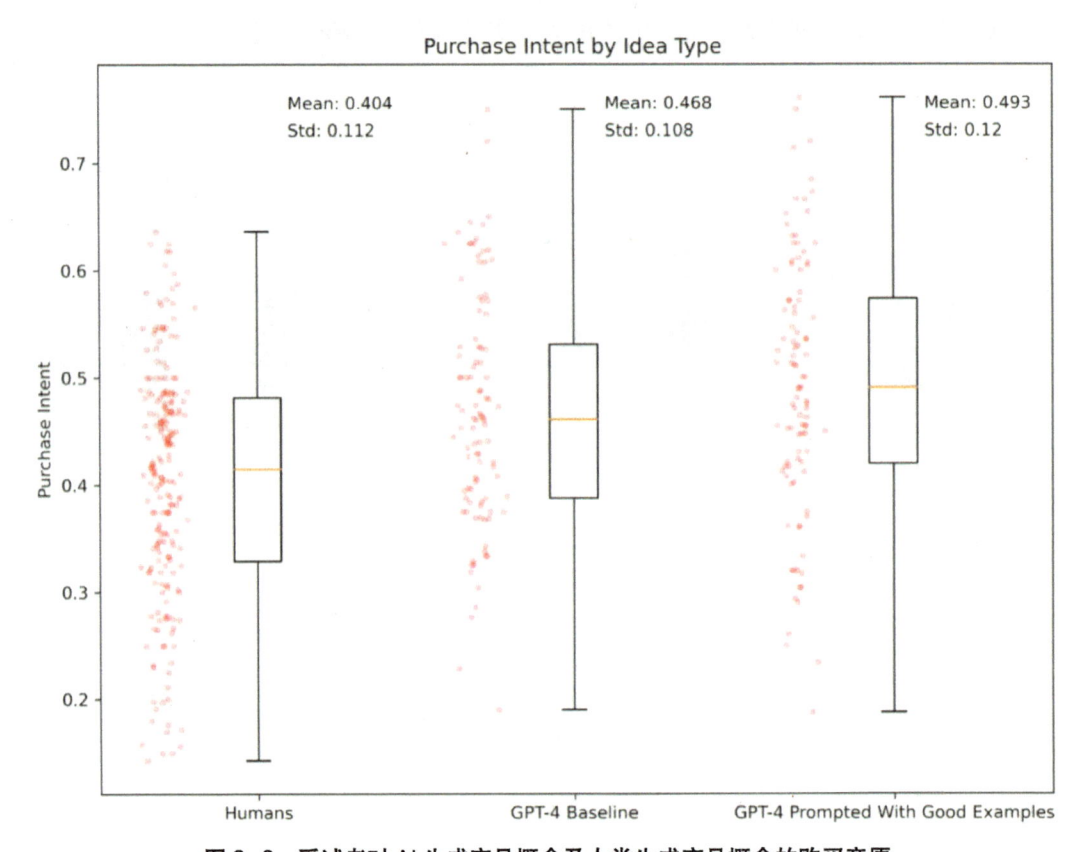

图 3-8 受试者对 AI 生成产品概念及人类生成产品概念的购买意愿

数据来源：Ideas are Dimes a Dozen: Large Language Models for Idea Generation in Innovation[①]

---

① Girotra, K., Meincke, L., Terwiesch, C., & Ulrich, K. T. (2023). *Ideas are Dimes a Dozen: Large Language Models for Idea Generation in Innovation*. SSRN Electronic Journal.

意（Humans 组），再让 ChatGPT 在同样要求下生成 100 个新产品创意（Gpt-4 Baseline 组）。此外，还设计了一组，提供 ChatGPT 7 个好的创意作为例子，再让其生成新产品创意（Gpt-4 Prompted With Good Examples 组）。

为了比较人和 AI 的创意质量，该研究招募了产品的目标用户——在校大学生，并在不告知他们创意由谁提出的情况下，评估自身对新产品概念的购买意愿。

结果如下图所示：人们对 AI 生成的新产品概念有更强的购买意愿。消费者购买意向最高的新产品创意中，排名前 16 位的创意全都是由 AI 生成的，人类学生最高排名仅在第 17 位，TOP 40 排名中人类创新只有 5 个。

这一结果说明，目前 ChatGPT 的新产品创新能力在某种程度上已经能比肩世界顶尖商学院的 MBA 学生。

上述研究表明，AI 在营销领域的创新、创造能力已经接近甚至强于人类。

创造之外，营销人还会好奇人工智能是否能做洞察、做决策，甚至是否有情感能力，与客户做更有温度的沟通和服务？

答案是肯定的，人工智能的能力远不止于"生成内容"。

③人工智能的沟通互动水平

AI 与人类进行互动时，它是否有性格特征？是否有类似人类的行为模式？

2024 年最新的研究表明，AI 在行为上确实会表现出和人类相似的行为和人格特征：与来自 50 多个国家的数万名人类参与者相比，AI 在各项活动中表现出的行为和人格特征，与人类没有显著差异。

该研究对 ChatGPT 进行了图灵测试，研究了 AI 在一系列经典行为游戏中的表现，这些游戏旨在通过游戏测量信任、公平、风险厌恶、合作等行为特征。同时，研究团队使用传统的大五性格模型对 ChatGPT 进行了心理调查，测量其性格特征，并与来自 50 多个国家的数万名受试者的结果进行了比较。

结果表明，ChatGPT 表现出的行为和人格特征在统计上与人类受试者无显著差异，也就是说，ChatGPT 已经具有了类人的性格和行为。此外，研究团队还发现，AI 会根据之前的经验和环境来调整自己的行为，仿佛在从互动中学习。AI 还会根据同一情境的不同框架改变自己的行为。

最后，作者发现它们的行为和一般的人类行为其实也稍有不同：它们在分配中表现出了更多的利他主义和合作倾向。

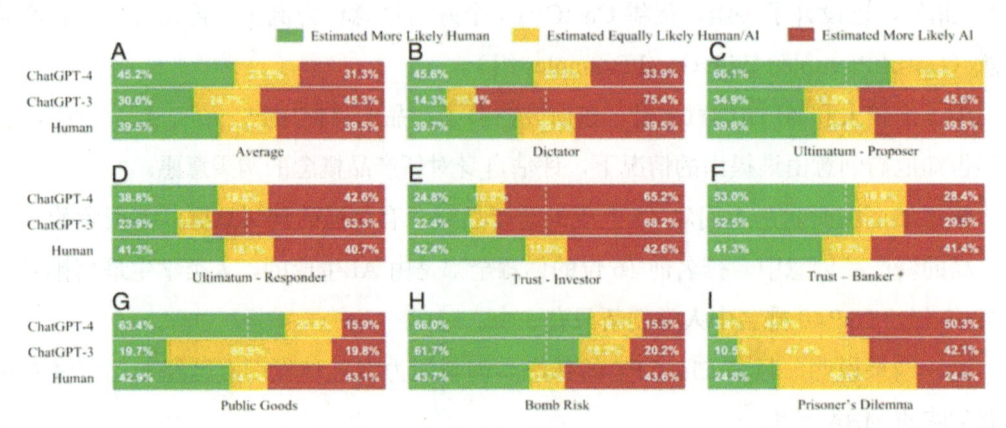

图3-9 人工智能与人类的图灵测试（经典行为游戏表现）

数据来源：A Turing test of whether AI chatbots are behaviorally similar to humans[1]

④人工智能与人类的优势能力对比

2024年初，秒针营销科学院、明略科技联合中国人民大学职场研究项目组，在中国市场开展了一次针对职场人士的AI使用和态度研究项目，研究从职场人的视角，对AI与人工智能的能力进行了比较。

研究数据显示，相比AI，人类在情感智能（情绪识别、同理心等）、道德判断和伦理价值、灵活性和适应性、创造力和艺术性、复杂问题的解决能力上更具优势。AI在学习速度和知识积累、无感情因素的客观决策、重复性任务的效率和准确性、大数据处理和分析、高速计算和预测能力上更强。复杂问题的解决能力，当前人类和AI的评分相近。说明复杂问题AI无法独立解决，而人类要解决，也需要AI的支持和帮助才能更好完成。

---

[1] Mei, Q., Xie, Y., Yuan, W., & Jackson, M. O. (2024). *A Turing test of whether AI chatbots are behaviourally similar to humans*. Proceedings of the National Academy of Sciences, 121(9), e2313925121.

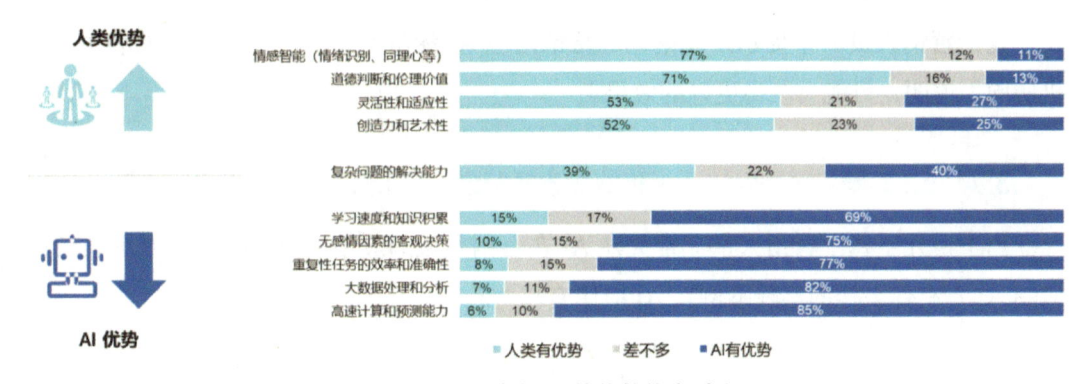

图 3-10　人类与 AI 的优势能力对比

数据来源：《2024 人工智能与职场研究报告：数智新职场与企业高质量发展》[①]

（2）AI 需求侧消费者响应研究

我们再看需求端，也就是消费者对企业营销中使用 AI 这一行为的响应或反馈。

首先，我们要认识到，消费者对 AIGC 的态度并不必然是积极的。学界已有研究发现消费者存在"算法厌恶"（Algorithm Aversion）的倾向（Castelo et al., 2019; B. Dietvorst et al., 2018; B. J. Dietvorst et al., 2015）。早在 2022 年 12 月，视觉网站 Artstation 就爆发过反 AI 生成图片的行动，并蔓延到了各大 AI 生成内容领域。

因此，在营销领域，研究"需求侧"消费者对 AIGC 内容的认知与反应尤为必要。复旦大学管理学院 2023 年开展的一项聚焦探究消费者 AIGC 认知与反应的研究，分析了同样的社交媒体内容，由不同创作主体生产时，是否会导致消费者差异化的响应。

研究结果显示，当提示消费者广告文案创作主体为 AI，或一旦消费者自认为文案出自 AI 时，其对 AIGC 推荐产品的态度，和对企业发布的 AIGC 内容的互动意愿就会显著降低，并表现出强烈的算法厌恶倾向。具体而言，当消费者认为广告文案由 AI 生成（相较于人类撰写）时，他们会认为该内容更不可信、传达的观点更没有说服力，并且更想反驳该内容，同时他们也更不想了解该产品，购买意愿也会明显下降。

所以，克服消费者的算法厌恶倾向，对于推动 AI 在营销场景中快速广泛应用至关重要。研究发现，若提示消费者广告文案创作主体是"人机协同"（ChatGPT & 人类）时，消费者的算法厌恶倾向会消失，他们会认为人类和 AI 共同创作的广告文案更可信，并表现出更积极的互动意愿（点赞、评论和转发）。同时，由 AI 和人类共同创作广告

[①] 李育辉著：《2024 人工智能与职场研究报告：数智新职场与企业高质量发展》，《文化产业导刊》。doi: 10.12451/ 202405. 00406V1。

文案，也会让消费者认为广告中涉及的品牌更具创新意识和效率意识。

这给营销人员一个提示，无论你的营销内容 AI 参与度如何，传播时如果增加"人机协同"说明，可能会获得更好的效果。

3. AI 应用趋势：覆盖营销六大领域及战略制定、员工赋能等多个场景

当下，几乎每个营销人都非常关注 AI 在营销领域的应用情况。哪些营销场景已经应用 AI？有什么样的实践案例？AI 应用有哪些趋势？

（1）AI 在营销领域的三大应用趋势

通过对 2023—2024 年中国市场可查询的 AI 营销实践案例进行分析，发现企业应用生成式人工智能有三个主要趋势：

①从尝鲜到常态

2023 年是 AI 营销应用的元年，到 2024 年，部分企业内 AI 应用已成常态。如可口可乐、美的等知名品牌，AI 生成内容已成常态，它们也推出了大量高品质的 AIGC 广告。

②从图文到多模态

AI 创造正在从 2023 年的图文为主（主要是海报、平面广告创意或文案撰写），发展为 2024 年的多模态，表现为视频广告、短视频制作的快速发展，以及音频方面的尝试。

③从单点到闭环

AI 应用正在从解决单点问题发展为营销流程的闭环运营。如从仅用 AI 进行广告内容生产，发展为内容洞察—内容生产—内容审核—内容投放或分发的流程闭环。

（2）AI 在营销领域的落地场景

AI 对营销的赋能，也不仅限于其在营销业务运营中的使用，还可以应用在"战略制定、营销运营赋能、员工赋能、营销资产建设"四大板块八个场景中：营销战略制定包括"洞察"和"战略"两部分，可帮助企业科学决策、明确发展方向；营销运营赋能，覆盖广告、内容、社媒、电商、用户增长、创新管理 6 个领域，能实现上述领域从"营销目标制定"到"营销供给生产""投放和运营"，再到"效果评估"的端到端智能运营；员工赋能，旨在打造超级员工和超级门店，AI 将以营销助手的角色赋能员工；资产建设，目的是构建企业长期发展根基，主要通过构建营销业务知识库实现。

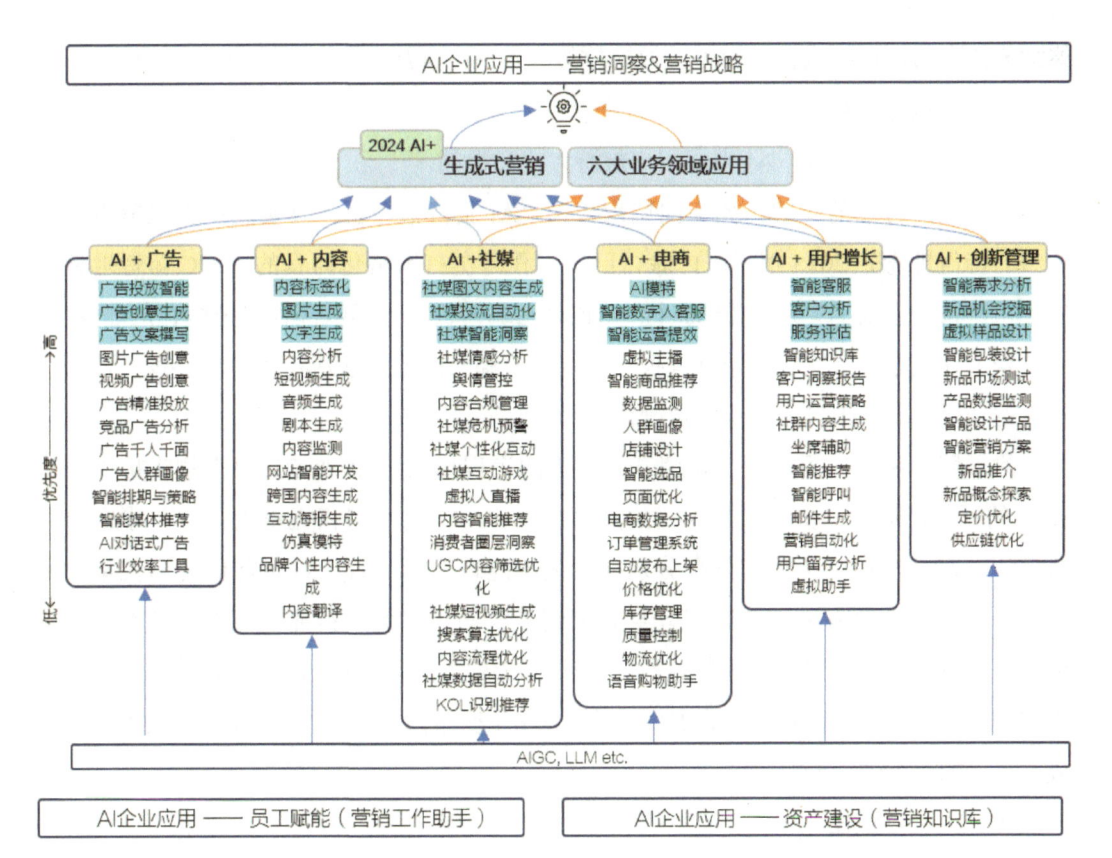

图 3-11　生成式营销 AI 应用全景图

来源：秒针营销科学院 × 复旦大学管理学院 × 明略科技，《2024 AI+：生成式营销产业研究蓝皮书》

以下为 2023—2024 年上半年间，市场上最新的 AI 营销应用实战案例解析，方便大家了解当前中国市场已经有的 AI 应用成功探索，开拓视野，指导后续实践。

① AI+ 广告应用

代表性案例：宁德时代 × 蓝色光标，打造全球首个由用户主演选择剧情的 AI 广告片

2023 年广州车展期间，宁德时代发布了全球第一部由用户自己选择剧情、自己出演的 AIGC 广告片，用户只需选择性别、脸型、旅行起止地点、上传照片等简单几个步骤，3 分钟左右的时间，便可获得一部由 AI 生成、自己主演的个性化驾驶大片。同时，用户生成的专属影片海报，可分享到微信朋友圈，引发互动和转发裂变。该小程序在广州车展期间一经发布，便有数万名全球网友在第一时间加入"主演"行列。

小程序通过简单的换脸技术和多场景智能剪辑，为用户提供了全新的广告体验，活动通过小程序裂变而来的用户占总 UV 的 80%，是行业均值的 2.5 倍以上。超过 25% 的用户参与了互动，这一比例是行业平均互动率的 3～5 倍；而参与互动的用户中，最

终加粉留资的留存率达到了 90%，效率较传统页面广告从浏览到留资提升近 10 倍。

② AI+ 内容应用

代表性案例：携程，AI 生成用户旅游大片和视频

对于旅游行业的品牌，如何向用户传递"AI 旅行很好玩，真实的世界也值得走一走"的价值理念？2023 年，国内旅行巨头携程与主打风格化写真的 AIGC 新晋爆款应用妙鸭，联合上线了 9 套"环球旅行"AIGC 写真模板。包括欧洲古堡婚纱、苗疆少女、拉萨藏袍等主题。这一活动精准拿捏了旅行用户和暂时还无法成行用户的心理，帮助用户一键轻松实现旅拍自由的低门槛操作。

除了照片制作，短视频也是消费者热衷的表现形式，AI 加持的"人物实拍＋实景 3D"的玩法，通过"全世界打卡"的故事线，带用户在妙鸭相机里进行"环球旅行"，与携程一起，实拍三位数字分身分别在巨大的建筑地标中打卡，增加创意和视觉冲击力。本次营销创意将用户的数字分身们带到了罗马斗兽场、新加坡警署、日本涩谷街头、纽约时代广场大屏等全球著名地标，让用户体验了跨次元壁的旅行，叠加"城市巨物实拍＋实景素材 3D 艺术"的表现手法、轻松诙谐的文案，吸引 200 多万人体验并生成了自己的旅行数字分身。

③ AI+ 社媒应用

代表性案例：2024 年春节多个品牌发起 AI 共创营销

春节是品牌重要的营销节点，2024 年春节正值 Open AI 发布视频大模型 Sora，引发营销行业又一轮 AI 热潮。春节营销中多个品牌都在内容和形式中增加了 AI 含量，涌现出许多吸睛案例。

天猫联动明星发起 AI 共创年画，用户通过 AIGC 在明星或 IP 制作的年画上加工创作出带有个人印记的年画，这种"明星联动＋个性定制"模式吸引众多粉丝参与。

康师傅邀请 AI 写春联引入了定制的数字人形象，用户可以生成带有个人形象的海报，在新年期间转发给亲朋好友，线上拜年，大大提升了社交价值。

可口可乐春节营销引入了互动视频模态，用户可以生成个人数字形象，还能选择个性化语音，生成动画视频，说出新年祝福。

美团春节发布 20 分钟的贺岁短片《团圆 2024》，讲述男孩穿越时空，帮助爷爷弥补缺失全家福照片的遗憾。短片一部分画面使用了 AIGC 功能。

飞鹤和美图合作"聪明宝宝闹龙年"，AI 写真保存率达到惊人的 93%。妈妈给自己孩子生成的写真有着高保存率，而写真保存又会引来"私域与公域"分享；并且只有父母才会参与这个活动，受众非常精准。

④ AI+ 电商应用

代表性案例：快手打造数字员工 π，为中小商家打造低成本超能团队

π 是快手为电商场景提供的数字员工，可以通过 AI 互动对话能力代替人工，帮助快手平台上的中小商家降低经营成本，创造更公平的生意环境，提高经营效果。

π 7×24 小时无休，不会错过任何商机，不管是闲时还是忙碌时段，都能高效承接需求并应对。对于广大的个体或中小规模经营者而言，π 能显著降低人工成本，减少培训成本，也避免了因人员流动带来的损失；π 还可以规避人工客服水平参差、状态不稳定等问题，时刻保持稳定的高服务水准；它还能自主学习客服沟通能力，不断提升接待效果。

截至 2024 年 9 月，π 日服务用户数已经超过 22 万。广州某建筑装饰设计工程公司，在快手号推广的私信咨询中应用智能 BOT（π），以私信留资数量为转化目标，最终开口率提升 96%，留资率提升 87%，回复率提升 99%。

⑤ AI+ 用户增长应用

代表性案例：高合汽车，AI 技术为基底的全域精细化人群资产经营

线上流量红利的消失，导致流量成本不断上升，品牌开始转向以人群经营为核心的全域投放模式。AI 能够助力品牌精准锁定目标受众，并在全域范围内触达用户，不断推动人群关系流转，精细化运营品牌人群资产，最大化提升全域投放效率。

这一背景下，高合汽车与百度全域营销合作，依托观星盘赋能人群定向，挖掘出品牌的关联人群、高潜人群和核心人群。通过百度全域资源覆盖，拓展"有驾购车宝＋购车嘉年华"等新流量来源，多场景触达用户，实现破圈拉新。运用定向开屏、搜索品专、车效通等资源，层层递进，推动兴趣用户的心智种草与核心人群的行动转化。

合作取得了显著的效果，线索量提升 67%，线索成本低于 KPI 10%。从人群经营数据来看，品牌人群资产得到了增长，机会人群→转化人群的比例为 63%，品牌收获了大量潜在客户。

⑥ AI+ 创新管理应用

代表性案例：可口可乐 × 好利来联合打造未来 3000 年的味道 —— 空气巧克力

2023 年 9 月，可口可乐根据全球用户数据，结合 AI 推荐，推出了首款联合 AI 共创的无糖可乐"未来 3000 年"。10 月，它与好利来宣布带来联名新品：限定款 —— 蒲公英空气巧克力。新品汲取了来自可口可乐"未来 3000 年"的灵感，在好利来"蒲公英空气巧克力"的基础上打造而成，从产品包装到海报设计，从配色到文案，未来感十足。

除了和好利来联名，为了让消费者更好地畅想 3000 年，可口可乐还联合小度打造了 AI 创意活动，消费者可使用定制的"未来 3000 年"AI 镜头，上传照片，畅想自己

在未来 3000 年世界的模样。同时，依托小度灵机大模型的多模态识别技术，消费者还能以对话方式对画面进行修改，并转化为视觉艺术作品，沉浸式体验 3000 年世界的未来感与科技感。

⑦ AI+ 员工赋能

代表性案例：明略科技，2000 人营销技术公司如何通过"全员应用"实现"能力提升"

明略科技集团是中国前沿的营销技术公司。迄今已服务超过 2000 家国内外头部企业，200 余家政府机构。它是营销技术的开拓者和共建者，公司拥有 2000 多名员工。2023 年，明略积极拥抱人工智能，一年时间，已全员武装应用大模型，大大提升了个人和组织的工作效率。

为了最快速地让员工了解、学习、使用大模型，明略开发了自己的 AI 办公效率工具"小明助理"。通过内部运营实践，如培训、活动、比赛等，积极推动员工应用，并在内部提炼使用经验，沉淀到知识平台，方便员工查询，分享 AI 成果。

2023 年 12 月至 2024 年 6 月，明略举办了两次 AI 比赛，结果反映了全体员工对 AI 的理解和应用有了质的提升，仅 6 个月时间，员工就已经可以自行编写 agent，把 AI 能力融入到自己的日常工作流中。经过半年的全员推广，2024 年，明略公司内部的 AI 工具全员使用比例超过 95%，周活比例 70%，高频使用员工超过 32%，大模型累积对话次数超过 20 万次，沉淀的高频 Prompt 模板 40 多个。真正意义上的通过"全民应用"实现了 AI 赋能员工。

4. AI 营销展望：生成式营销时代已经来临

从经济学生产力与生产关系的视角看，在生成式 AI 能力被引入市场营销之后，营销已经开启一个全新的时代。这个时代与之前已经发展了 20 多年，以互联网营销为主的智能营销（或数字营销）相比，有质的飞跃。复旦大学管理学院与明略科技、秒针营销科学院将这一新时代定义为"生成式营销"时代。

在不同的营销时代，营销系统获取的信息存在显著差异。传统营销时代，人们通过市场研究获取信息并执行营销活动；数字营销时代，大数据使企业在每次营销活动、广告曝光和用户点击中获取更多信息，从而实现个性化和精准化投放；进入生成式营销时代，营销系统获取的信息量得到极大扩展，通用大模型抓取了整个互联网上公开的海量数据，相较于数字营销时代，需求端与供给端的交互信息在质量、密度和影响力上发生了新的变化。

现实已经证明，人工智能是许多行业新范式的缔造者，它改变了这些行业的工作方式。例如，受生成式 AI 影响，程序员的工作方式已经发生变化，AI 代码生成工具和编程助手已经成为程序员们的助手，这些工具能快速生成代码框架、优化算法，甚至为程序员提供智能建议。这种智能化的辅助，不仅能够大幅减少重复劳动，更能释放创意，让程序员集中精力于解决问题、创新思维和提高软件质量。

计算机科学之外，生物研究、制药、生命科学等领域，人工智能也在颠覆历史。营销人需要意识到，和那些正在或已经被颠覆、被创造的行业一样，人工智能时代的来临，也意味着市场营销全新时代已经来临。

新的时代和已经过去的数字营销时代，在理论基础、营销对象、沟通方式、协作方式、流程特征、协同角色、竞争模式等方面，有着本质的区别。例如，理论基础上，智能营销主要是以数据和算法为基础的计算科学，生成式营销在计算科学基础上，还包括算力和生成式 AI 在内的认知科学；营销对象上，智能营销是个性化的细分人群，靠标签识别，生成式营销是以"人"为颗粒度的个性化营销；沟通方式上，智能营销是被动触发、单向式的，生成式营销则是主动发起、互动式的。

	2023 年之前 智能营销（数字营销）	2023 年之后 人工智能驱动的 AI 营销
理论基础	计算科学 以数据、算法为基础	认知科学 技术基础包括数据，算法、算力、GenAI
营销对象	个性化 标签识别的人群子集	个体化 以"人"为颗粒度的营销行动
沟通方式	单向—被动 由行动触发，快速响应需求	互动—主动 AI 参与沟通，发现挖掘需求
协作方式	human 为主 数据工具辅助完成任务	AI 为主 human 监督管控任务完成情况
流程特征	点状赋能 流程中用工具支持单项任务	线性任务 AI 完成流程中的复杂任务
协同角色	智能的工具 基于数据、算法构建的标准工具或系统	聪明的助手 可被训练、教育的 AI 助手
竞争模式	流量竞争 平台，标签，人群的竞争	心智竞争 内容、情绪沟通的竞争

图 3-12　智能营销与人工智能驱动的 AI 营销的对比

图表来源：秒针营销科学院绘制

未来 3 年，AI 不但会带来新的营销范式，还将颠覆现有营销战略制定方式和企业营销工作流程，改变消费者、员工、组织以及生态。每个企业、每个个体都需要对此有充分的准备和应对。

对企业而言，AI 营销将助力其建设以顾客为中心的响应式 & 生成式营销新范式。一方面，AI 是企业的整体战略，而非营销（或品牌、媒介）某个部门的战略，因此，从组织的角度考虑，企业必须做全面的 AI 顶层设计，从管理层、执行层都要积极拥抱，自上而下 / 自下而上的推行；另一方面，AI 应用于营销业务后，相应也会改变组织的形态，并在不断调整过程中，建立起新的人智协作组织形态，新形态具有更扁平、更敏捷、更简化的特征。目前看来，组织内，员工更乐于接受的协作方式是 AI 成为其下属而非领导。

对个体而言，AI 被引入到企业营销部门后，一定会对内部员工产生巨大影响，它在提升员工工作效率的同时，也会改变他们的工作方式、工作流程。随着 AI 的发展，员工使用 AI 的程度会不断升高，态度将更加积极，综合能力也将不断提升，最终，企业的员工结构将发生改变，组织 AI 含量提升，超级个体出现，组织内将建立人智协作的新方式——AI 完成耗费人力的任务性工作，员工从事更能发挥人类独特性的创造性工作。AI 也许不一定会替代很多人的岗位，但在不远的将来，更好使用 AI 的人一定会替代不使用 AI 或使用不好的人。

（二）电商营销

1. 中国电商市场规模再创新高，步入专业化时代

（1）中国电商营销的市场规模

根据商务部电子商务司的数据，2024 年前 7 个月，全国网上零售额已达 8.38 万亿元，同比增长 9.5%。其中，实物商品网上零售额达到 7.01 万亿元，同比增长 8.7%，占社会消费品零售总额的比例攀升至 25.6%。中国的电商市场展现出强大的潜力与规模。

群邑智库在《今年，明年：中国媒体行业预测（2024 年夏季版）》报告中指出，数字媒体推动了整体媒介的发展，数字平台的广告花费占比从 2013 年的 50% 增长到了 2023 年的 87%。其中电商（传统电商 + 社交电商）占整体媒介市场的 51%，意味着电

商媒介在生意中变得更为重要。

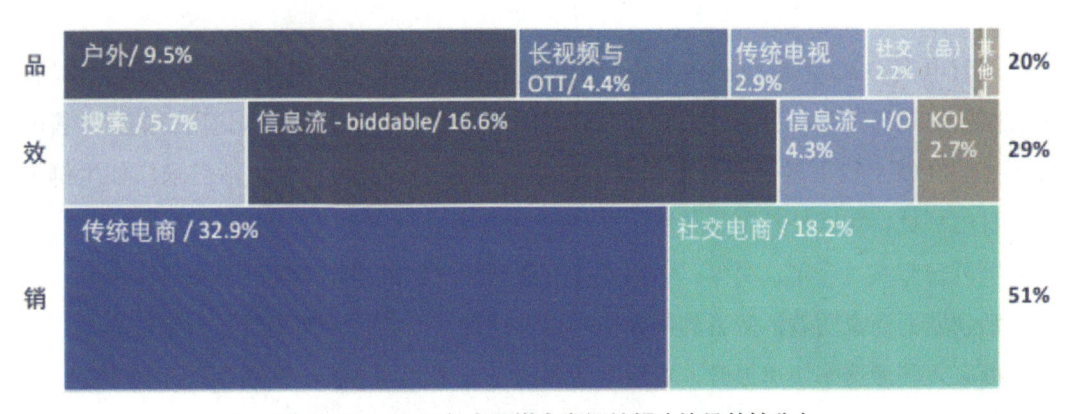

	户外 / 9.5%		长视频与 OTT/ 4.4%	传统电视 2.9%	社交(品) 2.2%	其他	20%
品 效	搜索 / 5.7%	信息流 - biddable / 16.6%		信息流 – I/O 4.3%	KOL 2.7%		29%
销	传统电商 / 32.9%		社交电商 / 18.2%				51%

图 3-13　2024 年中国媒介市场份额（按品效销分）

数据来源：群邑智库，《今年，明年：中国媒体行业预测（2024 年夏季版）》

与此同时，强劲的平台经济发展令广告花费越来越向头部的广告平台集中。2023 年，最大的三家数字巨头（字节跳动、阿里巴巴、拼多多）对国内广告市场的增长贡献率达到了 64.5%，而这一数字在 2018 年仅为 31.9%。由此可以看出，在主要互联网平台内亦出现了明显的集中趋势，且广告花费向拥有平台内全链路闭环能力的平台（字节跳动）以及相对倾向后端具有销售能力的平台（阿里巴巴和拼多多）集中。

年份	2018年	2019年	2020年	2021年	2022年	2023年	2024年E
前三贡献率	32%	40%	102%	44%	75%	63%	64%
前十贡献率	91%	95%	134%	84%	124%	90%	86%

图 3-14　十大互联网平台对中国广告市场花费增长的贡献率（%）

数据来源：群邑智库，《今年，明年：中国媒体行业预测年（2024 年夏季版）》

市场规模方面，中国品牌电商服务商行业的规模持续扩大。据星图数据预测，2024 年，中国品牌电商服务商市场规模达到 4077.1 亿元，同比增长 11.3%，预计未来几年将保持稳步增长态势。这一趋势不仅反映了电商服务商在品牌建设、运营管理和全渠道整合方面的能力提升，也预示着电商营销服务市场的进一步细分和专业化。

（2）中国电商营销的新潜力——即时电商O2O

即时电商O2O是指用户在线上下单，平台利用线下门店或前置仓等本地化供给，通过高效的配送体系，将商品或服务在短时间内（通常1小时内）送达用户的新零售电商形态。在线上线下融合的社区场景下，主要服务于居民的日常生活需求，如生鲜果蔬、日用百货、餐饮外卖等。

群邑智库在《今年，明年：中国媒体行业预测（2024年夏季版）》报告中提到，本地生活领域的商家随着消费者的媒介使用习惯迁徙，开始持续布局线上营销。得益于行业及商家入驻渗透率快速提升，本地生活领域正处于流量增长红利期，预计到2024年，属于销售领域的本地生活广告花费将同比大幅增长22.4%，对整体中国广告市场花费增量的贡献率高达27.1%。

未来，随着零售模式升级，预计到2025年，围绕仓储式卖场、生鲜电商、社区团购、前置仓等新业态零售市场份额将持续扩大。即时电商O2O凭借其贴近用户、便捷高效的特点，正快速成为电商领域的新兴力量。

（3）中国电商营销的技术创新

2024年，人工智能、大数据和云计算等前沿技术广泛应用于电商平台的各个环节。从市场分析、产品开发、品牌推广、用户运营到售后服务，技术创新贯穿始终，并发挥着至关重要的作用：

精准营销：大数据分析用户画像和消费行为，实现精准广告投放，提高转化率。

个性化推荐：人工智能算法根据用户偏好推荐商品，提升用户购物体验和购买意愿。

虚拟营销：AR/VR等现实增强技术丰富内容形式，提高用户互动和品牌黏性。

智能客服：自然语言处理技术赋能智能客服，提供高效、便捷的咨询服务。

供应链优化：物联网、区块链技术提升供应链透明度和效率，降低成本，优化用户体验。

技术创新已经成为推动电商营销发展的关键动力，不断催生新的营销模式、提升营销效率、优化用户体验。

（4）中国电商营销的误区与乱象

欲速则不达，忽视消费者情感：过度追求速度和数量，产品缺乏耐心打磨，内容创作失去深度，甚至出现失实宣传和陷入刻板印象，忽视了对消费者情感需求和价值观认同的关注，损害品牌形象。

低价竞争，电商陷入深水区：一方面，电商平台增加低价商品的供应，吸引更多的白牌或工厂厂家入驻，过度依赖低价竞争导致利润压缩。另一方面，平台给予低价商品更多的流量支持，以提高其曝光率，产品质量参差不齐会造成客户流失，不利于行业长期健康发展。

电商纷纷进入低价深水区，从供给和流量向低价倾斜

- 随着消费者对产品"性价比"的追求，电商平台纷纷推行低价战略，一方面，增加低价商品的供给，吸引更多白牌或工厂商家入驻；另一方面，平台加大对低价商品的流量倾斜，使低价商品获得更多曝光的机会，从而吸引消费者购买

京东：一切以低价为最高优先级

2022年底，随着创始人刘强东回归，将低价作为京东未来三年最重要的战略。2023年，京东陆续推出"百亿补贴"频道和9.9包邮频道，另外，推出单件到手价、买贵双倍赔、下调运费门槛等一系列举措。2023年双十一期间，推出"采销直播间"，不收坑位费和达人佣金。此外，京东"春晓计划"升级了对新店铺的扶持。

阿里：接入1688提供源头厂货

2023年初，淘宝宣布"价格力"战役，接连推出同款比价、五星价格力、淘宝好价，一直延续到双十一，首次推出"官方立减"，价格直降15%。1688近期已全面入淘，先期开设三家店铺，分别为1688严选店、1688企业自采店和1688工业行家选店。通过半托管模式，将货源直连消费市场。

抖音：大力引入白牌和中小商家

抖音电商将"价格力"设定为2024年的核心战略，直接对标拼多多。2023年，抖音电商面向中小商家推出扶持计划"抖in新商计划"，开启"0元入驻"活动，增加了平台的低价商品供应。在流量分配上，加入了更多"订单量"的权重，推出"9块9"特价频道、"超便宜的小店"、万人团超值购等板块。

图 3-15 三大平台低价竞争

资料来源：群邑，《赢在中国》，2024

从"史上最长'6·18'"看电商之"卷"

从每年的电商"6·18"盛况，折射出电商平台激烈的战场，内卷程度逐年升级。

卷时间：2024年是自"6·18"概念推出以来活动时期最长的一年，最长周期达42天。随着电商平台数量的增加以及竞争加剧，各平台通过延长促销时间拉大用户参与的时间窗口，从而在竞争中获得更大的市场份额，部分平台通过抢跑抢占先机，大促节奏不断提前。

史上最长"6·18",大促节奏不断提前,现货抢跑为核心主题

平台	5月19日	5月20日	5月24日	5月25日	5月29日	5月31日	6月1日	6月4日	6月12日	6月15日	6月19日	6月20日	6月22日	6月30日
TMALL 天猫		5月20日晚八开启 预热期 开门红 预热期					狂欢节			6月15日惊喜放券		返场期		
JD.COM 京东		5月20日晚八抢先购 预热期				5月31日晚八全面开启 开门红		专场期		6月15日零点万店秒杀 高潮期 返场期				
拼多多			5月24日零点开启 正式期											
抖音			5月24日零点开启 抢先购				正式期							
快手		5月20日零点开启 抢先卖						核心期				爆款返场		
小红书	5月19日零点开启 买手抢跑期			店播专场期						冲刺期				

图 3-16　2024 年各平台"6·18"大促时间表

数据来源：群邑电商《2024 年 618 电商营销全景洞察》

卷价格："低价之争"加剧，各平台自动比价隔空比拼。天猫"好品牌，好价格"，推出"天猫 AI 讲价小助手"快速筛选低价商品。京东"又便宜又好"，30 天价保。拼多多"放水开闸，错过等半年"，新增"半年最低价"玩法，上线自动跟价系统。

卷服务：各平台取消"套路"，简化促销规则，现货抢跑成为核心主题，里程碑事件如阿里首次取消预售，直接现货开卖，努力让消费者的购物过程更加省心。在服务上也更贴心，例如，京东升级运费险，免费上门退换；快手上线西北集运物流服务，加码物流保障。

"6·18"大促的卷王之争，让平台的流量和增长焦虑摆在了明面上。从平台视角来看，卷无尽头，做好差异化做好"用户体验"是争取流量的必行方式。切换到商家视角，单一平台的时代已经落幕，多平台、全域经营是必然趋势，运营难度也在增加。

2. 电商实战新趋势：跨平台协同与精细化运营成关键

Wavemaker 蔚迈中国在《生态升级时代，市场部应如何把握平台营销的新战场？》文章中指出，对于品牌方而言，在进行平台营销时，应关注三个核心点：首先，重视品牌长期价值的构建；其次，利用数据驱动实现差异化营销；最后，认识到跨平台整合营销是未来趋势，关注如何为受众提供一致的品牌体验。

（1）电商营销平台变化

随着抖音、小红书等内容平台电商属性的强化，核心平台呈现出高度竞争的"战国时代"，品牌面临着更加分割的平台和渠道。面对当前电商营销的复杂局面，品牌和服务商需要把握几个关键点：

①从竞争到协同，跨平台协同与联动

在存量竞争的时代背景下，用户时长成为各大平台争夺的焦点。特别是以内容为导向的平台，如抖音、小红书等，在吸引用户时长上展现出明显优势。过去平台间更多是竞争关系，但现在阿里、京东与抖音、小红书、微信等平台全域联动的趋势显露。品牌和服务商开始意识到跨平台协同的重要性。

图 3-17　各平台的全域营销、品效协同

数据来源：群邑电商，《2024 年 618 电商营销全景洞察》

②精细化运营，深耕平台生态

头部平台都建立了自己丰富的生态闭环，包括内容、电商、社交、短视频、直播等多元化元素。品牌和服务商需要深入理解每个平台的特性，例如，抖音强调的是娱乐化的内容，而小红书则更注重传达生活态度。不同的平台生态和内容导向决定了它们吸引的消费者、目标受众以及商家都有所不同。要注意各平台生态特点，制定独特且精细化

的运营策略，从而更有效地促进品牌的商业增长。

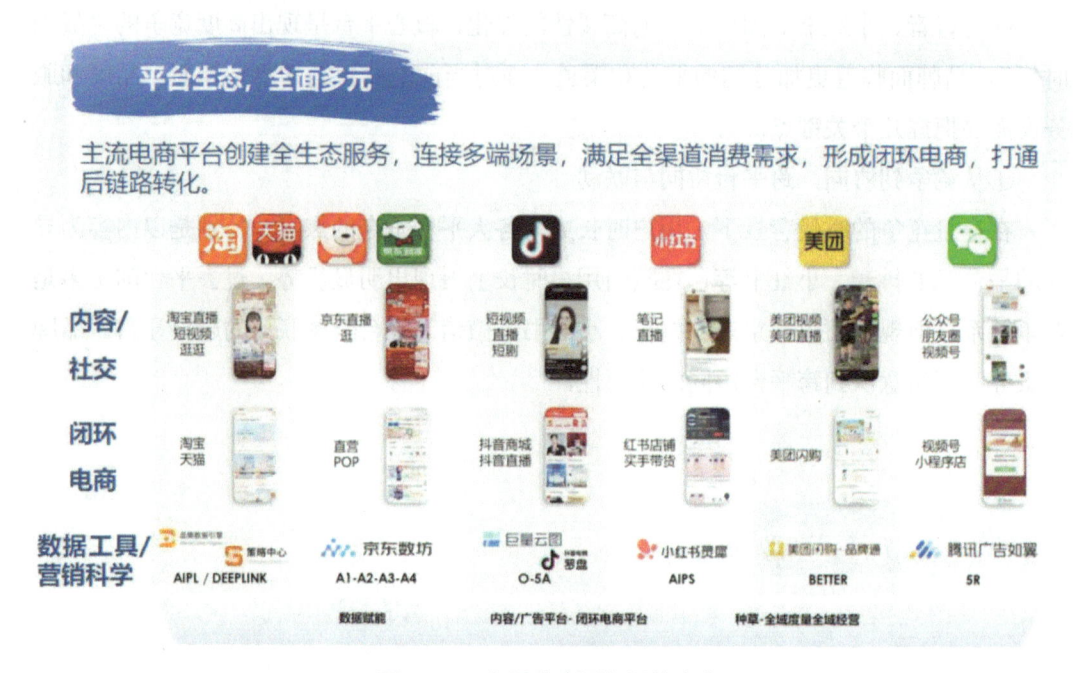

图 3-18 各平台全面多元的生态

数据来源：群邑电商，《2024年618电商营销全景洞察》

③数据驱动全域，提升营销精准度

数据工具的重要性日益凸显。各大平台都有自己的多维度数据工具和营销产品且积极拥抱人工智能。通过数据驱动，品牌可以更精准地进行人群分析、市场洞察、货品洞察、制定营销策略和效果评估，最终达成生意的增长。Wavemaker 蔚迈中国 CEO 何塞（Jose Campon）深刻指出：尽管我们能够进行更细致的数据分析，但始终应以大目标和大方向为重。我们应先解决品牌和业务的问题，同时观察所有面向的总和，避免过分纠结于小的 KPI，因为一小片树叶而丢失了一整片森林。

第三章　数字营销与品牌实践

图 3-19　各平台数智工具赋能全链路全域运营

数据来源：群邑电商，《2024 年 618 电商营销全景洞察》

④以内容为核心，打造营销闭环

无论是传统电商还是社交电商，内容仍然是电商营销的关键发力点。天猫、京东品牌总裁亮相店铺直播间撒福利、与消费者面对面交流成为直播营销趋势手段。抖音"去中心化"趋势渐强，中腰部主播迅速崛起，短剧成为内容营销新增量。品牌需结合平台特性和用户需求，利用直播、短视频、短剧等形式建立深度连接消费者的内容，打造从种草到后链路转化的完整闭环。

图 3-20　头部主播去中心化品牌店播生态爆发

数据来源：群邑电商，《2024 年 618 电商营销全景洞察》

就整体电商营销趋势而言，电商平台持续比拼内功和精细化营销服务能力。其中，综合电商更侧重全域互通，吸引更多用户入场，而内容平台则侧重内容分发、促进转化。以用户为导向，全域电商营销成为主流。

（2）电商营销实践的演变

20世纪著名传播学巨擘马歇尔·麦克卢汉（Marshall McLuhan）曾经说过："媒介即信息，媒介是人的延伸。"无论何种营销方式，都要遵循最基本的市场和营销逻辑，即"以人为本"。电商营销方法论在各大平台和代理商的推动下不断演进。

①萌芽初期：价格战与广告轰炸（2000年代初）

这一时期主要聚焦于价格战和广告效果的即时反馈。淘宝、京东等电商平台通过不断推出低价促销活动来吸引消费者眼球，试图在短时间内迅速提升品牌转化。

②精准营销：大数据与个性化推荐（2010年代）

随着大数据技术的兴起和互联网的普及，电商平台纷纷引入大数据分析技术，通过收集和分析用户行为数据，实现个性化商品推荐和精准广告投放。这一方法论的出现极大地提升了用户体验和营销效率，使得电商营销更加贴近消费者需求。

③内容营销：构建品牌故事与社群经济（2015年至今）

消费者对品牌价值和情感连接的需求增加，内容营销逐渐成为新趋势。电商平台和代理商开始注重品牌故事建设和社群经济，通过高质量内容和社交媒体运营与消费者建立深层次的情感联系，提升品牌忠诚度，提高营销效果。

④阿里"人货场"理论的诞生（2016年）

2016年，阿里巴巴集团提出"人货场"理论，旨在通过洞察消费者、优化商品供给、打造消费场景，实现电商营销升级。在"人货场"理论中，"人"代表消费者，强调对消费者需求的深度理解和个性化服务；"货"代表商品，强调供应链的整合与优化，确保商品品质与供应效率；"场"则代表消费场景，通过线上线下融合，为消费者提供无缝衔接的购物体验。这一理论的提出，标志着阿里电商营销进入了一个以消费者为中心、以数据为驱动的新时代。

⑤AIPL模型的构建与深化（2016年至今）

紧随"人货场"理论之后，阿里巴巴又推出了AIPL消费者运营模型，该模型由Aware（认知）、Interest（兴趣）、Purchase（购买）、Loyalty（忠诚）四个环节构成，全面覆盖了消费者从认知到忠诚的全链路营销过程。AIPL模型不仅为品牌提供了精准的市场定位与营销策略指导，还通过数据分析和用户行为跟踪，实现了营销的精细化与高效化。自 2016 年提出以来，AIPL 模型不断被深化和完善，成为电商营销领域的重要方法论之一。

⑥抖音 5A 模型的崛起（2022 年底）

随着短视频平台的兴起，抖音凭借其强大的用户基础和算法推荐能力，成为电商营销的新势力。2022 年底，抖音推出了基于 5A 模型（O-5A）的营销新理论，旨在通过精细化的用户运营和内容创新，实现品牌与用户之间更深层次的互动与连接。抖音的 5A 模型包括 O（机会人群）、A1（了解）、A2（吸引）、A3（种草）、A4（购买）、A5（复购）六个环节，其中 O 代表潜在消费者，A1 至 A5 则分别代表了消费者从认知到复购的不同阶段。

除了以上提及的内容之外，放眼整个中国的数字营销市场，时时刻刻都可能出现新的营销产品和概念。未来不仅会为品牌和商家提供更加精准的营销策略指导，还将推动电商营销向更加精细化、智能化的方向发展。

（3）代理商优势：环境越复杂多变，越需要代理商

①专业力：多平台熟手 + 多业务经验

激烈的竞争加剧了平台的迭代速度，这就需要营销人既要迅速掌握平台上的新工具和功能，还要深入了解平台的玩法和变现方式。代理商的关键价值在于能提供专业的对接团队，提出专业化的建议和方向。

作为全球媒介集团的领导者，群邑始终积极适应行业变化。当下，群邑拥有一支专门针对不同平台的优化师团队，他们深入研究并服务于字节跳动、腾讯、小红书、B 站等平台，积极参与平台的迭代过程，推动产品改进，确保品牌与平台同步发展。同时，他们有着多品牌的服务经验，能帮助客户在这些平台上挖掘价值和创造增长点，从品效销协同角度将不同元素有效串联，为客户提供完整的解决方案。

②"颗粒度"管理：把握整体与细节的平衡

平台提供了丰富的维度和数据以及不同的产品和监测方式。品牌方既要了解整体市场，也要关注细节执行。在这个过程中，"颗粒度"管理是一个重要的责任，也是一个挑战。代理商需要将分散在各个平台、各个部门的数据进行系统性的整合和规划，在审视效益和执行方案时通盘评估，并制定解决品牌和业务问题的方案。

Wavemaker 蔚迈研发了 Command Center，将营销效果评估分析思路产品化，整合了多种渠道的数据，提供了从投放效果、品牌健康到长效收益的完整视角。通过运用全局评估模型，我们可以根据营销策略和核心目标，呈现品牌方应该重点关注的评估数

据，并内置评估分析的思维框架，帮助品牌做出整体与细节的平衡。

③营销技术和数字工具支持：拓宽电商营销边界

随着电商行业的不断成熟和消费者行为的深刻变化，代理商开始意识到，仅仅跟随已难以满足市场需求，他们从跟随者转变为电商发展的推动者和先行者。大数据、人工智能、云计算等前沿技术的快速发展，为电商营销提供前所未有的机遇。代理商自主研发应对平台挑战的前沿技术和工具，通过数据驱动决策，助力品牌实现增长。例如，Wavemaker 蔚迈中国推出的"鲲鹏计划"便是利用大数据技术，为品牌提供全域跨平台的 AI 营销解决方案，实现了营销效果的最大化。

3. 中国电商营销发展前景：打破壁垒，共创平台互联新生态

（1）全域、全链路精细化运营或成未来方向

智能电商时代，各大平台入局大模型并致力于构建数智经营地图，从内容、创意、洞察、渠道、货品、人群等方面进行生成式 AI 的营销实践。未来，品牌将更加注重用户生命周期管理，通过全链路精细化运营用户资产，实现高 ROI 的营销策略。

群邑中国首席电子商务官张慧敏（Jerman Zhang）认为，现阶段最大的增量机会在于全链路、全域，"品牌的营销策略变得更加节点化、平台化和全链路。尤其是在大促日常化后的存量时代，新品和场景变得越来越重要，全域、全链路精细化运营用户资产是所有品牌的必选项，内容+生意场的链接是实现品牌预算效果化的最优路径。对于服务商而言，要积极尝试平台的新能力，从全域角度串联所有的资源，借势平台能力，才能不断实现新突破"。

群邑电商总经理方继德（Andrew Fang）在《品牌全域增长之道》中提到，在消费者变得更摇摆、更犹豫、更实际时，需要重写消费者与品牌的爱情故事，由传统链路"相识相知相爱相守"，转变到"一眼就爱了"的新时代链路，借力全域火箭式增长。

（2）平台互联互通

不同平台之间的合作将更加频繁，通过资源共享、优势互补等方式进一步打破壁垒，实现流量互通和数据交互，为品牌提供更多元化的营销场景。传统电商平台由于流量枯竭，急需从外部平台导流；部分非直接转化类的平台亦需通过后链路的数据，证明自身更大的营销价值。

平台调整边界，进一步"互联互通"，竞合发展

- 平台之间进一步打开"围墙花园"，通过调整业务的边界，在流量互通和数据交互方面开展合作。传统电商平台由于流量枯竭，急需从外部平台导流；部分非直接转化类的平台亦需通过后链路的数据，证明自身更大的营销价值
- 腾讯与阿里首次达成合作，允许微信朋友圈的广告转跳淘宝；小红书与电商平台的合作，旨在证明内容种草对后链路的转化效果

> 2023年"6·18"前夕，腾讯广告与阿里妈妈Uni Desk达成合作，微信朋友圈的广告能够一键直达淘宝页面。2024年初，闲鱼官方微信小程序上线，并支持微信支付。此外，钉钉新增了允许用户通过微信直接参加会议的功能

> 2024年1月21日，《王者荣耀》抖音直播全面开放；2024年首个PEL（和平精英职业联赛）系列赛事也在抖音开播。此前长达5年时间里，抖音等字节系平台一直是《王者荣耀》的禁播区

> 哔哩哔哩从2023年开始力推"大开环"电商策略，面向天猫、京东、拼多多等电商广告主开放合作，以效果广告为主，将流量输出至电商平台

> "小红星"是2022年10月上线，作为小红书唯一可以打通淘宝数据的路径。2023年由于数据准确性的问题曾经停用。2024年2月27日，"小红星"升级之后恢复使用。另外，小红书与京东合作推出"小红盟"，打通小红书种草到电商平台转化效果的链路

图 3-21 平台间的互联互通

资料来源：群邑，《赢在中国 2024》

（3）新兴人群，重塑电商活力

Z世代年轻消费者和新中产人群的崛起，为电商企业带来了新的挑战和机遇。他们追求个性化、高品质的产品和服务，更注重消费体验和情感共鸣，这将推动电商企业不断创新和变革，以满足新一代消费者的多元化需求。

（4）扬帆出海，赋能海外市场

面对国内部分行业的产能过剩、企业不断增长的出海需求以及"一带一路"倡议的深入推进，中国电商凭借其丰富的运营经验、夯实的物流供应链能力结合中国的产能优势，正加速布局全球市场。从目前的结果上来看，根据 Apptopia 和 Bloomberg 的数据，截至 2023 年 12 月，Temu 和阿里速卖通的独立访客数量已超过 4 亿，并列排名全球第二；美国消费者在 Temu 上的平均花费时长已经达到 18 分钟。

未来中国电商将继续扩大市场范围，瞄准东南亚、拉美等新兴市场。这些市场电商渗透率较低，但人口基数大，发展潜力巨大。

（三）内容营销

1. 内容行业迎来多重挑战

（1）经济增长放缓，品牌保守预期，降本增效是企业发展主旋律

全球经济增长放缓的背景下，品牌主关于整体营销市场的增长预测相对保守，但对社会化营销的增长信心高于整体情况。其中，KOL 营销仍是未来社媒营销市场的重点方向。

广告主增长预期保守，达人营销是重点。相比 2023 年，2024 年广告主的增长预期相对保守，预计社媒营销投入的增长率为 13%，但高于企业整体营销增长率 2 个百分点。71% 的广告主表示 2024 年其企业社会化营销的重点将放在 KOL 营销，比 2023 年高出 5 个百分点。此外，品牌自播、官方社媒账号运营、信息流也是营销重点。

企业更注重"降本增效"，优先进行人员优化、业务调整、产品变动，追求更高效率、更高影响、更高转化。

（2）市场消费分级，下沉需求爆发，消费者愈发看重情绪价值

需求端的消费分级趋势愈发明显，消费者更注重性价比、个性化消费，不囤货主义盛行。同时影响到供给端，用户的下沉需求成为各大电商平台的重要发力方向。

①下沉需求成关键发力点

2024 年，面对下沉需求，淘宝、京东、抖音等平台均开启低价战略。

②消费者注重性价比

"# 不是 _____ 买不起，而是 _____ 更有性价比"成为口号。

小红书上"性价比"和"理性消费"话题大幅上升。

③消费者注重情绪价值

"# 刺激消费，但不要刺激消费者"。

82% 的消费者表示情绪价值是购物决策重要考量因素。

（3）行业进入成熟期，政策监管规范行业良性发展

随着内容行业的成熟化发展和新业态的兴起，监管政策也随之进行调整，以期为行业提供更健康的发展环境；基于政府和政策文件指导的平台监管规范也相继发布，如

《关于加强"自媒体"管理的通知》《关于扎实做好广告监管领域行风突出问题排查治理工作的通知》《生成式人工智能服务管理暂行办法》《关于进一步加强网络侵权信息举报工作的指导意见》《网络暴力信息治理规定（征求意见稿）》《关于进一步规范电视剧、网络剧、网络电影规划备案和内容审查等有关事项的通知》《网络微短剧创作生产与内容审核细则》《上海市网络直播营销活动合规指引》、杭州市《直播电商产业合规指引（征求意见稿）》，等等。

（4）行业结构固化，晋升周期拉长，内容行业2024年难造"新神"

直播电商行业的超头主播格局基本稳定，其他头部主播进阶难度较大。此外，创作者的粉丝增速也在放缓，500万粉中腰部博主晋升至千万粉头部的平均时长从2018年的54天增至2023年的601天。

2. 2024年内容还是一门好生意

（1）内容产业供给端持续繁荣，变现规模相当可观

内容大盘数据尤为可观，创作积极性明显提升，互联网广告、直播电商规模整体呈增长趋势。内容产能和商业变现实现双提升。

创作者规模、内容规模情况持续增长。与2023年同期对比，2024年6月，平台活跃创作者规模上升62%，其中微信视频平台作者规模上升是去年同期的3倍。

（2）内容行业催生新职业群体，以精细化分工赋能产业

内容生态的蓬勃发展催生了大批新职业，衍生出更多就业机会的同时加速了行业内部的分工细化。同时，平台官方也在积极运用自身资源，进行人才培训及标准认证体系培养，为内容行业人才规划清晰职业发展路径，助推职业化发展。

内容产业用工规模不断上升。2024年，微信生态衍生就业机会5017万个，快手带动就业岗位数量3621万个。

内容行业渗透各个产业，分工细化且职能逐渐外延。从新媒体岗位发展到新媒体独立小组，最终出现新媒体独立部门。

平台鼓励职业化发展。抖音推出巨量认证（数字营销职业能力认证等），小红书推出"小红书种草营销师"能力认证。

（3）视频化表达是下一个十年内容领域的主体，图文依旧有不可忽略的优势

介质融合速度加快，平台内部介质逐渐从单一走向多元化，小红书推出标杆视频创作者扶持计划，抖音鼓励图文创作，以富媒体布局共建内容生态。2024年，视频渗透率进一步提升，视频化浪潮不可阻挡，但仍需要图文互为补充、共同发展。

2024年，网络视频（含短视频）用户规模10.4亿，网民渗透率96.8%。

图文内容成本低、效率高、黏性强，且生意增量有待挖掘。

（4）AIGC技术知识平权，将为内容行业带来更多可能性

开源、通用、易用的AIGC应用带来技术平权，更多创作者、用户得以参与，加速AIGC、PGC、UGC等不同内容生产模式融合协同、碰撞出新，为行业带来更多可能性。

创作端赋能内容生产。如内容启发，可以通过互动沟通获得创意启发；内容制作，通过AI生文字，文生图、文生音频、文生视频等多种形式；内容优化，通过AI工具辅助优化文章逻辑、排版等。

用户端赋能交互服务。淘宝问问的用户消费智能AI导购；抖音AI搜的用户搜索和AI问答总结；快手AI玩评的用户互动与AI助力抢热评；小红书达芬奇机器人的用户交互和AI问答+陪伴。

（5）微短剧热潮席卷海内外，横店变"竖店"，应用排名超TikTok

凭借时长短、节奏快、轻量化、精品化等属性，网络微短剧成功切中了海内外用户的内容消费需求，并为长短视频平台开辟一条新的"竞争"赛道。而拥有多样化需求的海量用户，也影响着微短剧雅俗共舞内容生态的形成。

短剧内容两极化发展，精品内容、接地气内容共舞。

精品短剧多为平台短剧。优质短剧进入主流媒体视野，《逃出大英博物馆》被央视盛赞。微短剧进入上星时代，全国首部上星微短剧《风月变》湖南卫视开播。高品质青春剧《我回到十七岁的理由》突围，成短剧黑马。

接地气短剧以小程序渠道短剧居多。

（6）微短剧监管趋于常态化，推动市场健康化发展

①政府侧：监管型政策和鼓励型政策并行，整体对短剧行业发展持乐观积极态度

2022年11月，《国家广播电视总局办公厅关于进一步加强网络微短剧管理实施创

作提升计划有关工作的通知》发布,"小程序"类网络微短剧是专项整治对象。

2022年12月,国家广播电视总局印发《关于推动短剧创作繁荣发展的意见》,推动短剧创作繁荣发展。

2023年2月,云南广电局印发《关于推动短剧创作繁荣发展的实施意见》,推动短剧创作繁荣发展。

2023年5月,北京广电局通过抓品牌促创作、抓引导促服务、抓调研促发展等措施,大力推动网络微短剧精品创作。

2023年11月,浙江广电局通过举办微短剧线下大会活动、发布《临平区微短剧产业扶持政策》等措施,积极推进微短剧产业发展质量提升。

2023年11月,广电总局在后续管理规划中列出,将加快制定《网络微短剧创作生产与内容审核细则》、推动网络微短剧APP和"小程序"纳入日常机构管理等。

2023年12月,北京广电局通过加大违规不良内容清理力度、建立健全微短剧管理例会制度、压实平台主体责任等措施,进一步推动网络微短剧业态高质量发展政府平台。

②平台侧:在监管指导下,部分平台已形成常态化监管公示

微信

2023年4月,微信发布《关于小程序"微短剧"类内容阶段性治理情况的公告》。

2023年6月,微信发布《关于进一步加强微短剧小程序规范运营的公告》。

2023年7月,微信开启常态化监管公示,发布首期《关于违规微短剧类小程序的处置公告》,至2023年末,共发布13期。

2023年11月,微信发布《关于进一步加强微短剧内容治理的公告》。

快手

2023年4月,快手发布《快手关于微短剧类小程序内容/质量规范治理公告》。

2023年6月,快手发布《快手关于微短剧类小程序内容规范治理公告》。

2023年7月,快手开启常态化监管公示,发布首期《快手关于违规微短剧类小程序的治理公告》,至2023年末,共发布16期。

抖音

2023年11月,抖音发布《抖音关于打击违规微短剧的公告》。

(7)内容出海2.0,突破地域限制,多方位挖掘市场新增量

2019年,李子柒凭借中式田园牧歌风格内容在YouTube吸粉700万,成为初代内

容出海的现象级人物和"文化符号"。

2024年，内容出海的形式更加多元，从内容形式到内容热梗，再到内容产品，中国传统文化和"新文化"突破地域和语言限制，影响着海外用户。

内容形式以网文、短剧、短视频为主。

内容热梗上，不是"理想中"的文化输出，如孔子学院、非遗文化等，而是"实际上"的文化输出，如躲闪摇、我姓石、科目三。

内容产品以 TikTok 为主平台。

内容机构，"交个朋友"开启海外电商领域布局，成立了"交个朋友海外事业部"和基于 TikTok 生态下的"交个朋友海外电商学苑"。2023 年 5 月，"辛巴"在泰国开播，累计带货 8.3 亿元，开启了"辛选国际出海计划"第一站。据了解，未来辛选还计划拓展日本、新加坡、马来西亚等海外市场。

（8）互联网大厂全面开启内容化时代，尝试改善增长焦虑：市值前五的互联网大厂都在做内容

内容化的浪潮不断向外延扩散。2023 年度市值前五的互联网大厂（腾讯、阿里、拼多多、美团、网易）都在发力内容，期望通过内容优化用户体验，提升用户留存，实现从内容种草到成交的全链路转化，刺激消费增量。

淘宝内容化：2023 年初，淘宝确定五大战略，内容化是战略之一。

拼多多内容化：多多直播 + 多多视频。

美团内容化：美团视频 + 美团直播（两大 IP），包括神枪手直播（外卖场景）和爆团团直播（到店场景）。

（9）内容变现格局改写，抖音突围，小红书、B 站成为直播电商新生力量

存量时代，内容和电商的进一步融合则是平台的共同发展方向。在内容平台电商化的进程中，抖音、快手已获得良好的成绩，电商业务成为其重要收入来源；小红书、B 站在 2024 年表现出色，已涌现出部分能够起到先行者示范效应的代表主播。

"内容"和"电商"走向共生模式，即内容平台电商化和电商平台内容化。线上消费的主要阵地范围也由以电商平台为核心逐步拓展到抖音等内容平台。

抖音成为电商第三极，目标是做全域兴趣电商。主推"被动兴趣推荐 + 主动探索场景"双向驱动生意增长。

快手是重要直播电商平台，口号是"新市井电商"，以信任关系铸就增长新红利。

小红书是新兴直播电商平台，主推买手电商、以明星为代表的小红书买手电商模式初现佳绩。

B 站是新兴直播电商平台，开环电商、以知名 UP 主和典型垂类 UP 主为代表的 B 站大开环电商初现佳绩。

（10）依托优质内容，本地生活服务带动线上线下消费融合

内容平台不断拓宽变现场景，加码本地生活服务，通过线上内容种草带动线下实体消费转化。借助线上内容种草，"年轻人的第一杯茅台"——酱香拿铁新品首发专场直播即实现 4 小时销售额破千万，首日销售额突破 1 亿元，刷新了瑞幸单品记录。

以抖音为例，线上优质内容大幅增长。抖音生活服务内容发布数量、抖音生活服务产生动销的直播次数大幅增长。线下实体消费增长迅猛，包括抖音生活服务交易额、抖音获得生意增长的门店数量、抖音达人探店助力实体商家增收等方面都大大增长。

3. 数字化内容营销在公域内推动消费浪潮

（1）平台展示商业开放态度，内容平台商业势能加速释放

平台展示商业开放态度，通过下调入驻门槛等方式，让更多创作者进入品牌方视野，助力创作者进行内容变现。品牌持续加大在新媒体平台的种草发声，各平台的商业数量实现了可观增长。

创作者商业合作服务平台下调入驻粉丝门槛。小红书蒲公英入驻，门槛下调至 1000 粉。腾讯视频号创作者加入互选的门槛由 10000 粉调整为 5000 粉。

品牌持续加大在新媒体平台的种草发声，小红书以量取胜。小红书平台商业内容数量最大，商业浓度最高，抖音平台投放金额规模最大，商业内容数量和商业内容数量占比在平台中排第二。

（2）内容为先，用户不反感种草广告，只反感"不好看的"种草广告

内容质量是第一价值序列，用户对包含有趣、有用、利他等属性的优质内容包容度高。优质商业内容同样可以获得高曝光、高互动、高互粉比、高长尾流量。

优质内容要素包括有趣、有用、利他、真实、专业。

热门商业笔记高互粉比集中在健康养生、教育、运动健身、科学科普、家居家装等方面。

（3）"单投模式"逐渐迭代为"双投模式"，长尾创作者商业价值有望加速释放

纯 KOL 采买的"单投模式"正高速迭代为组合采买（KOL/KOC+ 信息流）的"双投模式"，通过批量合作中长尾账号进行数据赛马，再加以投流扩量，大幅提升了营销投放性价比的同时，也为长尾创作者带来了商业化机会。

KOL 种草 + 信息流加热，助力商业内容实现良好曝光，同时，腰尾部博主投放也得到大规模提升。

（4）中长尾账号进行数据赛马流程：精细化投放、科学化投流

① KOL/KOC 分批投放

精细化投放逻辑，要求能够做到：科学匹配达人、定制内容要素、差别化粉丝人群、话题搜索词匹配、SEO 关键词布局，从而产生大量标签化、可量化分析的原生内容素材。

② 跟踪监测赛马

分赛道测试比较，要求不同类型达人比较数据、同类话题内容互动数据、同类人群内容互动数据、不同关键词引导转化数据，做到小额测试完成投放素材数据赛马。

③ 优质内容复投

科学化投流逻辑，要求优质内容加热扩量，优秀类型达人扩大合作，高转化关键词优化 SEO，从而做到筛选后高质量素材进行信息流投放进一步扩量转化。

④ 内容资产沉淀

复盘优化运营策略，要求优秀内容 AI 深度学习，生产二创投流素材，优质达人账号长协降本，粉丝互动分析消费偏好，从而内容资产沉淀进一步盘活优化营销效率，做大流量。

（5）以细分垂类内容和场景化投放，帮助品牌占领圈层用户的关键词心智

通过对本竞品、特色卖点、高转化人群、情绪价值、高互动内容等进行差异化分析，从而完成策略分析。

在场景、人设、兴奋点、共鸣、行为五个维度下完成内容方法论。

最终形成测试期、蓄水期、收割期等不同时期的策略。

（6）布局专属于特定搜索场景展示的工具化内容，加强内容搜索 SEO 优化引导转化

社交媒体搜索能有效带动电商搜索，针对品牌所在的品类不同人群分层设定针对性关键词，布局专属于特定搜索场景展示的工具化内容，帮助品牌承接不同人群的社交媒体的搜索流量，差异化卡位提升转化效率。

4. 数字化内容资产在私域内激活流量新生

（1）品牌自播成长迅速，并向专业化、精细化发展

品牌走出舒适区，顺应直播电商消费大势，通过自播进行品牌建设、产品宣传和带货转化。随着品牌自播成熟度的提升，品牌不再局限于常规的直播带货形式，而是向专业化、精细化发展。

2023 年以来，开播企业账号和企业开播场次增长迅猛。

品牌通常采取从 1 到 N、矩阵账号＋总裁 IP 账号、联动自播的形式。

（2）企业新媒体在多平台上展现出繁荣生态，微信、抖音是企业号重要布局平台

企业号是企业私域营销的第一站，是重要内容流量资产，能够助力品牌势能释放。提前进行内容流量资产布局的品牌，在遇到外界内容流量时也将更加游刃有余。

（3）根据企业特点和目标受众进行个性化的新媒体矩阵规划和运营

前期确定目标受众，详细了解目标受众的特征和喜好，以便针对其需求进行内容定制和传播。根据目标受众的特点和平台特点，选择合适的新媒体平台进行账号搭建，以确保内容能够触达目标受众。根据企业的品牌形象和目标受众的偏好，选择适合的账号类型，以提高受众的认同感和参与度。

中期则制定内容策略，根据目标受众的需求和平台特点，制定有吸引力和与受众相关的内容策略，以吸引用户关注并促进互动。通过有效的互动机制与受众进行交流和互动，如回复评论、举办活动等，以增加用户参与度和互动频率。在新媒体矩阵中进行资源整合和协同运营，以提升整体营销效应和品牌影响力。

后期则确定关键指标，选择与业务目标相关的关键指标，如粉丝增长率、互动率、转化率等。利用数据分析工具深入分析用户喜好、内容互动效果、受众行为等，找出有

用的信息。根据数据分析结果，制定优化策略，如增加受众喜欢的内容发布频率、调整发布时间等。

最终形成跨平台整合的新媒体资源，特征是跨平台、多账号、一站式、云储存。

（4）AI 赋能企业内容资产管理升级，助力品牌端降本增效，实现线索挖掘

AIGC 场景已广泛应用于汽车、房产、金融、零售、家居、教育等行业。在用户人群洞察、购买意向识别、产品需求提取、互动舆情分析、消费品牌偏好等环节有着深入的应用。

（四）出海营销

1. 企业出海现状

全球布局、加速出海，已经成为我国企业策略布局的核心方向。截至 2024 年，我国 A 股上市企业海外收入接近 9 万亿。预计到 2025 年末，将有约七成的 A 股上市企业拥有海外业务线，且该比例将逐年走高。

总体来看，互联网企业是我国出海的主力军。据极光月狐数据显示，截至 2025 年 2 月，我国活跃中的出海企业数量达 1237 个；产品方面，同期我国出海 APP 数量共 2669 个，其中游戏占比最高达 60.6%、非游戏应用占比相对较少但总体数量逐年攀升。复杂多变的全球经济环境下，中国企业于海外市场加速布局，竞争日趋激烈，营销获客开始成为企业间拉开差距实现增长的关键。

2. 出海营销概况

据 Statista 数据显示，截至 2024 年，全球数字营销市场规模达 7903.5 亿美元，达人营销等方式快速崛起，数字营销市场份额占比迅速提升。面对蓬勃发展的海外营销市场，中国出海企业持续加大海外营销投入，以求获取用户、拓宽市场份额。

从规模上来看，预计 2025 年，我国选择出海的线上企业海外营销市场规模将突破 500 亿美元，未来增长率将持续攀升。

第三章 数字营销与品牌实践

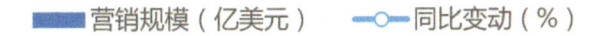

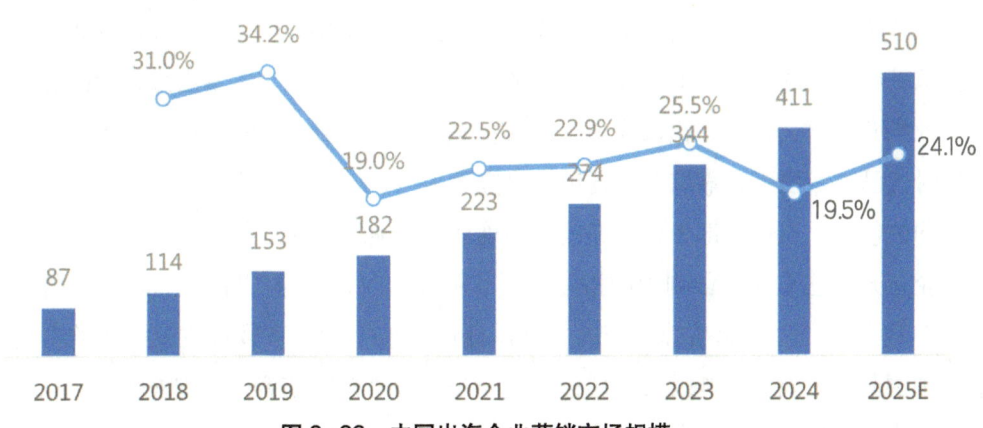

图 3-22 中国出海企业营销市场规模

数据来源：2017—2025 年（预测），Statista、创业邦报告

行业层面，游戏、电商为宣发力度最大、行业规模最高且营销动作更为丰富的细分行业。其中，电商海外营销市场规模占比最高，总体金额超 100 亿美元。我国跨境电商历经多年发展，当下于海外已逐步迈入私域运营、品牌搭建阶段；而游戏占比第二，达数十亿美元。游戏出海模式较为成熟，于宣发端、买量端投入成本较高，其于当下同样开始关注品牌营销策略的搭建，拓宽 IP 影响力。其余行业如泛娱乐、实用工具等同样

图 3-23 中国出海企业营销模式优化

数据来源：极光月狐 iAPP（MoonFox iApp）

于近年加大海外布局，营销规模逐步走高。其更多仍以效果营销为主要获客手段，但部分如网文、短剧等行业同样开始选择搭建内容 IP，实现背靠内容的品牌营销出海。

从营销模式上来看，当下中国企业出海营销模式正持续优化，在关注效果营销、强化要求精细投放的背景之下，提升品牌影响力也开始逐步成为更多出海企业的选择。

效果营销方面，当下出海企业已初步完成了从 1.0 到 2.0 的过渡，大水漫灌式买量宣发时代已过，当下背靠综合性营销解决方案平台，定向投放、客流检测、用户管理等功能均被包含，通过头部平台，高效、准确获客策略已相对成熟；品牌营销方面，当下更多企业开始注重品牌影响力的搭建，而非单纯的内容传播，"打造品牌 IP、传播文化内核"是当下出海企业品牌营销的关键，通过私域运营、官号搭建、深入的本地化改造，中国品牌在海外影响力更加深远。总体来看，"拓客获客 + 品牌构建"，双管齐下的精细化营销将是未来出海宣发传播的主流方向。

3. 出海各行业分析及营销趋势洞察

①游戏

游戏出海已历经近 20 年，从页游到手游，中国游戏于海外影响力持续加深，2024 年，中国手游为全球贡献份额接近 40%。当下，中国游戏出海已迈入发展成熟期，海外收入遭遇增长瓶颈期，据游戏工委数据，截至 2024 年我国自主研发游戏海外市场实际销售收入达 185.57 亿美元，同比增长 13.4%。市场层面来看，海外游戏市场竞争压力加剧，营销侧的投放及营销策略的制定开始成为企业间拉开差距、拓宽营收的关键。

营销方面，中国企业海外投放热情进一步提升，投放地区及游戏品类日趋多样化。据 DataEye 数据，2024 年 1—11 月，中国厂商出海总参投游戏接近 5000 款，其中，如《Last War: Survival Game》《Solo Leveling: Arise》等产品积极宣发，整体来看，新 / 老游戏均在加大海外投放力度，流水增长放缓进一步激发了游戏广告主于海外的投放热情。同时，虽然美国市场仍然是中国手游出海主要的投放地区，但诸如法国、德国、意大利等欧洲地区的素材投放数量同样排名靠前，中国出海游戏厂商正通过大力投放新兴市场的方式，逐步摆脱对美国、日本、韩国等成熟市场的份额依赖，拓宽用户群体，迈入新一轮增长。

产品方面，以《Last War: Survival Game》为例。作为一款"超休闲 +SLG"的品类融合游戏，其中融入了"拖拽、Buff 加成、闯关"等主要玩法，Q 版 3D 画风受众群体更广泛。2024 年，产品多次登顶中国出海手游榜首，最高时期单月流水超过 2 亿元。从下载量来看，产品倾向市场成熟度高、用户付费意愿强烈的地区进行推广，美国、日本、沙特阿拉伯为产品贡献主要下载量。据极光月狐数据，截至2024年11月，以上三个市场贡献了超过40%的下载量，英国、巴西、加拿大排名第四至第六。

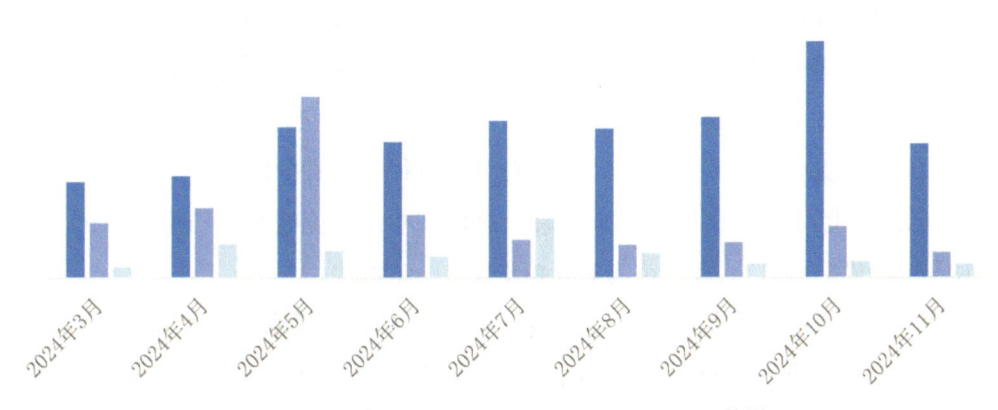

图 3-24　2024 年 3—11 月 Last War：Survival 下载量 Top 3

数据来源：2024 年 3—11 月，极光月狐 iAPP（MoonFox iApp）

出海营销策略的调整为各地区市场下载量的增长带来支持。2024年1月，美国市场月度下载量超137万，环比增加近200%。一方面，《Last War》上线了名为"Special Event: Boomopoly"的特殊活动，并在宣发素材中围绕年兽、年夜饭等题材进行宣发，通过"玩法＋素材推广"的方式于美国市场实现一波增长；另一方面，宣发打法上，《Last War》清一色选择了超休闲小游戏的买量素材，投放"拖动行军＋射击"素材，并在游戏中添加了和宣发素材一致性较高的副玩法，保证用户不会因为玩法差距过大而流失。

中国出海手游企业积极宣发，仍有大量产品能够在红海市场中跑通、获取市场份额。我们认为，市场及品类的正确适配和选择是手游企业成功出海的关键。

首先，美国、日本、韩国及中国香港、中国台湾等地仍然是出海首选，但在品类选择上更多以融合玩法、小游戏或者头部 IP 游戏，以承担较高的买量成本，获得付费意愿更强的玩家群体；其次，拉美、东南亚已不再是完全意义下的蓝海新兴市场，此地区娱乐社交、短视频市场份额可观，市场竞争压力显著，但射击、体育竞技等品类市场接受度较高，投放素材用户点击率更高；最后，诸如西欧、中东北非等地区开始被更多游戏企业关注，此类地区玩家对动作、解密、棋牌等品类接受度高，人均 ARPU 值高，但玩家对宣发素材的接受度与其本地化程度强相关，各地区虽语言相似度高但文化差异性巨大。

总体来看，游戏仍将是中国企业出海布局、进行营销推广的主要行业。未来，营销方法将持续多样化，存量市场之下，企业竞争将进一步加剧。

②电商

相较游戏，我国电商出海时间更早，从 B2B 到 B2C、跨境电商带动多产业发展，为中国制造提供走向世界的渠道。据海关总署数据，2024 年我国跨境电商进出口相较 2018 年增长了 1.5 倍；2024 年，我国进出口总额达 2.63 万亿，同比增长 10.8%，金额提升、快递包裹数量同样屡创新高，海关总署当下每年监管的跨境电商及邮件包裹数量达 70 亿件以上，每日平均达 2000 万件。总体来看，跨境电商市场稳步增长，国内"6·18"市场"静悄悄"、海外市场的开拓步伐进一步加快。

营销方面，跨境电商出海在宣发、推广的投入金额远超其他行业，当下，各电商平台于海外营销金额投入总额已超 100 亿美元，我们认为该金额将持续走高，至 2025 年或将超过 200 亿美元。从模式上来看，电商出海历经多年发展，已初步度过了粗放的买量获客阶段，当下正逐步迈入私域运营、品牌搭建的新阶段，诸如 Temu、SHEIN 等平台已于海外获取相当量级的市场份额。市场层面，当下全球平均电商渗透率仍不足 20%，除美国、日本、韩国、部分欧洲地区国家外，诸如东南亚、拉美、中东及北非等部分国家电商普及率仍较低，相较之下，中国当下电商渗透率接近 50%，电商平台营销经验丰富，大量经验可供复制输出海外，在此背景下，跨境电商营销整体呈现增长态势，头部平台在海外投放力度逐步加大。

平台层面，以 Temu 为例，作为拼多多海外版，其复制了大量国内宣发打法，通过"砸钱"投放、品牌塑造的方式打开市场，影响用户心智。一方面，Temu 通过超级碗进一步触达美国用户，2024 年 2 月，Temu 于"美国春晚"橄榄球赛事超级碗进行了 6 次的广告轮播，总投入超 1000 万美元，同时于比赛当日提供超 1000 万美元的赠品和小游戏奖池；另一方面，Temu 着眼长尾网红，邀请中小博主录制开箱视频，并推出用户推荐计划，激励用户向朋友推荐平台等，如 Instagram 平台，Temu 合作的 KOL 粉丝数量为 1 万～10 万的占比超 54%，超过 100 万的占比仅为 5%。通过品牌营销的方式，Temu 成功打开美国市场。据极光月狐数据显示，2024 年 3—11 月，Temu 于美国市场总下载量达 7106.28 万，占到总下载量的 16.19%；超级碗营销后，Temu 于美国市场下载量持续攀升，月度下载量突破千万。

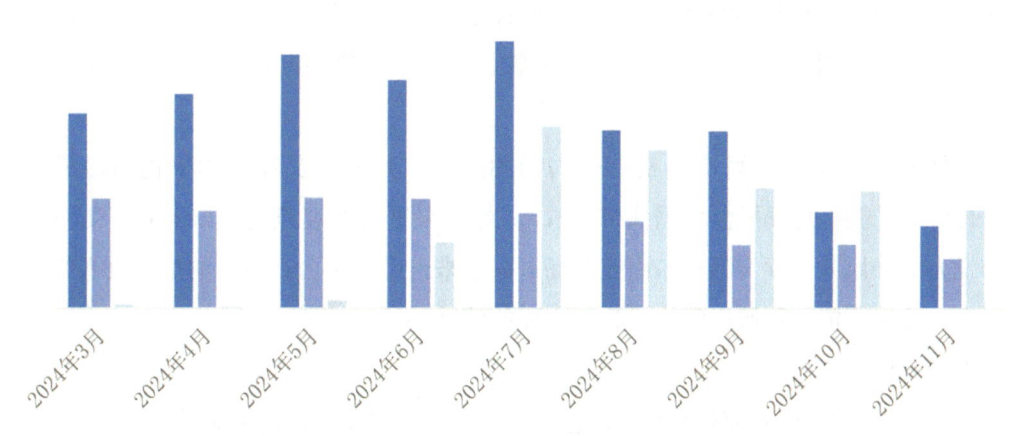

图 3-25　2024 年 3—11 月 Temu 下载量 Top 3

数据来源：2024 年 3—11 月 Temu 下载量 Top 3

低价之外，社媒矩阵打法同样开始兴起。以 SHEIN 为例，其出海 10 余年，营销策略上历经多次转变，从 SEO 到达人营销，SHEIN 逐步将自身"快时尚"的品牌定位植入用户内心。当下，SHEIN 着力打造品牌矩阵，通过拆分品牌的方式，为其旗下女性服饰、内衣、鞋履等产品打造独立品牌，并围绕品牌打造社媒矩阵，以此进一步挖掘细分赛道消费用户。在此背景下，SHEIN 获取大量美洲地区用户，据极光月狐数据，2024 年 3—11 月，SHEIN 于美国、墨西哥、巴西用户下载量总额达 1.84 亿次、占到总下载量的 40%。

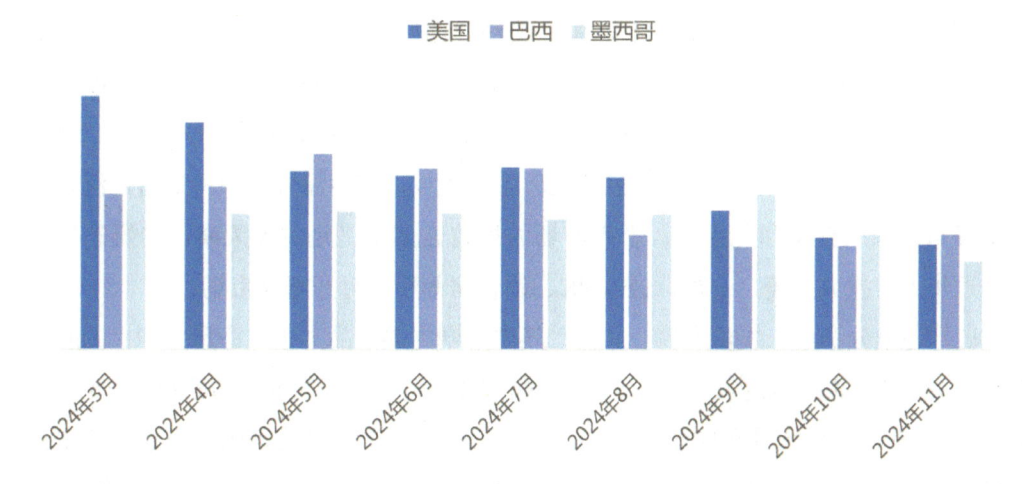

图 3-26　2024 年 3—11 月 SHEIN 下载量 Top 3

数据来源：2024 年 3—11 月，极光月狐 iAPP（MoonFox iApp）

基于全球化的运营策略，SHEIN 快速成长为全球头部快时尚品牌。2025 年 2 月，SHEIN 于全球网站中流量排名 133、时装服饰维度下排名第一，而同样主打快时尚的欧洲品牌 ZARA 全球排名为 272 名。通过品牌、独立站搭建等方式，SHEIN 快速扩张海外市场，进入用户增长收入期。

整体来看，电商出海市场格局较为稳固，但细分市场及赛道竞争仍旧激烈。如 AliExpress 等老牌出海平台稳居头部，Temu 等新兴平台快速赶超；Lazada、Shopee 等平台发力细分地区，逐步渗透东南亚市场等。未来，电商平台在海外的推广投入将进一步提升，品牌营销、私域运营将成为其主要的营销手段。

③泛娱乐

泛娱乐领域为非游戏领域中，除电商外出海最为积极、营销策略最为多样的品类，通常意义上泛娱乐品类包括娱乐、社交、图书、音乐四大行业。据不完全统计，出海泛娱乐类 APP 数量占比整体已突破 10%，为仅次于游戏、电商的第三大领域。市场筛选及用户选择下，成功出海并留存的泛娱乐类 APP 数量有所缩减。但从产品热度来看，大量细分品类产品热度走高，诸如短剧、社交类于东南亚、拉美等地区的新兴市场持续开拓。

营销方面，泛娱乐于海外投放竞争压力相较更大，不同于游戏、电商，泛娱乐产品于海外的竞品更多且不具备较强的先发优势。如娱乐品类，海外长视频平台寡头垄断且用户观看习惯已被逐步养成，新企业很难进入；如社交品类，海外头部社媒市场渗透率较高，除 TikTok、Bigo 等头部平台，新 APP 同样很难吸引用户。

但在此背景之下，仍有大量泛娱乐产品打开海外市场，成功出海。首先，部分赛道中国企业仍经验丰富、出海模式成熟，如网文赛道，诸如 Dreame、Joyread、GoodNovel、MoboReader 等平台出海时间较早，结合定向投放策略打开海外市场；其次，背靠网文 IP、剧本内容，中国短剧市场迅速崛起，不同于海外短剧模式，短平快、爽点密集的短剧快速出海，结合信息流视频素材投放，触达海外用户；最后，泛娱乐企业出海始终未放弃全球化探索，新兴市场的投放尝试始终是主流策略，如娱乐社交向 APP 近年大力投放拉美、中东，通过 PK、语音房等形式打开海外市场。

展开各细分赛道，娱乐为核心品类，其中短剧为娱乐品类中出海最为积极的新兴赛道。据 DataEye-ADX 数据，2025 年 1—3 月，海外短剧市场投放广告素材超 180 万组，同比增长 10 倍。市场分布层面，美国、澳大利亚、加拿大等英语国家为素材的主要投放目标。平台层面，以 MoboReels 为例，其主要以中文短剧翻译后进行海外直接投放，目标市场来看，首先持续投放美国市场、进一步扩大影响力，同时当下正于欧洲市场发力、加大对法国等市场的投放。基于此，MoboReels 已获取相当的海外市场份额，据极光月狐数据，2024 年 3—11 月，MoboReels 全球下载量突破 1205 万，部分如巴西等细分市场贡献额稳步走高。

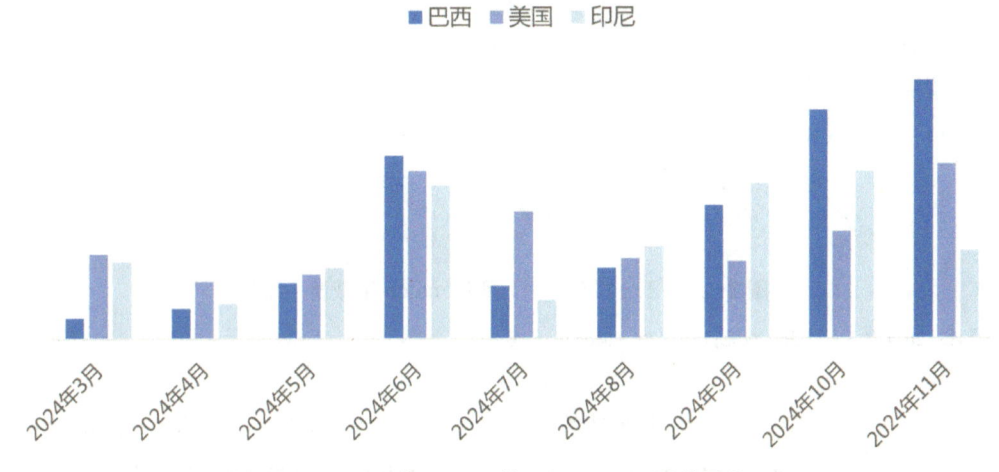

图 3-27　2024 年 3—11 月 MoboReels 下载量 Top 3

数据来源：2024 年 3—11 月 MoboReels 下载量 Top 3

同时，如社交领域，娱乐社交、陌生人社交为中国企业出海的主流赛道。以 Litmatch 为例，其通过宣发布局于东南亚市场快速扩张，其中，印度尼西亚为核心投放地区。据 AppGrowing 国际版数据，Litmatch 于印尼投放广告数量在 4 月中下旬开始走高，于 4 月 23 日达到短线新高；从素材类型来看，短视频信息流为其投放的主要素材类型，通过"陌生人匹配、聊天/信息分享界面截图"等素材获取用户。值得一提的是，虽华语素材仍具备较高曝光量，但本地语言及题材内容已成为 Litmatch 当下主要投放的素材。在此背景下，印尼 Litmatch 下载量稳步走高，据极光月狐数据显示，2024 年 11 月其于印尼市场单月下载量突破 54 万、长期保持在较高水平。

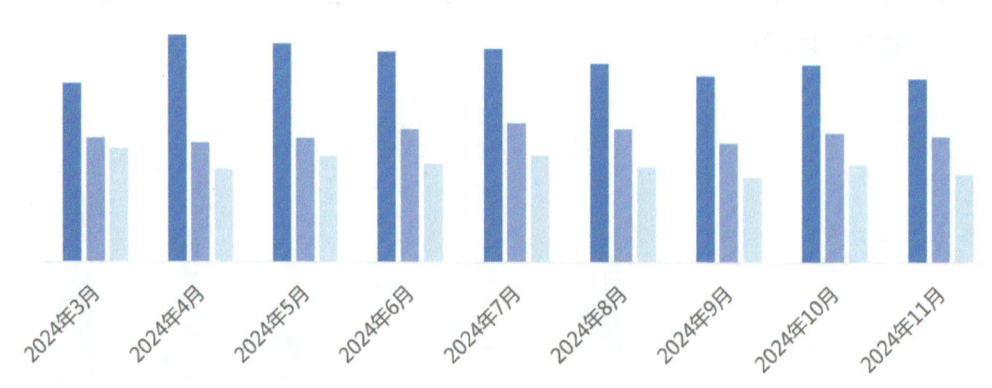

图 3-28　2024 年 3—11 月 Litmatch 下载量 Top 3

数据来源：2024 年 3—11 月，极光月狐 iAPP（MoonFox iApp）

最后，网文为中国企业于海外具备显著优势和市场份额的赛道，以 MoboReader 为例，宣发策略同样帮助 MoboReader 于美国、菲律宾及印度等市场快速扩张，其中，美国仍为其投放的主要目标国家。宣发素材层面，形式类似短剧、下方辅以小说/漫画内容及名称的宣发素材为小说漫画常用的类型，同时使用争议性、故事性信息流插图同样可为平台实现有效的流量曝光吸引用户点击。基于此，MoboReader 于美国市场实现有效增长，据极光月狐数据显示，2024 年 7 月，美国市场月度下载量突破 2.8 万次、同比稳步增长。

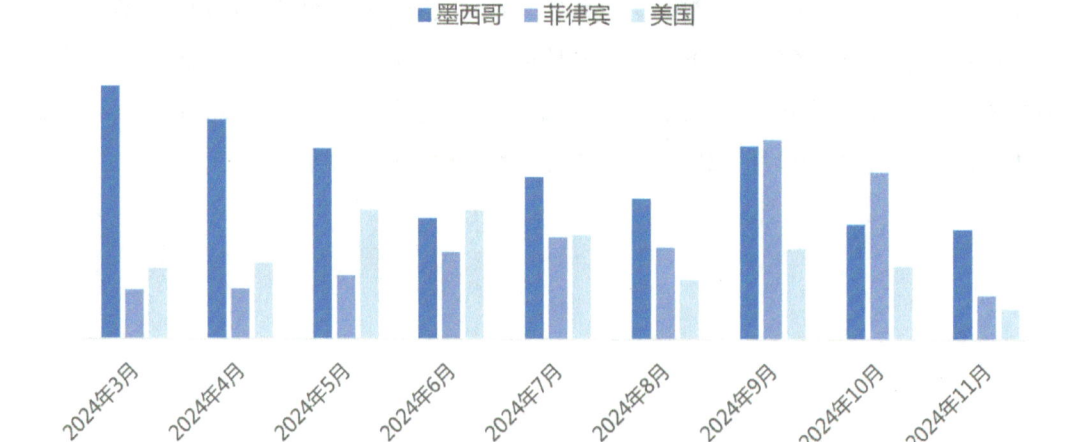

图 3-29　2024 年 3—11 月 MoboReader 下载量 Top 3

数据来源：2024 年 3—11 月 MoboReader 下载量 Top 3

整体来看，泛娱乐仍将长期作为中国企业出海的重要方向，基于品类融合、内容本地化，更多国内 APP 将走向海外。当下，中国泛娱乐类 APP 于新兴市场的广告覆盖率已达到 20% 以上。未来，诸如欧洲、南非等地区市场将被进一步开发，但同时如日本、韩国、中国港澳台等泛娱乐领域本土发展较为成熟的市场，中国本土企业进入难度仍较大。

4. 出海各行业分析及营销趋势洞察

当下，中国企业出海意愿高涨。据调研数据，当下超过 44% 的企业表示对海外业务的发展有较强信心；超过 63% 的企业则表示有海外业务的拓展和扩张计划。整体来看，中国企业加速出海，追求发展及扩张计划明确。

同时，宏观层面，在国内互联网市场愈发内卷、行业步入红海的大背景下，出海已从可选题成为必选题，更多中、腰部企业开始着眼海外市场。基于此，海外诸如美国、日本、韩国等成熟市场竞争加剧，宣发获客成本走高且难度提升；其余部分新兴市场宣发渠道暂未成熟，推广成本虽较低但效果难以衡量，推广难度大。在此背景下，我们认为在营销层面，本地化、差异化、市场选择，是出海企业拉开差距的关键。

本地化主要涉及三大方面。其一，素材内容本地化，诸如中东及北非等地区，用户对大量题材和内容无法接受，且由于文字差异的关系（如阿拉伯文字的阅读方向不同等），大量素材不能在简单翻译后直接复用，需适配本土的文字和表现形式进行二次设计从而投放，类似的本地化策略可以让素材在传播上更具优势，内容不容易产生歧义。其二，投放节奏本地化，即营销节点的选择，如 2024 年 6 月，便包含了如意大利国庆节、瑞典国庆日、俄罗斯国庆节、伊斯兰教古尔邦节等一系列地方节日，基本每月能够包含全球 10～20 个传统节日。针对海外节日节点进行定点投放，效果将更加显著。其三，流程模式本地化，即如何满足地方的监管和规范要求。如个人隐私保护、内容侵权等。以游戏为例，中国企业出海越南需拿到运营资质和准入法令，审核周期较长；如新加坡《个人数据保护法》对游戏企业搜集玩家个人数据进行了严格的监管等。对于企业而言，在营销投放、留资获客过程中，应着重保护本土玩家的信息安全，避免触碰红线。

差异化则主要涉及两个方面。一方面，即营销形式差异化。当下，虽然效果营销仍然是企业专注发力获客的核心方式，但诸如品牌营销已开始被更多企业所关注。同时，诸如达人营销、私域运营等模式展现出了较强的获客能力，该部分将于数字营销趋势中展开分析。另一方面，即营销内容的差异化，素材的选择和设定始终为企业出海较为主要的难点，通过数据平台，企业可以对行业内热度较高的素材进行提前了解，优化提升自身素材质量。对于企业自身，信息流仍是吸引用户注意力、快速曝光的重要广告形式，投放平台、频率、目标人群的选择同样是平台间拉开差距的关键。

另外，正确的市场和策略选择可使得出海营销事半功倍。如日本、韩国，线下快闪、大屏广告等形式均能够实现较高曝光量，但成本高昂且难以衡量获客效率，更适合头部 IP 买量投放；如拉美，社交类 APP 渗透率及用户使用市场显著高于全球平均，背靠娱乐社交平台进行插屏、信息流广告的投放转化效果较好；如北美市场，体育赛事及相关游戏赛道始终热度较高，结合前文 Temu 选择的超级碗赛事，背靠体育相关 IP 进行产品投放有望更快、更有效的触达用户。

综上，不同于国内推广买量，出海营销相较之下更加复杂且影响因素更为多样。未来，将有更多中、小企业选择出海，细分赛道的竞争将会更为激烈。做好本地化、差异化以及市场选择有助于企业打好海外业务基础，在海外营销趋势变动的大背景下抓住机遇、降本增效、实现增长。

（五）互联网广告

1. 2024 年互联网广告流量趋势

根据中关村互动营销实验室《2024 中国互联网广告市场发展趋势总结报告》数据，2023 年，中国互联网广告市场规模预计约为 5732 亿元人民币，较 2022 年上升 12.66%，市场经历 2022 年结构化调整与资源优化配置后，再次呈现出增长态势，中国互联网广告市场韧性十足。

（1）2023 年中国互联网营销进入结构性调整

纵观 2022 年到 2023 年各媒体平台互联网广告收入占比情况，不论是媒体平台类型占比，还是计价方式占比，中国互联网营销都已进入结构性调整阶段。

从媒体平台类型收入结构看，电商平台广告收入规模达 2070.06 亿元，依然牢牢占据互联网广告市场渠道类型收入头把交椅，但视频与短视频平台合计广告收入已达 1433.08 亿元，成为互联网广告主投放的第二大渠道类型，并依然保持高速增长；而其中短视频平台的广告收入相较去年大幅增长 23.28%，规模已达 1058.40 亿元，其与电商渠道是唯二的收入规模突破千亿的渠道类型，合计市场规模占比超过 54%（电商平台占 36.10%，短视频平台占 18.50%），占据今年互联网广告收入规模的半壁江山。与往年不同的是，搜索类平台在连续四年广告收入与市场份额两方面出现下滑之后，在今年迎来 8.56% 的规模增长，并依靠 530.23 亿元的收入规模超越了社交平台（收入规模 509.4 亿元），成为互联网广告主青睐的第三大投放渠道类型。与搜索平台形成对应的是社交渠道，其收入规模呈现了些许的波动，较去年下降 11.05 亿元，当前收入规模与搜索平台处于同一量级（509.40 亿元）；工具类广告渠道与搜索渠道有着同等规模的降幅（12.30 亿元）。这说明当前广告主越来越多地倾向于把资源向高流量、高转化率平台集中（如电商、视频）。

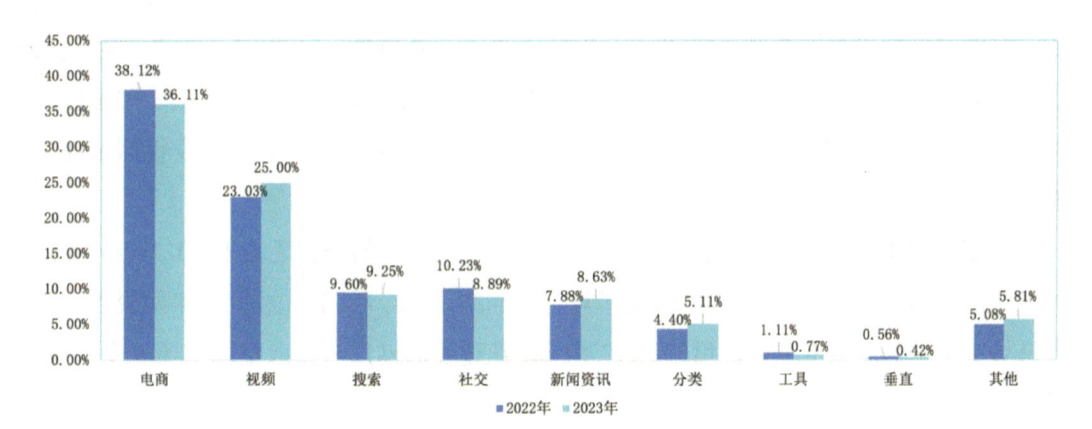

图 3-30 2022—2023 年各媒体平台互联网广告收入占比情况

数据来源：中关村互动营销实验室，《2024 中国互联网广告市场发展趋势总结报告》，2024 年 1 月

从计价方式看，各类型市场占比出现了较大幅度的变化：与去年不同，效果类广告较去年 69% 的市场份额下降 2.7 个百分点至 66.3%，相应的 CMP 广告市场份额提升 2.6 个百分点至 28.50%，这说明互联网营销进入结构性调整的阶段。

图 3-31 2023 年各计价方式收入占比情况

数据来源：中关村互动营销实验室，《2024 中国互联网广告市场发展趋势总结报告》，2024 年 1 月

（2）2023年中国互联网广告收入的集中化趋势

2023年广告市场集中度与2022年维持在同一水平，行业前十大公司市场份额占比为96.20%，行业前四的巨头公司市场份额占比为75.54%。

当前行业中依然只有4家公司广告收入超过600亿元人民币，在行业TOP 4企业中，字节跳动保持了强劲的增长势头，并依靠全年23.76%的增长率，收入规模达到1448亿元人民币，一举实现对阿里巴巴的反超。同时，字节跳动也是近8年来第二家广告收入规模达1000亿以上的公司；而受到经济结构调整的影响与客户消费习惯的改变，阿里巴巴的广告业务收入已连续六年呈现增速下滑趋势，由2018年的两位数增长已下滑至今年的基本维持收入规模，然而，由于业务基数大，客户覆盖面广，阿里巴巴的广告业务收入基本盘仍在，且在2022年经历了近两位数的下降后，在今年抑制住了下降的趋势。

百度与阿里的情况类似，在其广告收入经历连续数年的增长乏力及2022年的收入下降后，在2023年扭转了势头，恢复了增长。而腾讯在今年则一改2022年两位数下降的趋势实现了两位数的增长，增幅达17.57%，超过互联网广告收入整体市场规模增速，增速跑赢大盘。

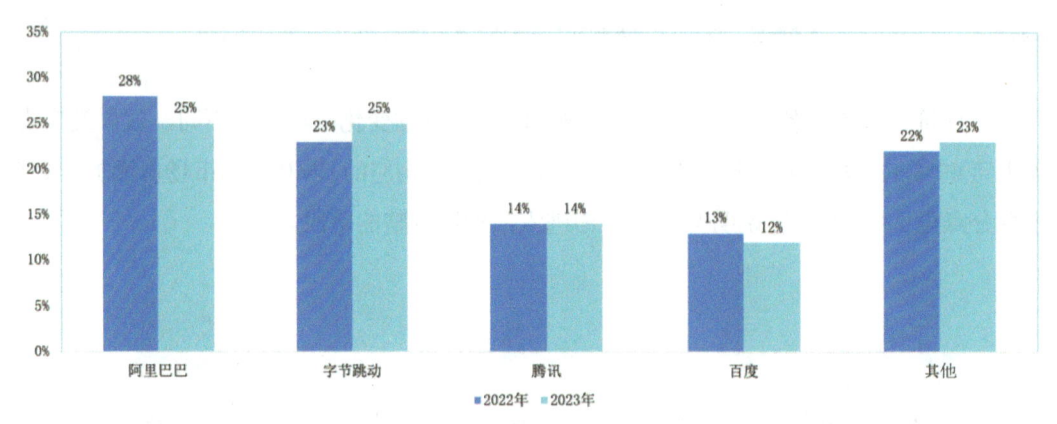

图3-32 2022—2023年互联网广告收入TOP 4与TOP 10公司占比变化

数据来源：中关村互动营销实验室，《2024中国互联网广告市场发展趋势总结报告》，2024年1月

（3）数字广告流量在各终端占比趋于稳定

秒针营销科学院发布的《中国数字媒介生态地图2024版解读报告》数据显示，2024年1—4月，PC、Mobile、OTT三终端数字广告占比与2023年全年分终端占比基

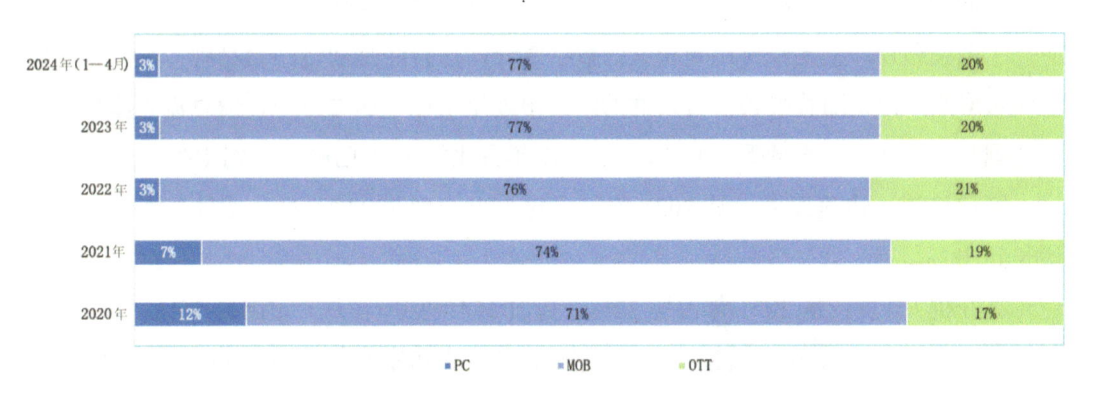

本持平，TO B 端数字广告流量格局趋于稳定。

年份	PC	MOB	OTT
2024年（1—4月）	3%	77%	20%
2023年	3%	77%	20%
2022年	3%	76%	21%
2021年	7%	74%	19%
2020年	12%	71%	17%

图 3-33　2020—2024 年数字广告流量各终端占比

数据来源：秒针营销科学院，《中国数字媒介生态地图 2024 版解读报告》，2024 年 7 月

从以上用户覆盖情况和数字流量的数据以及行业经验进行预判：

① PC：更多被受众用于工作场景，面对平板和手机对于用户工作场景和时间的侵蚀，广告流量体量趋于稳定，在展现和交互形式没有新突破的情况下，较难实现商业化增长的突破。

② Mobile：用户数和流量总量在当前达到市场天花板，Mobile 端在用户数无法突破的情况下，竞争更为激烈。

③ OTT：主打"家庭场景"，在 4K/8K 的赋能下有更优质的用户体验，在流量形式上有大量创新，带给用户更大的触动力，未来用户规模和流量仍有上升空间。

④ DOOH：户外媒体加快数字化进程，并且在广告的监播、受众测量、效果评估等层面都实现数字化测量。户外是典型场景式营销资源，基于户外流量现状表现，从营销策略上有以下场景最适宜于户外投资：建认知、补 Reach、建形象，配合销售渠道或线下体验触点驱动销售，在特定节点做大影响，打开市场（突破下沉/局部市场）。

（4）品牌广告流量中创新形式的占比进一步扩大

在互联网广告中，视频贴片广告、信息流广告、设备开机或应用（APP）开屏广告是最主要的形式，近年来也一直占据着品牌广告流量的主要份额。根据秒针系统品牌动向数据，2024 年，其他类的广告形式份额较 2023 年进一步加大，这说明越来越多的广告主尝试新的广告产品和形式。在技术发展下，电视投屏广告、开机创意广告、AI 植入广告、会员可见的框内广告、音频互动广告等各种新形态、新互动、新载体的广告形

式将受到青睐，吸引更多的广告预算。

根据秒针系统品牌动向数据分析，最主要的流量形式包括 5 种：

①视频贴片：主要来自视频相关的数字媒介，这曾经是前链路"品牌"类广告的核心流量形式，但是随着视频会员人群的渗透率逐年增加，加之开屏、信息流等流量新形式的崛起，整体广告流量受到冲击，从 2021 年占比的 33% 已经下降到 19%。

②信息流：快速发展，从 2021 年仅占比 25%，到 2024 年（1—4 月）流量占比已增长到 33%。

③开机/开屏：从 2021 年占比 22%，到 2024 年（1—4 月）下降到 19%。

④Banner：也被称为横幅广告，包括图文形式和富媒体形式，占比从 2021 年的 12%，到 2024 年下降到 9%。

⑤其他：包含二维码、文字链、创可贴等不属于以上 5 种的广告形式，占总体流量的 19%，较往年有所增长。

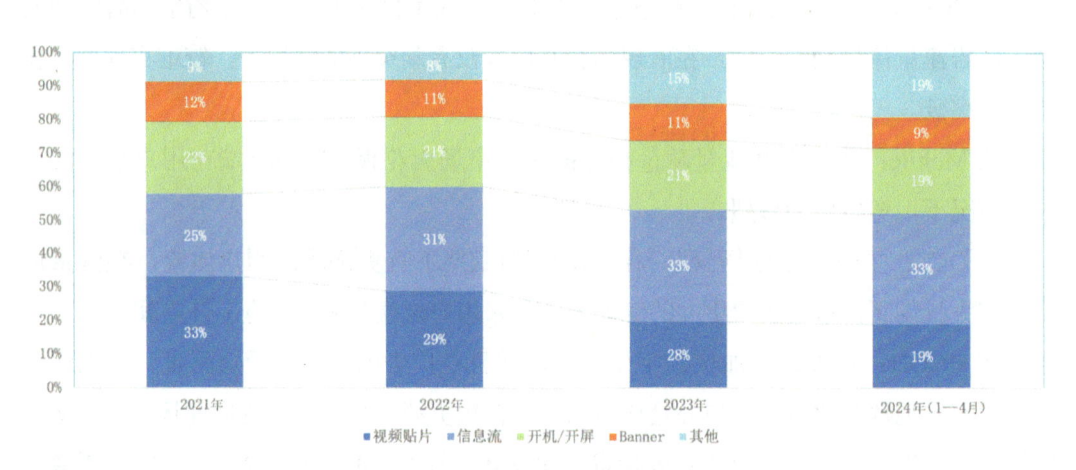

图 3-34　2021-2024 年数字广告流量 各形式占比

数据来源：2024 年 7 月，秒针营销科学院《中国数字媒介生态地图 2024 版解读报告》

（5）八大核心行业的互联网品牌广告流量趋势和分布

互联网广告与其他广告的行业分布，同样都以快消品行业如美妆个护，食品饮料为最主要的来源。此外，汽车行业、3C 数据产品也是互联网广告重要的流量构成，根据秒针 2024 年互联网品牌广告的流量大数据，我们以 8 个核心行业为代表，分析互联网广告的流量趋势和分布特征。

在流量趋势上，2024 年 1—4 月互联网品牌广告的流量总量与 2023 年同期基本持平，但各行业广告主的投入策略均有所调整，除3C产品、母婴用品类同比增投比例较大以外，仅医药保健类小幅增投，零售（互联网）和食品饮料类基本持平，美妆个护、汽车和服装服饰类均减投，尤其是汽车和服装服饰类减投趋势明显。

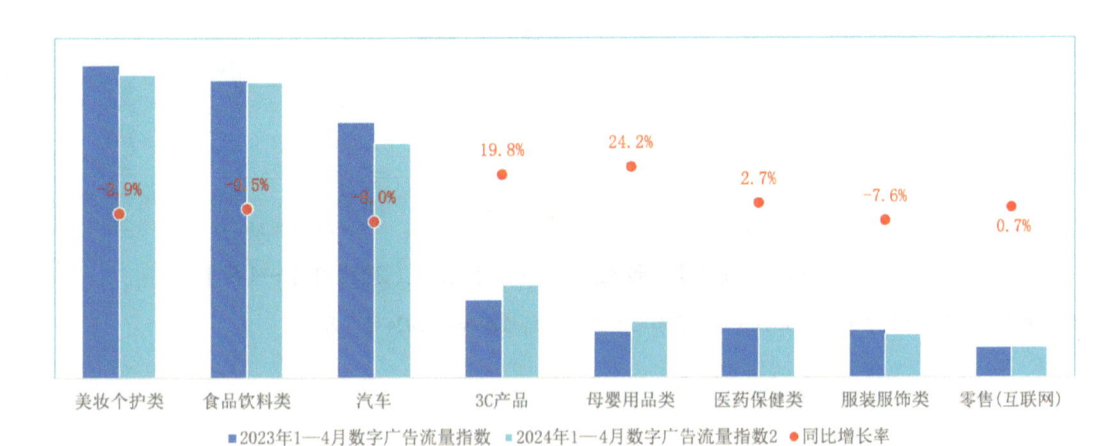

图 3-35 八大行业数字广告流量（2024年1—4月平均）

数据来源：秒针营销科学院，《中国数字媒介生态地图2024版解读报告》，2024年7月

八大行业在各个流量赛道的布局也大有不同，美妆个护类重点投放"短视频＋直播"和社交媒体，搭配视频媒体和智能硬件为主；食品饮料类则重点投放智能硬件和视频媒体，搭配"短视频＋直播"为主；汽车重点投放垂直媒体，搭配"短视频＋直播""资讯＋搜索"和社交媒体为主；3C产品重点投放视频媒体，搭配"短视频＋直播""资讯＋搜索""社交媒体"智能硬件为主；母婴用品类重点投放"短视频＋直播"、视频媒体、垂直媒体，搭配智能硬件为主；医药保健类重点投放视频媒体、智能硬件，搭配"短视频＋直播"和垂直媒体；服装服饰和零售（互联网）的投放均较为分散，服装服饰在"短视频＋直播"上投放略高，零售（互联网）在视频媒体上投放略高。

注意在短视频、社交媒体、电商媒体类型中，有大量KOL投放、内容推流、直播费用，这些虽然也是企业的营销费用，但通常不统计在互联网广告的范畴之内。

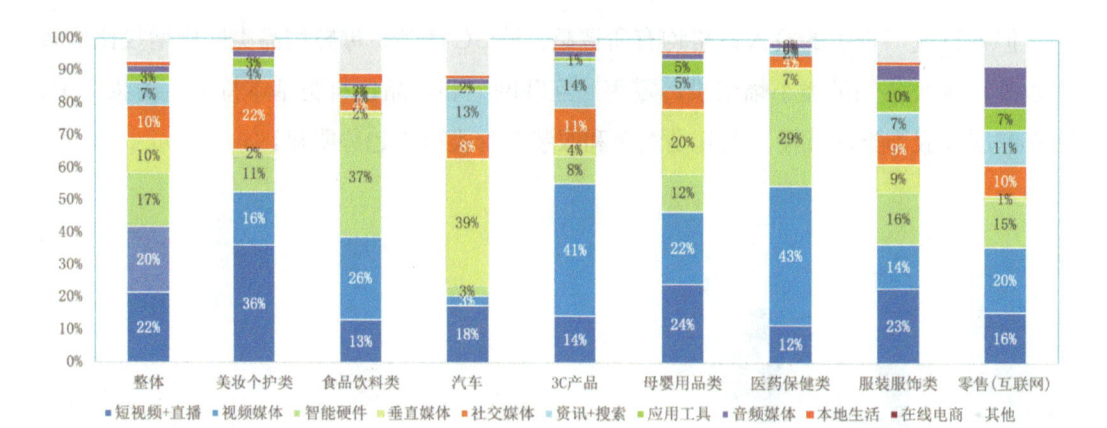

图 3-36　八大行业数字广告流量分布：媒体类型（2024 年 1—4 月）

数据来源：秒针营销科学院，《中国数字媒介生态地图 2024 版解读报告》，2024 年 7 月

2. 互联网广告营销特点

（1）硬广曝光仍为品牌影响力建设的核心方式

国内经济的稳步增长与数字化转型的加速是互联网广告市场发展的主要驱动力。

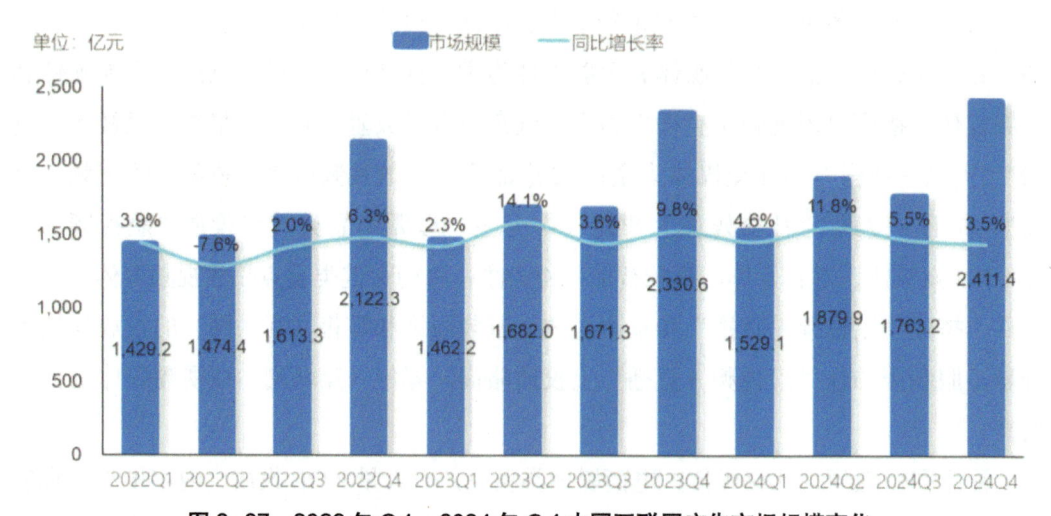

图 3-37　2022 年 Q1—2024 年 Q4 中国互联网广告市场规模变化

数据来源：QuestMobile AD INSHGHT 广告洞察数据库 2024 年 12 月；研究院 2025 年 2 月

广告主营销活跃，持续动态调整媒介布局，整体聚焦头部流量池。

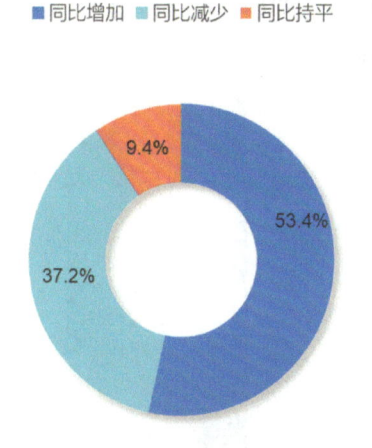

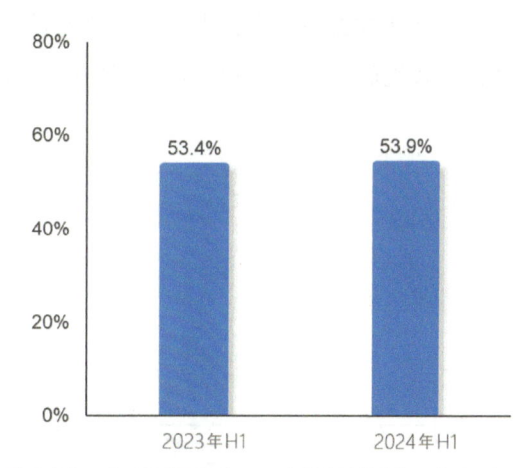

第三章 数字营销与品牌实践　　215

注：1. 广告监测数据范围主要为媒介展示类广告，包含电商内搜索广告，未覆盖范围包含：①不含搜索引擎广告、生活服务平台内广告、应用商店内广告等搜索逻辑相关广告；② 不含游戏内广告、工具内皮肤广告等；③ 不包含剧综冠名、植入广告；④ 不包含基于粉丝逻辑的广告；2. 本页统计广告主为在2023年 H1和2024年 H1均有广告投放的广告主。

图 3-38　2024 年上半年广告主投放媒介数量同比变化

数据来源：QuestMobile AD INSHGHT 广告洞察数据库，2024 年 6 月

图 3-39　2024 年上半年广告收入 TOP 3 媒介广告主数量占比变化

数据来源：QuestMobile AD INSHGHT 广告洞察数据库，2024 年 6 月

电商内广告是广告主提升转化效率的重要抓手。QuestMobile 数据显示，2024 年上半年，传统行业广告主中，约有 55% 的广告主在电商内投放广告。

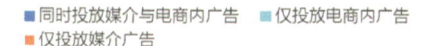

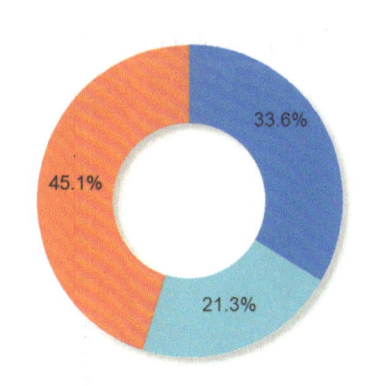

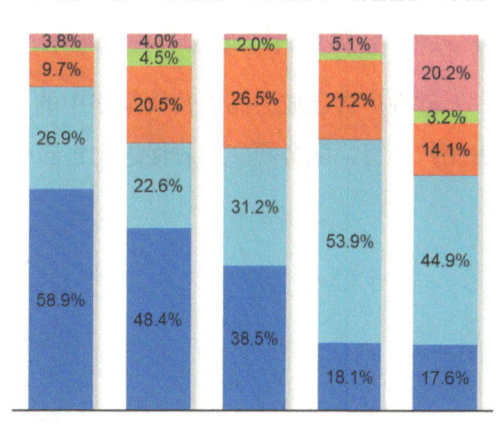

注：1. 广告监测数据范围未覆盖范围包含：① 搜索引擎广告、生活服务平台内广告、应用商店内广告等；② 不含游戏内广告、工具内皮肤广告等；③ 不包含剧综冠名、植入广告；④ 不包含基于粉丝逻辑的广告；2. 电商内广告监测平台包括淘宝、天猫和京东；3. 典型行业依据传统行业广告投放费用规模选取TOP5行业；4. 媒介行业占比小于2%的不展示。

图 3-40　2024 年上半年传统行业不同广告投放类型的广告主数量占比

数据来源：QuestMobile AD INSHGHT 广告洞察数据库，2024 年 6 月

图 3-41　2024 年上半年 典型行业广告费用的媒介行业占比分布

数据来源：QuestMobile AD INSHGHT 广告洞察数据库，2024 年 6 月

尤其在大促期，广告主媒介资源明显向电商内倾斜。例如，在"6·18"大促期间，个护品牌投放在电商内的广告费用环比增幅超过100%。

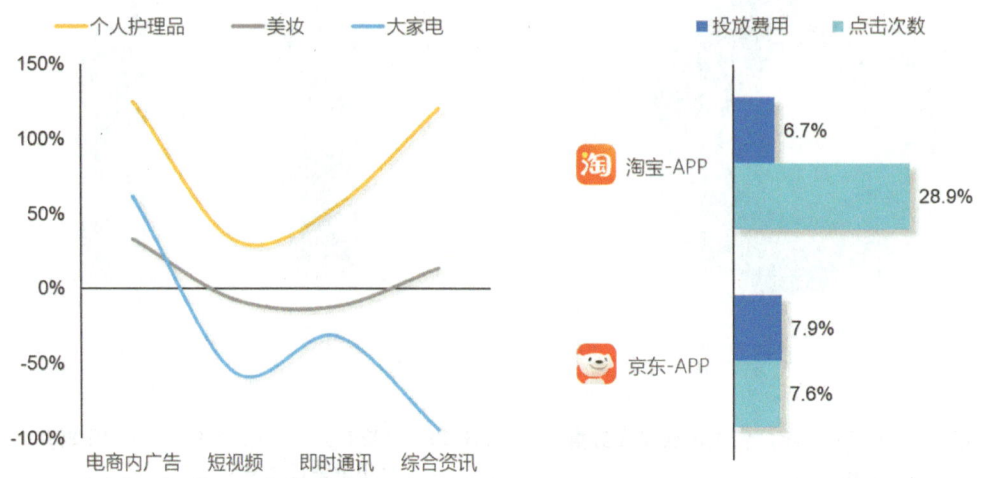

注：1. 广告监测数据范围未覆盖范围包含：① 搜索引擎广告、生活服务平台内广告、应用商店内广告等；② 不含游戏内广告、工具内皮肤广告等；③ 不包含剧综冠名、植入广告；④ 不包含基于粉丝逻辑的广告；2. 电商内广告监测平台包括淘宝、天猫和京东；3. 典型行业依据传统行业广告投放费用规模选取TOP3行业；4. 环比增长率=(2024年5—6月投放费用均值/2024年3—4月投放均值-1)×100%。

图3-42　2024年"6·18"期间典型行业分媒介行业广告投放费用环比增长率分布

数据来源：QuestMobile AD INSHGHT 广告洞察数据库，2024年6月

图3-43　2024年"6·18"期间典型综合电商媒介广告投放环比增长率分布

数据来源：QuestMobile AD INSHGHT 广告洞察数据库，2024年6月

（2）品牌对内容营销的应用加深，以心智渗透配合硬广曝光提升转化

软性广告已成为品牌营销策略中的关键一环，大促软广投放前置，帮助品牌提前抢占用户心智，配合硬广投放促进销售转化。

第三章　数字营销与品牌实践

单位：亿元　　美妆护理　　服饰箱包　　家用电器　　食品饮品　　运动户外

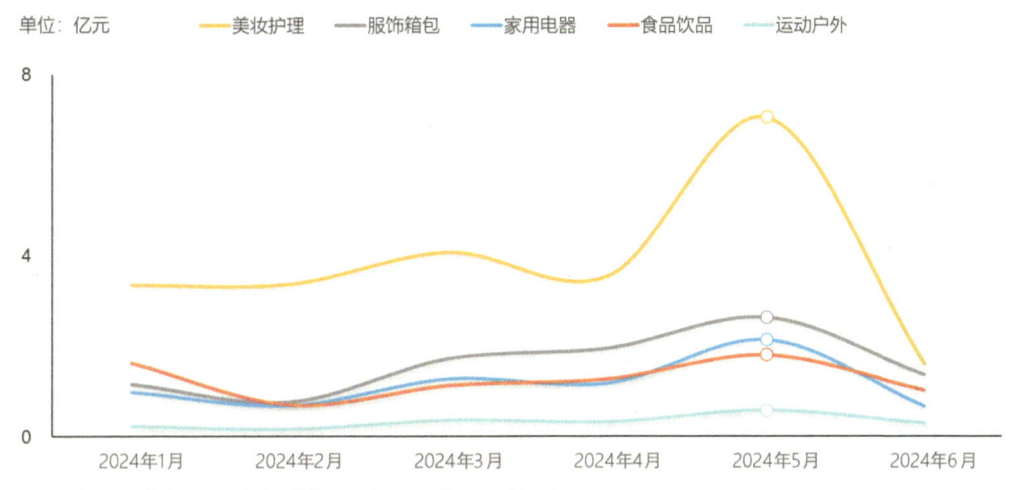

注：软广内容，指新媒体平台中品牌与达人合作的软性广告投放内容。

图 3-44　抖音平台典型行业软广投放费用变化

数据来源：QuestMobile AD INSHGHT 广告洞察数据库，2024 年 6 月；NEW MEDIA 新媒体数据库，2024 年 6 月

软广投放以与产品高度关联的 KOL 类型为主，辅以其他类型 KOL 促进整体的传播表现和转化。以美妆护理行业品牌为例，2024 年上半年，在抖音平台合作的 KOL 中，近 30% 的软广合作为美妆类 KOL。

美妆护理

	投放费用（亿元）	KOL数量占比
美妆	5.91	28.3%
创意剧情	3.52	12.2%
种草	2.51	15.4%
搞笑	1.53	4.2%
时尚穿搭	1.34	6.2%
影视娱乐	1.32	6.5%
生活方式	0.93	2.3%
明星名人	0.90	1.3%
美食	0.84	5.3%
颜值	0.62	1.1%

服饰箱包

	投放费用（亿元）	KOL数量占比
时尚穿搭	3.84	21.9%
种草	1.26	15.4%
影视娱乐	1.03	8.4%
美食	0.59	7.5%
创意剧情	0.57	10.1%
美妆	0.28	6.2%
搞笑	0.24	3.5%
音乐舞蹈	0.22	2.8%
健康	0.19	0.6%
情感	0.14	1.8%

家用电器

	投放费用（亿元）	KOL数量占比
种草	1.18	22.1%
创意剧情	0.99	12.2%
影视娱乐	0.52	7.5%
美食	0.51	8.6%
搞笑	0.49	4.3%
房产家居	0.47	9.0%
生活方式	0.28	2.6%
美妆	0.27	4.5%
企业	0.23	1.9%
宠物萌宠	0.23	3.2%

注：1. 软广内容，指新媒体平台中品牌与达人合作的软性广告投放内容；2. KOL数量占比=指定行业投放某类型KOL数量/指定行业投放总KOL数量。

图 3-45　2024 年 H1 抖音平台典型行业不同类型 KOL 软广投放费用与投放 KOL 数量

数据来源：QuestMobile NEW MEDIA 新媒体数据库，2024 年 6 月

长视频平台亿级播放量的剧综频出，丰富的剧集综艺内容为广告主营销提供了更多

维的曝光机会，剧综营销应用愈发广泛。其中，以蒙牛、伊利为代表的传统乳企，对剧综营销的应用最为成熟，保持领投综艺赞助。

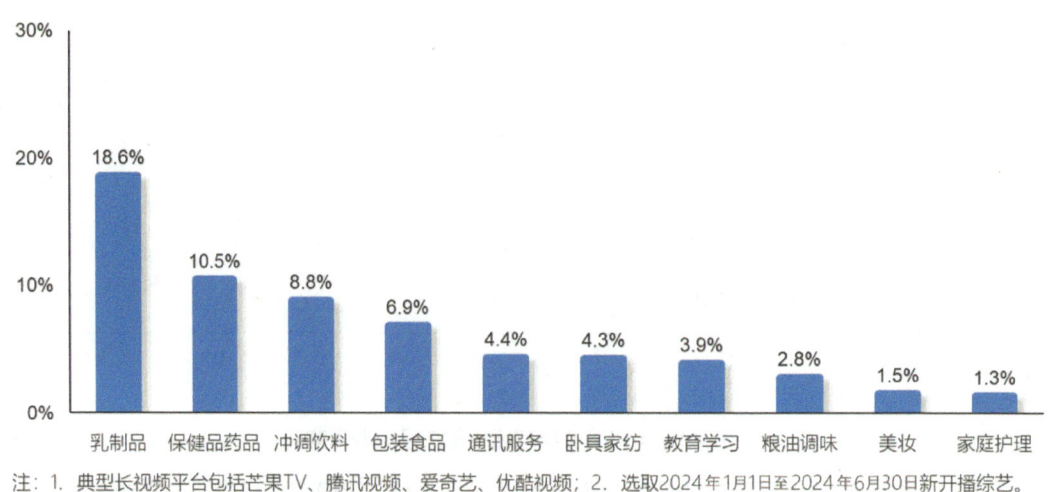

行业	占比
乳制品	18.6%
保健品药品	10.5%
冲调饮料	8.8%
包装食品	6.9%
通讯服务	4.4%
卧具家纺	4.3%
教育学习	3.9%
粮油调味	2.8%
美妆	1.5%
家庭护理	1.3%

注：1. 典型长视频平台包括芒果TV、腾讯视频、爱奇艺、优酷视频；2. 选取2024年1月1日至2024年6月30日新开播综艺。

图 3-46　2024 年上半年典型长视频平台上新综艺广告主数量行业占比分布

数据来源：QuestMobile AD INSHGHT 广告洞察数据库，2024 年 6 月

在内容供给方面，短剧作为一种新的内容形式快速崛起，高流量赋能营销价值，广告主纷纷入局。货架电商亦通过短剧内容进行引流和带货，三大电商平台均大力扶持短剧模块的建设。

淘宝短剧板块再升级
- 短剧入口：淘宝APP->视频->短剧
- 扶持政策：向品牌定制剧投入千万资金、超10亿流量支持；淘宝逛逛联合淘宝短剧推出了一项"百亿淘剧计划"

京东短剧植入信息流
- 短剧入口：京东APP->逛->推荐
- 扶持政策：2024年上半年宣布投入10亿元现金与10亿流量，扶持短视频领域的创作者和优质内容
- 京东未开辟单独板块，以信息流的方式让用户刷到短剧
- 短剧的发布者为品牌方和商家，用于品牌宣传和商品挂链接，其中发布品牌方多为美妆个护
- 短剧的题材也是女频常青题材——甜宠、大女主

拼多多上线短剧
- 短剧入口：拼多多APP->多多视频->短剧
- 扶持政策：通过推荐加权、流量分成等模式扶持精品微短剧内容

图 3-47　2024 年上半年典型货架电商平台扶持短剧板块

数据来源：QuestMobile 营销洞察研究院，根据公开资料整理，2024 年 8 月

另外，IP 合作也是内容营销的重要方式，并且热播剧集也成为品牌营销合作的 IP 之一，通过合作热剧 IP 借助剧集本身热度增加品牌曝光。

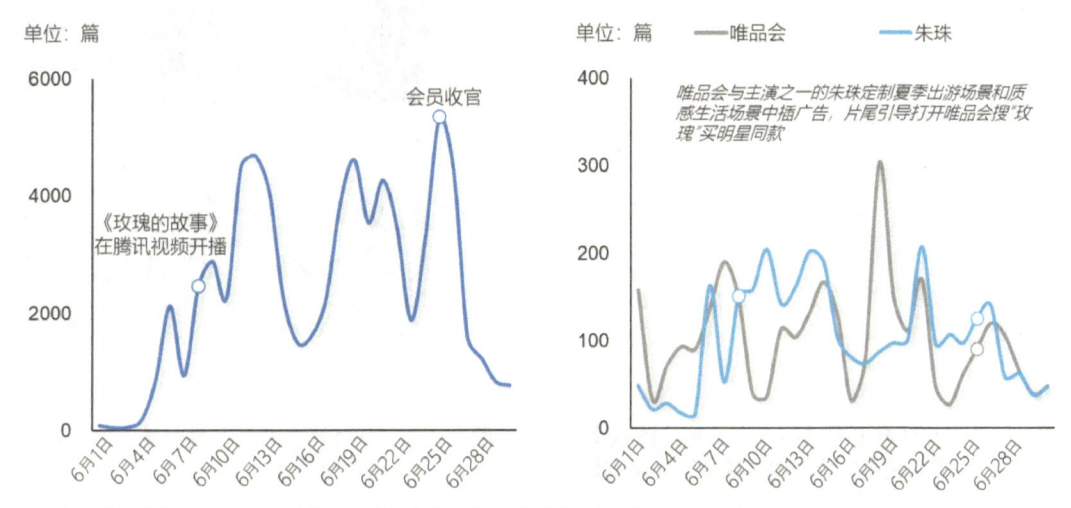

图 3-48　2024 年 6 月新媒体平台《玫瑰的故事》相关内容稿件量变化

数据来源：QuestMobile NEW MEDIA 新媒体数据库，2024 年 6 月

图 3-49　2024 年 6 月新媒体平台唯品会与主演朱珠相关内容稿件量

数据来源：QuestMobile NEW MEDIA 新媒体数据库，2024 年 6 月

（3）低价营销仍为部分行业品牌间竞争的重要手段

在消费趋于保守的背景下，低价成为刺激消费者释放消费需求的典型营销方式，部分行业低价"内卷"加剧。以汽车行业为例，更多品牌被卷入持续的价格战中，行业竞争进一步加剧。

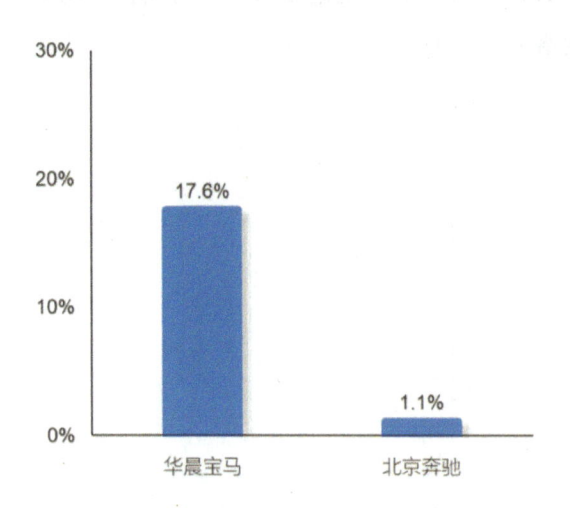

图 3-50　2024 年 6 月典型汽车品牌投放品牌广告曝光量中低价关键词素材曝光量占比

注：1. 典型品牌选取具有代表性的豪华汽车品牌；2. 低价关键词包括0息、立减、优惠、置换补贴、免费等。

数据来源：QuestMobile AD INSHGHT 广告洞察数据库，2024 年 6 月

图 3-51　2024 年 6 月汽车品牌低价关键词广告素材展示

数据来源：QuestMobile AD INSHGHT 广告洞察数据库，2024 年 6 月

（4）构建与用户的关系增强，产品卖点宣讲减弱，对用户体验、用户认同的重视度提升

品牌的营销方式更加贴近用户，在增进品牌与用户关系中寻找切入点与价值点。例如，通过文化营销丰富品牌调性，增强对用户的吸引力；国货品牌巧妙融合非遗文化，诠释品牌内核。

第三章 数字营销与品牌实践 221

01	02	03	04	05
文化营销	情绪营销	城市品牌化营销	企业家营销	AI营销
品牌在营销创意中融入民族文化/传统文化的元素，以提升品牌的独特性和吸引力，同时，加强与用户间更深层次的情感交流	众多品牌正通过深入挖掘打工人的故事和情感，采用情感营销策略，与用户建立共鸣，并树立有温度、有责任的品牌形象	各地区正积极采纳品牌化营销策略，致力于深化当地与旅行者的情感连接和持续对话，从而强化各地区自身的市场定位，提升游客的忠诚度和参与度	众多品牌通过企业家公众形象、公开演讲/访谈、发布内容等方式，将企业家魅力与品牌价值观紧密相连，如小米雷军、徐芳叶洪新及一些在社媒平台活跃的企二代	AI技术的应用使得创意不再局限于特定的专业群体，使营销更加普及，让更多人有机会参与到营销活动中，不仅能够提高营销效率和效果，还能够加深与用户之间的联系

图 3-52 用户关系构建典型营销类型

数据来源：QuestMobile 营销洞察研究院

娜瓦咖啡-青花瓷

1月22日，娜瓦咖啡推出「云南玫瑰普洱茶拿铁」，并打造龙年限定「非遗传承系列」青龙热杯，通过致敬千年非遗青花文化，提高新品知名度

小红书平台
相关内容互动量 **11.0 万**

Tory Burch-黎锦

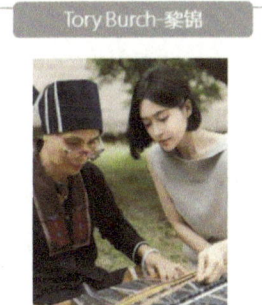

3月8日，Tory Burch 携手品牌代言人秦岚发布品牌公益大片，走近海南黎族，展示当地女性力量，提高品牌在女性消费群体中的美誉度

小红书平台
相关内容互动量 **1.1 万**

薇诺娜-彝绣

5月14日，薇诺娜探索云南彝绣背后故事，推出「薇诺娜彝绣非遗礼盒」，希望通过彝族姑娘张扬的爱治愈用户，传递薇诺娜「治愈敏感肌肤」的理念

小红书平台
相关内容互动量 **125.9 万**

注：1. 互动量=点赞+评论+收藏；2. 互动量统计时间为营销事件开始时间的前后两周。

图 3-53 典型文化营销案例

数据来源：QuestMobile 营销洞察研究院，2024 年 8 月；NEW MEDIA 新媒体数据库，2024 年 5 月

或者借助情绪营销引起用户共鸣，树立品牌形象，用户对品牌的情感认同，有利于品牌及合作方形象的正向传播，实现品牌影响力的传递。QuestMobile 数据显示，胖东来爆改永辉超市后，两品牌内容触达用户重合占比明显提升。2024 年 6 月，同时浏览胖东来、永辉超市相关内容的用户占永辉超市内容触达用户的 95.6%。

单位：万篇　　——永辉超市　　——胖东来　　　　　　　　　占永辉超市　　占胖东来

胖东来改造永辉超市 事件时间线：
- 5月7日，于东来步入郑州的永辉超市
- 5月27日，永辉超市宣布郑州信万广场店启动闭店调改
- 6月19日，胖东来调改完毕，该永辉超市启动营业

胖东来：1.01万　　永辉超市：0.52万

时间	占永辉超市	占胖东来
2024年3月	68.7%	0.6%
2024年4月	89.9%	36.8%
2024年5月	75.9%	22.8%
2024年6月	95.6%	12.6%

注：1. 六大内容平台，指抖音、快手、哔哩哔哩、小红书、微博、微信公众号；2. 重合用户，指统计周期内，既浏览过永辉超市相关内容，亦浏览过胖东来相关内容的用户。

图 3-54　六大内容平台胖东来 & 永辉超市内容声量趋势

数据来源：QuestMobile NEW MEDIA 新媒体数据库，2024 年 6 月

图 3-55　六大内容平台胖东来 & 永辉超市重合用户占比

数据来源：QuestMobile NEW MEDIA 新媒体数据库，2024 年 6 月；GROWTH 用户画像标签数据库，2024 年 6 月

　　另外，各地城市文旅局也在借助新媒体渠道加强宣发，与当地企业和市民共同努力，打造城市名片，实现城市特色的心智植入和有效传播，为城市旅游引流。

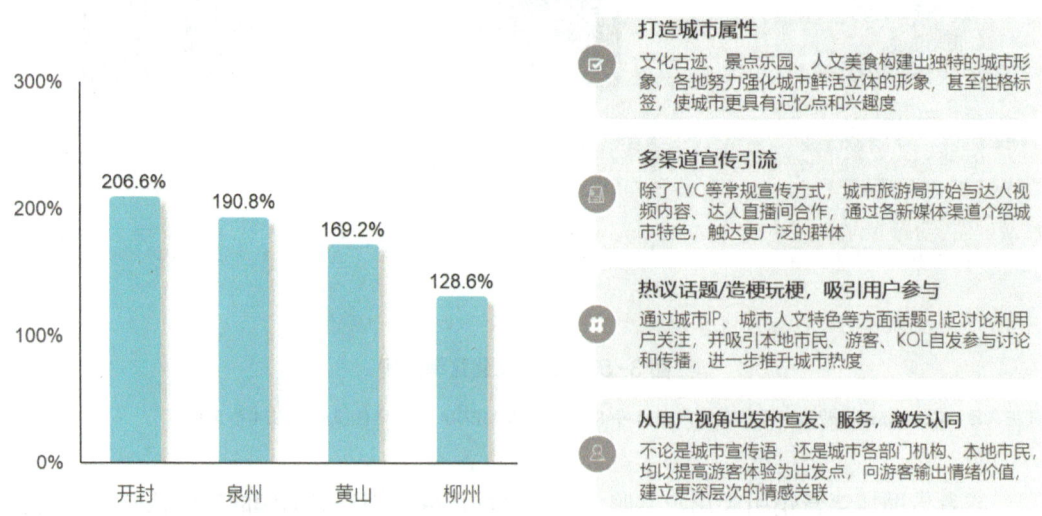

城市	同比变化
开封	206.6%
泉州	190.8%
黄山	169.2%
柳州	128.6%

注：内容声量，为指定新媒体平台中提及城市关键词的相关内容数量。

图 3-56　2024 年 5 月抖音 & 小红书平台热门旅游城市内容声量同比变化

数据来源：QuestMobile NEW MEDIA 新媒体数据库，2024 年 5 月

打造城市属性
文化古迹、景点乐园、人文美食构建出独特的城市形象，各地努力强化城市鲜活立体的形象，甚至性格标签，使城市更具有记忆点和兴趣度

多渠道宣传引流
除了TVC等常规宣传方式，城市旅游局开始与达人视频内容、达人直播间合作，通过各新媒体渠道介绍城市特色，触达更广泛的群体

热议话题/造梗玩梗，吸引用户参与
通过城市IP、城市人文特色等方面话题引起讨论和用户关注，并吸引本地市民、游客、KOL自发参与讨论和传播，进一步推升城市热度

从用户视角出发的宣发、服务，激发认同
不论是城市宣传语，还是城市各部门机构、本地市民，均以提高游客体验为出发点，向游客输出情绪价值，建立更深层次的情感关联

图 3-57　城市品牌化营销特征

数据来源：QuestMobile 营销洞察研究院 2024 年 8 月

3. 互联网广告测量技术的发展

2023年报告中，我们介绍了数字互联网广告的最常见的基础测量方法——加码监测，随着广告形式的不断多样化和广告主对广告进一步效果的要求，测量技术上也在与时俱进，并快速发展。2024年，我们将介绍一些新的更加数字化的广告测量技术与方法，包括数字广告流量的真实性测量、后链路转化测量和数字化方式的户外广告测量。

（1）数字广告的流量真实性测量

在数字化浪潮的推动下，我国互联网产业与数字经济迎来了蓬勃发展的新时期。然而，随之而来的流量作弊问题，正逐渐侵蚀着产业的根基，对数字营销生态的可持续发展构成了严重威胁。特别是随着社会化营销方式的快速发展，直播、短视频等新媒体形式的兴起，以及以流量为核心的"粉丝经济"的繁荣，流量造假现象愈演愈烈，不仅严重误导了消费者，甚至可能给消费者带来经济损失。

随着技术的发展，作弊手段也在不断进步，从初级的人工重复安装、木马软件，到中级的API接口钩子、自动化点击脚本，再到高级的模拟器、SDK逆向工程和通信拦截，作弊者利用各种技术手段进行流量作弊，给广告流量的真实性和有效性带来了极大的威胁。

此外，不合规乱象同样严重。例如，S2S（Server to Server）数据传输本应为C2S（Client to Server），即客户端到服务器，但监测日志中媒体未回传任何ID，或无法获取UA（User Agent），设备ID缺失或不规范，UA缺失或不规范，以及数据S2S传输、加密方式错误，宏字段传输错误，ID格式非法等问题，都是不合规的表现。

在此背景下，提升数字营销数据的真实性、透明度和安全性，已成为当务之急。我们必须采取切实有效的措施，营造一个透明、健康的互联网广告市场环境，以保护合法经营者和消费者的权益。但流量作弊是一个长期存在的问题，并且已经形成了一个完整的黑产链条。一些不法分子通过技术手段虚增流量以非法获利。面对异常流量的挑战，行业已有多种应对策略和方法，如秒针系统提出的异常流量解决方案，就是通过监测30多种异常指标，覆盖了PC、移动和OTT终端，进行全面的异常流量排查的。

（2）数字广告的后链路转化测量

数字广告的后链路转化效果正成为品牌营销的关键。品牌通过深入分析消费者在广告触达后的行为，优化营销策略，提高转化率。这不仅展现了品牌对市场变化的敏感性和追求效率的决心，也通过持续监测评估，更精准地满足消费者需求。全面评估体系的建立，使品牌能细致追踪消费者行为，为策略调整提供数据支持，优化投资回报率。个性化营销基于对消费者行为的理解，提升购买体验，建立情感联系，提高忠诚度。后链路转化分析为品牌提供了市场响应的敏捷性，帮助把握市场脉动，实现竞争优势。

实现数字广告与电商平台内消费者行为之间的数据整合与分析，成为营销评估实践中新的挑战。随着数据隐私法规的加强和消费者对个人信息保护意识的提升，品牌必须在合法合规的框架内，探索如何有效连接广告触达与消费者在电商平台上的行为轨迹。这要求品牌采用先进的数据管理技术，确保在不侵犯个人隐私的同时，能够精确追踪和分析消费者的后链路行为，从而为营销策略提供数据支持。这种平衡隐私保护与数据利用的能力，对于品牌来说既是挑战也是机遇，有助于品牌深化消费者洞察，优化营销效果，同时建立起消费者的信任与忠诚。

行业已有第三方的服务公司，通过梳理广告主和品牌方的数据委托处理关系，实现了品牌广告前后链路数据的打通，进而为品牌提供了全面的消费者行为分析和广告效果评估服务。这一流程始于品牌与电商平台（如阿里或京东）以及第三方公司之间建立的数据委托处理关系。

首先，品牌方或广告主在确保数据来源合法合规的基础上，与电商平台签订数据处理协议，明确数据接收方的数据处理范围。

在这一框架下，品牌再授权给第三方公司提供必要的技术服务和分析报告，包括将广告监测数据安全传输至品牌在阿里数据银行或京东数坊的账号中。第三方公司在品牌的授权范围内进行操作，其数安委员会负责评估并确认电商平台的合规标准，确保数据上传和报告服务的合规性。第三方的数据分析处理过程中，与多个电商平台（如阿里）数据银行产品或京东数坊产品打通技术支撑链路，为品牌提供全面多平台的整合广告转化分析的统计分析。

建立品牌全域消费者资产池是实现深度营销分析的关键步骤。这一过程涉及对广告前链路的细致分析，使品牌能够综合评估营销活动的全面转化效果。品牌可以分析不同媒体渠道、不同曝光频次、不同地域以及不同人群的转化效果，从而识别最有效的营销策略和潜在的改进领域。

在电商后链路转化效果的评估中，品牌可以利用一系列电商转化行为指标进行衡量，包括但不限于消费者的浏览进店、收藏加购、购买行为以及新老客户的参与情况。这些指标为品牌提供了消费者行为的直接反馈，有助于评估营销活动的实际影响力。品牌还可以分析活跃消费者资产情况，深入了解 AIPL（认知—兴趣—购买—忠诚）或

4A（知晓—吸引—行动—倡导）模型下消费者群体的分布和流转。这涉及对消费者从品牌认知到成为品牌倡导者整个过程的追踪和分析，为品牌提供了关于消费者忠诚度和价值的深入洞察。

（3）数字化方式的户外广告测量

在全域营销的视角下，户外广告发挥着不可替代的作用，构成了消费者接触品牌信息的三大场景之一。与移动设备和电脑等主动接触型媒体相比，户外广告具有独特的非主动性特征。消费者在使用手机、电脑或打开电视时，通常需要进行有意识的选择，如启动某个应用程序或切换到特定频道。然而，户外广告作为一种客观存在的场景，具有"不可忽视"的特性。

户外广告的非主动性意味着它不受消费者个人喜好或选择的影响。作为一个正常的社会成员，人们在日常生活中不可避免地会接触到户外广告，无论是在住宅社区、工作场所、娱乐场所还是在旅行途中。这种自然接触的特性使得户外广告成为一种普遍且有效的品牌传播方式。此外，户外广告还具有高度的地理针对性和情境相关性。它可以根据不同的地理位置和环境特征，向特定的受众群体传递定制化的信息。这种情境化的传播方式有助于提高广告的吸引力和影响力。

中国广告业协会《2023年全球及中国户外广告市场报告》显示，2023年，中国户外广告市场规模达到约820.5亿元人民币，同比增长约11.01%。户外广告以其高可见性和广泛的曝光触达能力，呈现出了较好的复苏态势，领跑传统线下广告。其中，2023年，中国户外视频广告的市场规模达到约455.4亿元人民币，在整体户外广告中占比达到约55.5%，呈现出强劲的发展势头。

在营销链路中，户外广告扮演着至关重要的角色，尤其是在消费者认知的前端环节。与其他媒介相比，户外广告在塑造消费者对品牌的认知、了解，提升品牌形象和信任方面发挥着重要作用。秒针营销科学院《2024中国数字营销趋势报告》数据显示，广告主表示在2024年增加户外广告投放的比例较2023年上升14%，户外广告已成为广告主增加投放的第二大媒介类型，仅次于移动互联网。

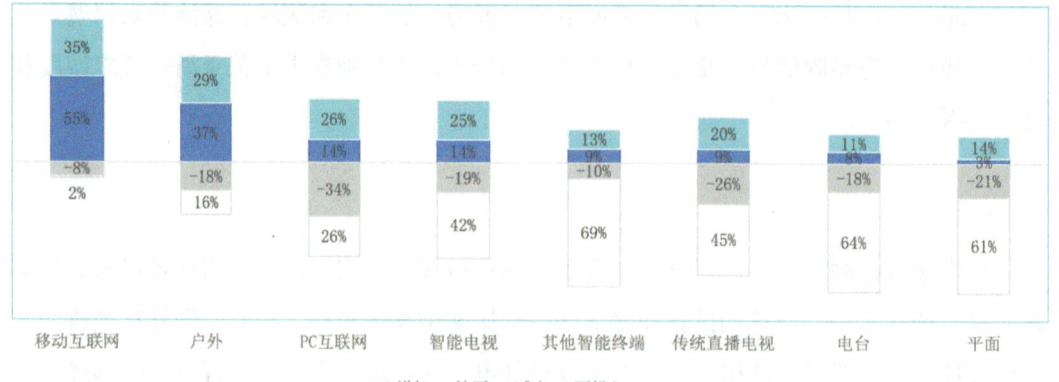

图 3-58　广告主 2024 年各媒介类型营销投资变化趋势

数据来源：秒针营销科学院，《2024 中国数字营销趋势报告》

作为个人媒体（手机、电脑）、家庭媒体（电视）、公共媒体（户外）三大触媒场景之一，户外广告的重要性一直为广告主高度认可，也是广告投放必不可少的构成。但在媒介市场不断数字化的过程中，户外广告始终面临着一个巨大的挑战，那就是效果难以测量。

与 MOB、OTT、PC 端的广告相比，由于数字屏端广告具备的联网特征和可寻址性，"一设备对一人"或"一设备对一家"，市场上都有较为成熟的测量方法，用代码监测就可以直接采集到广告播出情况和受众效果。然而，户外媒体却不具备这样的条件，一方面，市场上仍存在大量无法联网的非数字化的户外媒体；另一方面，即使是可联网的户外数字媒体，由于户外屏是"一设备对许多人"，测量受众触达的效果成为难题，一直以来，缺少成熟的、能被广告主和全行业共同认可的测量方法。

传统户外广告的受众效果主要依靠 3 种方式进行考量：依靠投放人员的经验判断效果；由媒体提供人流量，覆盖人数等数据；依靠第三方公司提供的调研数据。

户外广告效果之所以难以测量，是因为传统调研公司的测量方法中存在众多技术难点。

第三方公司秒针系统通过 LBS（Location Based Services，位置基础服务）大数据，分析户外媒体和户外广告所触达的真实的人群数量和人次的数据，并结合秒针独有的广告可见性（OTC）模型，来精确测量线下广告所触达的受众（TA, Target Audience）数量和类型，进而计算出准确的广告效果指标，实现与互联网广告，电视广告一样对户外广告计算 IMP（曝光）、reach（到达率）、UV（到达人数）、频次和目标人群占比（TA%）。

（六）LBS 营销

1. LBS 营销特征与价值

LBS 营销全称 Location-Based Services Marketing。LBS 营销融合大数据分析与人工智能技术，串联用户空间轨迹和消费链路，为品牌构建全面、动态的用户画像，洞察消费偏好及潜在需求，从而助力品牌精准触达目标群体、完成高效转化。同时，LBS 营销能力也有助于品牌定位目标市场，制定个性化运营与营销策略，实现业务扩张和竞争力提升。

（1）数字化时代 LBS 精准营销能力与价值

数字化时代下，结合数据洞察能力和个性化推送机制，LBS 营销相较于传统营销方式的动态性、精准化等优点得到进一步放大，主要表现在：

①全面构建消费者画像

在不同时间、空间下，用户消费偏好存在动态变化，例如，工作日和假期的就餐、出行选择等会有明显的差异特征。LBS 营销具备对不同时空场景下用户偏好和需求的捕捉能力，形成更为完整、立体的消费者画像，为品牌营销提供深度市场洞察。

②提升营销触达能力和转化效果

通过高精度定位技术，LBS 营销能够实现对目标投放区域的精准划定，确保广告、优惠信息直接触达该区域潜在消费者，缩短营销转化路径，提升广告的有效性。

③场景化、需求导向的营销能力

LBS 作为场景化营销的重要工具，能够刻画用户所处情境，基于实际需求和目的提供营销信息，如附近商家推荐、相关的优惠及促销活动等，方式自然贴近用户需求，实现营销即内容、营销即服务，提升用户体验和满意度。

④营销实时性和有效性

基于对用户地理位置变化的实时追踪和行动轨迹预测，LBS 营销能够动态调整营销内容，实时优化营销策略，保障营销效果。而传统营销方式通常需要基于转化效果进行分析调整，存在一定的滞后性。

⑤串联线上线下数据与媒介

LBS 营销支持 POI、电子围栏、热力图选点等多种圈选方式定义线下目标用户，同时，能够结合用户线上兴趣、偏好等多维度信息进行多维度筛选，确保触达质量。此外，LBS 营销的定向投放能力可以将线上广告与线下门店进行串联，实现线上线下的互相导流和闭环营销。

2. LBS 营销能力升级及模式创新

（1）5G、AI 等技术应用深化，智能终端渗透率提升，驱动 LBS 营销持续升级

数字经济的技术内核进入快速发展阶段，5G、云计算、物联网、大数据及 AI 等实现更大范围与更深层次的应用，为 LBS 营销升级提供底层支撑。

5G 技术演进升级自 2019 年发放商用牌照以来稳步推进，以高速、低延迟和大容量特性促使室内定位能够更加准确地追踪和识别用户所在的具体位置，从而为 LBS 营销提供更加精准的定位能力，并进一步丰富 LBS 营销应用场景。如购物中心或大型商场中，5G 技术结合 LBS 营销可以通过室内定位和内容推送引导消费者快速找到目标商户。精确的位置数据是 LBS 营销的基础，随着定位技术和能力的持续升级，用户地理位置信息的即时性和准确性得以提升，确保 LBS 营销效果。

2024 年，人工智能对营销行业的赋能进入新阶段。在 LBS 数字营销中，用户数据来源和维度日趋丰富，分析式 AI 的发展可提升 LBS 营销对海量数据的洞察能力、增强个性化营销能力。此外，基于数据分析结果，AI 技术能够自动调整和智能优化营销策略，如广告投放位置、优惠力度等，以促进各营销环节提升转化效果。生成式 AI 的爆发式发展，则极大地赋能营销内容高效生产，使得 LBS 营销具备即时、智能生成营销内容以匹配用户动态轨迹的能力，进一步放大精准营销价值。

终端层面，智能手机出货量保持高位增长、智能穿戴品类加速创新丰富。2024 年 1 月至 12 月，5G 手机出货量累计达到 2.72 亿部，在同期手机出货量中占比 86.4%；同时，据中国互联网络信息中心数据，截至 2024 年 12 月，使用个人可穿戴设备上网的比例为 23.8%。在此背景下，移动智能设备实现广泛普及，全面渗透消费者生活。基于智能穿戴设备内置 GPS、北斗等高精度定位模块，LBS 营销精准性进一步提升，并深入运动健康、旅游出行等多元场景，赋能营销活动广泛、有效开展。除具备地理位置信息采集能力之外，智能穿戴设备还能实现智能感知和交互，丰富健康状况、情绪状态等维度用户信息数据，为 LBS 营销提供更深入洞察消费者的基础。

图 3-59　2024 年 1—12 月中国 5G 手机出货量及占比

数据来源：2024 年 1—12 月，中国信通院

（2）以 LBS 营销为基座，融合更多营销方式实现模式创新、势能放大

LBS 营销基于丰富的地理信息和数量众多的兴趣点（Point of Interest，POI），结合移动互联网信息服务和功能供给，加速渗透到各行业、场景中。随着 LBS 营销的成熟化，其技术和能力与更多其他营销模式相结合，实现营销创新和势能放大。

① LBS 营销 + 私域营销

LBS 营销能够在短期内精准触达目标客群、促进及时转化，同时，也为长期的私域运营提供基础，助力品牌沉淀用户资产，打造流量闭环。目前，LBS 和私域营销的结合已于咖啡、茶饮等行业得到深入应用，在行业低客单高频次、潜在消费者广泛、门店密度较高的特点下，LBS 营销成为支撑这些行业品牌私域运营精细化的关键。

以瑞幸咖啡、霸王茶姬为例，基于用户地理定位将同一区域的客户流量沉淀至最近门店的企业微信社群中，建立个人及社群 SOP 进行周期性、自动化运营，实现优惠促销、新品信息、联动活动等对客群的线上触达，更易引导用户到店转化。在此过程中，积累区域用户数据并指导精细化运营，进一步针对新客、会员等不同群体进行差异化营销。月狐 iBrand 数据显示，2024 年 1 月至 12 月，瑞幸咖啡线下门店月均客流指数同比涨幅均在 35% 以上，稳定实现高位增长；霸王茶姬经历高速增长，客流指数同比增速由 1 月的 505% 逐步回落，但 12 月仍高达 60%。从门店客流表现来看，"LBS 营销 + 私域营销"有效驱动品牌门店经营效率持续提升。

图 3-60　2024 年 1—12 月瑞幸咖啡线下门店月均客流指数

数据来源：2024 年 1—12 月，月狐 iBrand（MoonFox iBrand）

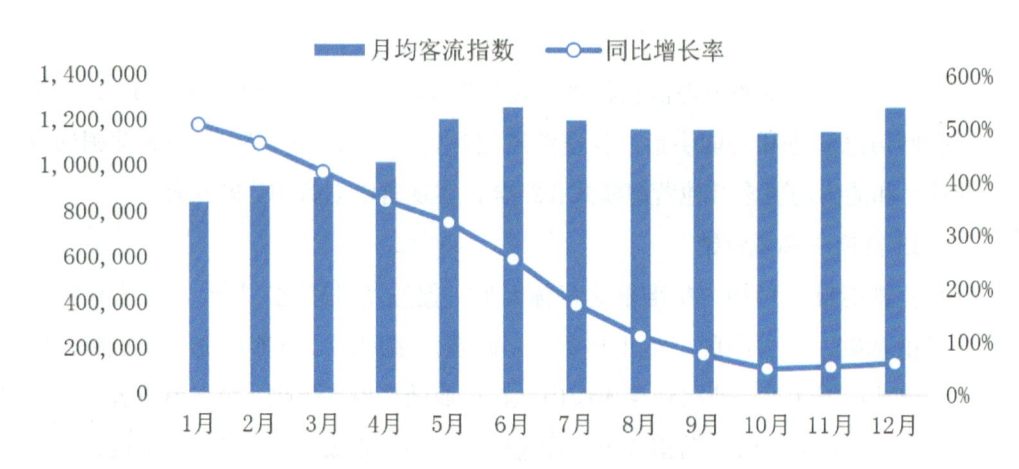

图 3-61　2024 年 1—12 月霸王茶姬线下门店月均客流指数

数据来源：2024 年 1—12 月，月狐 iBrand（MoonFox iBrand）

LBS 营销产品服务也在持续发展，微博推出超级粉丝 LBS 门店产品，支持灵动落地页添加基于 LBS 能力的表单、私信广告组件。在用户在打开品牌落地页后，基于其地理位置匹配最近门店、自动填充表单，定向提升线索获取效率促进到店。通过升级"LBS 营销＋私域营销"解决方案，平台进一步放大私域流量经营阵地价值。

②LBS 营销＋线下互动营销

LBS 营销与线下展会、快闪店等即时多变的活动和零售业态结合，以"场景""体验"和"限时"等特性，短时间内实现高曝光和精准引流。基于 LBS 服务和大数据能力，能够从地理位置和用户画像维度精准圈定目标区域的受众群体、低成本实现营销触达。同时，以用户体验旅程为导向，形成从启发兴趣、引导到场到建立连接的完整闭环，提升消费者品牌认知度和认同感，匹配新店开业、新品发布、品牌宣传等营销需求。

例如，品牌线下快闪营销，在活动策划阶段通过 LBS 划选分析候选商圈的客流表现、用户画像和线下行为，结合品牌受众特点和营销目的指导快闪活动开展。预热阶段，线上宣传结合 LBS 电子围栏技术，向进入界定地理区域的移动设备推送快闪活动信息，以保障快闪活动的曝光度和参与度。在活动现场，LBS 技术可以为到访者提供实时导航服务、基于位置信息和历史行为的个性化推荐、虚拟签到 / 打卡等互动式营销体验。最后，品牌可以根据活动客流指数来评估营销效果，分析实际到访用户特征，建立潜在消费者画像，为优化营销策略、促进销售转化、调整品牌定位等决策提供数据支持。

③ LBS 营销 + 出行营销

结合出行场景，LBS 营销动态定位能力优势进一步凸显。出行营销中，用户地理位置持续变化，LBS 定位能够将用户行程与品牌 POI 相结合，在骑行、顺风车、打车等出行场景中，将行程位置信息、行驶路线和广告内容进行智能匹配，将各大品牌营销内容嵌入用户出行轨迹，吸引用户前往附近门店打卡、消费，以实现精准获客。以滴滴出行为例，基于 LBS 围栏技术、星钻地图联动线下连锁便利终端，自然露出品牌营销活动信息，促进潜在客群到达目的地后直接进行转化。在两轮出行的场景中，哈啰以骑行用户需求为切入点，依托地理围栏技术和行程营销能力，设置线上领券活动和品牌门店打卡任务，引流用户到店消费。

④ LBS 营销 + 情绪营销

随着 Z 世代逐渐成为中坚消费群体，针对年轻用户自我表达和情感共鸣需求的情绪营销迅速发展，成为品牌营销的重要方式。情绪营销需要深度洞察消费者心智，建立品牌与用户的情感连接。LBS 营销具备全面、动态构建用户画像的能力，能够基于地理位置信息推送与用户所处场景相匹配的、富有情感色彩的内容，更易引发用户的共鸣和兴趣。同时，利用 LBS 营销的社交纽带能力，设置好友挑战、定位打卡等活动，有助于增强 Z 世代用户群体之间的互动和情感交流，促进社交裂变扩大品牌影响力。

3. LBS 营销应用分析和典型案例

（1）2024 年零售回归线下，LBS 深度助力渠道数字化

2024 年，零售主战场加速回归线下、折扣零售等业态发展势头向好。在线下门店辐射范围有限、线上流量渠道碎片化的痛点下，LBS 营销方式能够作为核心触点盘活线下门店、串联线上流量，打通全域实现商品流通的降本增效。同时，LBS 营销数据支持零售商精准追踪并分析各门店辐射区域消费者的购买行为、偏好，从而制定个性化营销策略。由数据驱动的决策过程也赋能零售企业预测市场需求、优化库存管理，灵活响应市场变化以提高整体经营效益，全面助推线下零售业数字化转型。

主打"O2O+LBS"运营模式的新零售代表盒马鲜生，在 2024 年进行了战略调整，降低 X 会员店数量而将资源聚焦于自营鲜生店和主打下沉市场的 NB 折扣店；同时，精简 SKU、发展自有品牌替代部分供货商，以实现更稳健的发展。在此战略目标下，LBS 数据价值和营销作用进一步放大，支持盒马鲜生根据门店辐射范围和顾客画像调整商品结构、优化定位匹配提高生鲜配送效率、深入下沉市场识别目标用户精准营销。据公布，盒马鲜生在 2024 年 3 月至 6 月连续 4 个月保持盈利，且首次实现淡季盈利。月狐 iBrand 数据显示，盒马鲜生线下客流人群具备年轻化、高线上消费的特点，经历调整之后 26～35 岁的主力消费群体占比更高，且线上低消费能力用户占比下降。

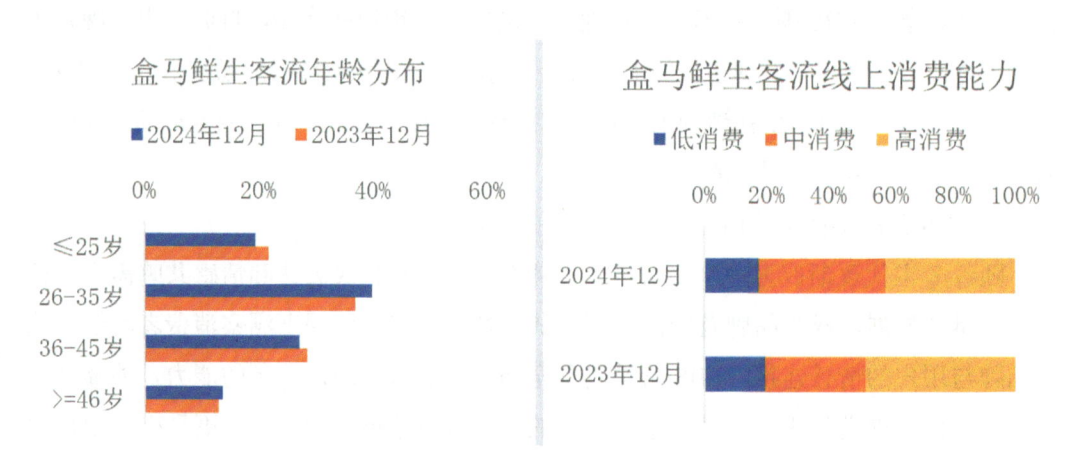

图 3-62　2023 年 12 月及 2024 年 12 月及盒马线下门店客流画像对比

数据来源：2023 年 12 月及 2024 年 12 月，月狐 iBrand（MoonFox iBrand）

（2）线下点位竞争加剧，LBS营销能力驱动品牌高质量扩张

在多行业中，成熟连锁品牌的线下点位整体趋于饱和，企业持续发展希望优化门店并切入增量场景，从而在市场竞争激烈、优质点位稀缺的背景下实现高质量扩张。LBS营销的价值一方面体现在新门店选址决策阶段，通过LBS大数据深入挖掘区域人群特征、竞品门店客流情况，从而洞察目标区域的商业潜力与竞争态势，寻找高价值高潜力点位并确保选址决策的科学性，为稳健扩张、提升市场占有率和品牌影响力奠定基础。另一方面，LBS营销通过实时监测品牌门店和竞品门店的客流表现、区域目标客群的行为变化，帮助品牌及时发现问题、洞察趋势，为持续优化门店和业态分布提供数据支持。

以持续扩展点位的瑞幸咖啡为例，截至2024年第四季度末瑞幸咖啡总门店数量为22340家，包括14591家自营门店（包含新加坡门店51家）和7749家联营门店。

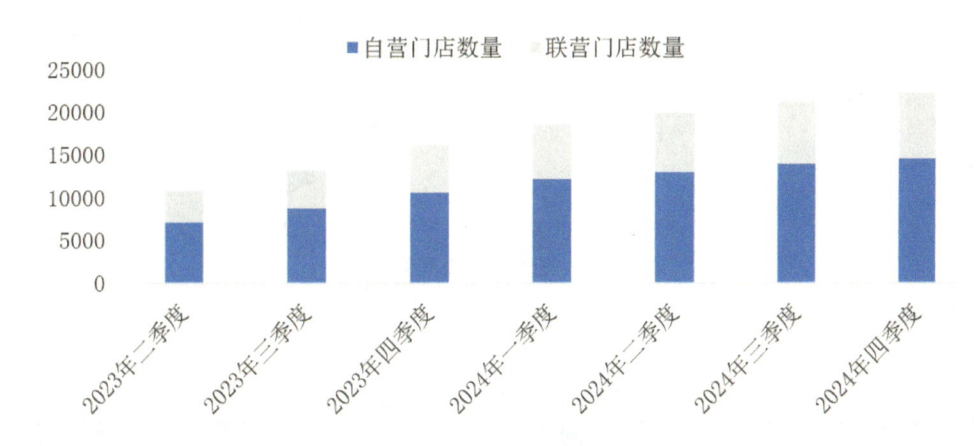

图 3-63 2023年第二季度至2024年四季度瑞幸咖啡门店数量

数据来源：2023年Q2至2024年Q4，企业财报

在门店数量趋于饱和，且咖啡茶饮品牌点位之争随市场竞争而加剧的背景下，瑞幸于2024年1月新增定向点位加盟模式，由瑞幸提供希望进入的场所名单，有相应能力和资源的合作意向者可申请加盟。定向开店场景主要为工作、学习、医疗交通枢纽、景区等更加具体、进入门槛更高的场所。据公布，截至2024年9月，瑞幸咖啡已推出100+学校定向点位，其中有40+门店已完成选址。

在高潜力场所的门店选址和新店引流阶段，LBS营销能够发挥深度洞察能力为

品牌提供多方位赋能。例如，基于月狐 iMarketing 对某景区客流数据的洞察，访客以 26～35 岁人群为主，中高等线上消费水平用户占比超八成。从行业及应用偏好来看，旅游出行、视频直播类 APP 的使用占比分别达 99.4%、99.2%，休闲娱乐、女性亲子类行业偏好 TGI 最高，美团、大众点评等团购消费 APP 的 TGI 也均高于 100。具体到咖啡消费场景，该景区线下客流人群对瑞幸咖啡 APP 的偏好 TGI 高达 241，但略低于星巴克 APP 255 的 TGI 水平。结合区域客流指数、群体消费潜力和偏好，该景区作为定向点位选址具备可行性，但需进一步提升品牌对高消费群体心智的占有能力，新店前期营销可重点关注 OTA 平台、视频直播等媒体渠道，并可聚焦亲子旅游等具体消费场景开展活动。

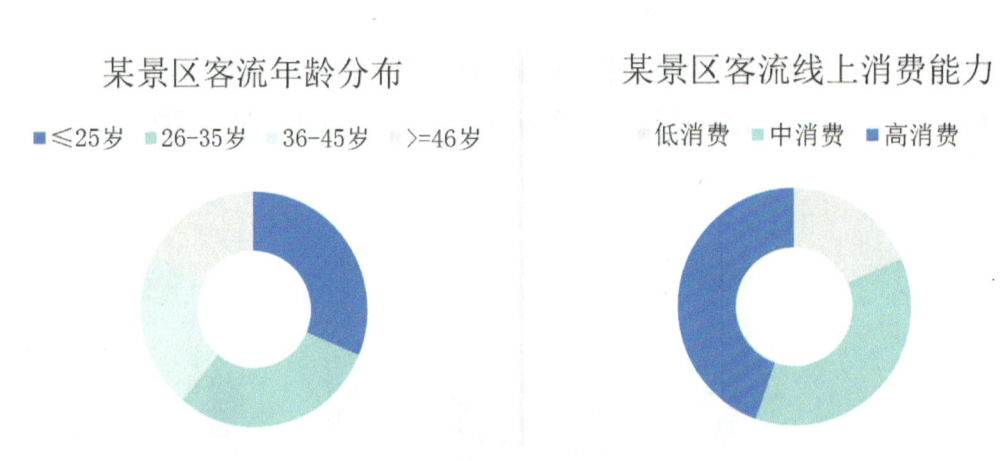

图 3-64　某景区客流画像示例

数据来源：2024 年，极光月狐 iMarketing（MoonFox iMarketing）

表 3-2　某景区客流在部分行业中的占比及应用偏好

行业	占比
社交网络	99.9%
实用工具	99.7%
旅游出行	99.4%
视频直播	99.2%
移动购物	96.6%

行业	TGI
休闲娱乐	155
女性亲子	130
汽车服务	114
摄影图像	107
办公商务	106

应用	TGI
瑞幸咖啡	241
星巴克	255
大众点评	208
美团	127
饿了么	123

数据来源：2024 年，极光月狐 iMarketing（MoonFox iMarketing）

（3）LBS 营销激活本地生活服务，价值和势能持续增长

线上流量日趋饱和，本地生活服务市场成为互联网巨头竞相角逐的关键战场，竞争态势愈发激烈。一方面，以抖音、快手为代表的短视频内容平台，依托其庞大的用户基础和流量优势，正加速向本地生活渗透，通过创新模式深度挖掘市场潜力。另一方面，传统电商巨头如阿里巴巴、京东亦在持续加码，推出同城即时配送、团购优惠、次日达等多元服务，不断深化本地布局、提高市场影响力。

LBS 营销与本地生活服务之间存在着天然契合点，成为推动线下业务增长、生产要素优化重组以及用户体验全面升级的关键能力。在 LBS 技术的加持下，兴趣推荐机制得以精准匹配用户所在位置，向目标客群推送附近服务信息及权益，为用户带来场景化和个性化的生活服务获取体验，增强本地生活服务品牌的吸引力和曝光度。

2024 年，短视频头部平台抖音、快手基于流量优势加码 LBS 营销，深耕本地生活服务。其中，抖音本地生活内测"顺手价"，当用户在抖音完成团购订单的支付环节后，于订单页面根据 LBS 位置信息推送附近 1000 米以内的其他团购商品，以 LBS 定向能力深入本地生活服务营销需求，强化消费全链路流量闭环。快手磁力引擎推出 LBS 定向投放产品，支持广告主在投放品牌开屏、信息流广告时，圈选指定地理位置或周边范围内的用户，加强目标人群浓度，赋能客单价较低、决策周期较短的本地团购快消品牌提升投放精度和营销效果。短视频平台公域流量基数庞大，其本地生活服务与 LBS 营销的结合，有利于品牌在线上形成流量规模效应，并辐射至线下各个单店，实现高效转化。随着短视频平台对"LBS+ 本地生活"的深耕，预计将涌现出更多创新营销工具和解决方案，助力本地生活服务商家数字化转型提速。

（七）社媒营销

1. 一个字重新认识社交媒体平台

图 3-65　一个字认识社交媒体平台

来源：微播易

① 抖音：像聚光灯下的舞台，很潮

在这个炫酷无比的舞台之上，每个人都尽情展现着生活的美好与光鲜。夸张的演技、包罗万象的内容、形式多样的呈现，带来紧张刺激的体验，成就大众的视频浅社交狂欢盛宴。

② 快手：如夜幕降临的广场，很真

在这片广场之中，老乡们嗑着瓜子，闲聊家长里短；青年与老年混搭的广场舞，演绎着狂欢的乐章；摆摊的老乡亲切推荐，处处皆是热热闹闹的人间烟火，让你真切领略大千世界中每一种真实的存在。

③ 小红书：时尚潮流美好生活指南，很美

美女如云、美图如画、美景如诗、美食诱人、美搭时尚……这里的一切皆是美的化身、美好的象征。一群时尚女性引领着中国人迈向美好生活的新潮流。

④ 微博：八卦娱乐的热门聚集地，很热

这里永远在热议着谁出轨了、谁塌房了、谁辱华了……这里是最接近经典意义的舆论场。而这个舆论场最不缺的便是热搜，什么最火最热，尽在微博。

⑤ B站：Z世代的乐园，很酷

你看动漫吗？你知晓番剧吗？你了解二次元吗？你造火箭吗？这里是Z世代多元文化交流与认同的聚集地，极致的内容品质与为爱发电的灵魂相互碰撞，每一个瞬间都是酷的代名词。

⑥ 视频号/微信：真善美的生活正能量，很专

这里有真理真相，有忠孝礼义仁，有家和万事兴。以最专业的内容，将真善美传递给每一个人。

2. 主流社交媒体发展现状

（1）用户规模及画像

全网社交用户规模增速放缓，微信、抖音、快手平台用户体量大，微信13亿用户打底依旧稳坐社交老大的高位，抖快、小红书、B站保持2%～6%的稳定增速。

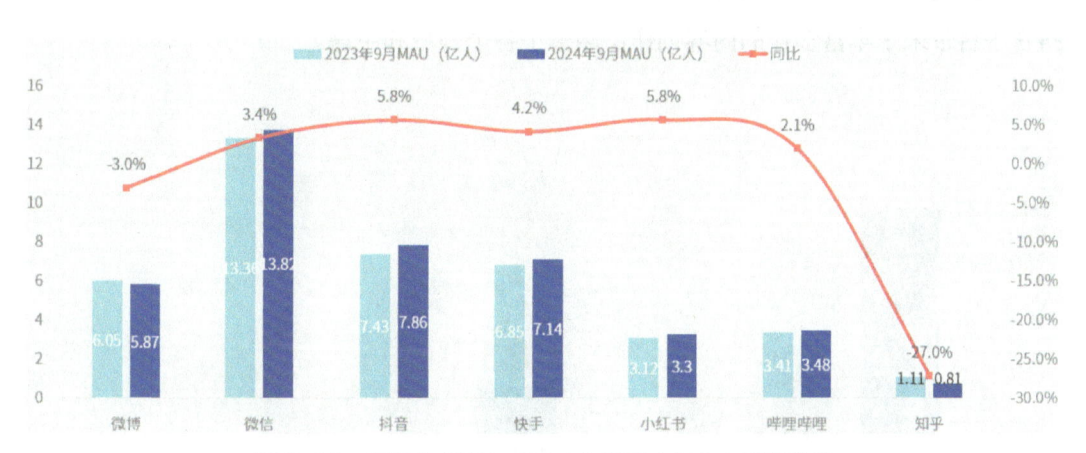

图3-66　各平台2023—2024年月活（亿人）及变化率

数据来源：微播易基于公开资料整理

抖音、快手下沉市场竞争激烈，但快手更占优，小红书、B站偏高线，微信地域分布均衡。

平台	一线城市	新一线城市	二线城市	三线城市	四线及以下城市	下沉市场渗透率
B站	125	123	104	91	84	中等，一线/新一线城市为主
抖音	110	105	101	106	102	向下扩展，一二线占比略高，但整体均衡
快手	88	81	104	109	114	最强，三四线及以下城市占绝对优势
微信	96	97	99	101	101	中等，覆盖广泛但创作者集中高线城市
微博	120	110	102	91	94	中等，一线/新一线城市为主
小红书	140	132	100	94	81	较弱，一线/新一线城市更集中

图 3-67 2024 年各平台用户地域分布 TGI

数据来源：微播易数据研究院

（2）达人储备

据行业公开数据统计，各平台的达人数量呈现出明显的差异。抖音以高达 300 万的达人数量遥遥领先，充分展现了其在达人资源方面的强大优势。这一庞大的达人队伍为抖音平台带来了丰富多样的内容创作，涵盖了各个领域和主题。

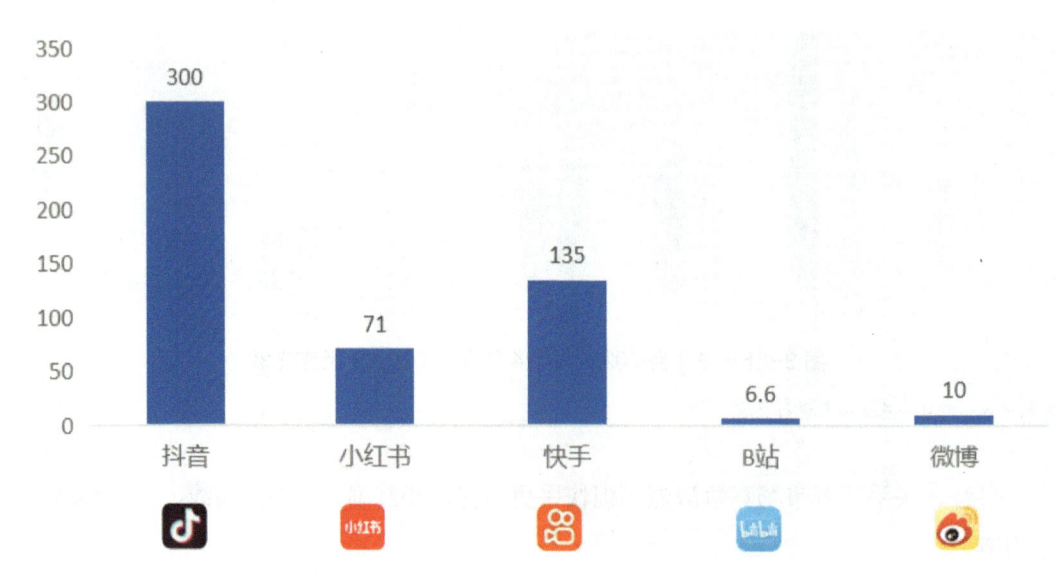

平台	达人数量（万人）
抖音	300
小红书	71
快手	135
B站	6.6
微博	10

图 3-68 2024 年各平台达人数量（万人）统计

数据来源：微播易数据研究院

小红书的达人数量达到了 71 万，这表明小红书在吸引和培养达人方面也取得了显著成果。小红书是长尾达人最多的一个平台，但不影响小红书在美妆、时尚、生活方式等方面的专业经验和见解，形成了独特的内容生态。

快手的达人数量为 135 万，与抖音和小红书相比，具有一定的竞争力。这些达人在快手平台上展示着真实、接地气的生活内容，满足了用户对于贴近生活的信息需求。

B 站的达人数量为 6.6 万，虽然相对较少，但 B 站的达人以其独特的创意和对二次元、游戏等特定领域的专注，吸引了大量忠实的粉丝群体。

微博的达人数量为 10 万，相对其他平台较少。然而，微博达人的头部占比最高，往往具有较高的影响力和传播力，能够在热点话题和舆论引导方面发挥重要作用。

总体来看，各平台的达人数量反映了其在内容生态和营销策略上的特点。对于品牌和营销者而言，了解各平台的达人分布情况，有助于精准地选择合作平台和达人，制定更有效的营销方案，以实现品牌推广和销售增长的目标。

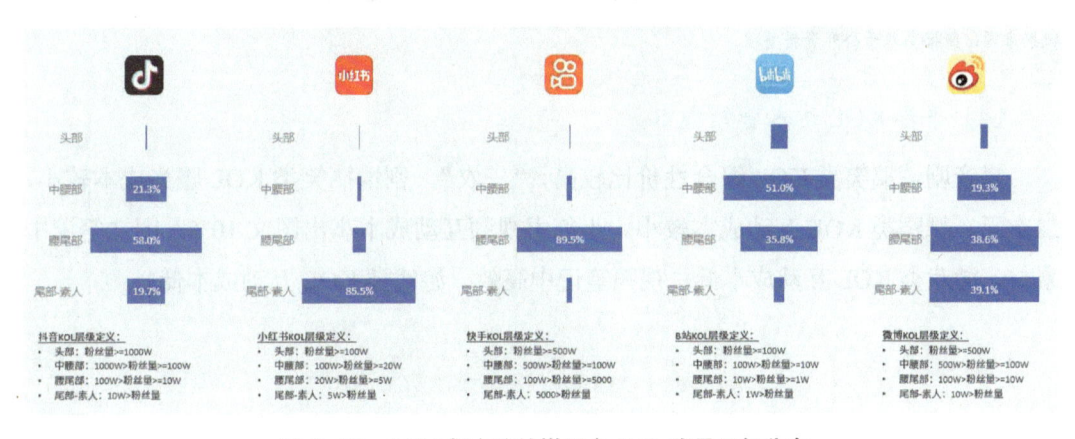

图 3-69　2024 年主流社媒平台 KOL 账号层级分布

数据来源：微播易数据研究院

（3）平台营销服务成熟度

抖音在人群模型、营销经营模型上较为注重全域与综合经营，表现为回归内容本质，重构流量生态。快手则相对强调品牌与用户的紧密关系，而小红书较为强调前策数据洞察与实操投放的"道与术"的组合策略，B 站商业化工具以花火平台为主，独特的新生代的用户长期投资价值较为可观。

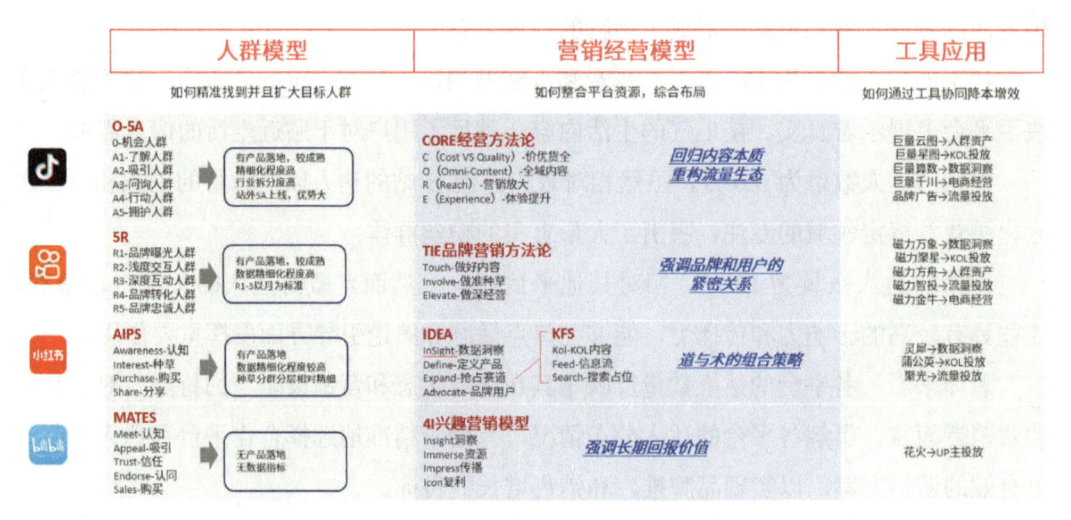

人群模型	营销经营模型	工具应用
如何精准找到并且扩大目标人群	如何整合平台资源，综合布局	如何通过工具协同降本增效
O-5A 0-机会人群 A1-了解人群 A2-吸引人群 A3-问询人群 A4-行动人群 A5-拥护人群 有产品落地，较成熟 精细化程度高 行业拆分度高 站外5A上线，优势大	**CORE经营方法论** C（Cost VS Quality）-价优货全 O（Omni-Content）-全域内容 R（Reach）-营销放大 E（Experience）-体验提升 回归内容本质 重构流量生态	巨量云图→人群资产 巨量算图→KOL投放 巨量千川→电商经营 品牌广告→流量投放
5R R1-品牌曝光人群 R2-浅度交互人群 R3-深度互动人群 R4-品牌转化人群 R5-品牌忠诚人群	有产品落地，较成熟 数据精细化程度高 R1-5以月为标准	**TIE品牌营销方法论** Touch-做好内容 Involve-做精准 Elevate-做深经营 强调品牌和用户的 紧密关系	磁力万象→数据洞察 磁力方舟→人群资产 磁力智投→KOL投放 磁力金牛→电商经营
AIPS Awareness-认知 Interest-种草 Purchase-购买 Share-分享	有产品落地 数据精细化程度较品 种草分群分层相对精细	**IDEA** InSight-数据洞察 Define-定义产品 Expand-抢占赛道 Advocate-品牌用户	**KFS** Kol-KOL内容 Feed-信息流 Search-搜索占位 道与术的组合策略	灵犀→数据洞察 蒲公英→KOL投放 聚光→流量投放
MATES Meet-认知 Appeal-吸引 Trust-信任 Endorse-认可 Sales-购买	无产品落地 无数据指标	**4I兴趣营销模型** Insight洞察 Immerse浸染 Impress传感 Icon复利 强调长期回报价值	花火→UP主投放

图 3-70 各平台人群模型、营销经营模型示意图

数据来源：微播易基于公开资料整理

（4）平台 KOL 达人营销成本

抖音剧情搞笑类 KOL 综合性价比较高，"三农"、剧情搞笑类 KOL 曝光成本较小，二次元、舞蹈类 KOL 互动成本较小。小红书视频互动成本高出图文 10%，图文笔记中素材、游戏类 KOL 互动成本低，视频笔记中高效、游戏类 KOL 互动成本低。

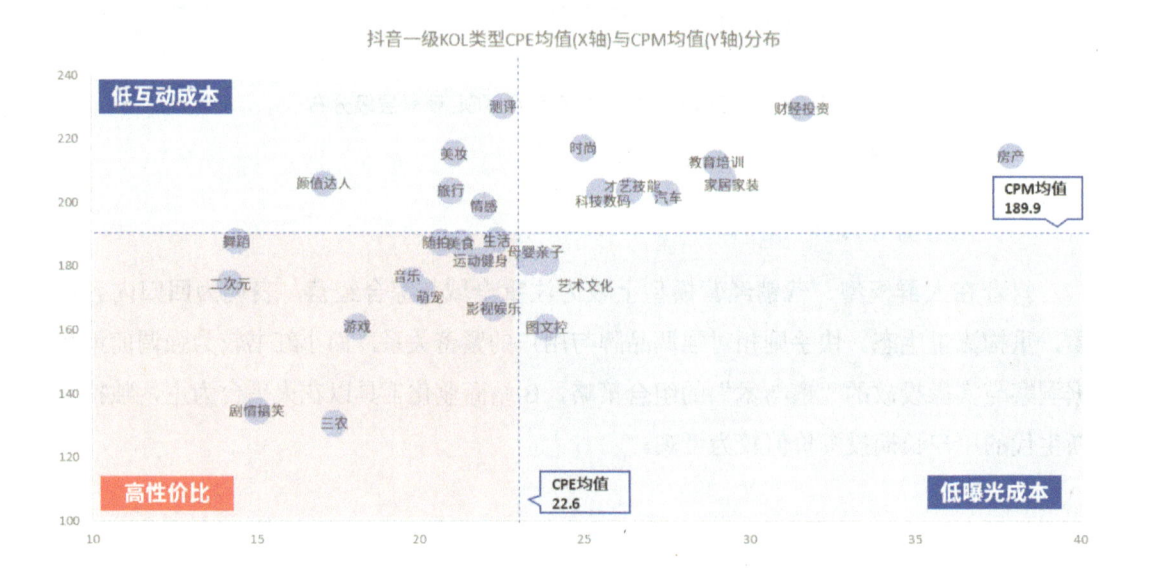

抖音一级KOL类型CPE均值(X轴)与CPM均值(Y轴)分布

图 3-71　2024 年抖音平台 CPM 和 CPE 分布；2024 小红书平台 CPE 分布

数据来源：微播易数据研究院

（5）商业化市场份额

2024 年上半年，从各个平台的 KOL 广告业务规模来看，抖音平台依托领先的商业化能力，整体 GMV 位居行业 TOP1，同比增加 30.2%。小红书作为流量精准、优质的平台位居行业第二；在微信生态中，视频号的增长比较亮眼，作为国内最大的社交媒体平台，微信的商业潜力很大。

图 3-72　2024 年 H1 vs 2023 年 H1 各平台消耗总额（亿元）及变化率

数据来源：微播易数据研究院

3. 不同平台的适配产品特征

随着平台电商闭环能力的构建，为了更好地发挥差异化优势，品牌方开始在不同的平台上布局定制款。企业可根据不同平台特征，去定制货盘。

抖音，适合潮流联名款，特色创新品。例如，知名运动品牌与知名设计师推出的联名运动鞋，或是具有独特功能的新型智能家居产品。其用户群体追求时尚、新颖，对于这类具有独特卖点和创新元素的产品接受度高。

快手，新市井社区广场，适合地方特色产品，实惠量大的产品。例如，来自特定地区的传统手工艺品，或者是大包装、高性价比的日用品。快手的用户更注重产品的实用性和性价比，地方特色产品能满足他们对独特性的需求，实惠量大的产品则符合其消费习惯。

小红书，种草决策社区，高颜值、健康、时尚风格、国外潮流产品。像精致的美容护肤品、有机健康食品、设计时尚的服装配饰，以及来自海外的热门美妆、时尚单品等。小红书的用户多关注生活品质和外在形象，对这类能够提升生活品位和展现个性的产品感兴趣。

微博，热点舆论广场，适合明星代言款、明星同款。例如，某明星代言的服装品牌推出的新款服饰，或者是明星在日常生活中使用的同款电子产品。微博用户对明星动态关注度高，明星的影响力能够有效带动相关产品的推广。

B站，Z世代乐园，文化联名款。例如，动漫IP与品牌合作的联名周边产品，或是具有独特文化内涵的游戏装备。B站用户热衷于各类文化元素，对与自己喜爱的文化相关的联名产品充满热情。

视频号，私域新蓝海，健康养生品。诸如各类滋补保健品、家用健身器材，或者是具有养生功效的食品。视频号的用户更关注自身和家人的健康，这类产品能够满足他们对健康生活的追求。

4. 社交平台营销红利及方法

（1）人群营销模型

抖音模型将用户划分为O（机会人群）、A1（了解人群）、A2（吸引人群）、A3（问询人群）、A4"行动人群"（首购）和"A5拥护人群"（复购）这从远到近的五个层级，代表了用户从了解到用户品牌行为旅程，揭示了用户与品牌的关系远近。

小红书——AIPS同样贯穿人群从A（认知）到I（种草—深度种草），再到P（购买），最后 S（分享）的行为路径，但小红书还提出了"反漏斗人群模型"。相比抖音从潜在机会人群到核心转化人群的"漏斗型"策略，小红书的种草逻辑是先找到产品最核心的人群进行种草，然后再逐步破圈到兴趣人群，进而影响泛机会人群。

O-5A	5R	AIPS	MATES
O (Opportunity) --机会人群	R1 (Reach) --品牌曝光人群	A (Awareness) --认知	M (Meet) --认知
A1 (Aware) --了解人群	R2 (Remember) --浅度交互人群	I (Interest) --种草	A (Appeal) --吸引
A2 (Appeal) --吸引人群	R3 (Relate) --深度互动人群	TI (TrueInterest) --深度种草	T (Trust) --信任
A3 (Ask) --问询人群	R4 (React) --品牌转化人群	P (Purchase) --购买	E (Endorse) --认同
A4 (Act) --行动人群	R5 (Reliance) --品牌忠诚人群	S (Share) --分享	S (Sales) --购买
A5 (Advocate) --拥护人群			

图 3-73　各平台人群模型

数据来源：微播易基于公开资料整理

（2）主动、被动流量整合营销，最大化投入产出

KFS 打法就是将关键意见领袖（KOL）的影响力、信息流广告（Feeds）以及搜索广告（Search）结合在一起的一种内容营销组合策略，旨在以用户为中心，通过分析用户需求和行为，全面覆盖潜在客户并提高广告效果。

根据预算的多少，有不同玩法。同时，品牌在不同的阶段，也需要有不同的策略。

① 0～1 品牌

流量型投放。如果说我们刚起步想控制住成本，可以延长营销的准备期、测试产品的素材并积累数据，然后针对引流效果最好的款式采取流量密集策略，将所有营销预算用于获取流量。

② 1～10 品牌

心智型投放。在爆款打造阶段，通过深入了解细分用户需求，构建产品心智形象，将预算主要用于精准人群投放，以实现核心兴趣消费者到泛人群的逐层破圈影响

③ 10～100 品牌

生态型投放。在巩固市场地位的同时构建品牌护城河，包括品牌生态化建设、全渠道用户心智占领、数据智能驱动、跨界价值共振等，实现系统化布局。

（3）平台内容红利随战略迁移，精制短剧是当下最红利的内容场景

平台内容战略的迁移，无不围绕着用户、商业化的目标展开，在当下用户红利见顶，社交内容平台开始通过短剧来获得用户更多的时长和黏性。以韩束为代表的品牌已经尝鲜到新的内容形态红利，2023 年，韩束投入 5000 万短剧的营销费用，撬动 33 亿+GMV。

在 2016 年以前，短视频平台主要以娱乐段子类的快餐娱乐内容迅速吸引双 V 用户，但这种内容逐渐被贴上"娱乐至死"的标签。

2019 年至 2022 年，为提升专业内容，平台鼓励垂直达人，然而却出现了平台流量被头部红人裹挟的情况。

2021 年至 2022 年，为提升平台在电商的版图及商业变现能力，鼓励商家直播自播，却导致拔草商业内容出现过载。

2023 年至 2024 年，由于全民情绪焦虑，商业大环境增长放缓，平台通过精制短剧这种能提供情绪价值的内容来增加用户时长和黏性。目前，精制短剧成为了当下最具红利的内容场景。

（八）短剧营销

2024 年迅速蹿红的短剧，时长短、节奏快、情节爽的内容被观众追捧，快速增长的产业规模和媒体讨论度，正在缔造新的行业"神话"。2012 年，长视频平台首推"横屏短剧"；2017 年，短视频平台推出"竖屏短剧"加速行业发展；再到如今全域资源涌入再迎"新风口"，短剧行业表现出多个利好发展态势。

产能增长、市场规模扩大、用户注意力倾斜、多方主体加速入局、商业模式不断下探……聚焦品牌营销领域，追随媒体焦点和用户的注意力，"短剧"亦成为广告主提升品牌价值和加速消费转化重要的内容营销对象。2024 年，短剧市场"供需两旺"，政策、市场双向利好，行业发展加速、正迎风口期。

1. 短剧行业发展

2024 年，短剧行业野蛮生长的时期成为过去。在政府的多方调控下，激励与监管"两手抓"，推动短剧行业健康规范发展。

（1）政策支持，鼓励短剧行业发展

2024年1月，国家广播电视总局办公厅发布《关于开展"跟着微短剧去旅行"创作计划的通知》，2024年要创作播出100部"跟着微短剧去旅行"主题优秀微短剧。北京、湖北、福建、黑龙江等地相关政府单位为微短剧创作提供奖金支持；山东青岛、粤港澳大湾区成立微短剧影视产业基地；浙江余杭区出台支持网络微短剧产业发展财政政策实施细则，以产业新政和发展基金为抓手，鼓励微短剧创作……各地政府正在持续开展政策支持、资金激励、资源扶持等多种举措，推进微短剧行业快速高效发展。

（2）政府监管加强，规范短剧行业发展

广电政府对短剧行业的监管主要体现在三个层面，一是出台备案新规。调整为政府出台备案新规，对短剧行业加强监管。2024年4月，广电总局发布了《关于微短剧备案最新工作提示》文件，自6月1日起，未经审核且备案的微短剧将不得上网传播。5月，广电总局开展微短剧收费专项治理，要求小程序主体优化退费流程，明确收费价格和会员权益，严禁诱导和强制收费。

从行业发展层面看，以国家队为首文旅、影视、电商平台等多方主体加速入局，抢注微短剧行业风口。2024年，文旅行业瞄准微短剧内容，"微短剧+文旅"成为政府促进旅游消费，打造文旅新风尚的一张亮丽名片。3月，北京市广播电视局在京举办跟着微短剧去旅行——"短剧游北京"创作计划发布活动；4月，中央广播电视总台发布"微短剧里看中国"微短剧生态合作计划……河北、黑龙江、福建、山西等各地广播电视局、文旅局积极响应，展开"跟着微短剧去旅行"的主题创作规划工作。

影视行业革新内容类型，以"微短剧+影视"拓展影视发展新路径。湖南卫视、浙江卫视、东方卫视、重庆卫视等传统广电，以出品方式推动微短剧创作，发挥主流媒体价值，布局微短剧赛道；芒果TV推出"支持风芒打造以微短剧为主的下一代短视频平台"的战略部署；B站在上海电视节的微短剧大会上发布精品微短剧领域的内容规划和扶持计划，入局微短剧，视频网站也加紧了微短剧布局的步伐。

从直播到微短剧，电商平台看准"短"内容，探索内容电商带货的新路径。淘宝在"逛逛"板块的二级页面专门开辟了一个短剧板块，名为"小剧场"；拼多多"多多视频"下方的二级频道新上线了"短剧"入口；京东APP首页"逛"页面中的信息流中，出现短剧内容；小红书发布"红短剧"扶持计划，推出亿级广告扶持和广告资源扶持……

2024年，微短剧行业发展迅猛，用户规模快速增长。根据CNNIC第55次《中国互

联网络发展状况统计报告》数据显示，截至 2024 年 12 月，微短剧用户规模达 6.62 亿人，网民使用率为 59.7%。

2. 短剧内容市场

微短剧内容产能增长，市场供给力高幅提升。根据估算，2024 年全渠道微短剧的播出总量超 4 万部，2024 年"抖音+快手"的端原生非付费微短剧播出数量同比 2023 年几近翻倍，"短剧 APP+小程序"的 IAP 微短剧播出数量也在持续增加，2024 年微短剧内容产能呈现高速增长态势。

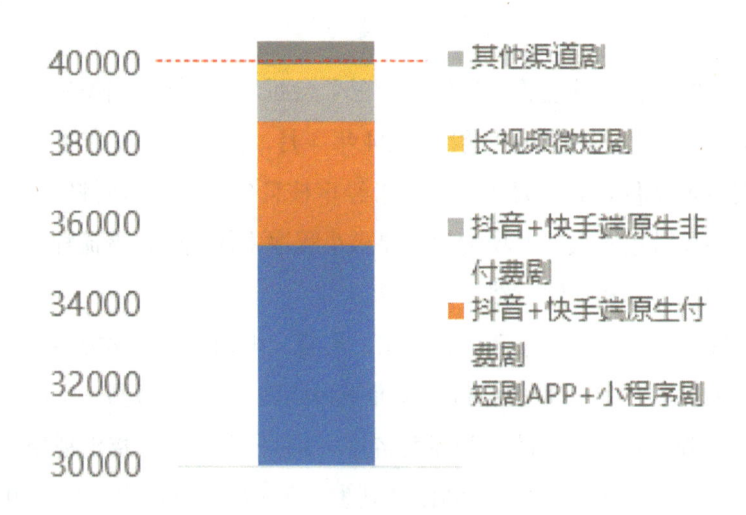

图 3-74　2024 年我国微短剧全渠道播出数量

数据来源：短剧 APP+小程序微短剧数据来源于网络视听协会《2024 微短剧行业生态洞察报告》，小程序包括微信小程序、抖音小程序和快手小程序；APP 平台包括红果短剧、河马短剧、喜番免费短剧、星芽免费短剧、繁花剧场、伊看故事会等；短视频媒体的端原生非付费/付费微短剧数据来源于勾正科技，统计渠道包含抖音、快手；长视频媒体微短剧数据来源于公开资料

从播出侧来看，仅抖音、快手播出的微短剧内容，2024 年，微短剧的播出部数，尤其是品牌合作的商业微短剧播出部数大幅增长。勾正数据显示，2024 年，抖音、快手播出超千部微短剧（不含付费短剧），同比 2023 年增长了 93.8%，其中品牌微短剧播出 526 部，同比 2023 年增长了 141%。自韩束尝到微短剧营销红利，打造出现象级标杆案例后，2024 年，其他品牌不再观望、批量投注微短剧内容，商业微短剧数量的高幅增长也代表了微短剧品牌营销的爆火程度。

非付费微短剧部数　　品牌微短剧部数　　投放部数同比增幅
1008 部　　　　**526** 部　　　　↑ **+141** %

图 3-75　2024 年微短剧上新情况

数据来源：勾正数据，监测范围为抖音、快手的非付费短剧，统计周期 2024 年 1—12 月；品牌微短剧：指有品牌合作的微短剧，包括但不限于植入、冠名、赞助、定制等；

　　微短剧的内容类型分布上，从创作端来看，都市爱情（14.3%）、家庭情感（14.1%）、都市情感（11.7%）是播出数量占比最高的三大类型。《上学时经历的生死时刻》S3、《重生之我在短剧里当保姆》、《重生之我在短剧里当主角》、《大过年的》、《我和女儿坐同桌》是 2024 年用户播放次数最高的 5 部剧。

都市爱情	14.3%
家庭情感	14.1%
都市情感	11.7%
都市搞笑	11.5%
甜宠	9.6%
校园搞笑	9.2%
成长励志	5.1%
逆袭	4.6%
古风	3.2%
职场爱情	2.8%

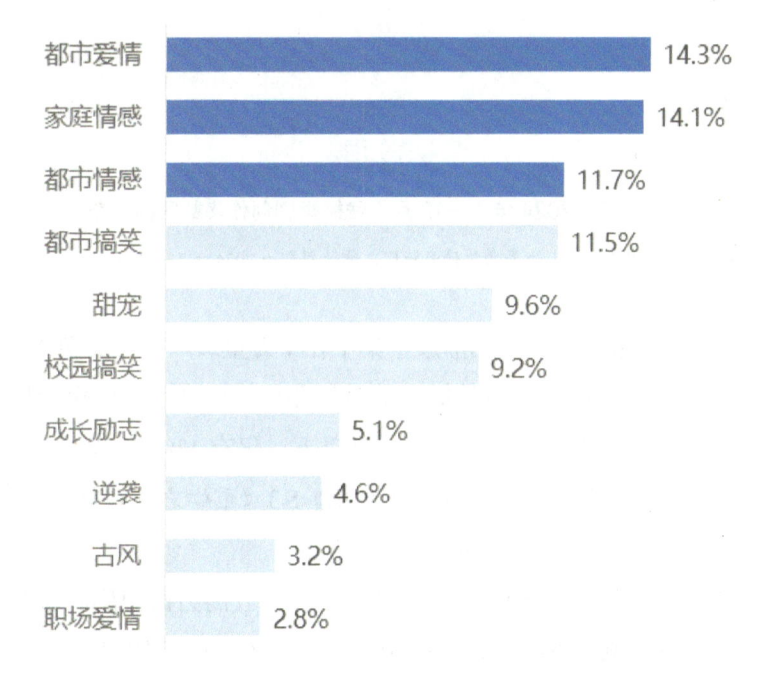

图 3-76　2024 年用户最爱看的微短剧题材类型（按播放量统计）

数据来源：勾正数据，监测范围为抖音、快手的非付费短剧，统计周期为 2024 年 1—6 月

从微短剧内容创作来看，不同于动辄上百集的小程序付费短剧，2024年，抖音、快手平台上播出的非付费微短剧，七成以上的创作集数在10集以内，30集以上的微短剧数量占比不足7%，品牌微短剧中占比不足1%，短平快仍是微短剧创作的核心要素。

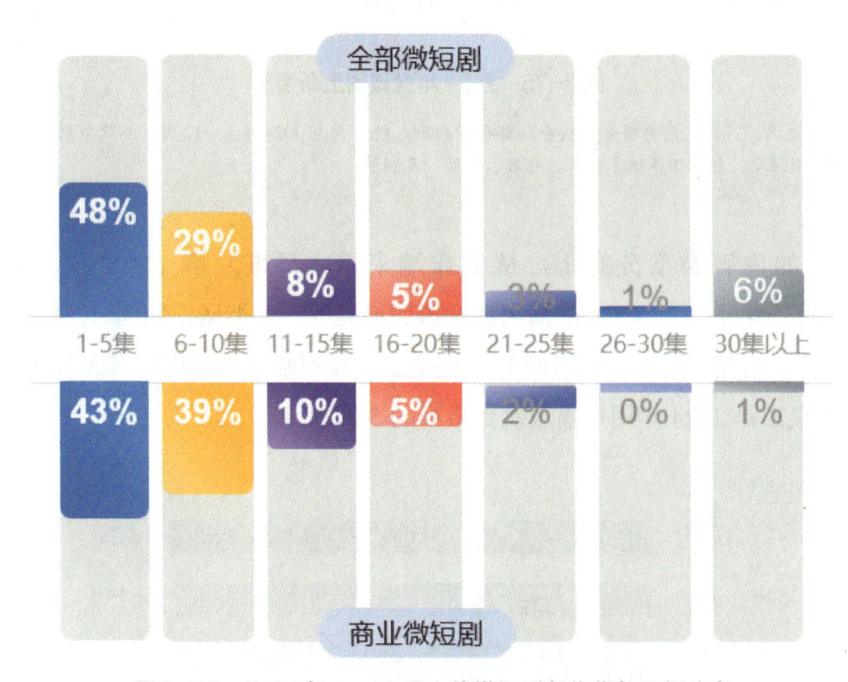

	1-5集	6-10集	11-15集	16-20集	21-25集	26-30集	30集以上
全部微短剧	48%	29%	8%	5%	3%	1%	6%
商业微短剧	43%	39%	10%	5%	2%	0%	1%

图 3-77　2024 年 1—12 月上线微短剧创作集数区间分布

数据来源：勾正数据，监测范围为抖音、快手的非付费短剧，统计周期为 2024 年 1—12 月

从播放表现看，超五成的微短剧播放量集中在千万量级，搞笑类型成"流量担当"。勾正数据显示，2024年，抖音、快手播出的微短剧中，55.1%的微短剧播放量集中在1000万～1亿，20.2%的微短剧播放量在千万以下，仅有1%的微短剧播放量在10亿以上，共有4部，其中《上学时经历的生死时刻》S3《重生之我在霸总短剧里当保姆》《重生之我在短剧里当主角》3部均为搞笑类型。

微短剧的流量获取与商业价值呈正相关，品牌投放助力微短剧收割高流量。勾正数据显示，2024年微短剧热度榜上，TOP 20微短剧中有14部是有品牌合作的商业微短剧，尤其是《上学时经历的生死时刻》S3《重生之我在霸总短剧里当保姆》《重生之我在短剧里当主角》TOP 3微短剧均是有多个品牌分集合作的商业微短剧。

表 3-3　2024 年 1—6 月微短剧热度榜

排名	短剧名称	达人	题材	平台	品牌	热度值
01	《上学时经历的生死时刻》S3	脱缰凯	校园搞笑	抖音	OPPO、雀巢、肯德基等 37 个	27541
02	重生之我在霸总短剧里当保姆	七颗猩猩	都市搞笑	抖音	HBN、丸美、长安汽车等 18 个	19368
03	重生之我在短剧里当主角	七颗猩猩	都市搞笑	抖音	华为、韩束、安慕希等 13 个	14384
04	大过年的	她的世界	家庭情感	抖音	谷雨	12222
05	我和女儿做同桌	破产姐弟	校园情感	快手	百多邦	10495
06	喜事千金	姜十七	甜宠	抖音	C 咖	10109
07	流量女王	婉儿的宝藏姐姐	都市爱情	快手	—	9682
08	三个总裁团宠千金	姜十七	都市爱情	抖音	百雀羚	9587
09	我在大宋开酒吧	快手星芒	古风	快手	天猫	9312
10	常怀善良心	嘉皓	成长励志	抖音	—	8696
11	从天"儿"降	姜十七	都市搞笑	抖音	贝德美	8361
12	大妈的世界 贺岁篇	芒果 TV	都市搞笑	抖音	—	8238
13	翻山越岭来爱你	姜十七	都市爱情	抖音	百雀羚	8206
14	命中注定快发财	姜十七	甜宠	抖音	肯德基	8103
15	重生之我在 AI 世界当特工	快手星芒	魔幻	快手	京东	8085
16	重启我的人生	姜十七	逆袭	抖音	抖音商城、百雀羚	8043
17	一路归途	宋木子	都市搞笑	快手	—	8023
18	超能坐班族	超能坐班旋	都市搞笑	快手	—	7934
19	你比星光闪耀	姜十七	甜宠	抖音	赫莲娜	7657
20	九儿	艾青的女人剧场	家庭情盛	快手	—	7609

数据来源：勾正数据，监测范围为抖音、快手的非付费短剧，统计周期为 2024 年 1—12 月

3. 短剧营销市场

2023 年，韩束依靠微短剧营销，在抖音打了个漂亮的"翻身仗"，吃到了切切实实的红利。2024 年，众多品牌多模式加注合作，全面开发微短剧商业潜力。品牌对微短剧的投入主要分三种情况：

第一，部分品牌对微短剧营销持谨慎态度，边观望边"小试牛刀"，以肯德基、巴布豆、金领冠、启初为代表的品牌，2024 年均通过单集植入、场景摆放、硬广等方式，首次试水微短剧营销，在大流量微短剧中进行品牌露出，提升品牌声量与促进消费转化。

第二，部分品牌已经学习或积累了微短剧营销的经验，2024 年开始采用品牌定制的方式重度参与，百多邦、潘婷、高露洁、百雀羚、麦吉丽等大批品牌纷纷与达人合作定

制微短剧，将品牌定位、理念与微短剧内容进行融合，故事化传递品牌价值，深化品牌记忆。

第三，部分大企业、头部品牌看到微短剧营销的红利后，重注该赛道。犹如品牌在直播营销模式的选择上类似，从依赖"达人直播"到品牌自控的"店铺直播"，在微短剧营销上，以小米、360集团为代表，品牌选择招募自己的编剧、拍摄团队，越来越多的品牌开始自制微短剧，在抖快、淘京等多渠道分发，为品牌市场"拓品增效"。

从内容植入到达人定制品牌短剧，再到品牌自制短剧，无论是何种入局方式，都预示着微短剧已经成为品牌内容营销的重要选择之一。

大批品牌涌入，掀起微短剧营销热。勾正数据显示，2024年，抖音、快手平台上新的非付费微短剧中，有品牌合作的商业微短剧占比52%，品牌已经成为微短剧重要的"出品方"。品牌对微短剧的投放不仅在"量"上实现了巨大的跃升，投放策略上也开始配合电商大促，做节点式投放。勾正数据显示，2024年，品牌合作微短剧的月度趋势上，重点集中在春节、五一劳动节、"6·18"大促节点期，以天猫为代表，"6·18"大促期间携手快手星芒短剧推出22部微短剧集中在6月投放，以微短剧内容为平台和参与大促的品牌引流促转化。

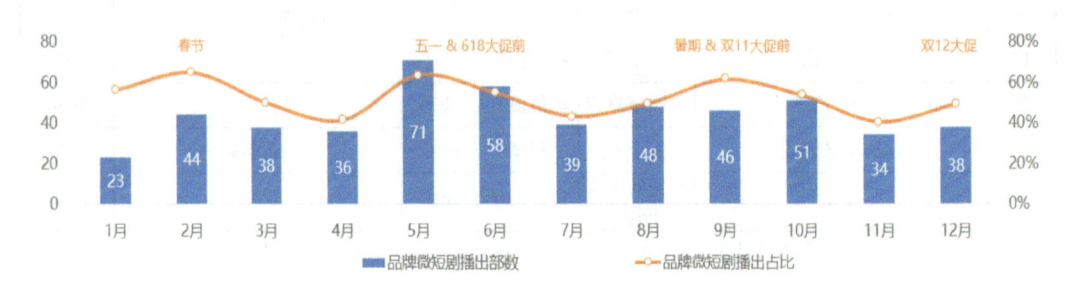

图3-78　2024年1—6月商业微短剧播出部数变化

数据来源：勾正数据，监测范围为抖音、快手的非付费短剧，统计周期为2024年1—12月

多行业押注，美妆、个护、食品饮料三大快消品行业领投。勾正数据显示，2024年个护、家电、母婴、药品行业投放品牌数量占比提升。从行业类型分布来看，由于快消品行业具有客单价低、高消耗、快决策的消费特点，内容引流、转化的效率高，因此美妆、个护清洁、食品饮料这三大快消品行业，投放品牌数量占比48%、投放部数占比57%，成为微短剧营销占比最高的三大行业。

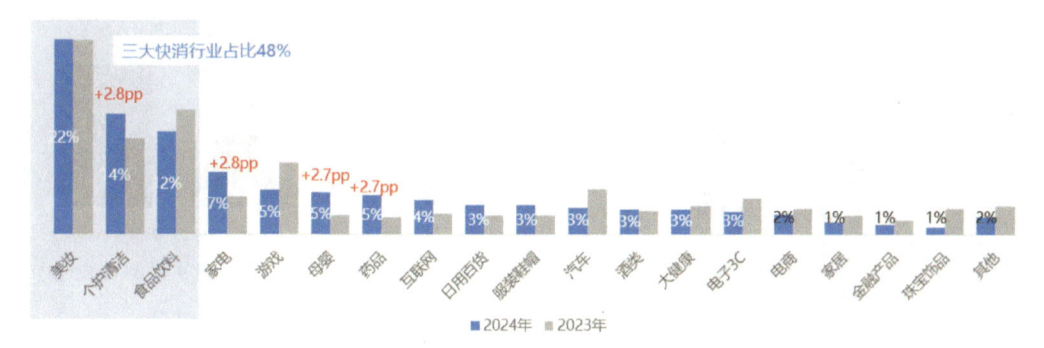

图 3-79　2024 年 vs 2023 年微短剧营销品牌的行业类型分布（按入局品牌数量）

数据来源：勾正数据，监测范围为抖音、快手的非付费短剧，统计周期为 2024 年 1—12 月

先入局品牌高频投放"乐此不疲"，新入局品牌大批涌入"尝鲜"。勾正数据显示，以韩束、999、丸美为代表，2024 年前已有大量品牌在尝试微短剧营销合作。品牌投放微短剧之后迅速看到品牌转化效果，带来真实的销量增长后，投入更多的预算继续加码，由此形成正向循环，逐渐演变成微短剧营销的"常客"。除此之外，以欧诗漫、百多邦、百雀羚为代表，2024 年有 231 个品牌首次入局微短剧，占全部微短剧品牌数量的 66.4%，行业覆盖美妆、游戏、母婴、家电、药品、教育等 15 个消费品类。"韩束"的成功刺激品牌"跃跃欲试"，渐趋成熟的微短剧营销模式坚定品牌的投放"信心"。对于品牌而言，2024 年微短剧营销势在必行。

2024年投放品牌数	首次投放品牌数	数量占比
348 个	231 个	66.4%

图 3-80　2024 年品牌投放微短剧入局类型占比分布

数据来源：勾正数据，监测范围为抖音、快手的非付费短剧，统计周期 2024 年 1—12 月

从营销方式来看，对比品牌"尝鲜"阶段，2024 年，微短剧营销方式两极反转，"独家定制"成主流合作模式。勾正数据显示，2024 年，有品牌合作的商业微短剧中，品牌独家定制的微短剧数量占比从 2023 年的 47% 增长到 2024 年的 90%，品牌定制剧数量占比增加了 43 个百分点，定制合作成品牌营销"新宠"。2024 年天猫独家定制 47 部微短剧，999 定制 29 部，韩束、OLAY、飞科分别定制 14、11、10 部，甚至肯德基、麦当劳等品牌也开启了微短剧自制之路，从"分集植入"到"独家定制"再到"品牌自制"，品牌参与度逐渐加深。目前来看，与达人合作推出品牌定制剧已经成为微短剧营销的主流方向。

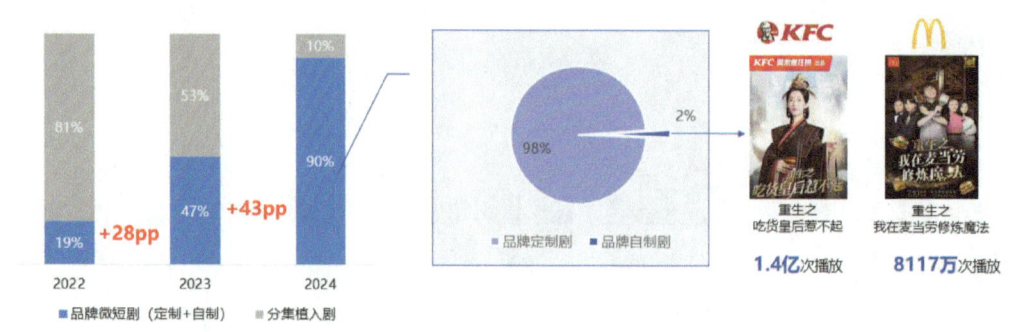

图 3-81　品牌微短剧营销方式变化

数据来源：勾正数据，统计周期为 2024 年 1—12 月

"效果"是品牌完成投放后最关注的营销目标，而"品牌声量"是衡量微短剧投放的最直观的效果指标。勾正数据显示，在 2024 年微短剧品牌投放热力榜上，韩束合作 18 部微短剧，获得 1905 万流量，品牌声量最高。天猫以 48 部的微短剧合作"以量取胜"，电商巨头密集投放微短剧以求获得海量曝光。2024 年以淘宝、天猫、美团、抖音商城为代表，微短剧营销已经成为电商平台抢占流量的又一重要利器。

表 3-4　2024 年微短剧品牌声量榜

排名	品牌	行业	合作微短剧部数	植入集数	代表微短剧	品牌声量（万）
01	天猫	电商	48	150	我在大宋开酒吧	1590
02	999	药品	30	141	爱在时光深处	1571
03	抖音商城	电商	20	53	她的三十岁	1798
04	韩束	美妆	18	88	让爱"束"手就擒	1905
05	爱他美	母婴	13	125	再一次璀璨人生	481
06	飞科	家电	13	79	怪力少女夺回 100 亿	911
07	欧莱雅	美妆	1	52	逆旅	512
08	OLAY	美妆	11	38	离婚后全家坦白是首富	322
09	谷雨	美妆	9	97	大过年的	1864
10	欧诗漫	美妆	9	39	恰逢星光璀璨时	709
11	珀莱雅	美妆	8	66	和影帝网恋掉马后	641
12	意可贴	药品	8	48	重生后，我的前妻有点疯	98
13	东风汽车	汽车	8	29	双面赘婿	293
14	小度	电子 3C	8	21	朱府家规	716
15	美的	家电	8	18	错位继承人	185

续表

排名	品牌	行业	合作微短剧部数	植入集数	代表微短剧	品牌声量（万）
16	学而思	互联网	8	10	少年若许重回首	62
17	麦吉丽	美妆	7	32	恰好此时泛着光	429
18	百雀羚	美妆	6	37	三个总裁团宠千金	1712
19	C咖	美妆	6	30	喜事千金	1093
20	丸美	美妆	6	51	大过节的	1010

数据来源：勾正数据，统计周期2024年1—12月

4. 如何做短剧营销

"长＋短"视频优秀基因结合，微短剧天然带有营销优势。那么，对于广告主而言，在有营销的实际动作之前，都要回答三个问题：微短剧是什么？为什么做？怎么做？

第一，微短剧营销是什么？微短剧是将短视频与影视剧元素相结合的新兴内容形式。微短剧营销利用互联网平台获取了更广泛的观众群体，是品牌在网络平台上推广剧情广告、产品展示广告等的一种方式，从某种意义上说是内容电商发展出来的一种"软广告"形式，但相较于传统的硬广告更受用户欢迎，并且更易于促成消费转化。

就目前而言，微短剧营销仍处于高增长阶段；当前的政策规范化与多角色参与短剧生态共同推动市场向正向发展。因此，对于品牌而言，微短剧营销仍存在红利期。

第二，为什么要做微短剧营销？品牌投放微短剧的核心目标是通过高效的内容传播和互动，提升品牌曝光度和用户参与度，从而实现生意增长和销售转化。从广告主视角出发，微短剧能为品牌带来几点价值：品牌曝光与记忆点，通过全平台流量和高频次曝光，提升品牌知名度并留下深刻记忆点；互动与用户参与，设置评论互动和商品页跳转，增强用户参与感，提高购买意愿；精准营销与高效转化，利用清晰的用户画像和紧凑的剧情，实现精准营销和快速转化；数据驱动与精准投放，利用数据进行精准投放和效果评估，提升转化效率，优化下次投放策略。

第三，怎么做微短剧营销？首先，品牌在入局微短剧之前，需要先通过微短剧整体的发展态势、品牌类型及竞品/本品在微短剧市场中的定位、成功微短剧借鉴和复制等进行综合判断，清晰地了解自身是否适合进入微短剧营销领域，以及如何制订有效的策略和计划，以提升品牌在市场中的曝光度、影响力和竞争力。

其次，当前市场上常见的微短剧营销方式包括全剧定制微短剧、品牌植入微短剧（包括剧情植入、口播植入、产品植入、场景植入、道具植入、人设植入、台词植入等）、硬广合作微短剧（角标、标版、剧场合作、分集名称、首评中出现品牌名称或品牌链接等）。对于不同入局阶段的品牌，需要践行差异化投放策略。入局前期，品牌在

微短剧试水的情况下尝试分集植入较多，即多个品牌共同植入一部微短剧，随着市场的成熟，品牌全剧定制微短剧越来越受到市场的青睐。

最后，微短剧营销有周期性，最佳时间节点取决于品牌的具体营销目标和市场需求，品牌可以最大化地提升曝光度、用户参与度和销售转化率。例如，通过电商大促前提前预热，积累人气做蓄水准备（如双十一、双十二、"6·18"、年货节等）；通过节假日和特殊活动，结合精准人群及购物高峰期，吸引关注和购买（春节、国庆节、中秋节、情人节、母亲节、父亲节等）；通过新品发布和品牌活动，提高曝光度和用户参与度（新品发布会、品牌周年庆、品牌促销会等）；通过季节性营销和淡季促销，冲刺季度目标刺激消费需求。

（九）跨屏营销

当前品牌营销陷入增长瓶颈，企业传统的营销思维模式难以应对市场环境的快速变化。一方面，随着市场竞争的加剧，价格战频发，企业为追求短期效果，过度依赖效果广告，忽略了品牌长期建设，导致品牌力逐渐减弱，消费者对品牌的认知度和忠诚度下降。另一方面，移动互联网的流量红利逐渐消失，增长速度放缓，获取新用户的成本急剧上升，品牌面临高昂的流量获取费用。

与此同时，传播媒体快速迭代，营销触点粉尘化，跨渠道、跨屏幕的分散式用户行为使得品牌难以归一出完整的用户洞察，数据整合和精准投放成为难题。此外，随着营销手段的多样化和营销渠道的分散化，品牌在评估每次 campaign 的真实效果时，面临巨大挑战，缺乏有效的反馈机制，造成了营销预算的浪费和营销效率的低下。在这样的情形下，品牌想要突破增长瓶颈，就必须解决跨渠道、跨屏幕投放的数据整合洞察问题，通过跨屏营销，利用多元化的平台和新兴的流量池，结合先进的技术，提升全链路的用户洞察和营销效率。

1. 什么是跨屏营销

跨屏营销通常是指通过整合多种渠道终端，向广告主的目标受众投放广告信息，通过与消费者的信息互动，达到品牌市场营销目的的行为。目前，跨屏涉及的媒体渠道包含移动端、电视端（包含智能电视＆传统电视）、PC端和户外广告。其也是伴随媒体变化产生的一种有效的营销方法。

2. 跨屏营销的增量空间 —— 大屏端 OTT 和移动端微短剧流量增长引关注

当前的媒体市场早已告别了"一家独大"的局面，呈现出百花齐放的态势。2024年，大屏端流量规模整体稳中有升，小步快跑，其中 OTT 点播端月触达率相比去年进一步增长至 61%，流量增长明显。在移动端流量增长触顶的环境下，OTT 端成长为新的流量洼地，为品牌带来增量空间。

图 3-82　大屏端分平台平均月触达率

数据来源：勾正数据，分析人群：中国 11.0 亿网民

2024 年，在移动端流量增长态势放缓的形势下，内容侧杀出"流量黑马"，微短剧对移动端用户展现出强大的吸引力与增长活力。2024 年上半年，微短剧的平均月触达率从 2023 年的 25% 增长至 42%，上浮了 17 个百分点，微短剧的流量爆发为品牌投放提供了新的内容选择。

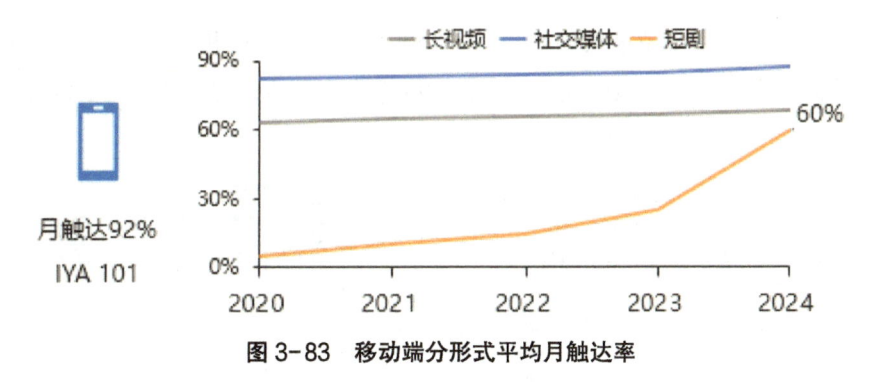

图 3-83　移动端分形式平均月触达率

数据来源：勾正数据，分析人群：中国 11.0 亿网民

面对媒体渠道的全面化与复杂化发展，品牌只有关注全域媒体，抓住机遇，把握流量红利，才能在多平台、多触点的营销环境中找到突破口，助力品牌实现新的增长。

3. 跨屏营销的价值 —— 各屏用户具有独占性，跨屏营销更能带来用户触达增长

不同屏幕的用户群体存在一定差异，各屏用户具有独占性。根据勾正数据测算，OTT端用户的独占率在20%以上。品牌通过单一屏幕很难覆盖全部目标用户。通过跨屏营销，品牌能够在多个平台上实现全方位用户触达，且在用户多屏互动的行为模式下，跨屏营销策略不仅能提升用户的触达频次，还能够通过多触点的整合传递一致的品牌信息，增强用户的品牌记忆和互动效果。相比单一屏幕投放，跨屏营销显著提高了用户的覆盖深度和广度，成为品牌营销增长的关键手段。

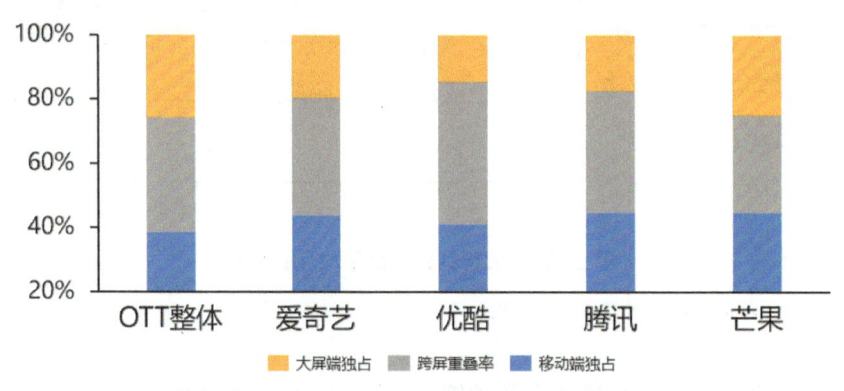

图3-84 2024年H1主流长视频媒体跨屏占比

数据来源：URS（Uni Reach System），Uni-insight，2024年1—12月

4. 跨屏投放的难点 —— "一人多ID"现象显著，跨屏打通成挑战

不同的设备端和媒体平台都有各自独立的用户ID标识，"一人多ID"现象突出，相互之间难以打通。这种现象极大加剧了品牌跨屏营销的复杂性和难度。各平台的用户ID缺乏打通机制，会导致同一用户在多个平台被视作多个个体，容易造成营销资源的浪费。

表3-5 2023年移动端用户ID覆盖数据情况

ID 类型	所属平台	行业月度ID数（亿）
IDFA	苹果设备标识符	2.8
OAID	安卓设备标识符（新）	10.2
IMEI	安卓设备标识符（旧）	6.8
BDID	抖音媒体ID	7.8
LRBID	小红书媒体ID	3.0
Total ID	—	30.6

数据来源：勾正统计，参考数据来源：工信部、极光数据、QuestMobile、CNNIC

据勾正统计，目前行业内平均每个用户至少拥有 2.8 个 ID（注：平均用户 ID 数 =Total ID 数 / 网民总数）。解决"一人多 ID"的问题，打通跨屏数据，成为品牌在跨屏营销中提升效果的关键。

5. 跨屏营销解决方案

（1）构建全媒体跨屏用户行为洞察体系

跨屏营销的首要任务，是更全面、更深度的跨屏用户行为洞察。当前媒体环境愈加复杂化，用户使用设备多样（如智能电视、手机、平板电脑、智能家电等）、媒体渠道形态纷繁（如社交媒体、视频媒体、新闻媒体等），用户注意力极度分散，多屏互动行为加速，这些用户行为给品牌带来了更多的触达机会，同时也增加了营销投放的难度。因此，全面而深度的跨屏用户行为洞察在跨屏营销策略中至关重要。

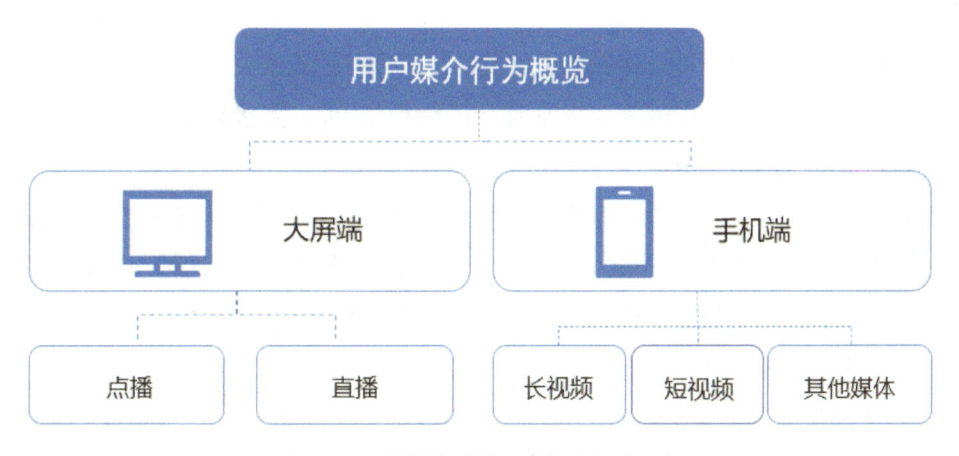

图 3-85 全媒体跨屏用户行为洞察示例

勾正提供跨屏同源技术，帮助品牌解决跨屏营销数据难打通的难题。通过勾正的跨屏同源技术，以受众为核心整合研究媒介价值，可以更精确地了解跨屏媒体间的重叠关系，媒体对于受众的独占比例，媒体间的互补作用。

（2）构建以人为本的定向营销体系，减少跨屏投放资源浪费

当前的定向营销实际效果可能远低于预期，由于数据隔离，不同投放平台的 ID 体系和标签体系相互独立，未能实现有效打通和统一，导致广告主难以准确识别用户在各平台上的身份。这种割裂的数据生态，容易导致同一用户在不同平台上重复接触相同的广告内容，造成过度曝光，既影响用户体验，又导致营销资源的浪费。为了解决这一问题，亟须建立跨平台的数据联动机制和统一的用户识别体系，从而实现精准的频次控制，提升广告投放的效率和效果。勾正可以通过跨屏的 DMP 或 ID 系统，整合跨屏、跨媒体的标签系统，实现一个标签在多个应用场景中的重复应用，从而减少品牌过度投放、提升营销效率。

（3）构建精准跨屏营销效果评估体系

当前跨屏广告效果评估主要面临的困境在于：一是在前链路中，传统的营销评估测算方式由于跨屏设备的难打通，容易导致评估结果不准确，给品牌真实衡量营销效果带来困扰。在后链路中，转化贡献的计算多依赖最后触点，忽视品牌广告的整体影响，导致效果广告投入过多，虽能提升短期销量，但可能损害品牌的长期利益。二是精细化的跨屏效果评估要求更高的算力支持和对大数据处理能力的依赖，品牌在数据能力的建设上有所欠缺。

通过技术能力和数据基础建设能力过硬的第三方营销服务公司，采用跨屏同源效果评估方式，有效避免评估中因为数据原因引起的评估误差，更接近事实的对营销效果进行评估，从而弥补品牌自身数据计算能力上的不足。

在数据处理上，当全量数据计算难度和成本较高时可以考虑大样本的同源 panel 级计算。以此通过输入各屏曝光数据就可以有效地计算跨屏整体触达情况和媒体间重叠与独占的占比；当增加例如电商数据、品牌一方销售数据、社交媒体数据或者调研数据等，就可以全面地衡量转化测评整体投放效果。

构建精准跨屏营销效果评估体系的价值在于，广告主能更准确地衡量广告投放效果，为决策提供数据支持，实现营销资源的最大化利用。

二、实践篇

（一）品牌实践的思考

1. 对 2024 年的品牌营销的八点思考

（1）精准满足需求的策略

在当今的全域经济环境中，品牌的数字化转型面临着众多挑战。这些挑战不仅源于技术的迅猛发展，还源于消费者行为的变化和市场需求的多样化。具体而言，品牌在进行数字化转型时，主要面临三大痛点：高客户获取成本、数据沉淀的困难以及多渠道数据整合的高成本。这些问题不仅影响品牌的市场竞争力，更对其长期发展战略产生了深远的影响。

为了精准触达消费者需求，品牌迫切需要突破流量入口，并在数字化合规的营销场景中实现引流、沉淀、转化与效率提升的有效结合。这一过程需要通过数据联动和自动化营销来支持品牌的市场策略，使品牌能够更加灵活地应对市场变化和消费者需求的多样化。

（2）用户画像与人群标签的构建

用户画像是在全域营销中通过数据分析和挖掘，对目标用户进行细致描绘的过程。这个过程涉及多个方面，涵盖基本信息、兴趣爱好、购买行为、消费能力以及社交网络的分析。通过这些维度的综合分析，品牌可以获得更加全面的用户理解，从而在营销策略的制定上做到有的放矢。

人群标签作为品牌方描述目标客户的重要工具，在全域营销中能够帮助企业明确目标受众，制定更加个性化的营销策略。标签的划分可以通过数据分析和市场调研来获得，包括人口属性、消费特征、兴趣偏好和社交媒体行为等多个方面。

为了确保策略和推广方案的有效性，监测跟踪广告投放的成效至关重要。企业需关注目标人群的覆盖程度，并通过高样本量的数据服务商进行广告效果监测，排查异常流量，避免重复触达，以实现以最小投入获取最大产出的目标。

（3）媒介渠道的选择与预算管理

在预算有限的情况下，选择合适的媒介渠道和平台显得尤为重要。品牌在这一过程中必须采取系统化的方法，以确保营销活动能够最大限度地实现效益。首先，应根据目标受众的特征与行为偏好，确定最有效的媒介渠道。这包括对各类媒介平台的特性进行评估，了解不同渠道的优势和劣势，以便选择最符合品牌目标的投放渠道。

选择媒介渠道和平台时，关键考虑要素包括明确目标受众、媒介特点、效果评估及预算分配。不同的媒介渠道各具优势，电视广告可以覆盖广泛受众，而社交媒体则能实现精准投放。通过数据分析，品牌能够优化投放策略，提升整体营销效果。

在预算管理方面，品牌需要首先明确可支配的营销预算，然后合理分配至各媒介渠道和平台。通过分析每个渠道的投放成本及预期效果，制定合理的预算分配方案。采用多元化策略将预算分散到多个渠道上，可以提高推广覆盖面和效果，最大限度地发挥每一分钱的价值。

（4）建立与利用 CDP 的必要性

建立客户数据平台（CDP）对于企业的全域营销增长至关重要。通过 CDP，企业能够整合来自不同渠道的消费者数据，更好地了解消费者需求与行为。这一平台不仅能够实现数据的清洗、整合和分析，还能够为个性化的营销策略提供数据支持。建立 CDP 需要关注数据收集与整合、个性化营销和数据安全等多个方面。

利用 CDP 的价值在于能够验证广告效果。品牌可从多个角度评估广告投放后的品牌认知与转化效果，通过前后链路数据的联动分析，评估不同媒体渠道的效果。这一过程不仅有助于提高广告投放的精准性，还能为后续的营销策略调整提供重要依据。

实施 CDP 的步骤包括明确需求与目标、进行数据收集与整合、清洗与处理数据、深入分析客户行为，并通过个性化的营销策略提升客户满意度与忠诚度。在此过程中，品牌需要确保数据的安全性和合规性，以便在遵守相关法律法规的前提下，充分挖掘数据的价值。

（5）提升商品关注度的有效方法

在当前市场环境中，各类商品促销与活动层出不穷。为了让产品成为消费者的首选，品牌需要制定明确的策略以提升商品关注度。在这一过程中，品牌必须深刻理解目标消费者的需求和心理，并据此设计出具有吸引力的商品卖点。

为实现千人千面，品牌应运用个性化推荐算法与大数据分析技术，优化推荐系统以满足用户需求。这包括收集用户数据、清洗和处理数据、提取特征、构建用户画像以及实时推荐内容等步骤。通过不断优化推荐算法，品牌能够为不同的消费者提供更加精准的产品推荐，从而提升商品的关注度和转化率。

品牌在选择营销场景时，应进行目标市场和竞争对手分析，深入了解消费者需求，并通过创新思考寻找尚未被利用的机会。借助数据支持决策，整合多渠道营销，确保信息覆盖广泛，最大限度提升营销效果。在商品卖点方面，品牌需要通过研究市场趋势、消费者需求和竞争对手的优势，打造出具有吸引力的卖点，以提高商品在市场中的竞争力。

商品的卖点是产品与竞争对手相比所具有的独特优势，对品牌成功至关重要。突出商品卖点并结合有效的促销活动，能够吸引消费者关注并提升销售额。通过设计多样化的促销活动，如折扣优惠、组合销售和社交媒体互动，品牌可有效提高商品的关注度。

（6）实现品牌圈层种草的策略

在与"摇摆的消费者"建立连接时，圈层种草是重要的营销手段。通过深入分析消费者的兴趣和偏好，品牌可以通过精细化营销，从而挖掘潜在价值。针对这一群体，品牌需要在社群营销方面下更大功夫，以增强与消费者之间的情感联系。

品牌需利用多种工具进行消费者偏好洞察，通过社交媒体分析、广告行为分析和市场调研等方法，了解目标消费者的内容偏好。这些洞察可指导品牌在内容创作和渠道选择上的决策，以提高种草效率。在这一过程中，品牌可以运用数据分析工具，获取关于消费者行为的数据，以制定出更加精准的营销策略。

通过精细运营，品牌可以为每个用户构建独特的用户画像，精准匹配内容与消费者兴趣，实现千人千面的沟通。在内容创作方面，品牌需要根据目标受众的需求和偏好，制作出符合他们口味的内容，以提高用户的参与度和品牌忠诚度。利用合适的传播渠道和与消费者互动的机会，可以有效增强品牌与消费者之间的联系，提升营销效果。

（7）赋能渠道购买的实践

随着市场从供应商主导转变为消费者主导，企业需深入了解消费者需求。通过低预算撬动高转化、利用私域运营及提升客户复购，品牌可以实现生意增长。在这一过程中，企业不仅要关注短期的销售业绩，还要着眼于长期的品牌建设和客户关系管理。

在低预算情况下，企业应明确定义目标受众，利用社交媒体、SEO 和联合营销等策略，以低成本实现高效转化。同时，通过私域运营，构建与消费者的深度联系，提供个性化推荐与优质服务，增强品牌忠诚度。这一过程中，企业需注重与消费者的互动，通过定期的沟通和活动，加强消费者对品牌的认同感和忠诚度。

通过持续改进产品与服务、设计有吸引力的促销活动、运用数据分析与智能技术，企业可以有效提升复购率，实现长期的销售增长。在这一过程中，品牌需要注重客户体验，通过提供优质的售后服务和个性化的客户关怀，增强客户满意度和忠诚度。

（8）深化品牌壁垒与强化品牌人群势能

在激烈的市场竞争中，企业必须深化品牌壁垒，强化品牌人群势能。通过建立紧密的用户关系和独特的产品或服务，品牌能够提高消费者忠诚度，从而实现市场份额和销售额的增长。此过程中，私域运营成为品牌与消费者深度互动的关键，企业应注重社群构建与 CRM 系统的运用，以提升用户参与度和品牌影响力。

通过分析消费者行为和反馈，品牌可以不断优化运营策略，从而实现可持续增长。企业需要定期对消费者进行调研，了解他们的需求和期望，确保品牌的营销策略始终与消费者的实际需求相契合。此外，品牌还需通过数据分析，发现消费者行为中的潜在趋势，以便及时调整营销策略，保持竞争优势。

总而言之，品牌在全域营销的过程中需要系统地考虑各个环节，从精准定位目标人群到构建有效的用户画像，再到选择合适的媒介渠道和制定高效的促销活动，所有这些都是实现品牌持续增长和强化市场地位的重要组成部分。

2. 对全域增长的思考

在经济放缓的背景下，全域增长战略为企业提供了一个有效的"营销—销售"一体化方向。品牌通过深入洞察目标消费者的需求，制定精准的营销策略，并结合资源整合与广告投放的精准定位，可以实现全域增长，提升品牌忠诚度和市场份额。随着市场环境的不断演变，全域增长营销仍处于起步阶段，未来具备巨大的发展潜力，预计将在以下五个方面持续深化和发展：

（1）数据驱动的个性化

全域增长营销将越来越依赖于数据驱动的洞察力，为每个消费者提供量身定制的营销体验。通过私域运营，品牌可以积累大量消费者数据，利用先进的分析技术和人工智能，深入了解消费者的偏好、行为和购买模式。这种个性化营销不仅能够提高消费者的参与度，还能增强品牌与消费者之间的情感连接，进而提升客户忠诚度和回购率。

（2）线上与线下渠道的整合

全域增长营销将更加注重线上与线下渠道的深度整合，以传递统一而一致的品牌内容。品牌可以利用手机应用、社交平台及新兴技术（如二维码、AR、VR 和 MR）来弥合线上和线下接触点之间的差距。这种整合将帮助品牌在消费者整个购买过程中，从认知、考虑到购买及售后互动，打造更为一致的品牌形象，提升整体客户体验。

（3）社交电商与直播

社交电商和直播已在当今市场中广泛流行，品牌可以借助这些趋势，选择与 KOL 和直播平台合作，通过展示产品、实时演示和直接互动来提升消费者参与度。这种沉浸式体验不仅能提高转化率，还能帮助品牌在消费者中建立社群感，增强品牌忠诚度。

（4）线上到线下体验

品牌正开始重视无缝的线上线下体验，使消费者能顺利从在线互动过渡到线下购买。利用基于位置的服务、移动支付和个性化促销等技术，品牌能够有效引导消费者到实体店铺，提升整体客户体验。这种整合方式使品牌能够充分利用线上渠道的便利，同时也发挥线下零售的独特优势，增强顾客体验。

（5）强调品牌使命与价值观

当代消费者日益关注品牌的社会责任与环境影响。全域增长营销将不仅限于提高销售或增加会员数，更将强调品牌的使命、价值观和可持续发展。那些能够真实展示社会责任和可持续发展承诺的品牌，将更容易与消费者建立深层次的情感连接，从而推动客户忠诚度的提升。

实施全域增长方案时，企业应在上述五大趋势的基础上，注重以下几个关键领域的营销管理工作：

（1）定位目标消费者

深入了解目标消费者的需求和消费习惯，为制定精准的营销策略提供坚实基础。

（2）确定营销策略

根据目标消费者的特征和需求，制定多元化的营销策略，包括内容营销、社交媒体营销和搜索引擎优化，以全面覆盖消费者需求。

（3）资源整合

充分利用内外部资源，包括产品、服务、技术和媒体等，为营销策略的有效实施提供支持。

（4）广告投放策略

结合目标消费者群体和整体营销策略，制订合理的广告投放计划，以实现精准定位和高效转化。

（5）代运营服务商

利用专业的代运营服务，涵盖品牌建设、内容创作和社交媒体运营，以维护品牌形象和提升口碑。

（6）持续评估与调整

对营销活动进行持续监测和分析，及时调整策略和投放方向，以确保实现最佳效果。未来市场环境充满挑战，但通过掌握全域增长的战略思维与实际操作技巧，企业能够有效应对市场变化，实现持续增长和成功转型。在全域增长的道路上，让我们共同努力，推动品牌不断前行，共创美好的未来。

（二）品牌营销的案例

2024年又是全力拼经济的一年。年初开始，大大小小的重要会议都把发展作为头等大事来抓，政策开始鼓励以消费引领经济，市场迅速恢复活力，各行业都在寻求增长。与之相应，数字营销的数量与质量都有所提升，涌现出许多精彩的案例。作为数字营销行业的专业权威奖项，2024年度的虎啸奖案例表现得尤为明显。

1. 跨界营销——《"酱香拿铁"现象级联名传播》

该案例荣获 2024 年度虎啸奖电商及效果营销类—爆品营销类金奖。

近年来，咖啡行业新生品牌不断增加，瑞幸虽然是咖啡界的国民品牌，但是面对竞争愈发激烈的市场环境，也需要借助新品不断拓展消费人群；而茅台作为白酒行业的老牌产品，为了抓住更多年轻消费者的心，双方需求互补，一拍即合，打造了"酱香拿铁"这一自带话题讨论度的产品。

图 3-86 "酱香拿铁"现象级联名传播图例

数据来源：第 15 届虎啸奖案例数据库，2024 年 6 月

（1）洞察与策略

抖音拥有庞大的咖啡用户群体。《2023 年咖啡赛道专题报告》显示，2023 年 4 月，在抖音上打卡咖啡店的用户数量同比增长 328%。18～40 岁的年轻用户是咖啡消费的主力，涵盖了学习任务繁重的大学生群体、初入社会的职场新秀和资历深厚的职场骨干等。其中，女性用户尤其喜欢通过抖音购买咖啡厅团购券。

"白酒 + 咖啡"是用户期待值较高的搭配。作为咖啡的一种"新奇特"口味，茅台咖啡并不是第一次出现，并且在"酱香咖啡"上市之前，抖音的相关话题播放量已经高达上千万。

基于此，瑞幸利用热点传播能力和多样化内容矩阵，将"美酒加咖啡"打造成全民狂欢话题，并顺利打爆新品。

（2）实施与创新

① "多触点曝光+XGC内容矩阵"全面种草，助推新品最大化声量

A. 铺曝光，冲热点

新品上线前，预埋"#美酒加咖啡""#起猛了看到瑞幸茅台联名"等关联热点，吸引用户关注与期盼；新品上线，打造商业化热点套装#年轻人的第一杯茅台，迅速引爆。

B. 深种草，促发酵

BGC官方账号首发魔性TVC，将"酱香茅台"每杯都含茅台酒的心智植入；PGC星图达人围绕茅台、美酒、咖啡等关键词发布口味测评、科普、体验向内容，为破圈打下基础；为了带动更多UGC内容，瑞幸发布众测任务，用户线下访问门店并拍摄、分享产品真实体验可获得现金和流量奖励；加之KOC强势种草加持，营销裂变不断加码直播热度；10月冠名亚运会联合中国女篮，打造#国庆处处瑞，带动瑞幸植入相关vv大幅提升。

C. 做日播，稳预约

通过"预约贴纸+超级任务"，打造新品大场直播，提高活动预约人数，增加活动开始后的召回人数。

② 小蓝词激发搜索，本地品专承接，将流量变为品牌资产

A. 自然种草榜TOP1蓄水，小蓝词跳转搜索页

品牌、达人、用户产生大量热点内容后，搭配小蓝词激发搜索。从热点榜到抖音搜索热词、置顶banner，再到线上门店页面，本地生活团购页面，全方位植入"美酒加咖啡"。

B. 本地品专品牌核心词+活动词，承接活动流量

用户在抖音搜索页面点击"美酒加咖啡，就爱这一杯""年轻人的第一杯茅台"等关键词即可直接进入瑞幸官方直播间，大大提升流量效率。

③ 多场景短直上新促爆款，提升新品销量增长

在直播间，瑞幸使用"全域推广+feedslive+团购5A"组合玩法保证大场售卖效果。使用"直播+POI"双重上新，多种sku供用户选择，提高新品转化效率；团购5A将

A4、A5 调整为团品购买人群和团品核销人群，更精细化地洞察人群从种草到购买再到核销的情况，做好线上线下一体化经营。直播的同时，TOP 达人短视频加热持续进行，最终长效 ROI 达到 10+。

（3）效果与数据

①营销首日撬动 54 万 + 支视频发酵，酱香拿铁营销周期内，在抖音包揽了 50+ 个热榜，营销内容冲到了热点榜、种草榜、挑战榜三榜第 1 位，相关内容播放量达 50 亿，让更多的用户关注和跟随。热榜 TOP 1# 瑞幸公开酱香拿铁生产全记录；种草榜 TOP 1# 起猛了看到瑞幸茅台联名了；挑战榜 TOP 1# 美酒加咖啡。

②亚运中国女篮，带瑞幸植入相关 vv 提升 30 亿 +，跑通官方运营话题和品牌团品的闭环跳转链路。

③新品首发当天，瑞幸直播间吸引超过 1700 万人次的兴趣用户，产品搜索量提升 6000 倍。

④5A 人群资产飙升至 3.7e，环比 +105%，9 月攻占餐饮行业品牌榜 TOP 1，团购榜 TO 1。

营销周期内品牌 GMV 5 亿 +，新品占比 25%～30%。酱香拿铁刷新单品记录，单品首日销量 542 万杯 +，单品销售额 1 亿元 +。

2. 元宇宙营销——《杭州亚运会开闭幕式 AR 直播及数字人火炬手》

该案例荣获 2024 年度虎啸奖营销综合—元宇宙营销类—虚拟空间金奖和营销单项—场景营销类铜奖。

2023 年第十九届亚洲运动会在有着"数字之城"和"互联网之都"美誉的杭州举办的盛宴，这不仅仅是一场国际级的体育较量，更是一场前沿科技的瞩目亮相。亚运史上首个数字火炬手、首个数字点火仪式等，这一系列充满科技感的首创，让杭州亚运会成为有史以来数字化程度最高的亚运会之一。

图 3-87　2023 年杭州亚运会直播画面

数据来源：第 15 届虎啸奖案例数据库，2024 年 6 月

（1）目标与挑战

虚拟技术日益成熟，为大型活动提供了全新的视觉体验，特别是直播中的沉浸式效果受到广泛好评。我国大力扶持科技创新与文化产业的融合，为 AR 直播在亚运会这样的重大活动中应用提供了有力的政策支持。

随着科技水平的逐步发展，以数字要素为基础的数字生态渐成。2023 年杭州亚运会的"数字火炬手+AR 直播"的形式，无疑是一次革命性的创新，将科技与体育、文化完美结合，展现出亚洲的文体魅力与前沿科技力量。

（2）洞察与策略

虚拟技术附带着现实场景难以表达的数字符号，成为一种现代文化的代表，结合AR 特效技术，让亿万观众更沉浸式提升观赏体验，使得人们能够更直观地感受到虚拟现实和人工智能的魅力，也充分展示了前沿技术风采。这将为虚拟技术的研发和应用提供更广阔的市场需求。

（3）实施与创新

①在虚拟直播技术方面

2023 年杭州亚运会开闭幕式的数字火炬手 AR 效果呈现、虚拟场景 AR 呈现，都是基于先进的实时广播合成技术及其专有的色键键控技术，应用实时虚拟视觉效果渲染合成的"虚拟演播室系统"，提供的 AR 技术支持。通过"虚拟演播室"，将数字火炬手放置于杭州钱塘江、大莲花体育馆等现实场景中，同时，可以让表演者与观众实时置身于虚拟场景中，使虚拟场景与真实世界无缝融合，让数字与体育元素、亚运氛围及中华文化相融相合，呈现给全亚洲乃至世界一场耳目一新的视听盛宴。

②在数字火炬手技术方面

"数字人工厂"产品凭借前沿的科技力量，成为亚运会开闭幕式数字人及虚拟技术支持平台，提供从数字人动作捕捉、数字人技术支持，到数字人在开闭幕式应用的全栈解决方案。

在数字火炬手动画制作阶段，首先进行的是数字人动作复刻工作，为了让数字火炬手呈现出更加自然也更有力量的奔跑动作，同时，使数字火炬手能够与真实火炬手同步奔跑，运用自主研发的以"数字人工厂"为核心的"实时数字人产品体系"，进行多次动作捕捉效果测试，直至得到最准确真实的动捕数据。

而后通过动捕演员身上设置的动作捕捉点，将数字火炬手模型进行骨骼绑定，用骨骼运动带动模型运动，让演员的动作轨迹能够实时传输到数字人身上，实现数字人与真实人的动作同步，使得正式直播中数字火炬手"弄潮儿"的姿态效果更加真实、流畅与同步。

这并不是单点技术的集成，而是在每一步骤进行中，预设下一步骤可能出现的问题，提前做好规避。例如，数字火炬手的运动轨迹动作会不会发生穿插或者碰撞，甚至 AR 数字粒子跟随运动摆动的方式，以此来保证后续虚拟现实等技术工作的顺利进行。

本次依托"数字人工厂"产品体系，高效完成了数字火炬手"弄潮儿"为核心的虚拟内容制作，在保证数字人技术和动作捕捉精细化程度的同时，储存数字人和数据资产，降低后续内容制作的成本。

（4）效果与数据

2023 年杭州亚运会的数字火炬手，无疑是一次革命性的创新，将科技与体育、文化完美结合，展现出亚洲的文体魅力与前沿科技力量。在开、闭幕式的直播过程中，观看人数和互动数据也呈现出爆发式增长，成为亚运会开幕式上的一大热门话题，为 2023 年杭州亚运会增添了浓厚的科技色彩和文化底蕴。

（5）案例亮点

当所有前沿虚拟技术与视觉艺术融合在一起，本案例所做的不仅是通过技术支持、空间构建来创造视觉盛宴，更是凭借虚拟技术的叙事性，让开、闭幕式的数字科技属性碰撞传统文化核心，从而达到传播、传承、传扬的作用，助力开、闭幕式真正成为一场有人情味、有故事的仪式现场。

3. 电商营销——《徕芬：与小红书定义下一代电动牙刷》

该案例荣获2024年度虎啸奖电商及效果营销类—种草营销类金奖和电商及效果营销类—新品营销类银奖。

徕芬选择小红书平台，通过品牌笔记信息流预热的方式构建品牌阵地，精准锁定消费人群，利用宝藏新品IP合作，实现了对用户的全域覆盖，加速心智渗透，建立了品牌印象。

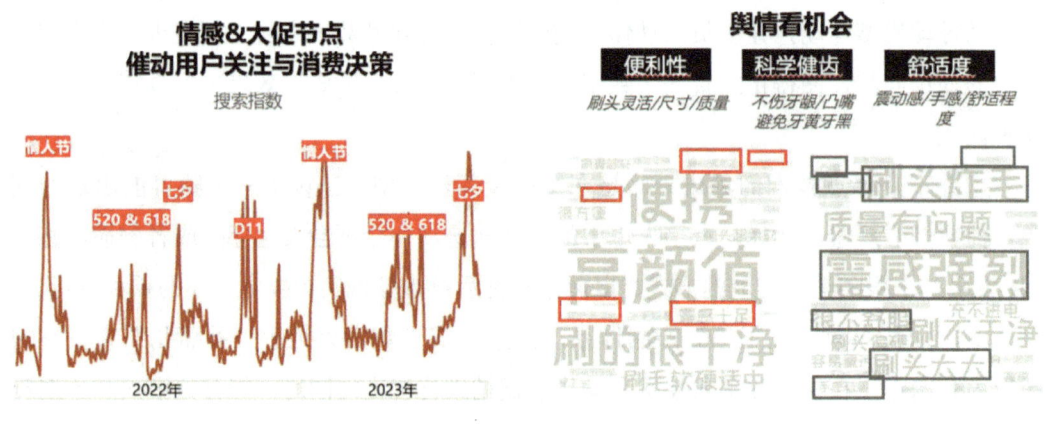

图3-88　徕芬与小红书定义下一代电动牙刷案例

数据来源：第15届虎啸奖案例数据库，2024年6月

（1）目标与挑战

①徕芬面临的挑战

电动牙刷属于红海赛道，市场供需高，赛道稳步增长。但是该赛道竞争激烈，飞利浦、oral-b、usmile等头部品牌垄断了大部分流量，新品破局难度大。

②徕芬面临的难题

徕芬吹风机赛道的用户与当前电动牙刷赛道人群重叠小，品牌现有用户并非进军电动牙刷的原点。

③营销目标

寻求新品入局落脚点,助徕芬的电动牙刷新品站稳红海赛道,寻找市场新增长空间。

(2) 洞察与策略

找对的人,讲对的故事。

①目前,竞品营销着重评测推荐/选购探店,"电动牙刷使用方法"类内容有所提及,但未被作为核心内容狙击心智,可作为徕芬电动牙刷的机会点。

②利用小红书人群反漏斗模型,挖掘"电动牙刷"潜力机会人群。

③洞察用户行为,找到电动牙刷兴趣人群的真实需求,用户不是完全不会正确使用电动牙刷而是需要更加科学、有效、合理的刷牙全新认知。

④找到刺激用户痛点的沟通语境:情感&大促节点催动用户关注电动牙刷与消费决策,便利性、舒适性、科学刷牙等需求是用户痛点。

⑤基于用户需求制定人群×内容的沟通策略:不仅是"新品上市"的电动牙刷,更是变革级别的"正确刷牙方式"的认知教育

(3) 实施与创新

品牌阵地首发+品效同行高效透传用户"电动牙刷"新品认知变革。

通过品牌笔记信息流预热的方式构建品牌阵地,KFS投流组合+洞察人群兴趣点全面渗透潜力意向人群,宝藏新品IP合作,从浏览场、搜索场再到互动场和内容场全面覆盖用户,加速心智渗透。

(4) 效果与数据

①徕芬新品引爆小红书站内讨论热度,"下一代电动牙刷"引发小红书用户热议,全网售罄,赛道话题排名NO.1;种草效率优于竞品表现。

②TI深度种草人群表现成功验证小红书投前洞察策略的准确性;强调电动牙刷的正确使用方法,引导"扫振一体"创新刷牙方式认知,深入用户心智,成功打造品牌记忆点。

③全域种草实现了"新品即爆品"的战绩,首月销量13.5万+,销售额超4000万,帮助品牌拉新,新客成交占比87%,ROI投资回报高效。

4. 出海营销——《讯飞出海 listen different》

该案例荣获 2024 年度虎啸奖营销单项—海外营销类金奖和营销单项—体育营销类银奖。

这几年"品牌出海"是个热门词，随着中国科技的"跃迁式"发展，"中国制造"已经全面转向"中国智造"，中国的企业完成了从 OEM 到 OBM 的自主品牌升级。

现如今，走在外国的街头，随处可见中国品牌的身影，"品牌出海"似乎已经不是企业的选择题，而是一道必答的"问答题"。这关乎企业的第二、第三增长曲线，也可能是企业未来生意、战略的重心迁移。而对于代表中国人工智能技术的科大讯飞来说，这不仅是增量市场的开拓，也是自身技术走上国际赛场，与全球顶尖科技公司角逐的必经之路。

图 3-89　讯飞出海营销案例

数据来源：第 15 届虎啸奖案例数据库，2024 年 6 月

(1) 目标与挑战

中国品牌出海从来都不是风平浪静的，相反，在"海对岸"，我们能看到的是一片迷雾。

①在产品上，由于用户习惯、使用场景等与国内的巨大差异，需要符合当地需求的产品。

②在营销方式上，渠道的运营、营销模式的设计等都需要深入尝试，寻找适合自己的模式。

③在品牌建设上，国内"科技自信、国家战略、社会刚需"的大品牌叙事模式，显然与海外国家主流的文化基调不符。

④讯飞本身被列入了"实体禁运清单"，导致海外国家对讯飞的技术有一定抵触。

所以，讯飞需要一个契机。

一方面，能够借势这个契机，让海外重点区域市场的官方对讯飞的技术、品牌文化、产品能力有一个基础的认知，消除海外国家对于讯飞的"技术抗拒"，相信讯飞是带着"共建美好世界"品牌愿景而来的科技公司。

另一方面，通过这个契机，能整合重点区域市场的技术、渠道等合作伙伴，共建"技术—营销—服务"的生态体系，快速实现营销的落地。

很快，讯飞迎来了这个契机：2023年布达佩斯田径世锦赛。

但同样的，仍然需要从多方面的视角去审视，讯飞是否能借这一场国际赛事打开重点区域市场的"空白局面"。

(2) 洞察与策略

从海外营销的战略布局上看，作为与中国关系良好且地理上接近的东欧国家匈牙利，是众多出海的中国品牌选择的"桥头堡"。讯飞也希望能以匈牙利为"根据地"，建立集"技术—产品—营销—服务"于一体的生态大本营，逐步辐射整体欧洲市场。

从赛事的影响力上看，欧洲国家对于体育赛事的关注度较高，除足球等热门运动外，田径、手球、帆船等在国内看起来小众的体育赛事，在欧洲国家也有较高的影响力和关注度。

从官方关注的程度上看，匈牙利以及周边国家官方对于赛事的关注度极高，讯飞借助赛事可以与欧洲官方建立更好的信任关系，有利于讯飞的技术和产品布局。

从讯飞自身的能力上看，讯飞是北京2022年冬奥会的技术合作伙伴，为冬奥会提供自动语言翻译及转写服务，助力奥运会成为历史上第一次"沟通无障碍"的国际赛事，讯飞本身拥有国际赛事的服务经验。从品牌传播的视角上看，大型国际赛事与技术的故事，能够更好地说出"用技术助力沟通无障碍"的技术使命，阐明讯飞"建设美好世界"的品牌愿景。

（3）实施与创新

在继"北京 2022 年冬奥会语音转换及翻译的技术合作伙伴"身份后，讯飞又多了一项国际赛事的合作伙伴身份——2023 年布达佩斯世界田径锦标赛赛事供应商。

实施分为三大步骤。

首先，确定了这次借助布达佩斯田径世锦赛的品牌出海整合营销项目的目标。

品牌目标：借助赛事的影响力，讲好讯飞用技术和产品助力赛事组委会、运动员、观众、媒体工作者等群体"沟通无障碍"的故事，助力讯飞在欧洲建立良好的品牌形象。

传播目标：借助匈牙利和欧洲的核心媒体、主流自媒体，传播赛事期间讯飞技术和产品的口碑故事，提升全球品牌势能。

营销目标：借助赛事的势能，针对欧洲市场的渠道商、技术合作伙伴、媒体等核心目标群体，建立讯飞技术以及主要销售产品的核心卖点、使用场景等差异化优势认知；同时，以赛事为契机，开展渠道方、技术伙伴的交流活动，促进生意目标的达成。

其次，围绕赛事，构建核心策略，构建"一个主题，三大阵地"的核心策略。

①一个主题

CREATE A BETTER WORLD WITH COMMUNICATION。

②三大阵地

A. 场景体验阵地

与赛事组委会及匈牙利官方合作，在机场、运动员酒店、赛场内外等多场景，为运动员、新闻媒体、游客观众、技术合作伙伴及渠道合作伙伴提供全流程、全场景的体验，建立对讯飞技术和产品的认知。

B. 生态共建阵地

与渠道商、技术合作伙伴共同举办发布活动，推荐产品形成营销闭环，同时为共同构建的"生态联盟"打下基础。

围绕赛事开展公益活动，进一步建立讯飞用"无障碍沟通技术建立美好世界"的品牌认知。

C. 媒体传播阵地

以匈牙利官方、欧洲权威媒体为核心，Facebook、twitter 等自媒体为扩散渠道，构建媒体传播矩阵，围绕讯飞用技术助力国际赛事无障碍沟通的故事策划传播事件，扩大品牌声量。

最后，层层落地，把控执行节奏。

①主题创意落地

区别于传统的 TVC，整体调性更偏向于人文体验，突出"构建美好世界"的愿景。明信片风格的产品 KV，通过场景关联布达佩斯的人文风貌。

②场景体验落地

体验活动落地运动员酒店、赛事新闻媒体中心、游客广场等多场景，全链路式为用户群体提供技术和产品体验，确保"认知建设和体验"落到实处。

③生态共建落地

与技术合作伙伴、欧洲渠道商一起，共建生态联盟，搭建集"技术—营销—服务"于一体的生态体系，让营销和服务落到实处。联合组委会开展公益活动，让运动员留下笑容，随着运动员笑容的积累，讯飞也将累计公益款项，用于残障儿童的公益事业，与运动员一起传递"构建平等、美好世界"的愿景。

④媒体传播落地

权威官媒奠定传播基调，向匈牙利等欧洲主要营销区域的官方呈现讯飞友好的合作态度以及"建设美好世界"的品牌信念。

（4）效果与数据

Google 搜索关键词稿件收录，整体曝光 8.93 亿次。Facebook、Ins、LinkedIn 粉丝增长 7.1 万人，粉丝互动量 27.6 万次。新华社、中国网、人民网、《中国日报》、《中国青年报》等核心央媒报道本次讯飞亮相布达佩斯项目，总曝光量 351 万+。

通过布达佩斯田径世锦赛的契机，讯飞与欧洲主要国家的官方、技术伙伴以及渠道合作伙伴打通了互相信任的基础。同时，也让合作方了解了讯飞"用技术建设美好世界"的品牌愿景以及技术能力，为全面出海营销奠定了坚实的基础。

5. 短剧营销——《首创定制短剧矩阵，助力 20 年老牌韩束华丽转身》

该案例荣获 2024 年度虎啸奖营销综合—美妆个护类金奖、营销单项—内容营销类银奖、营销单项—短视频营销类银奖。

本案例抓准平台发展趋势、大众行为趋势，开创短视频时代新玩法——"定制短剧"，提炼多套方法论，超额完成品牌曝光等商业需求，帮助品牌完美过渡，登上顶峰。在流量越来越贵、越来越难获取的时代，通过抖音短剧矩阵式打法帮助韩束完成了人群收割、销量增长、品牌焕新和逆袭。通过多个合作品牌的短剧营销案例，抖音短剧已被验证为可进行大规模复制、进行人群收割的投放方式。

图 3-90　首创定制短剧矩阵，助力 20 年老牌韩束华丽转身

数据来源：第 15 届虎啸奖案例数据库，2024 年 6 月

（1）目标与挑战

韩束品牌老化，刻板印象，缺乏消费者认同。人群窄化，无法和主流中青年建立有效连接。

因此，本案例的目标在于：聚焦韩束大单品：红蛮腰系列，打造系列短剧，塑造品牌资产，助力品牌年轻化、生动化，人群破圈，聚焦拓宽 A2、A3 人群基数，提高渗透率和转化率。卡位品类第一。

挑战在于：在一个固有印象的笼罩之下，消费者的认可度以及认可的圈层是相对难以突破的。如何在抖音盈利、增长、破圈，成为韩束最大的挑战。

（2）洞察与策略

淘系流量增长见顶，而抖音美妆护肤正处于高速增长中，最适合用短剧形式与抖音 2 亿中青年女性进行强互动。

基于化妆品赛道，为韩束核心提炼"关爱女性、国货之光、中国科研实力"的品牌理念关键词。

基于内容赛道，核心捕捉"职场、逆袭、独立、底气"的热门关键词，通过"产品信息展现＋公司职场环境＋企业精神"等多个维度体现品牌及产品。

通过对品牌理念、价值观的传递，进行品牌焕新，全方位展现品牌人设、场景、情绪，瞄准年轻女性消费者，洗刷观众对韩束的固有印象，拉升品牌好感度和产品销量。

策略如下：

①结合 11 年服务百余个品牌的成功经验，将韩束以及红蛮腰从生意策略、品牌策略和内容策略层层剖析，并结合贯彻和落地到短剧作品中去实现最终目标。

A. 品牌年轻化：没有新的面孔，就没有新的用户接纳。

B. 科技人设塑造：护肤消费趋势是在科技概念维度上的，需要直击痛点。

C. 内容大渗透：大规模引入流量（美妆第一 SOV）和 5A 人群（所有抖音女生都是韩束 5A）。

D. 配合增长的收割定位：18～80 岁，男生、女生都适合。

②剧场裂变

分别针对韩束"红、白、蓝、绿"四个蛮腰和水胶囊大单品，打造"剧场"模式，聚焦核心受众人群：18～35 岁，小镇青年、Z 世代、新锐白领、精致妈妈，锁定姜十七、莫邪、糖一、秦苒、魔女月野、林鸽等，一个达人一个剧场，每人连续 6 部定制短剧。

（3）实施与创新

以韩束红蛮腰为例，为韩束红蛮腰梳理生意策略，根据品牌调性锁定了达人姜十七，并运用独创的"短剧风暴"策略打法，分层次重建品牌。

第一部《以成长来装束》：消费者连接，唤醒好感度。

第二部《心动不止一刻》：直播间承接心智打造，双榜第一爆款大单品聚焦。

第三部《一束阳光一束爱》：了不起中国成分植入短剧打造科技感人设。

第四部《全是爱与你》、第五部《你终将会红》：提升民族自豪感。

通过品牌人设的层层塑造，打造出一个多维立体的品牌形象。向消费者传递品牌理念。加强品牌建设，强化世界观，刷新品牌旧认知，重新链接消费者，并通过剧场裂变，加速破圈带动 GMV 增长。

本案例创新之处在于：在短视频短剧还在刚刚萌芽的阶段，率先开创了短剧商业化定制，并很快获得了验证。将实践经验总结得到"短视频营销增长飞轮"，能良好地建立和应用在短剧商业化运营中，它包含生意策略、品牌策略和内容策略。

①内容策略

运用自研的《短剧类型片工作室模型》，针对2023年抖音内容大环境，开创"爆笑逆袭"题材类型、"职场定制短剧"作为快速品牌心智建立的内容类型，并通过4～5分钟/集，16集连续定制短剧作为载体，赋能品牌内容生动化表达，快速吸引全网用户成为韩束的新用户。

②平台产品运用

A. 定制化千川视频：在优质短剧的爆款内容基础上，达人额外提供信息流视频，供品牌投流转化，对短剧人群进行再次触达，提升转化效果。

B. 定制化商单番外：达人额外拍摄商单番外，内服进一步加热，优质爆款内容加热。

C. 小蓝词、评论置顶、挂车、挂直播间等组件运用：结合星图热推、小蓝词等引导观众进行看后搜，激发更多用户搜索行为，进一步带动搜索PV和SOV。

D. 达人进直播间进行内容化直播等。

(4) 效果与数据

产生短剧数量高达24部。

线上曝光：80亿+，每个月为品牌引入近10亿流量，助力韩束增长1000%+；2023年，GMV 30亿+，并多次登顶抖音美妆TOP 1。

吸引了品牌客户、mcn机构、抖音平台纷纷入局，整体抖音商业化定制短剧市场在2023年下半年至2024年春节档，投放品牌数量增长了50%以上。

6. 整合营销——《比亚迪500万辆里程碑，燃动国民情绪》

该案例荣获2024年度虎啸奖营销综合—机动车关联市场及交通运输类金奖。

比亚迪第500万辆新能源汽车正式下线，成为全球首家达成这一里程碑的车企。在社交平台上，多个品牌蓝V联动为其站台，行业从业者纷纷转发祝贺。比亚迪视频博文转发层级达6级，刷新品牌历史互动高峰"9个月的比亚迪速度！"，"民族自豪感油然而生！"引发二次传播的围观效应。

图 3-91　比亚迪 500 万辆里程碑，燃动国民情绪

数据来源：第 15 届虎啸奖案例数据库，2024 年 6 月

(1) 目标与挑战

比亚迪（BYD），全球第一家新能源汽车产量到达 500 万台里程碑的汽车品牌。

找到全民共振的抓手，实现"宣传产品销量"和"提升品牌形象"的双重目标，是本次营销的关键所在。

(2) 洞察与策略

①洞察

不只 500 万新能源里程碑，更是中国汽车与全民的一次情绪共振。借势比亚迪 500 万里程碑发布事件，带动比亚迪品牌的民族及文化自信，将汽车行业热点事件打造成社会讨论热点。

②策略

采用情绪热点化运营策略。通过行业视角铺垫情绪，进而行业共振拔高品牌，最后破圈热点延伸情绪。

(3) 实施与创新

发布会开始前，"在一起车阵"展出，这一次，比亚迪把 C 位让给中国自主品牌代表车型，行业议题 #哪一瞬间让你为中国汽车自豪# 顺势发起，发布会实现未开先火。

发布会现场，王传福回顾 20 年艰辛创业历程，动情处数次哽咽，在"我们在一起，才是中国汽车！"的号召下，比亚迪 20 年的造车故事和中国汽车 70 年的发展历史叠加 buff，形成大规模的话题共创和情感共鸣，带动 # 比亚迪发布会 # 上榜热搜，"以前是抱团取暖，现在是抱团发光发热"，网友直呼这波儿"格局拉满"！

从被质疑嘲笑，到海阔天空，比亚迪人为梦想努力的故事也在持续感染全网用户。发布会后，多个话题轮番上榜热搜，持续延展情绪热点。

（4）效果与数据

①通过"品牌事件引爆、事件情绪升华、全民同频共振"三部曲，带动超 20 个车企品牌 & 高管、400 多个媒体、1100 多个各圈层大 V 参与话题内容共建。同时，在平台黄金媒介资源的加持下，短短 48 小时，6 个话题登榜话题热搜，在榜总时长达 8.8 小时，话题阅读量超 8.6 亿，讨论量超 38 万。

② 500 万事件实现品牌声量及社交人群大幅提升，将线下事件打造成公域情绪热点，卷入全民参与，品牌社交声量提升 529%，兴趣人群体量提升 146%。

③大量破圈蓝 V& 普通用户卷入，赋能情绪价值形成社交裂变，带动比亚迪视频博文多层级转发，刷新品牌历史互动高峰。

④成功释放大量民族自豪、中国汽车等品牌实力认知标签，拔高品牌形象价值。成功贴合国民情绪激发全网用户证言，带动比亚迪乃至汽车行业自豪情绪。

04

第四章

数字营销

趋势

一、2~3年内的数字营销发展趋势

（一）媒体环境

2024年，全域媒体的内容、技术、商业环境不断优化与升级，助力品牌穿越经济周期，"增长"仍是数字营销的关键主题。

1. 媒体内容高质量发展，数字营销场域优化带来新增长

早在2019年，国家广电总局就已经印发《关于推动广播电视和网络视听产业高质量发展的意见》，意见指出，到2025年，广播电视和网络视听内容创作生产更加繁荣，作品质量更加精良，不断推出更多符合新时代要求，既能在思想上、艺术上取得成功，又能在市场上受到欢迎的精品佳作。在过去几年中，在总局的倡导和治理下，中国网络视听媒体涌现了一大批高质量的精品佳作，如以历史文化为题材的主旋律影视剧《觉醒年代》、以描绘普通家庭生活的现实主义影视剧《人世间》、以扫黑除恶为题材的《狂飙》、极具地方特色和视觉美学的《繁花》等佳作。这些影视剧叫好又叫座，极大提振了行业继续高质量发展的决心和信心。

2024年，总局继续推动网络视听媒体行业提质，精品化主流趋势进一步凸显。未来在广电总局的指导下，网络视听创作能力持续提升，优秀作品的供给机制不断优化，各类型作品在观念、内容、风格上勇于开拓，题材、形式、手段更加丰富，艺术表达疆域不断延展，呈现出融合创新的新动向，一大批作品正加速向精品化、高质量迈进。媒体内容的精品化、高质量发展。一方面，优化媒体内容市场，提升用户消费黏性；另一方面，为品牌营销提供更高质量的投放载体和流量场域，从而帮助品牌穿越经济周期，带来新增长。

2. "影视+文旅"融合共赢，带动数字经济增长

2024年，影视剧带动旅游的效应显著，以网络剧《我的阿勒泰》为代表的文旅剧开启了"影视+文旅"融合的新局面。《我的阿勒泰》是网络剧首次在中央广播电视台综合频道黄金时段播出。该剧播出后，以其独特的艺术风格和深刻的文化内涵赢得了观

众一致好评。剧中对阿勒泰地区的自然美景和地域文化的真实呈现，激发了观众对阿勒泰的好奇和向往，掀起了一股阿勒泰旅游热。

"文旅+影视"融合，在屏前汇聚观众观影热度，引起广泛传播；在屏后，联动情感消费，进一步赋予经济结构转型新活力。数字媒体作为传播的重要阵地，为"影视+文旅"发展提供了技术支持、宣传推广、互动体验等多方面支撑。网络技术和社交平台不断赋能文旅行业消费，打造知名IP品牌，将地区文化、情感认同等嵌入消费产品，促成具有共建共享、统筹协调与跨界融合特征的传播新业态。

政策层面，各级政府与广电局对影视与文旅融合的重视程度日益提升。2024年1月，国家广电总局发布《于开展"跟着微短剧去旅行"创作计划的通知》，以微短剧为主要创作形式，进一步推动影视和文旅的融合，实现影视创作精品化和文旅产业数字化的双向提升。

3. 新兴形态微短剧发展迅猛，品牌营销获得创新性增长

短视频以其传播速度快、受众门槛低等特征，成为新媒体内容传播的重要渠道，在很长一段时间内，短视频推动移动端流量高速增长。然而，随着移动流量红利见顶、增速放缓，转向存量发展的环境下，"微短剧"以黑马之势快速俘获用户注意力，成为新的流量增长内容场。品牌跟随流量场域变化，快速抓住新机遇，迅速投注微短剧赛道，从与达人合作分集投放微短剧，到定制品牌微短剧，再到招募创作团队，自制品牌微短剧，层层加码，抢夺微短剧红利。

"长+短"视频优秀基因结合，微短剧天然带有营销优势。一方面，微短剧发轫于"影视剧"，连贯的故事性能持续牵引用户注意力，帮助品牌获得持续性流量，且微短剧的故事性成为品牌表达"自我价值"的最佳载体，最大化地将内容势能转化为品牌势能；另一方面，微短剧短平快的节奏（短时长），适配短视频用户的使用习惯，并且可依赖短视频平台算法兴趣推荐精准触达目标用户、高速聚合流量、挂链即时转化的特色，也更利于品牌增强曝光，快速占领心智，缩短转化路径。

2024年，微短剧营销的商业路径已经跑通，越来越多的品牌加注到此赛道。微短剧已经成为继直播后品牌最为重视的营销内容之一，"品效合一"为品牌带来创新性增长。

4.AI助推媒体高效发展，技术驱动数字营销增长

AI正成为推动媒体发展的关键力量，其在多个方面的应用不仅提升了媒体行业的

效率，还大大拓展了其业务模式，推动了整个行业的变革。AI 在内容生产自动化方面展现了显著的优势，AI 可以自动撰写新闻、生成文章，甚至是创作视频内容。这不仅大幅度提升了内容的生产效率，还能够依据用户偏好生成更加个性化的内容，满足日益多元化的用户需求。

AI 的精准推荐与分发有效提升用户体验，通过对用户行为和兴趣数据的分析，AI 可以对内容进行个性化推荐，确保用户在各种平台上看到最相关、最感兴趣的内容。

此外，AI 在数据分析与洞察方面的应用，使得媒体能够更快速、更全面地处理和理解用户行为数据、内容效果和广告投放等信息。AI 的算法可以从海量数据中提取深度洞察，帮助媒体制定更为精准的内容策划和广告策略，提高整体运营效率。

AI 还能通过互动体验增强技术，提升用户与媒体平台的互动感。例如，虚拟主播、智能客服等 AI 应用，赋予了用户更具互动性和参与感的体验，增加了平台的创新性和吸引力。

AI 技术的广泛应用不仅推动了媒体内容生产和分发的高效化，还为品牌投放的决策和商业创新提供了新的动力，从而推动数字营销的投放效率提升与品牌"效"的增长。

（二）技术趋势

1. 技术迭代发展

智能技术持续保持着高速进化，以人工智能领域的热点——大模型为例，更新迭代速度极为迅速。特别是国内主流的大模型，其通用能力正在逐渐接近甚至达到国际领先水平。这些大模型不仅在产品性能上不断升级进步，还积极开发出针对更具体应用场景的功能应用，满足更加多样化的需求。

表 4-1　2024 年下半年国内外部分大模型更新情况

企业	大模型	更新情况
阿里云	开源大模型通义 Qwen2.5	涵盖多个尺寸的大语言模型、多模态模型、数学模型和代码模型，其中旗舰模型 Qwen2.5-72B 性能超越 Llama 405B，再登全球开源大模型王座
	视觉语言模型 Qwen2-VL	能读懂不同分辨率和不同长宽比的图片，能理解 20 分钟以上的长视频，能够操作手机和机器人的视觉智能体，支持多语言

续表 4-1

企业	大模型	更新情况
火山引擎	视频生成大模型	同时支持文生视频和图生视频，在语义理解能力、多个主体运动的复杂交互画面、多镜头切换的内容一致性方面表现领先，包括 PixelDance 和 Seaweed 两种版本
科大讯飞	星火语音大模型	采用"端到端"技术框架，可以实现语音到语音的直接建模，大幅缩短了响应时间，实现极速超拟人交互功能
快手	可灵 AI	在视频生成方面重磅升级，画质、动态质量、美学表现、运动和理性及语义理解等方面均有提升
腾讯	混元 Turbo	采用万亿级层间异构 MoE（混合专家模型），推理效率比上一代提升 100%，推理成本下降 50%，解码速度增加 20%，中文场景可对标 GPT-4o
智谱	基座大模型 GLM-4-Plus	该模型在语言理解、指令遵循、长文本处理等方面性能得到全面提升
OpenAI	o1 系列模型	首个经过强化学习训练的大模型，大幅提升模型推理能力，在处理复杂的科学、数学和编程任务方面表现突出，包括 OpenAI o1-preview 和 OpenAI o1-mini 两种版本
Meta	多模态大模型 Llama 3.2	能够同时理解图像和文本，超过 100 万广告主正在使用其生成式人工智能广告工具
	AI 模型 Llama 3.1	系列模型展现了多方面的能力提升，在常识、可操纵性、数学、工具使用和多语言翻译等功能方面可与顶级 AI 模型相媲美，总共有三个版本

数据来源：根据网络公开信息整理

预计在未来一段时间内，人工智能和大模型技术将继续作为技术主线，推动数字营销市场的创新与发展，引发行业变革与升级。AI 技术在数字营销行业带来的趋势包括：

①数字营销对 AI 和大模型的应用将更加深入，并实现多场景整合。在广告创意制作这一已普遍应用 AI 的领域，AI 创意应用成功率将进一步提升。此外，数据分析、策略制定、智能投放及互动管理等不同营销链路环节也将获得更多的 AI 技术赋能，使得整个营销过程变得更加精准、高效、有影响力和个性化。

②营销服务商继续拥抱并整合前沿技术，加强与广告主、媒体平台和科技公司的合作，以促进 AI 营销解决方案的产业落地与实践，探索更高效的技术应用方式。这将有助于创建一个更加智能驱动的、个性化满足的数字营销新范式，进一步挖掘数字营销的市场潜力。

③同时，技术服务商需要帮助广告主深刻理解人工智能及其他技术在数字营销各个环节的应用潜力和投资回报率。只有深入探究这些智能技术在实际营销活动中的应用效果，我们才能确定有效的方法来实现人工智能的价值，并确保其在数字营销中发挥关键作用。

2. 用户体验至上

2024年以来，整体消费市场规模持续扩大。根据国家统计局的数据，2024年上半年，全国社会消费品零售总额达到了23.6万亿元，较2023年同期增长了3.7%；然而，这一增幅相比去年同期的8.2%下降了4.5个百分点，表明消费增速有所放缓，消费者的购买行为变得更加谨慎。

与此同时，随着全渠道信息获取的便利性提升，消费者的消费意识更加明确，他们不仅追求更高的质价比，同时也更加注重自我愉悦。消费行为已成为体现消费者更高自主意识的活动，体验和情绪成为重要的消费驱动力。因此，广告主在保证产品功能性价值的同时，需要更加贴近消费者的真实需求，这包括产品使用层面的需求以及互动与体验需求，甚至是在审美与价值观层面的深层次需求。

对数字营销来说，以数字技术优化营销体验，并通过优质体验来调动消费者的积极情绪，与消费者建立更加紧密的联系，由内而外地激发消费者的购买行为，其重要性将会持续放大。

3. 用户隐私和数据安全

数字化、智能化的数字营销市场释放技术红利的同时，也给用户隐私、数据安全、信息安全在数字化和智能化的推动下，数字营销市场正不断释放技术红利，但同时也引入了用户隐私、数据安全和信息安全方面的新风险和挑战。这让消费者、营销参与者、监管方都更加关注新技术环境下的用户隐私保护和数据安全问题。

从消费者的角度来看，数据和隐私的泄露不仅会导致直接的经济损失或名誉影响，还可能威胁到个人的财产安全和生命安全；监管层面则更加关注大规模隐私泄露所引发的更广泛的社会风险与经济风险。2024年7月1日生效的《中华人民共和国消费者权益保护法实施条规》禁止过度收集消费者数据和使用默认授权，确保应用程序运营方不得强迫或间接迫使用户同意与其核心服务无关的数据收集，此外，还有《中华人民共和国数据安全法》（2021年）、《中华人民共和国个人信息保护法》（2021年）、《中华人民共和国网络安全法》（2016年）、《中华人民共和国电信条例》（2016年）等一系列法律条款及相关监管文件为用户隐私与数据保护提供了坚实的监管框架。

而对于数字营销参与者来说，需要在利用新技术的同时，确保合规并保护消费者权益。这要求市场各方在技术应用和数据采集管理上采取更加谨慎的态度，平衡数据流动、数据共享与隐私保护之间的矛盾，促进数字营销技术和产业的健康可持续发展。如何采用隐私计算、区块链、匿名化等技术，更好地保护隐私数据，这将成为数字营销领域一个长期需要探索的严肃课题，同时也可能是营销技术服务商的未来机遇所在。

（三）广告主变化

广告主是数字营销产业链条中的核心角色，其营销预算投入与营销需求影响着数字营销发展方向。如今，经济、消费等宏观环境发展呈现出回升向好态势，但中国数字营销市场从高速发展转向高质量发展已成既定趋势，摆脱惯性思维与路径依赖、探索新的发展模式成为所有营销从业者的"必做题"。对此，广告主正在积极进行适应性调整，并在短期的未来继续延续以下几点发展趋势：

1. 眼光向内，加强内部蓄力，夯实内生力量

CTR《2024中国广告主营销趋势调查报告》中，某品牌在深访中表示："2024年还是需要去扛的一年，2025年会变好，这是对中国经济、整个市场经济的一个信心。但信心不是很足的原因，是现在我们看不到一个很明晰的方向。"2024年，广告主在市场复苏向好的同时，对未来发展提出了"更高确定性和更明确方向"的期待。

因此，短期的未来，广告主会将发展重点聚焦在获取确定性增长方面。但是，宏观环境的增长红利正在逐渐褪去，未来发展路径还有待商榷。广告主无法切实把握外部环境的发展动向，而是会将关注重心向自我经营能力倾斜，期望在基于自身资源盘整合能

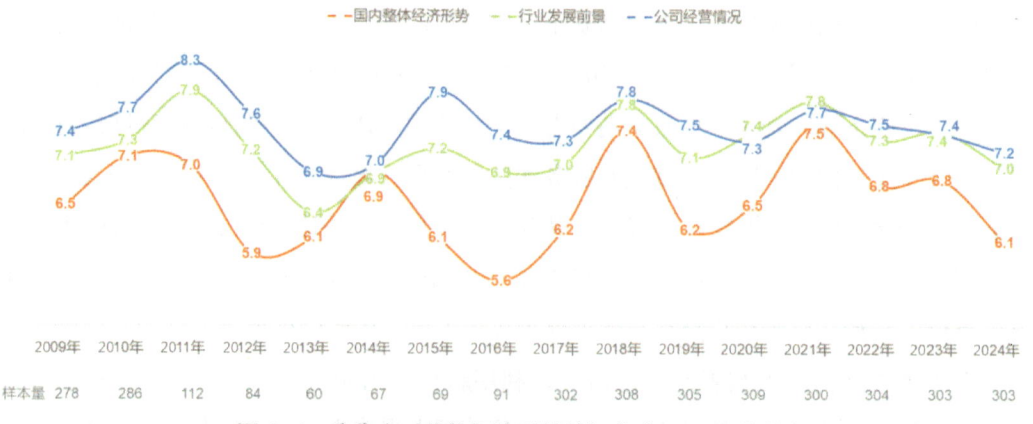

图 4-1 广告主对整体经济形势的打分（1~10分制）

数据来源：CTR《2024中国广告主营销趋势调查报告》

力建设的基础上，找到适配性的经营增长方案。CTR调查数据显示，长期以来，广告主对公司经营情况的信心，相对国内整体经济形势与行业发展前景的信心都较好。特别是近几年，宏观环境的复苏进程增强了广告主对自我经营能力的认知，广告主愈加期望通过自身经营战略调整、组织优化、科技创新等一系列积极内部措施，把握市场机遇，努力实现平稳发展。

在营销传播决策层面，广告主愈加重视公司内部因素。2024年，广告主制定营销传播决策时，目标用户仍以8.4分成为首要依据。但值得关注的是，公司内部因素的评分相比2023年提高了0.1个百分点，为8.3分，而行业发展、宏观政策、媒体环境等外部环境因素的评分相比2023年均有不同程度下降。深访中，广告主谈及了诸如高层决策行为、品牌发展需求、经营管理举措、利益关系维护等不同层面的公司内部因素。同时，CTR调查数据显示，广告主所选择的2024年度营销主题词时，精细化运营、创新驱动、价值回归、强化核心能力、提质增效排在前五位。

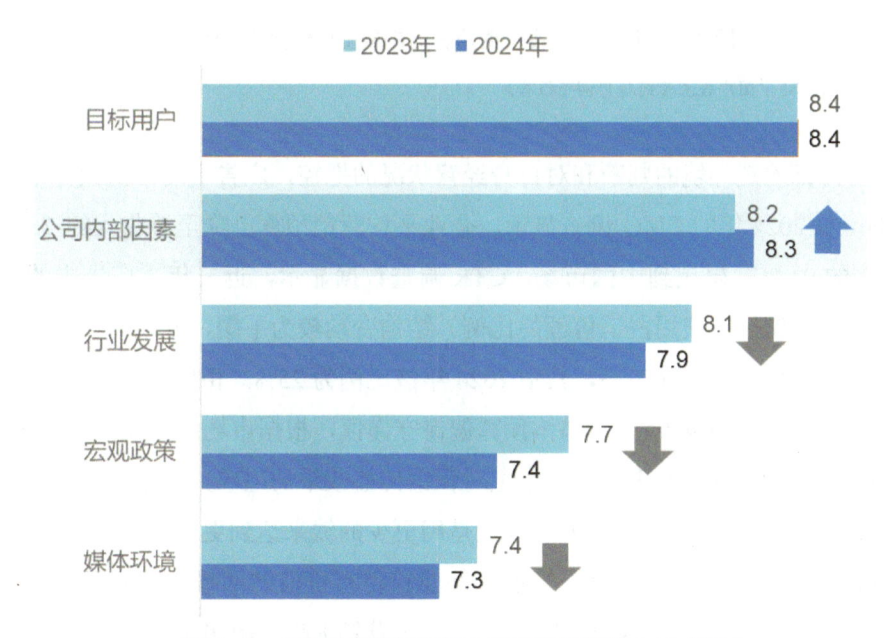

指标	2023年	2024年
目标用户	8.4	8.4
公司内部因素	8.2	8.3 ↑
行业发展	8.1	7.9 ↓
宏观政策	7.7	7.4 ↓
媒体环境	7.4	7.3 ↓

图4-2 广告主做营销传播决策的主要依据（10分制）

数据来源：CTR《2024中国广告主营销趋势调查报告》

由以上数据可以看出，身处充满不确定的发展环境中，广告主正在努力摆脱路径依赖，不再期待搭乘时代红利做"风口上的猪"，而是愈发强调内部经营实力优化，努力夯实内生力量。短期内，广告主的这种经营逻辑不会发生太大的改变，也许会在市场加强高质量发展的趋势下继续深化，这将持续对广告主的数字营销策略制定和执行产生影响。

2. 营销预算增长有限，营销ROI诉求提升，精细钻研营销方法论

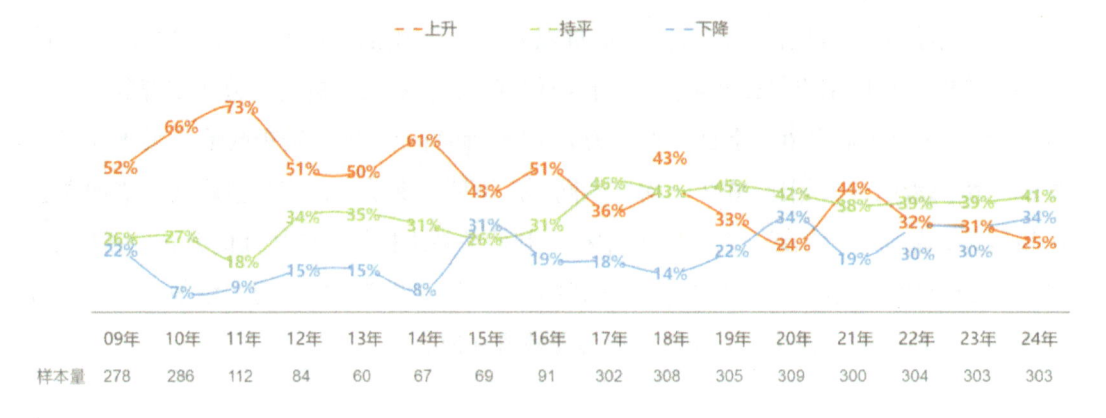

图 4-3　历年营销推广费用占比广告主比例变化（%）

数据来源：CTR《2024中国广告主营销趋势调查报告》

　　基于对外部宏观环境的判断和对自身经营状况的把控，广告主的营销预算增长较为谨慎。Gartner 2024年的CMO调查显示，企业平均营销预算已降至总收入的7.7%，低于2023年的9.1%。聚焦到中国市场，CTR调查数据显示，近三年，广告主的营销推广费用占比（营销推广费用占销售额的比例）结构变动较为平缓，预期增加营销推广费用占比的广告主比例呈下降态势，其中2024年该比例为25%，相比2023年下降6个百分点。深访中，某品牌也表示："整体预算偏保守谨慎，根据市场波动灵活调整。"

　　有限增长的营销预算并未影响广告主对营销传播效果的追求，降本增效依然备受重视。某品牌在深访中谈道："领导的要求就是用更少的钱来达到更好的效果。"广告主愈加重视营销ROI的衡量，希望每一笔投入都能获得有价值的回报。而谨慎的营销预算投入与逐渐提升的经营增长压力，驱动广告主对营销ROI提出更高的要求。某品牌在接受媒体采访时就曾表示："部分商家从追求收入增长转而追求利润增长，对ROI的要求更高，减少了一些不能带来生意增长的品牌类投放。"短期的未来，广告主对ROI的追求热情并不会减退。

　　同时，广告主在营销策略制定和执行层面愈加趋向于精细化。降本增效诉求下，广告主不再盲目，而是对行业发展趋势、数字营销热点等均有了自己的把握，可以结合自

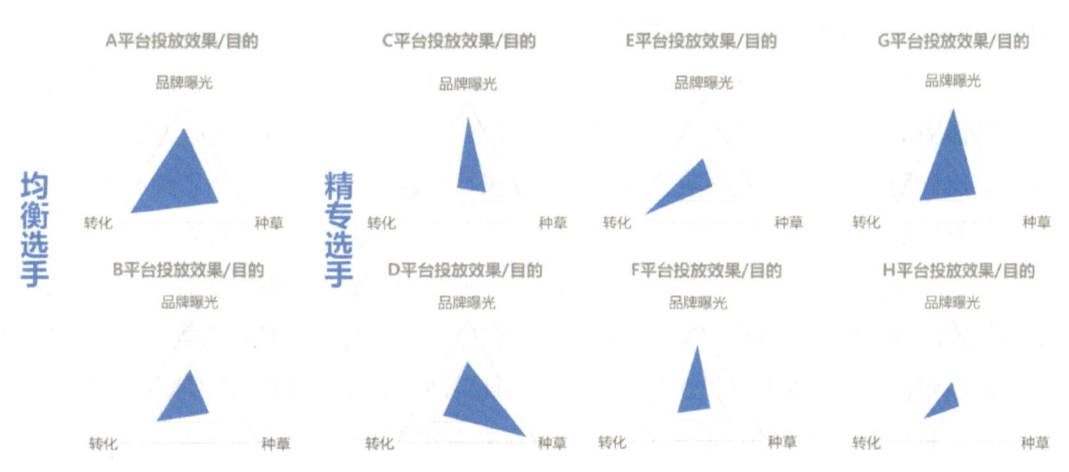

身发展情况规划并应用适配的营销方法论，以支持实现较好的 ROI 表现。

图 4-4　广告主对八大互联网平台的价值定位认知

数据来源：CTR《2024 中国广告主营销趋势调查报告》

以互联网平台投放为例，平台间的流量争夺愈发激烈，不同平台的价值区隔也愈发显著。对此，广告主不再"大水漫灌"，而是算好"投入产出账"，深度适配不同价值定位的营销平台，实现高效增长。CTR 调查数据显示，目前，广告主对八大主流互联网平台在品牌曝光、种草、转化三个层面的价值定位均有清晰的认知区隔，形成了"均衡选手"和"精专选手"两大阵营，会基于不同的营销需求进行针对性选择，满足多元化的营销需求。CTR 深访中，有品牌谈道："不同的平台有不同的定位，不能说一个平台包打天下，不同的阶段侧重不同的平台。"由此可见，有限的营销预算将会驱动广告主更为精细钻研营销方法论，为实现更好的 ROI 筑牢基础。

3. 营销合作模式加速调整，营销人才需求迫切

营销预算变化以及 ROI 重要性的提升，正在驱动广告主与营销服务商合作模式加速调整。广告主不再单纯关注营销的创意性、故事性，更是将"ROI 的可衡量性"作为营销诉求。对此，营销服务商势必会调整业务服务结构，更为精细地为广告主规划营销策略。期间，无论是广告主还是营销服务商，必将会深入卷入到数字营销合作项目中，为实现更好的营销 ROI 付出努力。同时，出于降本增效的考虑，广告主在与营销服务商加强沟通时，部分业务的 in-house 建设也在加强。2024 年，宝洁宣称 in-house 模式为其节省了 10% 的媒介成本，引起了行业热议。in-house 模式的优势在于广告主更熟悉

行业发展与品牌经营情况，反应速度快且便于管理，有效降低了与营销服务商的沟通成本。但是并不是所有营销环节都能依靠内部完成，一些大型营销活动仍需要内外共同配合，也催生了一批由品牌主与营销服务商等合作伙伴共建的混合 in-house 模式。

　　期间，广告主尤为重视内部人才团队的建设，以适应数字营销发展趋势，提升营销实践能力，支持业务增长。某品牌谈道："十年前与现在对营销人的能力要求完全不一样。比如创意团队，他们现在要面对的不仅仅是内容和创意，还需要了解不同媒介平台的流量权重规则、不同人群的偏好，也要用数字化手段去预测、衡量效果，这对大家来说都是巨大挑战。"[1]猎聘大数据曾显示，互联网营销行业人才整体供不应求，2021—2023 年的三年间，互联网营销人才紧缺度一直远高于全行业，且销售类人才最难招，这与数字营销越来越强调"投入产出可量化，且要助力业务经营增长"有密切关联。与此同时，新兴业态的崛起也催化了广告主对新兴人才的需求，如直播操盘手、AIGC 创意设计师等。一方面是愈加复杂的数字营销方法论要求下不断提升综合能力的复合型人才，另一方面是不断涌现的新兴趋势下深耕垂类技能的专业型人才，广告主应该结合自身情况合理进行团队配置，提高人效，赋能业务增长。

4. 从"全域传播"到"全域经营"，精细化运营谋求生意增长

　　此前的市场竞争逻辑，是流量红利下的增长式营销打法，广告主一方面重投高流量阵地，另一方面探索新的流量池，全面拓展营销触点，期望触达更为广泛的用户，实现"全域传播"。期间，各场域节点的一体化联动一度成为广告主重视的营销策略，通过用户全场景渗透提升传播效果。时过境迁，流量增速放缓，广告主已清晰认知到增长红利的褪去，在预算制定、营销方法选择方面愈加谨慎，且随着宏观环境的变化赋予了营销新的意义，即不仅仅从传播层面实现广泛触达，更是从经营层面要助力生意增长。因此，广告主的营销目标从"全域传播"开始转向"全域经营"。

　　巨量引擎调查数据显示，2023 年，CMO 最为关注的工作中，在追求营销各环节 ROI 的基本操作之外，有超过半数的CMO都在寻找如何提升全渠道生意经营能力[2]。这意味着，广告主开始深度理解流量、统筹流量并利用流量来产生实际价值，其中以用户为中心的精细化运营是关键举措。这对广告主的底层运营体系提出了新要求，因为用户碎片化程度增强正加剧广告主捕捉、理解用户态度和行为的难度，且多元的沟通渠道促

---

[1] TopDigital：《市场营销部，只会乱花钱？》，2023 年 10 月 18 日，https://mp.weixin.qq.com/s/OKOAc74SriWFyTXavkNYSg。
[2] 36 氪未来消费：《全域经营不是伪概念》，2024 年 5 月 16 日，https://mp.weixin.qq.com/s/uk2eA5HD6C3ZNyXKt6PVdg。

使广告主的运营体系愈加分散化。因此，搭建统一的底层运营体系尤为重要，驱动了广告主加速数字中台等平台的建设，支持企业经营。艾媒咨询数据显示，泛零售正成为数字中台落地较快的领域，有75.4%、63.3%的零售企业在接受数字中台服务商服务后经营效率分别提高6%～25%和运营成本降低6%～25%[①]。例如，CDP（Customer Data Platform）客户数据平台可以帮助广告主打通不同渠道、平台的用户信息、业务信息，并进行数据建模，构建用户画像，支持广告主沉淀用户数据资产，并对经营过程中遇到的问题进行归因处理，形成有价值的业务导向策略，支持经营增长。

但是，对广告主而言，落实"全域经营"并非易事。一方面，企业数据庞杂，数据体系并不完善，且内部业务壁垒加剧互通难度，数据闭环管理难度较高；另一方面，各渠道、平台存在较强的数据孤岛现象，建立多渠道统一对接的平台需解决诸如数据接入、数据指标一致性等问题。Gartner在2023年曾表明"数据中台"并没有达到预期的广泛成功，主要是由于价值主张过于宽泛、与业务脱节和单纯的交付技术，并提出了"数智基建"的概念，即通过使用已经建立了密切合作的供应商产品组合，构建全面的数据分析和人工智能解决方案和服务体系[②]。这种方式在一定程度上缓解了广告主的成本压力，可以基于多个供应商合作建立一个可组装、敏捷的、具有持续运维能力的数据分析和AI平台。

但无论如何，广告主"全域经营"的需求在短期内会愈加强烈，并会在建设相关经营数据分析系统方面进行投入，以支持精细化运营，谋求生意增长。

（四）社媒变化

纵观中国社交营销的发展历程，可以发现社交营销的策略和手段随着人的需求、货的逻辑和场的规则三端的变化，发生了巨大演变。

在"人"的层面，消费者面对众多不确定性，正在从宏大的叙事投身自我，从在意外界到关注自我表达。消费者的行为习惯、消费观念和社交需求不断演变，从最初的信息接收者，转变为内容的创造者、传播者甚至是营销的参与者。

在"货"的层面，产品形态和营销方式也随之改变。品牌需要反向思考，通过"有

[①] 艾媒咨询：《2024年中国数字中台市场研究报告》，2024年9月6日，https://mp.weixin.qq.com/s/MedGSZHSQmKJ0tjLdg2eEw。
[②] 朱朋博：《Gartner分析：中国数智基建将取代传统数据中台》，2024年8月19日，https://mp.weixin.qq.com/s/a7u1QEshIwRWep0oPKdHQQ。

圈层""有价值"的产品赢得消费者的真实需求。具体来说，从最初单一的产品功能介绍，发展到讲述品牌故事、情感传达和用户体验的全方位展示。产品不再只是交易的标的，而是成为连接品牌与消费者情感纽带的桥梁。

在"场"的层面，社交营销的场景经历了从线下到线上，再从线上到线上线下融合的变迁。伴随社交媒体生态的愈加繁荣，抖音、小红书、快手、微博、B站、视频号、知乎等各类社交平台正成为主流，成为品牌新的营销战场。

在经历了社交营销1.0阶段：社交传播时代、社交营销2.0阶段：社交种草时代，现在进入了社交营销3.0阶段：社交全域整合营销时代。

1. 整合化营销

（1）内容整合

在全域整合营销时代，内容整合现已成为品牌营销的关键一环。不同的社交媒体平台各自拥有独特的特性和受众群体，因此，品牌完整形象在某一个平台中并不能充分展现。例如，小红书的女性和高净值用户居多，更适合品牌做日常种草和UGC真实体验测评；而抖音泛娱乐属性强，很多跟风热点都在抖音发酵扩散，因此适合品牌设置造势活动，进行全民互动营销；B站则兼具圈层兴趣和深度专业双重优势，比较适合品牌玩梗和硬核解读。为了讲好品牌故事，企业需要进行多平台的内容整合排布，充分利用每个渠道的特点和受众优势，形成互补和协同效应。

聚焦内容本身，从商品功能到场景铺设，再到精神情绪引领，内容可以分为产品层（suggestion）、场景层（scene）和精神层（spirit）三个阶段。产品层内容以物质需要和性价比为锚点，通过展示产品和实力，强化产品卖点，满足消费者的生理和安全的基本需求。场景层内容以测试验证和个性化输出为主，绑定消费者喜爱的场景，通过构建环境氛围感破解不同场景下的沟通方法，满足消费者归属和尊重的需求。精神层内容则是依托价值和情绪的引导，用情绪撬动内容，放大触动消费者情绪，构建品牌与用户的情感共识，满足消费者的审美与自我实现方面的高层次需求。

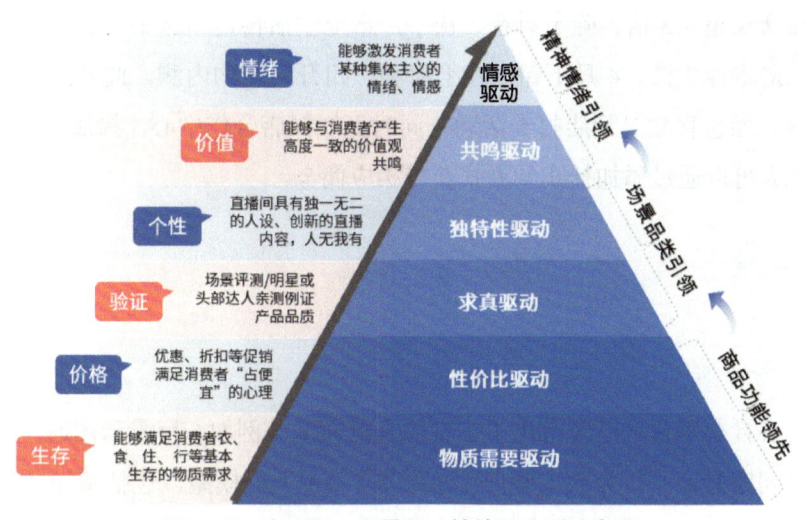

图 4-5　产品层、场景层、精神层分层示意图

数据来源：微播易数据研究院

（2）流量整合

流量整合已成为品牌构建商业闭环的关键策略之一，包含主动流量与被动流量的双向整合。主动流量，就是品牌在搜索场域进行策略布局。社交搜索作为品牌眼中的新主动流量，具备可攻可守的双重优势。进攻，即品牌通过 SEO 优化排位、搜索结果/品专承接，来拦截多层级用户需求，精准高效地影响用户决策。防守，即品牌通过关键词选定策略进行关键词的持续占位，防御竞品的排位干扰。被动流量，是指在各平台的流量工具助推下，内容能够得到更多的流量倾斜，人群能够得到更广泛的覆盖，品牌的营销效率得到更高的效率产出。

以抖音为代表的"看—星—推—搜—购"和以小红书为代表的"KFS"都是整合主动流量和被动流量的生意逻辑，以内容体系（品牌矩阵内容、KOL 内容、KOC 内容等）为原点，整合搜索场域引导用户看后搜，整合流量场域追加用户先看后推，三者共同作用助推用户决策行为，形成完整的交易闭环链路。

（3）渠道整合

在当今的市场环境下，线上线下渠道加速整合是大势所趋，也为商家创造更多的增长点。为此平台加速品牌线下到店价值转化，通过产品设计、业务调整等手段推动实体生意增长。据平台 2023 年官方相关报道：抖音生活服务业务已覆盖全国 370 个城市，综合行业用户数量增长 1.43 倍、支付订单量增长 5.26 倍、商家门店数量增长 2.51

倍、交易额增长超 3.3 倍。除了抖音、快手，本地生活再迎新选手，据新闻报道，小红书已确定入局本地生活，4 月下旬已在上海和广州开启团购内测。此外，官方频繁推出 Coffee Walk、面包盲盒等到店打卡活动，同时上线探店合作中心，探店/团购达人涌入小红书，达人可以通过添加挂车的方式获得相应佣金。

2. 精细化营销

（1）人群精细化

目前，各社交平台均已经推出了丰富的人群模型。例如，巨量云图通过用户行为类别进行了时间窗验证、行为频次验证等总结出了 5A 人群模型，包括感知（Aware）、吸引（Appeal）、询问（Ask）、行动（Act）、用户（Advocate）。快手也推出 5R 人群资产模型，包括触达（Reach）、记住（Remember）、兴趣（Relate）、行动（React）、忠诚（Reliance）。另外，小红书推出了 AIPS 人群模型，B 站推出了 MATES 人群模型等。

人群模型的出现为品牌营销提供了科学的方法论，指导着科学营销链路的建设。然而，以抖音、快手和小红书三平台为代表的社交平台不止于品牌整体人群规模和销量运营的规划，均已开始下钻到商品人群模型，即围绕用户对品牌具体商品的触达行为、互动行为、转化行为等进行该人群的精细化运营。

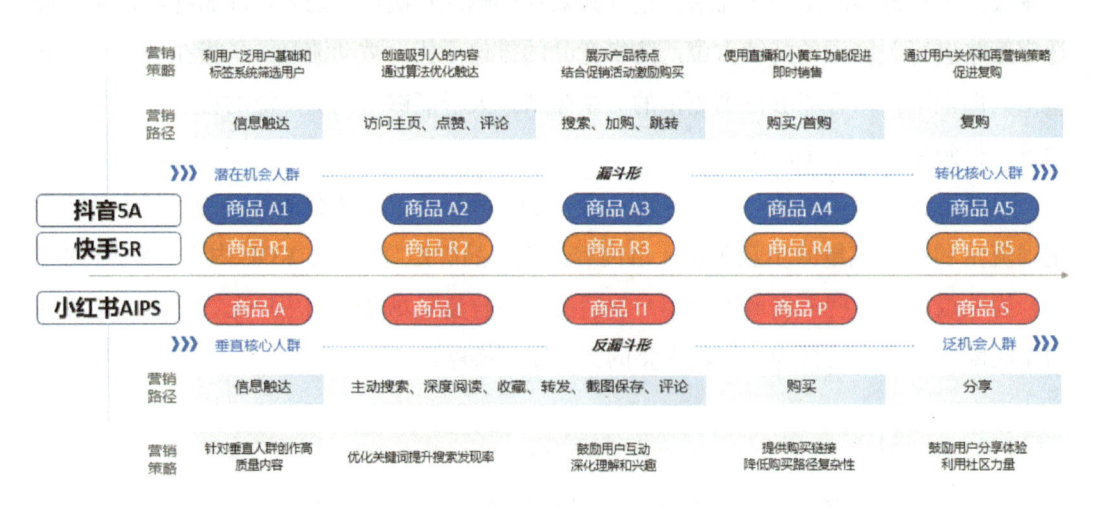

图 4-6 品牌营销的人群模型图

数据来源：微播易基于公开资料整理

(2) 策略精细化

面对内容社交的巨大红利，许多品牌纷纷效仿他人玩法：小红书产品种草、找大主播带货等，但大多并未获得预期的成果。在当前竞争激烈的环境下，企业需要更精准地定位自身所处的生命周期（产品的引入期、成长期、发展期和创新期），并明确当前市场竞争中最有效的市场切入策略。

在产品引入期，核心是找对人群，测产品、测内容、测平台，找到优质的沟通场景和内容。在产品成长期，核心是打投人群赛道，占领用户心智，探索更多增长模式。在产品成熟期，品牌应加强人群的拓展，延展更多场景，尝试新的用户增长点。在产品焕新期，品牌可以结合热点趋势，与达人进行内容玩法上的共创，解锁创新突破爆点。

3. 运营化营销

在存量时代，社交媒体已成为品牌营销与经营的双重利器，助力品牌应对市场竞争，实现可持续发展。一方面，社交媒体作为一种新兴的营销渠道，为企业提供与用户互动、传播品牌信息、扩大品牌影响力等多方面作用。另一方面，社交媒体在企业经营管理中也扮演着重要角色。首先，企业可以通过社交媒体收集用户反馈，了解市场需求，为产品研发和改进提供依据。其次，社交媒体可以帮助企业建立与消费者、供应商、合作伙伴的良好关系，降低沟通成本，提高运营效率。此外，社交媒体还能为企业提供数据支持，通过对用户行为、兴趣等数据的分析，为企业制定战略决策提供有力依据。

4. IP 化营销

(1) 短剧营销

在当前内容消费趋势下，观众对于内容的品质和形式有了更高的要求，精制内容成为市场的新宠。其中，以短剧为代表的精制内容正加速占领市场。例如韩束，用不到 5000 万的投资成本，成功撬动了 33 亿 + 的 GMV。在短短一年的时间内，韩束梳理并验证完成了抖音平台的这一爆发式增长路径：先通过定制短剧广泛触达抖音 A3 用户，再以品牌自播承接短剧流量，最后以平价产品套装礼盒完成高效转化。

相较于长剧，短剧在剧本创作、拍摄制作、后期剪辑等方面的投入都较长剧更为节省，使得短剧在试错和快速迭代方面可以更加灵活、快速地调整策略，适应市场和观众的需求。在广告植入方面，相比长剧/综艺生硬的广告插入，短剧与剧情衔接得更加紧密，甚至会推动剧情的发展。再者，短剧的传播效率更高。在快节奏的生活中，观众更倾向于消费碎片化的内容，短剧正好满足了这一需求。

相较于 KOL 内容种草，短剧具有更长效的影响力。KOL 的内容种草往往依赖于 KOL 的个人魅力和粉丝基础，一旦 KOL 的影响力减弱，种草效果也会随之降低。而短剧则可以通过一个达人 IP 的反复使用，持续吸引观众。短剧中的角色和故事情节可以深入人心，形成长期的品牌印象。短剧中的广告植入也可以依据剧情的设置自然地融入到故事中，这种植入方式不仅提高了广告的接受度，也增强了品牌形象的亲和力。

短剧正在成为社交整合营销新锚点，微播易整合平台 DKFS（D：Super D 精品短剧超级物料；K：KOL 种草；F：FEEDS 投流；S：Search 搜索），通过 D+K 全网内容覆盖，F+S 全网流量平台闭环击破，盘活品牌主动及被动用户，催化从兴趣到种草到转化的生意闭环。

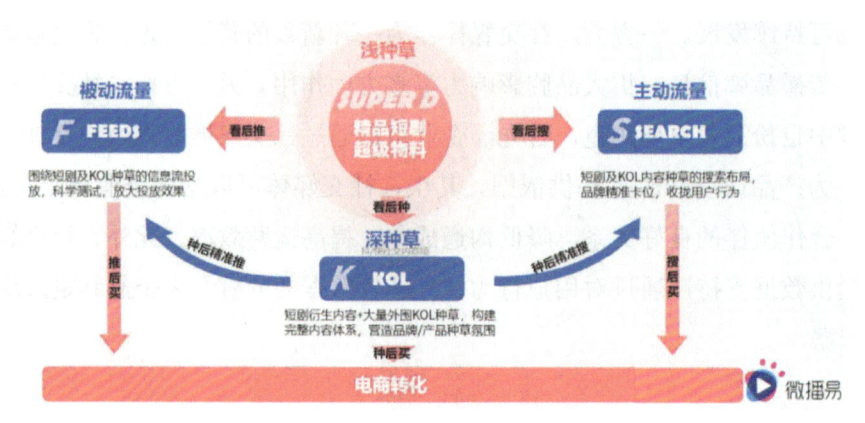

图 4-7　短剧营销的闭环图

数据来源：微播易绘制

（2）共创营销

现如今，品牌除了植入之外，要思考怎么和 IP 联合定制、共创，甚至孵化出一个新的 IP 来，其中，以品牌 X KOL 内容共创尤为典型。双方通过共创内容来放大 KOL 的粉丝影响力，自建全新 IP，为品牌带来价值挖掘和延展的新活力。

以李佳琦的综艺节目《所有女生的 offer》为例，该节目充分利用了李佳琦在美妆领域的强大影响力和粉丝基础，吸引了自然堂、欧诗漫、逐本等多个知名品牌的参与。节目中，李佳琦不仅展示了专业的美妆技能，还通过互动环节加深了与观众的连接，使得品牌信息在轻松愉快的氛围中得到高效释放。

另外，《章小蕙的玫瑰编辑部》，这是一个以个人品牌打造的平台类综艺节目。章小蕙以其独特的品味和生活方式，吸引了大量忠实粉丝。节目中，她通过故事性的营销方式传递情感价值，让品牌故事与消费者产生共鸣。这种深度共创不仅增强了品牌的个性化和差异化，也让消费者在情感上与品牌建立了更深的联系。

（3）跨界营销

随着消费者水平的提升和品牌意识的不断增强，跨界联名热潮日益盛行。众多品牌已经逐渐认识到，跨界联名是品牌未来营销的重要可执行方向之一。

以瑞幸为例，2023 年，一款酱香拿铁成为顶流，让咖啡加美酒照进现实。酱香拿铁上线后迅速刷新了瑞幸的纪录，首日销量突破 542 万杯，销售额突破 1 亿元。2024 年，瑞幸借大热门游戏 IP《黑神话：悟空》联名起飞，再度收获"泼天的流量"，联名周边一上线就立刻售罄，各大社媒平台都被这次联名霸榜刷屏。截至 2024 年上半年，瑞幸已跨界合作七大行业，14 个品牌，16 次联名。

分析瑞幸能够精准押宝 IP 出圈的原因，是瑞幸在挑选合作 IP 时，倾向于选择那些稀缺且未被过度开发的 IP，而不是那些已经泛滥的 IP。在定价策略上，瑞幸采取的是更具性价比的方案，而不是遵循传统联名产品必定涨价的规则。这种做法激发了消费者的购买欲望，让他们产生"一定要买"的紧迫感。最终，通过不同渠道之间的联动让消费者顺畅地完成购买。

5.智慧化营销

在发展新质生产力的背景下，产业的革新是快速且持续加速的，而营销产业作为在 AI 领域最快接触、最早转型、最深影响的行业之一，正经历深刻变革。

首先是"内容生产提效"。微播易推出的【易创】品牌风格化视频智能体，以人类增强智能（Human-Centered Artificial Intelligence，简称 HAI）为核心驱动力，创新性地解决了人工创作效率低、AI 创作品牌辨识度低、商用难等痛点。易创独创 DIMS 数字资产解构系统，通过 DeepSeek 等领先模型精准洞察品牌风格特点，搭建 HI（人类专家）+AI（智能助手）超级智能创作工作流，为品牌量身定制风格化的视频内容，成功解决通用 AI 工具生成视频商用难、品牌风格化缺失以及视频素材高效生产难题。

【易创】围绕品牌风格的核心要素，如品牌定位、价值主张、宣传语、产品调性、企业文化、代言人等信息，打造了"文字风格""图片风格""声音风格""人物、IP 风格""调性风格"品牌多模态模型。【易创】能够精准捕捉品牌的灵魂，通过AI快速生成具有鲜明品牌范儿且风格高度一致的定制化品牌视频，让品牌在粉尘化的触点与内容中，实现品牌风格的一致性表达，有力地推动了品牌在消费者心中的形象的唯一性。

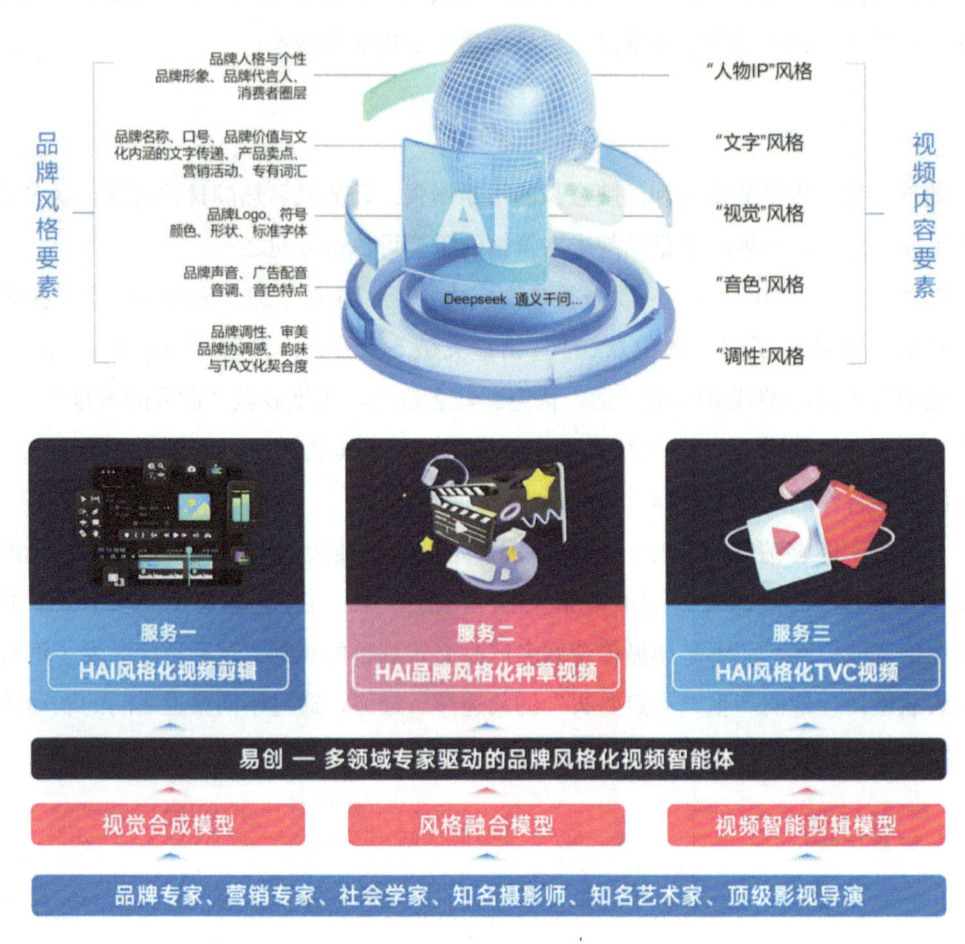

图 4-8 "易创 AI"服务说明

数据来源：微播易绘制

其二是在内容供应端的商单服务中，传统工作往往琐碎且耗时，而 AI 技术的应用显著提升了效率。具体而言，AI 通过以下三大模块实现提效：首先，通过商单流程优化，实现项目执行全流程的安全、合规与高效管理，系统化降低运营风险；其次，基于强大的商机洞察能力，深度剖析竞品动态与品牌预算流向，精准锁定市场突破点，助力决策效率提升；最后，依托智能创意素材库，提供海量优质内容模板与创作工具，大幅缩短内容生产周期，提高创作效率。

这三大模块协同发力，为品牌构建了"洞察—执行—生产"的一体化智能引擎，真正实现"省时提效、精准制胜"的营销升级体验。

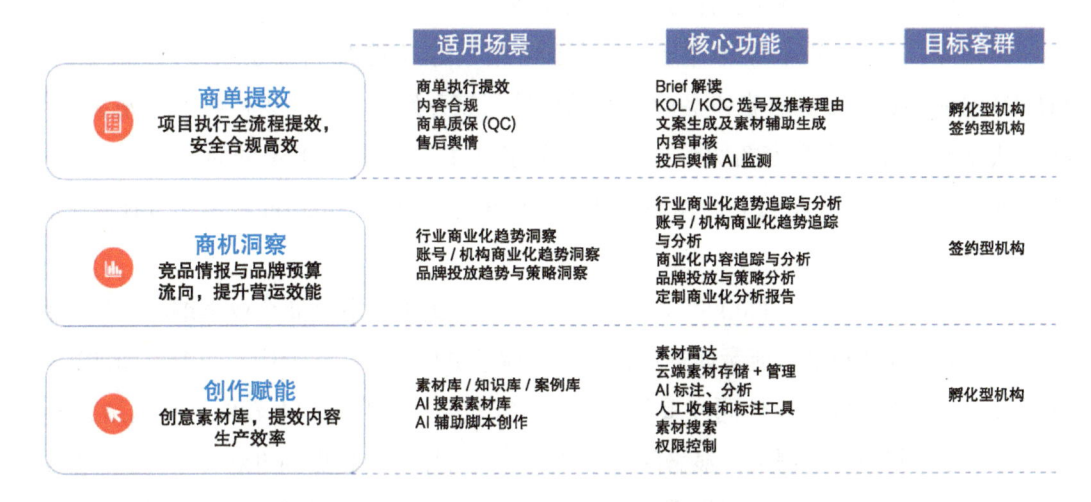

	适用场景	核心功能	目标客群
商单提效 项目执行全流程提效，安全合规高效	商单执行提效 内容合规 商单质保（QC） 售后舆情	Brief 解读 KOL / KOC 选号及推荐理由 文案生成及素材辅助生成 内容审核 投后舆情 AI 监测	孵化型机构 签约型机构
商机洞察 竞品情报与品牌预算流向，提升营运效能	行业商业化趋势洞察 账号 / 机构商业化趋势洞察 品牌投放趋势与策略洞察	行业商业化趋势追踪与分析 账号 / 机构商业化趋势追踪与分析 商业化内容追踪与分析 品牌投放与策略分析 定制商业化分析报告	签约型机构
创作赋能 创意素材库，提效内容生产效率	素材库 / 知识库 / 案例库 AI 搜索素材 AI 辅助脚本创作	素材雷达 云端素材存储 + 管理 AI 标注、分析 人工收集和标注工具 素材搜索 权限控制	孵化型机构

图 4-9 "易投 AI"服务说明

数据来源：微播易

如何把握新质生产力，驱动营销焕新？微播易认为：①HAI生成的品牌风格化视频内容，即将以高效率、低成本的优势成为未来内容营销主流。②AI将助力数字营销实现"一人多面"的"一对一"营销。③每个企业都将拥有自己各场景的营销大模型。④营销大模型应用越来越专业化、个性化、私有化。⑤AI加速营销从业者的升级及淘汰。⑥企业将迎来观念、技术、组织升级热潮。

（五）出海变化

1. 品牌营销趋势显著，独立站将被更多出海企业选择

独立站即企业或者个人申请的独立网站域名或者程序，通常相对于第三方平台而存在，于电商领域兴起。国产独立站出海于2000年前后开始发展，至今已有20余年的历史。2003年后中国加入WTO，外贸时代开启，少数个人商家开始接触到海外市场，将部分如虚拟物品、电池、鞋袜等销往海外。彼时的销售模式较为单一，网站的设立更多为展示产品及价格，并不具备用户转化、对接等功能。

进入2016年，诸如SHEIN等快时尚品牌兴起，打造品牌矩阵开始成为其核心目

标。围绕不同细分品类，SHEIN 分别针对性地创立了不同品牌，以女性服装配饰、内衣、鞋履为核心，宠物、家电独立站同步搭建，其中如 ROMWE、SHEGLAM 平均流量已达 1 万～ 200 万，社交媒体粉丝量达千万级。

2021 年，背靠 Shopify 等平台，"一键建站"等功能加持下独立站数量激增。SHEIN 的成功让更多拥有自主品牌、产品线的商家开始关注并着手搭建独立站。2023 年，独立站开始成为商家拓宽海外市场的主流选择，据 GoodsFox 的商家调研，超过 87% 的 B2C 品牌选择将独立站作为首选的推广渠道，诸如 Amazon 等第三方托管平台占比为 76%。

当下，"三方平台+独立站"的协同打法开始被更多出海电商企业采纳。三方平台方面，其运营模式成熟、流量属性更强、物流体系更加完备，适合中、小商家前期选择和过渡，对电商出海重要性同样重要，但对商家的品牌提升力相对较弱。独立站方面，首先，商家可搭建自有渠道，显著降低运营成本，且用户转化更加直观可控，整体提高利润水平；其次，商家自主权提升，即无须跟随第三方定价，可基于品牌自身进行更加灵活的定价和活动策划；最后，私域沉淀、数据优势，围绕独立站，可进行会员体系的深度搭建，针对性提升活跃率、延长 LTV。整体来看，DTC 独立站为大势所趋，电商等行业通过该模式可直接触达消费者，独立站为中、小出海商家提供了搭建品牌、深度触达用户的机会。

从运营及存续时间来看，虽热度走高，但绝大部分独立站运营时间仍不足 5 年。据 GoodsFox 调研数据，94.3% 的出海独立站运营时间小于 5 年，71.9% 运营时间小于 3 年。受限于开设、运营及广告投放等成本，过往仅有少数头部品牌会选择搭建独立站获客。当下，宣发渠道的丰富、制作及运维成本的下降使得更多商家选择搭建独立站，该赛道于近 5 年呈爆发式增长。未来，独立站数量将稳步走高，"个人品牌+独立站"的模式将成为中小商家出海的主要方式。

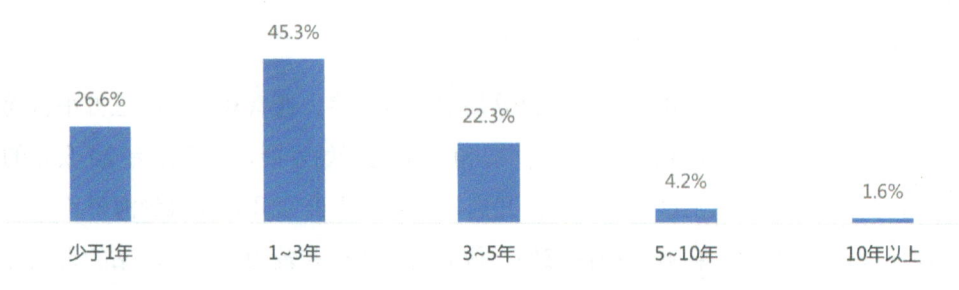

少于1年 26.6% | 1~3年 45.3% | 3~5年 22.3% | 5~10年 4.2% | 10年以上 1.6%

图 4-10　截至 2023 年底出海商家独立站运营时间分布

数据来源：GoodsFox 调研数据（1～3 年指 1≤年限＜3，其他相同不作赘述）

从领域及产品维度来看，出海独立站正在呈现百花齐放、品类多样化的趋势。从GoodsFox 于 2024 年 7 月的调研数据来看，服装、鞋靴为出海独立站主要经营的品类，运动类产品热度正高。

以排名第一的 HALARA 为例，其专注女装和运动户外产品，主要经营运动裤、瑜伽服等。依托于独立站，结合直播带货、红人种草营销等模式，其在海外流量及销量均迅速走高。2024 年上半年，HALARA 登顶 TikTok 美区小店休闲女装类目销量榜首；截至中旬，其已连续 3 个月实现月销售额突破 400 万美元。该赛道海外市场需求仍庞大，未来将有更多玩家涌入，独立站数量将水涨船高。

同时，服装独立站当下正呈现市场品类细分化的趋势。例如，COMMENSE 针对女性群体，围绕不同年龄段的消费者需求推出差异化的女装产品；Fanka 围绕运动服饰；Hats 专注棒球帽产品；Flamingo 专注牛仔裤及户外服饰等。结合前文提及的 SHEIN，更多独立品牌开始开创自己的独立站，通过产品、调性、销售理念等内容塑造品牌，吸引契合度更高的核心消费群体，提升品牌行业影响力。

表 4-2　2024 年 7 月 中国 DTC 品牌出海投放榜单

店铺名称	独立站网址	品类	热销产品
HALARA	thehalara.com	服装	运动裤、瑜伽服
kickscrew	kickscrew.com	鞋靴	运动鞋
COMMENSE	thecommense.com	服装	连衣裙
Raycon	rayconglobal.com	手机数码	蓝牙耳机
GTHIC	gthic.com	珠宝及衍生物	手工戒指
eyekeeper	eyekeeper.com	时尚配件	老花眼镜
Fanka	fanka.com	服装	健美裤、运动内衣
Shapellx	shapellx.com	服装	塑身衣
Ulike	ulike.com	美妆个护	脱毛仪
Allbirds	allbirds.com	鞋靴	跑鞋、休闲鞋

数据来源：GoodsFox，根据品牌在 Meta、Google、TikTok 多个媒体投放渠道的广告素材数排序所得，仅供参考

不仅服饰，其他品类的独立站同样在加速出海，打法各异。如 Raycon 主打手机数码，推出运动蓝牙耳机及音像类产品，主要发力美国、英国市场，时尚科技的独立站设计使其更易于吸引年轻用户，34 岁以下青 / 中年用户群体数量占比超 50%；如 eyekeeper，主打高性价比的老花眼镜，10 ～ 40 美元的售价结合直观清爽的独立站设计，

使其于亚马逊老花镜品类中拥有相当的市场份额。整体而言，于非服饰品类，中国出海品牌的独立站更多选择细分赛道进行深耕，如老花镜、戒指、脱毛仪等，背靠国内庞大的产业链和物流供应，将低价、优质的中国制造输出至海外，独立站的搭建能够更好地对外塑造和凸显其品牌力，实现中国品牌的全球化传播。

未来，背靠独立站，出海品牌需结合品类特征，挖掘营销和运营策略的新方向，最大化独立站于目标市场的行业影响力。如数码产品，本土化、全球化是两种截然不同的出海策略，于该品类之中，出海企业需对本土竞争企业、目标用户群体特征进行深度调研，独立站风格将决定品牌的发展侧重；如居家及日常使用产品，海外市场整体呈现定制化、个性化的市场趋势，出海企业在独立站搭建上需更加注意围绕产品及品牌进行情感化的展示，以获取消费者的共鸣及对品牌的认可。总体而言，不同品类出海，独立站的搭建逻辑和侧重均有所差异，当下，谷歌等渠道对独立站的宣发要求和监管愈发严格，独立站在对外获客的同时同样需要加强自身的页面及内容设计，基于消费者认可，实现独立站的自传播。

2. 达人重要性持续凸显，合作模式将逐步转变

当下，海外社媒平台快速发展，达人数量日趋增长。据 Statista 数据，截至 2023 年，全球达人营销市场规模已突破 200 亿美元，同比增长近 30%。未来，随着各国社媒平台的快速发展和普及，全球维度下达人数量将进一步增长，达人营销规模将保持当下的高增速态势，预计 2025 年规模将接近 300 亿美元。

年份	规模（十亿/美元）
2016年	1.7
2017年	3.0
2018年	4.5
2019年	6.5
2020年	9.7
2021年	11.6
2022年	16.4
2023年	21.3

图 4-11 2016—2023 年全球达人营销市场规模

数据来源：2016—2023 年，Statista

企业角度，与达人合作以推广品牌和产品已成为绝大多数海外企业的选择，对于出海企业而言，这一趋势更为显著。一方面，据益普索 2023 年统计数据，2024 年，有超

75% 的出海企业准备与海外 KOL、KOC 进行营销合作；另一方面，据 Nox 调研统计数据，2023 年，有超 33% 的品牌在网红营销上花费 5 万～ 10 万美元，同比增长 1 倍以上。对于出海企业而言，通过合作本地达人，可帮助其更快速地了解本地用户的线上习惯、热点话题，使得出海企业能够更加快速地实现品牌及产品的本地化传播，避免不同文化背景带来的差异化问题。

从营销人员角度，达人营销已成为其传播产品、制定宣发策略的重要抓手。据 CreatorIQ 的调研数据，67% 的营销人员表示将于 2024 年大幅增加达人营销的支出；同时，2023 年，有超过 25% 的品牌在达人营销上投入了至少 100 万美元。未来，针对达人的深入合作将是各出海企业营销侧关注的重点，达人转化率、各类别达人合作比例等均将作为企业考核营销人员的关键指标。

从消费者层面，传统媒体及广告形式当下已较难对消费者实现有效转化，线下大屏等类型广告更适合品牌营销策略以提升综合营销力，同时，其对线上媒体中插屏、Banner、信息流等类型广告的敏感度也在逐步降低，CPC、CPI 等单价也在逐步增加。

相较之下，达人营销具备更高的转化率，用户对其主动关注并欣赏的达人具备更高的信任度。据 Influencer Marketing Hub 调研数据，超 60% 的消费者会认为达人发布的帖子对其购买决策有一定影响；超 50% 的消费者会参考达人的产品推荐进行购物。整体来看，消费者对达人的依赖程度正逐步提升，从种草到自传播，未来达人的影响力将进一步提升，其推出的个性化、趣味性内容将作为未来广告内容的主要载体。

最后，达人角度，据不完全统计，全球达人数量已接近 1 亿量级。互联网的加速普及、赛道的逐步细分 / 垂直化等因素影响下，未来达人数量将持续走高。平台分布来看，过往海外市场达人更多集中于 Youtube、Instagram 等平台，Instagram 图文为主的模式吸引更多中 / 小达人进驻。当下，TikTok 国内短视频打法带到海外，流量激励等方式迅速扩张，据 Nox 调研数据，截至 2023 年，TikTok 商业化达人占比同比增长一倍以上，整体量级已超过 Youtube，接近 Instagram。

总体来看，从各个角度出发，达人营销重要性持续凸显，对于出海企业而言，抓住海外达人营销趋势，将有效加深企业本地化程度，与达人的合作深度将成为衡量一家企业出海营销策略质量的关键。

着眼趋势，中、腰部达人群体对于出海企业商业化程度的加深逐步起到更为深远的影响。以 Kantor 数据为例，其调研数据显示，超 30% 的用户表示在购物过程中更大概率会被 10 万以下粉丝量级的 KOL 所影响，21.2% 的用户表示更容易被百万粉丝达人所影响从而消费，同时有 25.65% 的用户表示其完全不在意达人的粉丝量级。

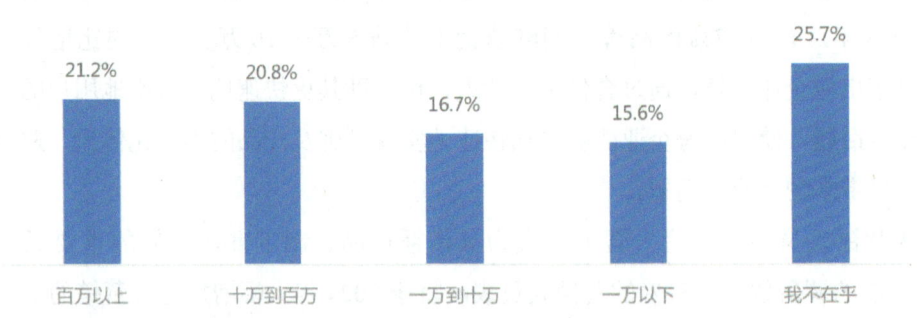

百万以上	十万到百万	一万到十万	一万以下	我不在乎
21.2%	20.8%	16.7%	15.6%	25.7%

图 4-12　消费者购物阶段，更容易被什么粉丝量级的达人影响，从而下单？

数据来源：Kantar 2024

　　细分维度来看，头部平台中同样呈现"中、腰部达人表现优秀"的趋势。据 Kantor 美区调研数据，2023 年，超 43% 的 TikTok 用户表示腰部（10 万～ 100 万粉丝）、尾部（1000 ～ 10 万粉丝）达人与粉丝互动更频繁和亲密；41% 的 TikTok 用户表示腰、尾部达人更注重实用性和实际需求，而非追求时尚或热门。总体来看，中、腰部达人重要性正在持续凸显，用户对其使用、推荐的产品认可程度更高。

　　从达人视角来看，中、腰部达人群体更在乎其粉丝群体的感受，更新频率、方向均会较为固定，图文视频中的"干货"内容也会更为丰富。同时，中、腰部达人往往选择深耕特定的细分赛道以实现涨粉，用户黏性、认知度会更强。在此背景下，该群体在创作内容中植入广告更不易于引起粉丝群体的反感，参考 B 站、小红书等国内头部平台，"让他赚"等粉丝回复同样体现了中、腰部达人在打广告时的优势。着眼海外，TikTok、Kwai 等社交平台正加速出海，为海外 KOL 提供了发展的沃土。未来，背靠平台，中、腰部达人数量将持续提升。一方面，AI 等技术赋能下生产力工具持续丰富，拍摄图片/视频、生成文案门槛降低；另一方面，就业市场的持续动荡使得更多求职者倾向选择自由职业或发展兼职。中、腰部达人数量的迅速增加也将逐步改变广告主的营销策略。

　　整体而言，中、腰部达人群体将成为未来海外广告主合作的主要对象，"少量投入、多次宣发"的打法也将成为商家和该群体合作的关键方式。围绕品牌力、产品功能进行长线的广告投放策略，与中、腰部达人群体特征更加契合。未来，该群体综合影响力将持续走高，超过部分头部、百万粉达人。

　　最后，海外达人营销呈现多样化的发展趋势。在形式上，更多达人开始选择在直播中植入广告，并对直播过程中的内容进行切片，绑定小黄车实现点击转化和购买；从数量占比来看，直播已超过长视频，成为达人仅次于短视频的商业合作方式选择；在方法上，更多海外达人开始倾向产品种草和品牌影响力的塑造，而非直接的带货转化，更多海外广告主开始意识到消费者对传统广告、推广内容有所厌倦，不以转化为目的的品牌营销广告往往能够实现更为有效的产品推广。

综上，达人营销将成为未来出海企业触达用户、推广市场的首选方案，企业在中、腰部达人的投入将会更大。长期来看，"达人直播""达人+品牌营销"将是企业出海营销发力的关键方向，TikTok 等短视频平台仍具备较为广阔的营销空间。

二、数字营销实践方向

随着市场成熟度的提升，数字营销实践发展也愈加深化，各种数字营销理论、方法、模式纷繁而出，加大了数字营销实践的复杂程度。未来，数字营销实践将会走向何方？行业各方基于自身业务实践经验均有自己的想法和判断。但立足于目前的数字营销市场环境，用户、内容、转化仍是未来数字营销实践中无法忽视的重要话题。

（一）圈层精细化深耕与跨界破圈

CTR 调查数据显示，2024 年，广告主制定营销传播决策时，目标用户仍以 8.4 的评分成为首要依据。用户作为广告主营销传播的目标对象，一方面，已愈发熟悉各种营销手段，清晰识别各种"软营销"，外部信息处理能力增强；另一方面，开始强化"精致省""快乐消费"等诉求，需求行为倾向复杂化。用户心态、认知与行为的变化正在加大广告主拉新难度，在 CTR 的 2024 年中国广告主营销趋势调查中，有品牌就表示，拉新一个用户的成本较高，是触达一个老用户的 4 倍。流量见顶，红利褪去，数字营销实践将如何破局谋求用户新增量？圈层精细化耕耘与跨界破圈或将成为未来重要方向。

1. 用户圈层纵深运营，挖掘用户新需求点

数字营销实践中，用户圈层化已经是"老生常谈"，且尤其强调不同圈层用户的精准化传播。期间，匹配合适"关键人物"（KOL 或 KOC），进行圈层内部高效渗透，在"特定场域"让用户迅速集结、转化并拉动增量，以实现提升营销传播效果的最终目的。而随着流量竞争日益激烈，用户圈层化的程度愈加深入，简单的圈层划分已经无法满足数字营销日渐增长的 ROI 需求，行业各方均在探索新的圈层运营思路，催生出多维度的圈层运营模式。例如，巨量引擎就曾基于海量数据盘整圈层体系，从内容兴趣、行业兴趣、兴趣广度三个维度进行标签交叉聚合，通过相似特征计算得出了 103 个族群、21 个大圈层，并根据兴趣范围划分为了高、中、低兴趣广度族群，为品牌提供与兴趣族群沟通的新参考。

各种圈层体系的背后，其实是标签逻辑的进一步深化。用户的行为、兴趣等各种信息被深度拆解，再交叉聚类，相比之前的圈层归类更为纵深。对品牌而言，用户圈层体系越为细化，其越能深度了解用户，并做出针对性的数字营销策略。期间，品牌也会挖掘到用户的新需求，探索新的增量空间。CTR 在 2024 年中国广告主营销趋势调查中，某品牌就表示自己的新品开发就是基于对用户的深层次细分，谈道："我们上了一系列不同价位的新品，把对我们的产品有不同追求的人，慢慢地细分了起来。即使是中高端的消费者，也会再细分，这也让我们产品和品牌更有活力，更有成长性。"可以说，数字营销实践中，用户圈层的纵深运营并不仅仅是为了实现精准营销，更是为品牌提供了探索增量空间的可能性。

2. 高契合度下的跨界破圈，探索用户增长新空间

深度运营用户圈层的同时跨越行业边界，开辟新的增长空间成为重要趋势。茅台与瑞幸合作的"酱香拿铁"曾一度爆红、喜茶"牵手"手游《光与夜之恋》引发粉丝追捧等，各种品牌跨界联名的营销案例层出不穷，成为数字营销实践市场重要组成部分。谜底数据显示，仅在 2024 年 1—5 月内，在微博、抖音、小红书等社交媒体上各大品牌联名相关作品的产量达到了 1169.6 万，同比增长 137.9%，整体互动量为 4.1 亿，同比增长 86%[①]。

品牌正在积极跨界破圈获取新用户，提升用户的归属感和认同感，沉淀品牌"新留量"。CTR 调查数据显示，2024 年，35.6% 的广告主更为倚重跨圈层/领域/品类获取新用户。同时，深访中有品牌谈道："我们更多关注于获取新客。品牌在相关市场的市占率还较低，主要通过和瑜伽房、健身房等做联名活动吸引用户。"由此可见，"跨界破圈，品牌联名"将成为未来数字营销实践发展的重要方向，助力品牌探索用户增量空间。

---

① 谜底数据：《2024 品牌联名营销趋势洞察报告》，2024 年 07 月 26 日，https://mp.weixin.qq.com/s/XYa77q8cNgdMRhNeV6nwpQ。

用户运营方式	占比
跨圈层/领域/品类获取新用户	35.6
提升用户口碑与传播	32.7
从竞争对手获取新用户	15.5
增加已有用户的复购	13.9
其他	2.3

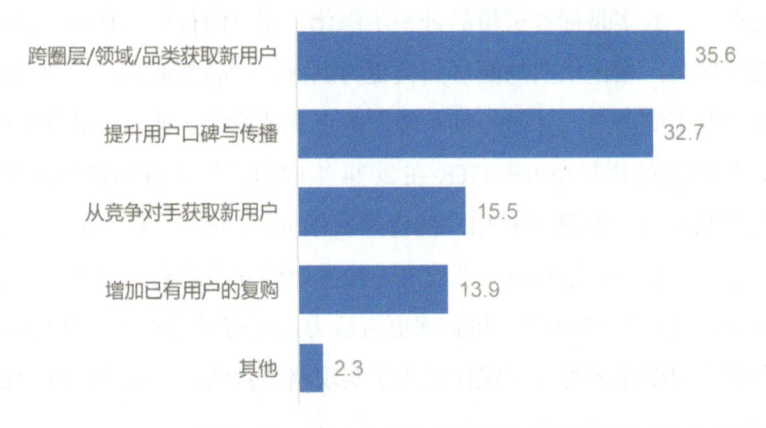

图 4-13　2024 年广告主倚重的用户运营方式占比（%）

数据来源：CTR《2024 中国广告主营销趋势调查报告》

对品牌而言，跨界联名是一场用户圈层的交融，是一场文化磁场的互换。成功的品牌联名能够实现新客拓展、影响力提升、品牌价值升级等，但是失败的品牌联名轻则毫无声量，重则深度影响品牌声誉。目前，品牌联名是数字营销市场上的热点趋势，但并不是所有的营销实践都能获得理想的结果。品牌需要做好基础调研，保证联名双方的品牌契合度，严格把控合作过程中的各个流程，才可能在多样的联名案例中脱颖而出。在未来的数字营销市场，品牌联名或将愈加成熟，相关方法论开发与应用将会愈加普及，为品牌进行跨界破圈，实现用户增长提供更好的助力。

（二）内容营销纵深升级

CTR 数据显示，2023 年，内容营销渗透率已达 99%，行业已从"卷流量"转向"卷内容"。2024 年，"卷内容"依然是数字营销市场竞争的关键，且广告主愈加意识到基于内容营销的用户心智渗透才是打造品牌差异化的重要方式。CTR《2024 中国广告主营销趋势调查报告》显示，84% 的广告主同意"内容营销是实现品牌差异化、加深与消费者关系的最佳方式"。因此，对数字营销市场而言，内容仍是未来战略级的营销资源。

1. 统一基调构建多元内容生态，微短剧成为新风口

如今，多方力量构建了丰富的内容营销生态，全方位实现广泛的用户心智触达。品牌在数字营销实践过程中，面对多元化的内容营销端口，逐渐开始通过内容中心

第四章 数字营销趋势

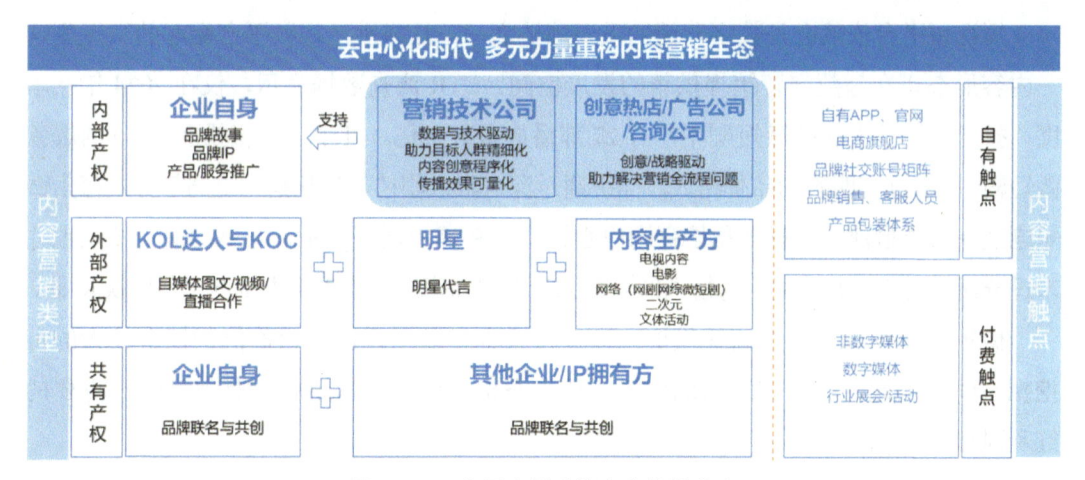

图 4-14 多元力量重构内容营销生态

数据来源：CTR《2024中国广告主营销趋势调查报告》

（或从技术层面建立内容中台），进行内容营销主题基调的统一，实现"形散神聚，提升效能"的目的。品牌愈加娴熟掌握各种内容营销技能，在内容营销方式选择上也略有侧重，深度影响着数字营销实践发展方向。CTR调查数据显示，内容类型方面，按内容产权的不同归属划分，广告主尤为重视自有内容的产出与宣推，特别是自有的产品/服务推广，以96%的占比位居第一。在内容营销触点方面，包括各种互联网平台、数字户外等在内的各种付费数字媒体，凭借广泛的用户基础备受广告主重视，以51%的占比位居首位。其中，短视频平台颇受广告主重视，2024年预期有超七成广告主预期增投。

图 4-15 广告主看重的内容营销类型与内容营销触点TOP5

数据来源：CTR《2024中国广告主营销趋势调查报告》

短视频平台依然会是数字营销的重要阵地之一，且搭乘短视频平台崛起的微短剧这一内容形态正在为数字营销提供新的发展空间。CTR 调查数据显示，仅在 2024 年一季度，抖音、快手上线的微短剧中，有 27 部播放量破 1 亿。其中，抖音排名前 10 的爆款微短剧中，6 部有明确的品牌植入。品牌通过深入融入剧情、优化购物链路等方式探索微短剧这一新流量池，潜移默化培育用户心智。CTR 用户调研显示，巧妙的商业植入也并未过分损耗用户的好感度，有植入的短剧无论在完播率还是喜爱度上都与整体情况持平。

微短剧市场规模仍在高速发展，商业模式也日益丰富，营销价值仍拥有较大的可挖掘空间。因此，在目前复杂的内容营销生态格局中，微短剧将会是数字营销重要的红利风口。

2. AIGC 深度融入内容营销，"人机协同"实现效率增长

2023 年，ChatGPT 掀起的生成式人工智能浪潮汹涌而至，并迅速渗透至数字营销行业，尤其赋能了内容营销的发展与变革。行业各方纷纷入局其中，例如，爱奇艺推出 AI 工具"智绘"，实现文生图、图生图、智能扩写；快手自研可灵大模型，能助力 AI 创作；蓝色光标推出 BlueAI 营销行业模型，拥有营销分析、社媒创作、视频智剪等功能。多元丰富的 AIGC 工具正在支持广告主的内容营销升级。

项目	2023年	2024年预期
创意内容生成（包括海报、视频、文案）	39.9	53.1
创新营销玩法	28.7	42.2
数据收集、分析、市场洞察	23.8	38.9
为品牌形象增加科技含量	18.8	29.4
提高目标人群圈选的精准度	19.5	29.4
优化用户体验	19.1	28.4
用户AI共创	11.2	21.5
虚拟主播带货	13.9	18.8
其他	1.0	1.3

图 4-16　2023—2024 年广告主在营销活动中适应 AIGC 的情况变化（%）

数据来源：CTR《2024 中国广告主营销趋势调查报告》

CTR《2024中国广告主营销趋势调查报告》显示，2024年预计近八成广告主会应用AIGC，相比2023年提升9个百分点。其中，创意内容生成是广告主使用AIGC的主要领域。深访中，有品牌谈道："现在运营小红书，我们自己发布的一些笔记很多是AI生成的。虽然写得比较稀烂，但是对于布量的角度来讲还是可以基本满足的。"面对快速发展的生成式人工智能浪潮，广告主积极跟进，广泛应用。但是，广告主理性谨慎，并未盲目信奉新技术，在实践过程中对AIGC的认知愈加成熟和理性。调查中，73%的广告主同意"AIGC不可能取代人做重要决策"。广告主深谙AICG工具属性，谨慎灵活应用。某品牌在深访中表示："AIGC是先进的生产力，它可能会替代一些基础的工作，但是有一定创造力的、洞察力的是没有办法去替代的，因为它更多的是一种工具。"

自人工智能技术问世以来，人机博弈问题一直是焦点话题，人类感性与机器理性的碰撞在AIGC技术普及过程中依然显著。当前AI技术仍在攻坚决策智能，AIGC在内容营销中的应用仍较为基础，营销人的业务经验与专业决策能力依然发挥主导作用。由此来看，未来内容营销实践中，"人机协同"将是主流方式，助力内容营销的效率提升。

3. 增强内容价值性，"功能 X 情绪"实现用户心智共鸣

无论是形态创新还是效率提升，内容营销的最终目的仍然是触动用户心智，助力品牌经营增长。但是，近几年，用户认知水平不断提高，对内容营销的辨识与规避能力也逐渐增强，加大了营销难度。"如何深层次触动用户心智？"成为行业各方持续探索的问题。

一方面，内容营销正在增强"真实感"，满足用户基本的功能性需求。从广告主的预算分配来看，广告主愈加重视基于KOL红人测评种草以及KOC、素人的真实体验传递品牌功能价值，满足用户基本需求。CTR调查数据显示，2024年，57%的广告主预期增投种草类KOL/红人，47%的广告主预期增投带货类KOL/红人投放。深访中，有品牌谈道："我们会找KOC和素人来分享真实的体验或是请他们来代言。"

	上升	持平	下降	不投放
种草类KOL/红人投放 2024年	57	27	5	11
带货类KOL/红人投放 2024年	47	30	7	16

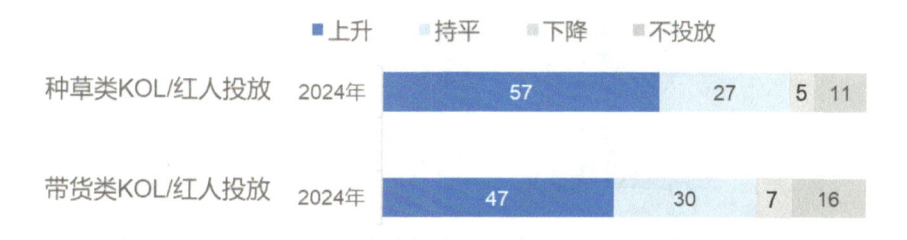

图4-17　2024年广告主投放互联网广告类型费用的预期变化（%）

数据来源：CTR《2024中国广告主营销趋势调查报告》

另一方面，输出情绪价值正成为内容营销实践的重点。因此，当下存量时代的行业同质化竞争加剧，仅功能层面的价值传递较难形成品牌的差异化竞争力，越来越多的广告主开始强调营造情绪价值，通过功能与情感的交融，迎合用户不同场景、时间、地点的情绪状态，引发心智共鸣，打造品牌差异化价值。近两年掀起热议的"多巴胺""Citywalk""脆皮养生"等营销话题，成为广告主满足用户情绪需求、强化品牌形象和温度的"加分项"。

实际上，内容的价值性在数字营销过程中尤其受到重视，而未来这种价值性不仅仅体现在创意创新、制作精良等感官体验上的高质量，更是会强调内容本身所传递的知识经验、思维模式、逻辑剖析等，满足用户需要。特别是种草营销和情绪营销的兴起，将内容营销中"功能"与"情绪"持续放大，实现用户心智的深度渗透。未来，内容营销走向"卷内容"的过程中，内容的价值性将会成为各方营销竞争的焦点。

（三）电商营销走向"内容＋货架"全生态布局

转化作为数字营销链条末端颇受行业各方特别是广告主的重视，并催化了电商营销的快速发展。其中，随着内容营销升级，兴趣电商作为新生力量迅速崛起，打破了货架电商稳固的营销逻辑，塑造了新的电商营销场景。CTR数据显示，2023年，有45%的广告主增投兴趣电商平台，且51%的广告主表示其在兴趣电商产生的GMV呈上升态势。广告主愈加清晰辨别不同平台的价值与经营规则，按需布局谋求增长。CTR深访中，有品牌表示："天猫和京东更多的是人找货，是进去买货的。然后兴趣电商是货找人，我们会不断地做分发。"

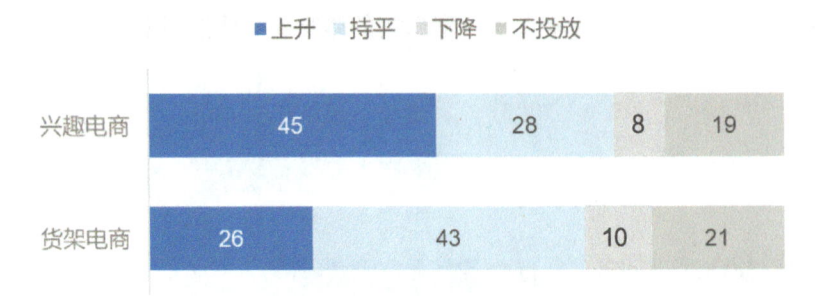

	上升	持平	下降	不投放
兴趣电商	45	28	8	19
货架电商	26	43	10	21

图 4-18　2023 年 vs 2022 年广告主对不同电商平台的营销预算投入变化（%）

数据来源：CTR《2024 中国广告主营销趋势调查报告》

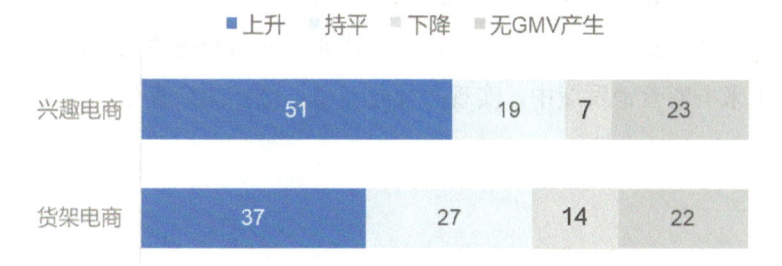

	上升	持平	下降	无GMV产生
兴趣电商	51	19	7	23
货架电商	37	27	14	22

图 4-19　2023 年 vs 2022 年广告主在不同电商平台产生的 GMV 变化（%）

数据来源：CTR《2024 中国广告主营销趋势调查报告》

　　货架电商与兴趣电商的流量博弈中，为降低平台流量外溢，加强内循环，各大电商平台加速"内容＋货架"全生态布局。例如，淘宝合并直播和逛逛两大内容场域成立淘宝内容电商事业部；拼多多上线"短剧"频道；抖音电商上线"抖音商城版"的 APP 等。各大电商平台都在加强"全域电商"的定位，为广告主、为用户提供全面服务。CTR 调查中，有品牌表示："抖音越来越像货架，而天猫、京东越来越像种草平台……我们要把产品体验，把小红书那一套东西搬到天猫、京东里面来。"

　　这种趋势在一定程度上加剧了电商平台之间的流量竞争。随着直播电商常态化以及电商大促"降温"，各大电商平台都在探索新方式，以期望能在电商营销中占据优势地位。2023 年底，拼多多市值超越阿里巴巴一度引起热议，也间接掀起了电商平台之间的"价格大战"。淘宝推出"五星价格力"体系，京东零售宣布全面转向"低价"，抖音将"价格力"确定为 2024 年战略优先级最高的项目，等等。从 GMV 来看，低价竞争似乎是有效的。高盛数据显示，2024 年 5 月 20 日至 6 月 18 日期间，淘天 GMV 增速在 10%～15% 之间，拼多多实现了 15%～20% 的增长，抖音电商 GMV 增速超 20%[1]。

　　对电商营销而言，低价策略或许符合用户理性消费的趋势，但并不是长远之道。一方面，电商平台的低价优势多数是依靠补贴、购物券等方式实现，且对品牌商家的价格体系设置提出了较高的要求，会一定程度上影响平台或商家的利润增长；另一方面，政策正在加强对"全网最低价"的监管，如 2024 年 8 月 9 日，北京市市场监督管理局发布了《北京市直播带货合规指引》，提出"不得以'全网最低价'等不实表述误导消费者"。对此，电商平台和品牌方并不希望长期卷入价格战中，而是将营销重点转向"回归用户"，注重提升用户的购物体验。例如，平台方面，取消预售、简化规则、增加

---

[1] 晚点团队：《第一次电商低价大战：三大平台围攻拼多多，卷入所有人》，2024 年 6 月 24 日，https://mp.weixin.qq.com/s/K0AoUD1zpkB0ivj3QeGBag。

"仅退款"功能等；品牌方面，优化产品结构、完善售后服务链条等。各方不再卷低价、玩套路，而是重新回到用户消费的本质，基于优质产品与服务为用户提供更好的购物体验。这将是未来电商营销发展中，实现差异化竞争、维护用户存量、获取用户增量的关键方向。

（四）构建"品效销"一体化经营链路

广告主希望营销能带来切实的经营增量，所以在"品"与"效"的现实选择中，更倾向于重投效果广告。CTR《2023中国广告主营销趋势调查报告》显示，2024年，效果广告费用分配占比相比2023年提升2个百分点，诸如商业及服务性行业、日用品行业等到店、获客需求高的行业效果广告占比也持续抬升。另外，有品牌在深访中也表示："短视频和直播联动是目前效果比较明显的，投入量级也是最大的，主要是看中它可以直接形成转化。"CTR消费者媒介影响力模型通过近百个案例显示，数字媒体协同效应显著，通过不同数字媒体联合投放，触达等量消费者的媒体销售贡献的协同效果可提升13%～29%，且在媒介投放拉动的品牌销售额中，品牌新买者的销售贡献占58%，其中短视频拉新能力更强，新买者贡献指数[①]可达132，明显高于在线视频和社交媒体。因此，重视效果广告的广告主也将营销预算重点投向了短视频平台。CTR调查数据显示，2024年，预期有64%的广告主增投短视频平台，推动其成为营销转化的重要阵地。

但是注重转化毕竟是短期的经营诉求，数字营销实践过程中，品牌价值的重要性正在提升。CTR调查数据显示，90%的广告主认同"品牌的心智份额是核心竞争力，注重效果是暂时的，注重品牌是长远的"。只有增强品牌价值建设，才能在激烈的市场竞争中长期占据用户心智，赢得长效发展。因此，CTR调研中，有品牌就表示："从去年开始我们会加强品牌端的一些投入，是持续上升的趋势，就是我们销售做好了，会在品牌端多做一些投入。品牌如果能够赋能到销售，会更好地去做更多的投入，这是一个良性循环的动作。"这意味着，短期的未来，数字营销实践并不仅仅聚焦于转化，而是强调品效销协同，构建一体化经营链路。

CTR调查数据显示，在平衡长期品牌建设和短期经营压力的基础上，关于营销目标是"品"还是"效"的二元对立关系有所改变，越来越多的广告主开始关注"品效

---

① 新买者贡献指数＝不同媒介接触点新买者销售贡献比例/品牌整体新买者销额比例×100。

销"协同转化，选择"品效协同"的广告主占比持续提升，2024年预期达到37.3%。深访中，部分广告主也提及了对"品效销合一"的期望："我们现在要做的是品效销合一，也就是品牌、效果，还有销售，这三个是合一的。"同时，调查也发现，"品效销"协同趋势下，一贯看重品牌建设的超大企业中，增投效果广告的广告主占比较为显著，而原本强调销售转化的中小企业，增投品牌广告的比例则更加明显。

因此，在品牌短期收益与长效经营的平衡诉求下，数字营销实践会在未来愈加重视"品效销"协同链路的建设，重塑品效营销逻辑。

（五）从 C 端到 B 端，助力增强产业链关系建设

常规意义上，数字营销实践中总会将 C 端用户作为重要对象，但是在市场缓慢复苏，流量见顶的趋势下，数字营销也愈加重视产业链关系的建设。CTR《2024 中国广告主营销趋势调查报告》显示，2024 年，预期增投媒体公关宣传和中间商/代理商维系的广告主比例提升。其中，预期增投媒体公关宣传费用的广告主占比达到 30%，相比 2023 年提升 3 个百分点；预期增投中间商/代理商维系费用的广告主占比达到 26%，相比 2023 年提升 6 个百分点。有品牌在深访中提及："因为我们的产业链、供应链比较长。……这种利益相关方，特别是合作伙伴，如果他对你没有信心的话，他可能就不会愿意跟你进行更深入的合作。"因此，在未来的数字营销实践中，产业链上的利益相关方也将是重要的目标对象。因此，有几种数字营销方式将会受到重视。

		上升	持平	下降	不投放
媒体公关宣传	2023年	27	50	15	8
	2024年	30	46	16	9
中间商/代理商维系	2023年	20	51	16	13
	2024年	26	45	18	12

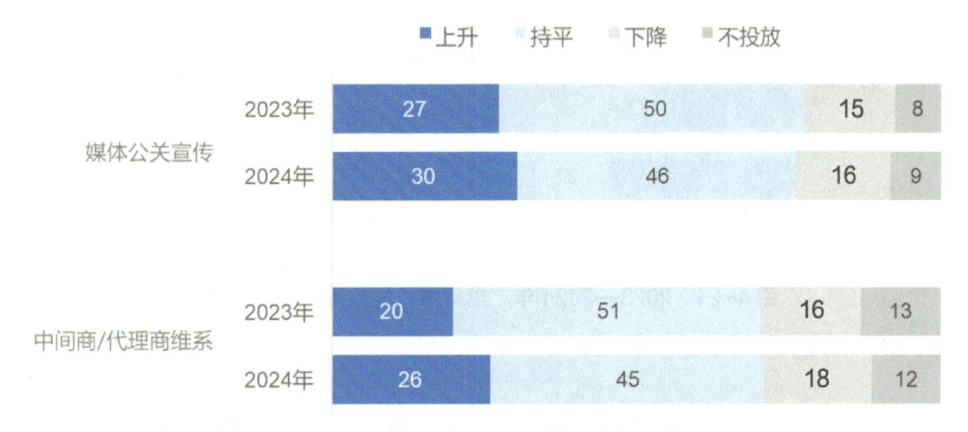

图 4-20 2023—2024 年广告主各项营销推广费用变化（%）

数据来源：CTR《2024 中国广告主营销趋势调查报告》

1. 广电系媒体依托背书价值释放影响力

从信心提振角度讲，广电系媒体基于背书价值发挥关键作用。特别是电视大屏所具备的强影响力价值，可以助力广告主进行消费者触达和全产业链的战略级曝光。其中，头部效应愈发显著的央视，备受广告主重视。调查数据显示，2020年—2024年，央视在电视媒体营销推广费用中的占比持续上升，2023年已超四成，2024年预期微增至43%。深访中，广告主也颇为认可央视的价值。有品牌表示："央视有影响力，比如说我们的投资方、一些合作伙伴，这些人他们可能在央视上面能够看得到我们的信息。所以今年在一些企业战略层级的大事方面，还会希望能够在央视上有一些曝光。"

而在数字营销实践中，电视大屏的传播内容或形式会经过再加工进行二次传播，支持品牌形象的塑造。选择适配的新媒体平台就尤为关键。抖音、微博等主流的互联网平台是重要选项，但是具备了主流媒体议程设置能力，且具备高公信力价值的广电新媒体平台也提供了关键选项。CTR调查数据显示，2024年预期有58%的广告主投放广电新媒体，且有26%的广告主选择增投，相比2023年提高了7个百分点。在预算分配方面，2024年为广电新媒体设置单独预算的广告主比例相比2023年提升了3个百分点，达到31%。深访中，部分品牌表示看重广电新媒体的官方背书价值，会基于品牌舆情与广电新媒体展开合作。有品牌谈道："我们跟广电新媒体的合作，更多是在品牌舆情方面，因为他们有官方背书的价值，有权威性，本地的老百姓其实还是很相信从它口里面说出来的新闻。"

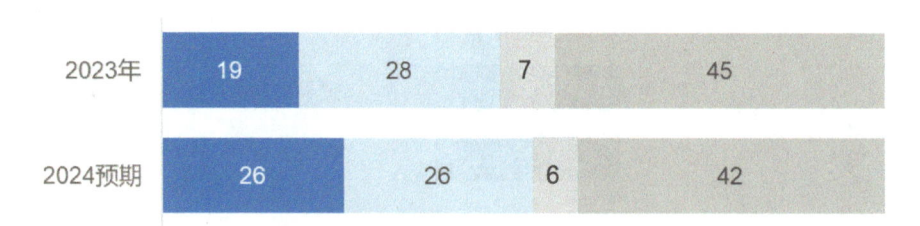

	上升	持平	下降	不投放
2023年	19	28	7	45
2024预期	26	26	6	42

图 4-21 2023—2024 年广电新媒体投放费用变化（%）

数据来源：CTR《2024中国广告主营销趋势调查报告》

广电新媒体配合电视大屏的融合传播，充分发挥主流媒体的公信力价值，能有效展现品牌实力，稳定产业链相关合作方的信心。其中，内容共创成为广告主与广电新媒体的重要合作方向。CTR调查数据显示，2024年预期有57%的广告主增加内容共创类的广电新媒体投放，部分广告主在深访中对广电新媒体的内容定制性和特有资源价值做了进一步肯定。深访中，有品牌提及："比如央视的融媒体应该有做一些栏目或者是活动，甲方更可能是基于这样的内容形式与它合作。"可以说，未来具备背书价值的广电系媒体将在数字营销实践中发挥重要作用。

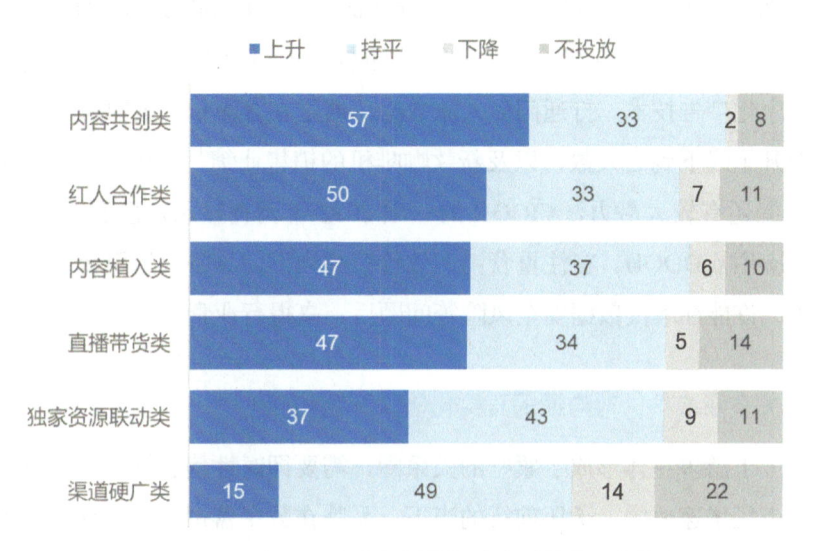

类型	上升	持平	下降	不投放
内容共创类	57	33	2	8
红人合作类	50	33	7	11
内容植入类	47	37	6	10
直播带货类	47	34	5	14
独家资源联动类	37	43	9	11
渠道硬广类	15	49	14	22

图4-22　2024年不同广电新媒体投放类型的费用变化（%）

数据来源：CTR《2024中国广告主营销趋势调查报告》

2. 数字户外基于高度场域化特点助力渠道建设

数字营销实践中，数字户外是广电系媒体之外的一种具备特殊价值的媒体形态。其既具备传统户外所具有的区域性及强曝光性特点，也拥有数字媒体所具备的互动性、数据反馈性等优势，因此颇受营销方重视。

CTR在2024年中国广告主营销趋势调查中发现，户外媒体所具备的区域经销商、渠道商影响价值备受重视。深访中，有品牌表示："我们的产品整体来说还是依靠经销商，包括我们的渠道……我们在做户外投放时，目的还不完全是消费者沟通，以目前的情况，还要让我们的经销商看到，让他有信心。"从投放类型来看，CTR数据显示，2024年，户外广告的渗透率相对稳定，楼宇类仍以57%的渗透率位居首位，高铁／火车类、地铁／轻轨类、公交车类、高速公路类等部分交通广告渗透率略有下降。同时，CODC数据显示，2024年全国户外传统媒体投放刊例花费同比增长2%，而户外视频媒体投放花费同比增长达27%，且楼宇液晶依然是户外视频媒体的中流砥柱。

相较而言，广告主更为重视投放占据稳定场域且贴近生活的户外广告类型，特别是楼宇户外广告。其中，电梯媒体凭借强场景渗透价值在数字户外营销中占据重要地位，也成为品牌提振区域经销商信心的重要营销方式。CTR调研中，有品牌谈道："梯媒做完之后，其实不管从经销商还是渠道体系上来讲，也给了大家一点信心，因为大家都能看到，还有反馈。"

除此之外，程序化数字户外广告（programmatic Digital Out-Of-Home，prDOOH）的发展也为渠道引流提供支持。例如，全球知名咖啡品牌雀巢在英国的一个大型购物商场运用程序化广告技术，打通门店人流数据，通过在客流量低的时候实时推送动态创意，成功提升了线下到店人数，以及新款咖啡机的销售业绩[1]。在中国，程序化数字户外广告的发展还有较大潜力，VIOOH的一项2022年调查显示，已有24%的广告主和代理商开始应用prDOOH。在注重营销实效价值的当下，具备渠道引流价值的程序化数字户外广告或许能在解决数据安全风险等问题后，赢得行业青睐。

3. 加强关系圈维护，对沟通的真实化需求不断加强

产业链上下游多主体形成了紧密的关系圈，需要即时性信息互动，形成稳固的利益共同体。在市场增速放缓、承压前行的当下，品牌在数字营销实践中愈发重视要加强与自身密切关联的关系圈建设与维护，微信生态成为其重视的营销阵地。腾讯在2024年财报中表示，截至2024年年底，微信及WeChat的合并月活跃账户数13.85亿，同比增长3%。庞大的用户规模与亮眼的用户使用时长为品牌构建稳固且紧密的关系圈奠定了基础。

CTR调研中，多位广告主提及对微信公众号、朋友圈、视频号等微信生态营销工具的应用，借此与员工、经销商、合作伙伴等展开沟通。例如，有品牌谈道："因为我们的经销商和员工都属于微信的重度用户。我们会把企业的广告、荣誉、文化活动放在视频号上，转发给他们。我把这种传播比喻为ABC，A端就是我们企业的员工，B端就是经销商，然后经销商再影响C端用户，像涟漪一样一圈圈向外扩散。"有品牌则重点提及了视频号的"点赞关联"功能："你在视频号点赞了某个视频，可能你的领导、朋友、甲方、乙方都能看到，其实这就是一个主动关联的表现。这是我们看中的、未来会去多做的一类投放。"

---

[1] CTR户外营销研究团队：《嘿，你正在被户外prDOOH广告精准"锁定"！》，2024年4月15日，https://mp.weixin.qq.com/s/RCki0e62YNgqlsy7ZZPnmQ。

品牌借助微信生态进行关系圈内部传播，是期望能在面对消费者的营销传播之外，与利益相关方开展更为有效的、近距离的真实化沟通，让营销传播更有圈层针对性与效果可见性，提升沟通效率，从而推动经营效益的提升。在红利褪去的未来市场中，强产业链关系圈有利于品牌稳定经营，也会成为数字营销实践的重点布局方向。

05

第 五 章

数字营销

大 事 记

一、宏观篇

1. 经济：总体平稳、稳中有进

2024年全年经济保持平稳运行态势，季度环比连续实现正增长。2024年，我国GDP为1349084亿元，按不变价格计算，同比增长5.0%，经济运行总体平稳。第一产业增加值91414亿元，比上年增长3.5%；第二产业增加值492087亿元，增长5.3%；第三产业增加值765583亿元，增长5.0%。分季度看，一季度国内生产总值同比增长5.3%，二季度增长4.7%，三季度增长4.6%，四季度增长5.4%。

2. 经济发展三大动力

消费持续稳步扩大，消费潜力不断得到释放。全年全国居民人均消费支出28227元，比上年增长5.3%，扣除价格因素，实际增长5.1%。其中，人均服务性消费支出13016元，比上年增长7.4%，占居民人均消费支出比重为46.1%。按常住地分，城镇居民人均消费支出34557元，增长4.7%，扣除价格因素，实际增长4.5%；农村居民人均消费支出19280元，增长6.1%，扣除价格因素，实际增长5.8%。

投资平稳增长，为经济发展提供了有力支撑。全年全社会固定资产投资520916亿元，比上年增长3.1%。其中，第一产业投资9543亿元，比上年增长2.6%；第二产业投资179064亿元，增长12.0%；第三产业投资325767亿元，下降1.1%。

进出口较快增长，贸易结构持续优化。全年货物进出口总额438468亿元，比上年增长5.0%。其中，出口254545亿元，增长7.1%；进口183923亿元，增长2.3%。货物进出口顺差70623亿元。

3. 创新：新质生产力培育壮大

新质生产力稳步发展。全年规模以上工业中，装备制造业增加值比上年增长7.7%，占规模以上工业增加值比重为34.6%；高技术制造业增加值增长8.9%，占规模以上工业增加值比重为16.3%。新能源汽车产量1316.8万辆，比上年增长38.7%；太阳能电池（光伏电池）产量6.8亿千瓦，增长15.7%；服务机器人产量1051.9万套，增长15.6%；3D打印设备产量341.8万台，增长11.3%。规模以上服务业中，战略性新兴服务业企业营业收入比上年增长7.9%。高技术产业投资比上年增长8.0%，制造业技术改造投资增长8.0%。电子商务交易额464091亿元，比上年增长3.9%。网上零售额152287亿元，比上年增长7.2%。全年新设经营主体2737万户，日均新设企业2.4万户。

　　数字经济蓬勃发展，市场活力不断释放。信息传输、软件和信息技术服务业增加值63438亿元，增长10.9%；全年实物商品网上零售额127878亿元，比上年增长6.5%，占社会消费品零售总额比重为26.5%。

二、行业篇

（一）重大会议对数字经济的论述

1. 党的二十届三中全会

加快构建促进数字经济发展体制机制，完善促进数字产业化和产业数字化政策体系。加快新一代信息技术全方位全链条普及应用，发展工业互联网，打造具有国际竞争力的数字产业集群。促进平台经济创新发展，健全平台经济常态化监管制度。建设和运营国家数据基础设施，促进数据共享。加快建立数据产权归属认定、市场交易、权益分配、利益保护制度，提升数据安全治理监管能力，建立高效便利安全的数据跨境流动机制。

2. 2024年全国"两会"

深入推进数字经济创新发展。制定支持数字经济高质量发展政策，积极推进数字产业化、产业数字化，促进数字技术和实体经济深度融合。深化大数据、人工智能等研发应用，开展"人工智能+"行动，打造具有国际竞争力的数字产业集群。实施制造业数字化转型行动，加快工业互联网规模化应用，推进服务业数字化，建设智慧城市、数字乡村。深入开展中小企业数字化赋能专项行动。支持平台企业在促进创新、增加就业、国际竞争中大显身手。健全数据基础制度，大力推动数据开发开放和流通使用。适度超前建设数字基础设施，加快形成全国一体化算力体系，培育算力产业生态。我们要以广泛深刻的数字变革，赋能经济发展、丰富人民生活、提升社会治理现代化水平。

（二）政策部门出台的数字行业相关政策

12月，国家数据局、中央网信办、工业和信息化部、公安部、国务院国资委印发《关于促进企业数据资源开发利用的意见》。

11月，中共中央办公厅、国务院办公厅印发《关于数字贸易改革创新发展的意见》。

10月，中共中央办公厅、国务院办公厅发布《关于加快公共数据资源开发利用的意见》。

10月，国家发展改革委等部门印发《国家数据标准体系建设指南》。

10月，国家互联网信息办公室发布《国家信息化发展报告（2023年）》。

9月，国家互联网信息办公室关于《人工智能生成合成内容标识办法（征求意见稿）》公开征求意见。

9月，国务院批准发布《网络数据安全管理条例》。

9月，全国网络安全标准化技术委员会发布《人工智能安全治理框架》1.0版。

9月，工业和信息化部办公厅印发《智能制造典型场景参考指引（2024年版）》。

9月，工业和信息化部办公厅发布《中小企业数字化水平评测指标（2024年版）》。

8月，中央网信办等十部门秘书局（办公厅、综合司）联合印发《数字化绿色化协同转型发展实施指南》。

7月，工业和信息化部等四部门印发《国家人工智能产业综合标准化体系建设指南（2024版）》。

6月，国家互联网信息办公室等四部门公布《网络暴力信息治理规定》。

6月，国家发展改革委等部门印发《关于打造消费新场景培育消费新增长点的措施》。

5月，中央网信办等四部门印发《2024年数字乡村发展工作要点》。

5月，国家发展改革委等四部门发布《关于深化智慧城市发展，推进城市全域数字化转型的指导意见》。

5月，商务部发布《数字商务三年行动计划（2024—2026年）》。

5月，中央网信办等三部门印发《信息化标准建设行动计划（2024—2027年）》。

3月，国家互联网信息办公室公布《促进和规范数据跨境流动规定》。

3月，发改委等部门印发《数字经济2024年工作要点》。

3月，国家发展改革委等九部门印发《加快数字人才培育支撑数字经济发展行动方案（2024—2026年）》。

2月，中央网信办等四部门印发《2024年提升全民数字素养与技能工作要点》。

2月，中央网信办数据与技术保障中心发布《中国区块链创新应用发展报告（2023）》。

1月，十七部门联合印发《"数据要素×"三年行动计划（2024—2026年）》。

1月，国家发展改革委、国家数据局印发《数字经济促进共同富裕实施方案》。

（三）数字行业大会

11月19—22日，世界互联网大会在浙江乌镇举行。大会以"拥抱以人为本、智能向善的数字未来——携手构建网络空间命运共同体"为主题。大会由全球移动通信系统协会（GSMA）、中国国家计算机网络应急技术处理协调中心（CNCERT）、中国互联网络信息中心（CNNIC）、阿里巴巴（中国）有限公司、深圳市腾讯计算机系统有限公司、之江实验室等六家单位共同发起。

9月25—29日，第三届全球数字贸易博览会在杭州举行。数贸会聚焦"国家级、国际化、数贸味"，通过展览展示、活动配套、成果发布、数贸在线等重点板块内容，突出数贸会的可看、可感、可玩、可得，致力于打造全球数字贸易领域的标杆展会。数贸会由浙江省人民政府和商务部联合主办。

9月26—27日，2024中国数字经济创新发展大会在汕头市举行。大会以"聚数联侨 数创未来—数字筑基厚植新质生产力"为主题，围绕"新质生产力、新型工业化"等新方向，聚焦"人工智能、数据要素、数字贸易、跨境电商、企业出海"等行业热点。大会由工业和信息化部、广东省人民政府共同主办。

8月28—30日，2024中国国际大数据产业博览会在贵阳举办。大会以"数智共生：开创数字经济高质量发展新未来"为主题。规划数字产业化、产业数字化、数据价值化、数字化治理、数字新基建、数据安全六大主题板块。大会由国家数据局、贵阳市人民政府主办。

7月9—11日，2024第二十三届中国互联网大会在北京举行。大会以"互联三十载 智汇新质变"为主题。《中国互联网发展报告（2024）》在闭幕式上正式发布。大会由中国互联网协会主办。

7月4—7日，2024世界人工智能大会（WAIC 2024）在上海举行。大会论坛围绕"以共商促共享 以善治促善智"主题，打造"会议论坛、展览展示、评奖赛事、智能体验"四大板块。大会由外交部、国家发展改革委、教育部、科技部、工业和信息化部、国家网信办、中国科学院、中国科协和上海市政府共同主办。

7月2—5日，2024全球数字经济大会在北京举行。主题为"开启数智新时代，共享数字新未来"，设置"数字产业化（互联网3.0）、产业数字化（数字化转型、拉萨数字桥梁跨越喜马拉雅）、数字化治理（全球数字治理、数字安全）、数据价值化（数据要素）"六个高层论坛。大会由北京市人民政府、国家互联网信息办公室主办。

网络应用不断深化，用户规模持续增长。其中，即时通信、网络支付、网络音乐和网上外卖的用户规模较 2023 年 12 月分别增长 1824 万人、1498 万人、1450 万人和 850 万人，增长率分别为 1.7%、1.6%、2.0% 和 1.6%。

（四）数字行业数据

第 55 次《中国互联网络发展状况统计报告》显示，截至 2024 年 12 月，我国网民规模突破 11 亿人，达 11.08 亿人，较 2023 年 12 月增长 1608 万人，互联网普及率达 78.6%，较 2023 年 12 月提升 1.1 个百分点。

截至 2024 年 12 月，中国网民的人均每周上网时长为 28.7 个小时，较 2023 年 12 月提升 2.6 个小时。网民较常使用的五类 APP（移动应用软件）分别是：即时通信类、网络视频类、网络购物类、网络支付类、网上外卖类。

2024 年，我国网民数字素养与技能整体发展水平稳步提升，为数字中国建设提供坚实的人才基础。数据显示，截至 2024 年 12 月，至少熟练掌握任意一种受调查的数字素养与技能的网民占比达 61.2%，较 2023 年 12 月提高 7.1 个百分点。

2024 年，我国各类互联网应用不断深化，用户规模持续增长。其中，网络文学、网上外卖、网络支付和在线旅行预订的用户规模增长最快，较 2023 年 12 月分别增长 5474 万人、4777 万人、7505 万人和 3935 万人，增长率分别为 10.5%、8.8%、7.9% 和 7.7%。

2024 年，我国人工智能服务发展迅速。截至 2024 年 12 月 31 日，共有 302 款生成式人工智能服务在国家网信办完成备案，其中 2024 年新增 238 款备案。截至 12 月，我国生成式人工智能产品的用户规模达 2.49 亿人，占整体人口的 17.7%。

三、实体篇

1. 阿里巴巴

2024 年淘宝、天猫加大平台投入，GMV 增长拉动效果与全站推广等商业化广告工具 ROI 提升效果仍是两个关键抓手，平台直补带来流量增长与心智回归有望进一步推动商户回流。阿里国际商业近两年持续加强旗下不同业务线的货盘拉通与资源整合，有望帮助公司在中长期构建海外大流通市场。AI 业务的增量拉动下，阿里云的营收增速与利润率水平进一步提升。在本地生活、大文娱和其他业务上，减亏为中短期核心目标。

8 月，淘宝天猫在"6·18"后淡化价格战略，GMV 成为业务最关注的指标。自 2023 年起搜索权重按照价格力分配的体系被弱化，改回按 GMV 分配。

9 月，淘宝宣布开放微信支付权限，此次破圈合作符合互联互通大趋势，有利于构筑更加良性的互联网生态，进一步提升消费购物体验。

10 月，京东物流与淘天集团达成合作，京东物流将全面接入淘宝天猫平台，平台商家将能够选择京东物流作为服务商。

2. 京东

2024 年，京东平台型业务的增长、商超服饰等日百品类的扩容，不仅对用户活跃和收入提升有帮助，而且高毛利业务占比的提升也改善了利润结构。

1 月，京东超市正式进行品牌升级，公布"就是便宜"品牌主张，上线长期 30 天价保服务。

4 月，京东加码构建内容生态，推出了由京东云言犀打造的"采销东哥"AI 数字人开启直播首秀，直播观看量超 1155 万。

5 月 20 日，京东宣布京东支付与微信支付实现互联互通，成为行业首家同时打通微信个人码和商家码的第三方支付机构。

8 月，加码低价战略，京东调整"买贵双倍赔"服务规则，扩大"买贵双倍赔"的服务范围，持续加码低价战略。

京东双十一活动从 10 月 8 日开始预热推出多种促销策略，因邀请脱口秀艺人杨笠作为活动嘉宾引发公众抵制，以及随后对京东客服服务和金融业务不信任。

3. 字节跳动

2024年是全域兴趣电商持续高速发展的一年，抖音电商GMV增长迅速，货架场景GMV同比更有突破性增长。2024年，字节发力AI与短剧。字节跳动发布豆包大模型家族，大模型价格迈入"厘时代"催化模型创新，同期，字节豆包推出AI智能体耳机。同时，字节领头跑通国内短剧免费模式，短剧出海空间可期。

3月，抖音首次推出的综合性独立电商平台"抖音商城版"APP，下载量超过4亿，主打"超值好物省心选"，旨在提供综合性独立电商服务。同月，抖音安全中心发布不当利用AI生成虚拟人物的治理公告，指出将严格处罚违规使用AI生成虚拟人物发布违背科学常识、弄虚作假、造谣传谣的内容。

7月，抖音电商调整经营目标优先级，"价格力"不再位于首位，GMV增长成为下半年的重点。同时，抖音电商转而扶持中小达人，既能深化垂直领域的覆盖，又能提升整体平台的活跃度。同月，抖音推出微短剧经营扶持计划，将投入亿级资源补贴优质内容，从微短剧营销、小程序经营、内容创作等方面扶持微短剧制作方经营。

4. 腾讯

腾讯是中国游戏行业的龙头，2024年充分受益于行业发展，其中小程序游戏发展迅速，2月，微信小程序游戏活跃用户已达7.5亿。视频号是重点业务，带动了广告业务增长。2024年，腾讯网络广告业务上涨迅猛，主要是受视频号及长视频的收入增长驱动。

2024腾讯在AI上发力，在营销方面使用腾讯混元模型来加速内容和广告材料的标签和分类，提高广告点击率，在微信搜索使用大语言模型促进对复杂查询和内容的理解，从而提高搜索结果的相关性。新一代MoE升级版模型混元Turbo相比上一代混元Pro，训练和推理效率提升了1倍，且推理成本减半。

9月，"微信派"微信公众号发文称，微信朋友圈现已支持发布实况照片。据介绍，打开朋友圈—从手机相册选择，即可选中并发布实况照片，照片将包含动态画面和声音。发布时，也可以点击关闭实况效果，支持静态照片与实况照片混合发布。

5. 快手

2024年快手的三大战略：一是不断深化、多元化业务生态、收入，做大电商的商业化生态，同时要做本地、海外、A等更多增长曲线；二是不断降本增效，极致地ROI

驱动；三是通过 AI 创收、降本。

快手作为巴黎奥运会的持权转播商，奥运相关内容总曝光量达 3106 亿，用快手观看奥运用户数达 6.4 亿。

快手发力短剧。快手上线了一款独立短剧 APP 喜番，软件内呈现了各种题材类型的短剧内容。快手短剧在 7—8 月 IAA 和 IAP 业务表现突出，平台日均消耗规模达到 1600 万元。

快手发力 AI。可灵 AI 于 7 月向全球用户开放，9 月启动可灵 AI 导演共创计划，邀请知名导演依托可灵 AI 技术制作 AIGC 电影短片；9 月可灵 AI 全球升级 1.5 模型，在画质质量、动态质量、美学表现、运动合理性以及语义理解等方面均有显著提升。

6. 拼多多

2024 年，拼多多推出"百亿减免"计划，投入百亿资源包，推出新质商家扶持计划，从而有效降低商户经营成本。这是拼多多为商户让渡利润空间以使其强化低价优势的重要途径，也是驱动拼多多 GMV 增长提速的核心路径。

2024 年，拼多多旗下跨境电商平台 Temu 在美国亮相后迅速扩展至 70 多国，连接上万中小企业与数以亿计消费者，助力"中国制造"高质量出海。

6 月，拼多多调整了"自动跟价"服务，允许平台对商家所有商品进行价格修改，进一步扩大了价格调整的灵活性。

8 月，拼多多调整了业务重点，从追求商业化、提升利润，转向将 GMV 放回第一目标；拼多多宣布对商家实行"百亿减免"，推出技术服务费退还权益，推出自动返还推广软件服务费权益。

9 月，拼多多宣布"百亿减免"计划，商家在新疆、西藏、甘肃、宁夏、内蒙古等偏远地区配送商品时产生的物流中转费，将全部由平台承担。

7. 百度

2024 年，百度广告收入受 AI 搜索改造及部分行业投放谨慎的影响，增长未达预期。文心一言大模型经过多次优化，最新版本已升级至 4.0Turbo 版，并应用赋能在制造、能源、交通、政务、金融、汽车、教育、互联网等多个领域。三季度文心一言用户规模达到 4.3 亿，但仍未启动大规模变现。

百度自动驾驶服务增长，百度旗下的萝卜快跑在第三季度提供了 98.8 万单自动驾驶订单，同比增长 20%，全无人驾驶单量占全国总单量的 70% 以上。

11月，百度发布两大赋能应用的AI技术：检索增强的文生图技术（iRAG）和无代码工具"秒哒"。

8. 美团

2024年，美团开始进行了组织架构的调整，主要涉及外卖、到店餐饮和核心本地商业等多个领域。这次调整旨在优化业务结构，提高运营效率，更好地服务消费者。

"七夕"当日，订单量峰值超过了1600万单。至此，美团闪购日均单量突破1000万单，交易用户数和交易频次均实现双位数增长。

9月，美团外卖海外版Keeta在沙特阿拉伯低调上线，开启中国以外的首次国际扩张。

10月，美团在2024年即时零售产业大会上宣布扩张闪电仓业务，各个品类的美团闪电仓总计超过3万个。

9. 微博

2024年，微博充分发挥平台热点营销优势，扩大微博体育IP影响力，奥运话题阅读量突破4000亿。微博持续高度重视AIGC应用建设，增强内容互动生态，以提升用户体验。

3月，微博更新热搜词条处置规则，上线投诉入口，加强平台热搜生态治理。

10月，微博发布多款创新AI应用，包括"博主AI助手""评论罗伯特""MBTI小行家"等。

10. 小红书

2024年，小红书基于图文和短视频的融合的差异化特征，成为当前内容行业增长最快的平台公司之一。随着用户基本盘的形成，小红书开始在广告和电商方面强化自身基础设施建设，为平台上内容、产品和服务的供给方提供便利。

5月，小红书宣布对公司内部的电商业务进行调整，电商买手运营业务与商家运营业务合并，形成新的电商运营部。

7月，小红书发布"买手经营成长工具"。

11月，小红书平台发布海外品牌种草数据。截至2024年10月，在小红书"种草"的海外品牌数量已经达到2022年的3倍。

11. 知乎

2024年3月，知乎举办了发现大会，主题为"发现不止，不止发现"，并发布了全新AI功能"发现·AI搜索"。

6月，知乎发布了知乎最新的AI产品"知乎直答"。

12. 哔哩哔哩（B站）

2024年，哔哩哔哩完成了新一轮组织架构变动，承担平台运营职能的"主站运营中心"一分为三。在游戏领域，B站加入"百模大战"竞赛：基于二次元生态，B站声称"B站是中国AI心智最强的社区"。同时，B站不再局限于二次元游戏，推出新产品《三国：谋定天下》，迈入SLG领域，游戏业务正式两条腿走路。

13. 爱奇艺

2024年，爱奇艺宣布发力微短剧，推出"短剧场"和"微剧场"，并创新微短剧的商业模式，以适应用户的多元化需求与消费习惯的变化。爱奇艺发布了2024—2025年的剧集最新内容，包括人间烟火、东方传奇、生活篇、江湖篇、微尘剧场、迷雾剧场等六大单元，多部重点剧集首发片花、预告。

14. 东方甄选

2024年，东方甄选持续推出更多种类自营产品和外部产品共同发展，并联手新东方试点线下，"流量＋产品"双驱动。

7月，东方甄选宣布知名主播董宇辉正式离职。董宇辉以7658.55万元的价格全资买下由东方甄选100%控股的"与辉同行"，董宇辉在个人抖音账号发文宣布"与辉同行"独立。

11月，东方甄选前CEO孙东旭（东方小孙）在时隔近一年后重返直播间，超越了"与辉同行"，成为当月东方甄选直播间场观数据最好的一场。

15. 华为

6月，华为Harmony OS NEXT（即鸿蒙星河版）面向开发者启动Beta版，这也被称为"纯血鸿蒙"。它基于鸿蒙内核，不再兼容安卓开发的APP应用。

9月，华为发布了2024年度重磅旗舰手机"华为Mate XT非凡大师"，备受瞩目的华为三折叠屏手机正式亮相。

11月，华为手机 Mate 70 系列、华为 Mate 70 RS 非凡大师等多款重磅新品发布。

16. 小米

3月，小米集团召开 XIAOMI SU7 上市发布会；4月，XIAOMI SU7 正式交付。

10月，XIAOMI SU7 Ultra 量产版正式亮相，并计划在2025年3月正式发布。

10月，小米15系列暨小米澎湃OS 2新品发布会发布了小米15系列手机，包括小米15和小米15 Pro两款产品。

17. OPPO

2024年，OPPO 全面发力 AI 领域，相继发布 OPPO Air Glass 3 概念产品、Find X8 系列等智能终端及丰富 IoT 生态产品。

18. 科大讯飞

10月，科大讯飞发布了讯飞星火 4.0 Turbo 版本，并首发10项基于讯飞星火底座能力的硬核产品与创新应用，同时，国产超大规模智算平台"飞星二号"正式启动。科大讯飞与华为合作，打造了首个支撑万亿参数大模型训练的万卡国产算力平台"飞星一号"，实现了大模型核心技术底座自主可控。

19. 利欧数字

利欧数字推出的 AIGC 生态平台"LEO AIAD"，及营销领域大模型"利欧归一"，共同打造了面向营销全行业的人工智能 AI 投手，其中包括"AI 搜索投手""AI 电商投手""AI 短剧投手"。

20. 蓝色光标

2024年，蓝色光标启动"海外平台业务"战略，用 AI 新范式构建技术壁垒，推动出海业务在规模优势的基础上实现技术驱动并达到高质量增长。同时，蓝色光标全面推进 AI+xR 的内容开发与场景运营，集成虚拟现实、LBE 大空间、沉浸式体验内容 IP、AI 数字人直播与本地生活等前沿技术应用模块。10月，蓝色光标的数字人苏小妹亮相业内。

四、热点篇

1. 消费的"高欲望，低满足"

春节、五一、国庆三大节日的出游数据显示，消费的"高欲望"仍然存在；只是在相较前期偏低的水平上被满足，即"低满足"。出游是服务消费的典型代表，在实物消费上，典型代表是可选消费品中的乘用车，销量数据表明，购买欲望仍然存在，成交均价走低也表明被满足的水平。

2. 史上最简单的"6·18"

2024"6·18"电商购物节被誉为史上最简单的"6·18"。头部平台预计表现稳健，本次购物节规则上各电商平台取消了预售制，更注重消费者体验。

星图数据显示，分渠道来看，综合电商平台销售总额达5717亿元，天猫占据综合电商平台榜首位，京东紧随其后，拼多多位居第三。直播电商累计销售额达2068亿元，抖音仍排名直播电商平台榜首。即时零售渠道销售额为249亿元，美团闪购排名即时零售平台第一，京东秒送和饿了么分别位列第二、第三名。社区团购整体销售额为139亿元，多多买菜、美团优选、兴盛优选排名前三。

热门销售品类中，家用电器为756亿元，美容护肤为261亿元，洗护清洁为151亿元，粮油调味为110亿元，营养保健为92亿元，香水彩妆为91亿元，休闲零食为61亿元，宠物食品为55亿元。京东在家用电器、洗护清洁品类中占有相对优势；天猫则在香水彩妆、美容护肤、粮油调味、休闲零食、营养保健、宠物零食等类目中销售额占优。

3. 史上最长的双十一

2024年，双十一平台促销时间达到了35天。在史上最长的双十一期间，电商平台不再单纯追求低价竞争，而是更加注重服务升级和消费者体验。根据星图数据监测显示，2024年双十一期间，综合电商平台、直播电商平台累计销售额为14418亿元。分渠道来看，综合电商平台销售总额达11093亿元，天猫占据综合电商平台榜首，京东紧随其后，拼多多位居第三。直播电商平台表现不俗，累计销售额达3325亿元，抖音仍排名直播电商平台榜首。即时零售渠道销售额为281亿元，美团闪购排名即时零售平台第一。社区团购整体销售额为 138 亿元，多多买菜、美团优选、兴盛优选排名前三。

热门销售品类中，家用电器为 1930 亿元，美容护肤为 715 亿元，洗护清洁为 315 亿元，粮油调味为 266 亿元，香水彩妆为 237 亿元，营养保健为 164 亿元，休闲零食为 134 亿元，宠物食品为 59 亿元。

4.《黑神话：悟空》震撼全球

8 月 20 日，历时 7 年开发，中国首款国产 3A 游戏《黑神话：悟空》全球同步上线，登录 PS 5、Steam、EpicGamesStore、WeGame 平台并迅速登顶多平台销量榜。Steam 的数据显示，上线不足 1 小时，该游戏的同时在线人数即迅速突破百万人。国外市场研究公司 VGinsights 的相关数据显示，《黑神话：悟空》在 24 小时内的 Steam 同时在线人数超 240 万人，Steam 好评率达到了 97.1%，平均游戏时长为 9.7 小时。

5. 大模型价格战

5 月，阿里云宣布通义千问 GPT-4 级主力模型 Qwen-Long 降价 97%。百度智能云随即宣布文心大模型两大主力 ERNIE Speed 和 ERNIE Lite 全面免费。而在此前，幻方量化旗下 DeepSeek 发布第二代 MoE（专家模型）DeepSeek-V 2、智谱大模型开放平台入门级产品 GLM-3 Turbo 模型、字节跳动发布豆包大模型都展开价格竞争。

6. 国产 AI 应用发力

KIMI 在长文本处理和对话式 AI 助手方面具有突破性进展，秘塔则在 AI 搜索技术方面有所建树，而 PixVerse 在 AI 视频生成技术方面取得了显著成就。

到 11 月为止，kimi 每月使用人数已达到 3600 万，而且数据在持续增长。"秘塔 AI 搜索" 2024 年 3 月上榜访问量环比增长 551.36%，登顶全球 AI 产品增速榜。PixVerse 在上线后 3 个月内达到了超过 140 万的月访问量。

7. Sora 再创现象级出圈

2 月，OpenAI 发布了首个文生视频模型 Sora，瞬时刷屏科技圈，成为 2024 年开年"顶流"。Sora 可以直接输出长达 60 秒的视频，并且包含高度细致的背景、复杂的多角度镜头以及富有情感的多个角色。

8. 雷军发力小米汽车，CEO 网红营销正流行

3月，小米汽车正式发布，收获市场的火爆回应。小米致力于打造 CEO 雷军这个超级 IP，为小米营销助力良多。2024年上半年，雷军涨粉达 1288 万，增量排名抖音平台第四，堪称名副其实的"网红企业家"。2024年，中国企业创始人纷纷涉足 IP 营销，许多企业 CEO 下场做自媒体营销成为风潮。

9. 华为的软硬件全面进击

2024年，华为发布三折叠手机、鸿蒙系统，在软硬件上全面出击。9月，华为发布全球首款三折叠屏手机，在铰链系统、屏幕弯折等方面实现多项技术突破。10月，华为发布原生鸿蒙系统 HarmonyOS NEXT，这是中国首个实现全栈自研的操作系统，标志着中国在操作系统领域取得突破性进展。

10. 互联网企业入选《财富》中国 500 强

7月，财富 PlusAPP 发布 2024年《财富》中国 500 强排行榜。互联网企业中，京东位列第 13 位，较去年上升 3 位；腾讯位列第 38 位，较去年上升 7 位；阿里巴巴排在第 21 位，排位未发生改变；美团排在第 99 位，上升了 35 位；拼多多位列第 119 位，较去年大幅上升 56 位，同时盈利超过 84 亿美元，进入最赚钱公司 20 强。

11. 奥运营销乌龙事件

2024年，巴黎奥运会的品牌营销反响平平，缺少了往年世界杯等世界级赛事上的神来之笔。相反，伊利等品牌的乌龙营销事件给人留下了深刻印象。

12. 年度最火城市营销

1月，中国最火的城市当属哈尔滨。网络热梗、热门关键词、各平台热搜，以及 3 天游客量达到 304.79 万人次、旅游收入 59.14 亿元的哈尔滨元旦旅游"成绩单"，都让人们切实感受到了冰雪经济的"热"魅力。

13. 全面 inHouse 引发震动

8月，某知名品牌拟取消广告服务外包，全部采用 inHouse 模式自做广告。此消息在广告行业引发巨大震动。这个事件反映出传统广告的日子越来越难过了。

附 录

一、名词界定

数字营销：主要是通过应用数字技术推广产品和服务，以实现明确的营销目标。其与传统营销主要有两方面差异：首先，就工具和手段而言，数字营销更侧重于利用互联网、社交媒体、电子邮件和搜索引擎等电子渠道；其次，在营销过程中，数字营销更注重与目标受众的个性化互动和沟通。其渠道包括但不限于社交媒体、搜索引擎、电子邮件、网站和移动应用，主要载体包括互联网电脑、手机、互联网电视、AR/VR 设备等。

数字经济：以使用数字化的知识和信息作为关键生产要素、以现代信息网络作为重要载体、以信息通信技术的有效使用作为效率提升和经济结构优化的重要推动力的一系列经济活动[1]。

新质生产力：新质生产力是创新起主导作用，摆脱传统经济增长方式、生产力发展路径，具有高科技、高效能、高质量特征，符合新发展理念的先进生产力质态[2]。

电子商务：通过互联网和其他数字化技术渠道进行商品和服务的买卖、交换、传递的商业活动过程。这种商业活动可以涵盖在线零售、电子支付、电子市场、在线拍卖、数字产品交付、电子供应链管理等各种在线业务交易形式，其目标是为消费者、企业和政府提供便利、高效、安全和经济实惠的商业交易方式。

社交媒体：一种允许用户在在线社交环境中创建、分享、交流和互动的互联网应

---

[1] 《二十国集团数字经济发展与合作倡议》，2016 年 9 月 20 日，http://www.g20chn.org/hywj/dncgwj/201609/t20160920_3474.html。
[2] 共青团中央：《什么是新质生产力，一图全解》，2024 年 2 月 23 日，https://baijiahao.baidu.com/s?id=1791688650676317600&wfr=spider&for=pc。

用或平台。社交媒体使个人、组织和团体能够建立个人资料、分享文字、图片、音频和视频内容，以及与其他用户互动，如评论、点赞、分享和私信等。社交媒体与传统媒体最大的区别有两点：一是以用户生成的内容为核心，二是双向传播带来的自主控制社交关系。

短视频：一种相对较短的视频内容，通常持续时间在几秒到几分钟之间。这种视频内容通常被设计成紧凑、生动、易于消化的形式，适合迅速吸引用户的注意力和分享在社交媒体平台上。

长视频：长视频的定义主要区别于短视频，指较长时间的视频内容，通常持续时间在数分钟到几小时不等。这种视频内容通常包括电影、电视节目、纪录片、教育性视频、网络系列剧等，它们通常需要更多时间来观看和理解。

融媒体：一种媒体发展趋势和理念，指的是不同媒体平台、媒体格式和媒体形式之间的整合和交互，使观众能够以更丰富、多样化和综合的方式访问和参与媒体内容。

智能终端：一种具备计算能力和互联网连接功能的电子设备，通常用于执行各种任务、提供服务、获取信息和与其他设备或网络进行通信。这些设备通过嵌入式处理器、传感器、通信技术和用户界面组件，能够智能地感知环境、处理数据，并响应用户的指令或需求。

LBS：LBS（Location-Based Service）是指利用 GPS、Wi-Fi、IP 地址等各类型的定位技术来获取移动设备（如智能手机、平板电脑等）当前所在地理位置的数据，并通过移动互联网向定位移动设备提供信息资源和基础服务。

OTT：OTT（Over The Top）是指通过开放互联网获得各类资源，基于公共互联网传送包含视频、音频、图形、文字和数据等，以电视机、机顶盒等终端形态，向观众提供多媒体视听业务的设备。OTT 有别于传统的数字电视通过卫星或电缆传输以及 IPTV 通过电信运营商的专网传输，采用开放的互联网来传输数据，具有资源丰富、可交互性强等优点。

电商营销：电商营销是一种专门针对电商平台及其用户行为进行量身定制的数字营销策略。这种营销方式聚焦于通过分析消费者在电商平台上的浏览、搜索、购买等多种行为，来优化产品展示、推广活动和客户互动。电商营销的目的不仅在于促进即时的购买行为，还旨在构建持久的客户关系和提高客户生命周期价值。

内容营销：内容营销是一种数字营销策略，旨在通过创建、发布和分享有价值、有吸引力的内容，吸引、保留和与目标受众建立联系。内容营销的目标不是直接推销产品或服务，而是提供信息、教育、娱乐或解决问题，从而建立信任、塑造品牌形象，以及最终引导潜在客户进行购买决策。内容可以采用各种形式，包括文章、博客帖子、视频、社交媒体帖子、电子书、漫画、图片和音频等多种形式的媒体内容，通过多种渠道传递有价值、有娱乐性的产品或品牌信息，以引发顾客参与，并在互动过程中建立和完善品牌的一种营销战略[①]。

互联网广告：互联网广告是指通过网站、网页、互联网应用程序等互联网媒介，以文字、图片、音频、视频或者其他形式，直接或者间接地推销商品或者提供服务的商业广告。

全渠道广告：整合多种营销渠道和广告平台，全方位传播广告信息。涵盖传统与数字渠道，提高覆盖面和影响力，满足消费者多样化需求。

AI 营销：指通过人工智能技术来优化和自动化营销流程，以提高效率和效果。这包括利用机器学习、自然语言处理、数据分析等 AI 技术进行受众细分、内容个性化、广告投放、客户行为预测等。

出海营销：是指企业为进入国际市场而进行的营销活动，目的是在国外市场推广产品或服务，提升品牌知名度和市场占有率。

短剧营销：指通过制作和发布短小、精简的连续剧情节视频内容来进行品牌推广的一种营销方式。

社媒营销：社媒营销（Social Media Marketing）也称社交媒体营销，或者社会化媒体营销。顾名思义，就是指应用社会化媒体平台（如在线社区、社交网络、博客、论坛等）进行的品牌营销活动[②]。

跨屏营销：跨屏营销（Cross-screen Marketing）通常是指通过整合多种渠道终端，向广告主的目标受众投放广告信息，通过与消费者的信息互动，达到品牌市场营销目的的行为。该营销方式主要考虑到用户在不同屏幕（如含移动端、电视端、PC 端和户外广告）之间的转换行为，旨在提供连贯和一致的用户体验。

圈层营销：针对特定人群圈子进行精准营销。按兴趣等划分圈层，了解需求制定策略，增强品牌在圈层的认同感和影响力。

云计算：云计算是指通过网络按需提供的数据存储、计算、软件和相关信息技术服务，可以按使用情况付费，目的是实现最优的计算资源利用。[③]

---

① 周懿瑾、陈嘉卉：《社会化媒体时代的内容营销：概念初探与研究展望》，《外国经济与管理》，2013 年第 6 期，第 61-72 页。
② 朱明洋、张永强：《社会化媒体营销研究：概念与实施》，《北京工商大学学报（社会科学版）》，2017 年第 32 卷第 6 期，第 45-55 页。
③ 徐强、熊晓娇：《云计算服务核算：影响、挑战与改进思路》，《统计与信息论坛》，2023 年第 38 卷第 8 期，第 14-27 页。

二、数字营销十五年风云人物

（按音序排列，职务以发布时为准）

姓名	职位
蔡启东	浙江博观瑞思科技有限公司 | 上海博观瑞思传媒科技有限公司 CEO
陈高铭	小米互联网业务部商业营销品牌总经理
陈宏嘉	爱奇艺高级副总裁
陈鹏	分众传媒集团专业合伙人
陈一枏 Viveca Chan	WE Marketing Group 创始人兼主席
程传岭	海尔智家营销总经理、中国区副总经理
程佩珩	丝芙兰大中华区市场副总裁
池小燕	凤凰网执行董事兼高级副总裁凤凰卫视营销管委会副主任
邓晨	久其数字 CEO
邓华荣	OPPO 互联网云数能力中心总经理
丁海云	品牌营销战略专家
董斌	科大讯飞品牌市场中心副总经理
杜卫	云智科技创始人兼 CEO
段林峰	QuestMobile 首席产品官
范锋	速途网络董事长兼 CEO
范长川	北京数字一百信息技术有限公司首席营销官 & 数据研究院院长
方军	数见咨询创始人、CEO
方骏	群邑智库总经理
冯嘉炜	氪氪互动 CEO
冯森	深圳乐播科技有限公司创始人兼董事长
冯羽健	北京优力互动数字技术有限公司 CEO
傅海波	喜马拉雅高级副总裁
高鹏	Convertlab 联合创始人兼 CEO
关海涛	极氪智能科技 CMO
郭霞	蓬景数字董事长
胡栋龙	众成就（北京）融媒体科技文化有限公司董事长
黄剑	360 集团副总裁兼商业化总裁
黄小川	迪思传媒创始人兼董事长
江坚炜	契胜科技集团有限公司合伙人邑领科技创始人兼 CEO
江涛	美洋数字传播有限公司创始人、总裁

续表

姓名	职位
金羽中	灵狐科技董事长
雷彬艺	无忧传媒创始人 &CEO
李玗洁	蒙牛集团副总裁、集团 CDO
李丹	思念食品首席市场官
李峰	北京进化力信息技术有限公司董事长
李健	狼卜股份集团副总裁
李琳娜	昌荣传播集团 CEO
李檬	天下秀数字科技集团创始人及董事长
李淼	网易传媒副总裁
李千	五谷磨房首席品牌官
李蔷	TalkingData 副总裁 & 商业应用研究负责人
李三水	W 创始人
李亚	人本智汇公司创始人、CEO、董事长
梁定郊	电声股份董事长
林琳 Heaven Lin	PUSU 朴速广告创始人
林敏	广东茉莉数字科技集团股份有限公司创始人兼 CEO
林悦	上海悦普广告集团股份有限公司董事长
凌可花	风行 CMO
刘方俊	时空视点董事长 / 总裁
刘鹏	胜加集团联席 CEO/ 创意合伙人 胜加上海 CEO
刘甜	无忧传媒首席战略官
刘阳	利欧数字数字营销总裁利欧数字 CCO 琥珀传播 CEO
龙峰	博拉网络股份有限公司总裁
栾娜	腾讯公司副总裁
马晓波	群玉山咨询董事长兼首席策略官
马振山	奇瑞捷豹路虎汽车有限公司常务副总裁、捷豹路虎中国与奇瑞捷豹路虎联合市场销售与服务机构常务副总裁
南龙植	Cheil（杰尔）中国首席执行官兼杰尔鹏泰首席执行官
潘飞	蓝色光标首席执行官
庞涛	信广龙广告有限责任公司 CEO
钱俊冬	三人行传媒集团股份有限公司董事长兼总经理
曲伟海	新意互动董事长兼 CEO
渠成	耐特康赛创始人 / 董事长兼 CEO、《国际品牌观察》杂志总编辑
全载坚	SAP 大中华区副总裁、数字化营销中心总经理

续表

姓名	职位
尚永强	TCL科技集团股份有限公司品牌管理中心 总经理
邵京平	京东集团高级副总裁、京东零售平台运营与营销中心负责人
石岩	灵狐科技创始合伙人
孙二黑	汉威士创意集团中国区首席执行官兼首席创意官
孙卫东	胜加集团董事长、CEO
孙学	华扬联众首席运营官
谭北平	明略科技集团副总裁，秒针营销科学院院长
谭运猛	映盛中国CEO
唐健博士	爱点击集团共同创始人、CEO兼董事会主席
唐颖	浙文互联董事长、首席执行官
涂雅芳	分众传媒联合合伙人
王华	Marketin创始人兼CEO
王建朝	因赛集团创始人、董事长
王鹏	云途数字董事长
王双江	杜拉维特亚太区市场及电商总监
王幸 Doreen Wang	凯度集团大中华区总裁暨凯度BrandZ全球主席
王艳红	蔚蓝云创股份CEO兼执行董事
王艺桦	云智科技创始人兼董事长
王遵会	北京美通互动数字科技股份有限公司董事长及总经理
吴晨	立白科技集团营销运营中台总经理
吴丹丹	麦道传媒股份有限公司董事长
吴明辉	明略科技创始人、董事长兼首席执行官
吴默	微博营销副总裁
吴瑞敏	浙文互联联席总经理兼浙文天杰CEO
吴盛刚	欢网科技董事长&CEO
肖建兵	中国广视索福瑞媒介研究有限责任公司（CSM）副总经理
邢慧	蔚迈中国首席数字官
熊剑	蓝色光标传播集团副董事长
胥旭晖	北京卓思天成数据咨询股份有限公司创始人&CEO
徐进	原生动力数字传媒创始人兼CEO
徐烈	东信执行董事/副总裁
徐亚波	数说故事创始人兼CEO
徐扬	微播易创始人、CEO

续表

姓名	职位
徐樱丹	腾讯云与智慧产业事业群市场副总裁
薛俊平	雅诗兰黛集团高级副总裁
杨涛	新意互动总裁
杨烨炘	天与空集团董事长
杨远征	广东省广告集团股份有限公司董事长
杨为民	Vista 威信传播首席战略顾问
姚俊	群玉山咨询联合创始人兼首席执行官
叶继曾	广州王老吉大健康产业有限公司副总经理
易星	浙文互联集团联席总经理兼派瑞威行总经理
俞晖	第四范式高级副总裁
喻亮星	勾正科技董事长兼 CEO
袁俊	伏蛮匠智品牌战略咨询机构创始人 / 首席执行官
曾怿	搜狐公司市场副总裁
查道存	上海剧星传媒股份有限公司董事长兼总裁
张吉成	深度传播集团董事长
张瑾	北京头条易科技有限公司创始人 /CEO
张磊	百孚思董事长 / 浙文互联总经理
张亮	上海汽车集团股份有限公司乘用车分公司首席数字官（CDO）
张锐	时趣 Social Touch 创始人兼 CEO
张芝瑜	宝尊集团副总裁兼宝尊电商首席营销官
赵充	微梦传媒创始人兼 CEO
赵聪翀	CCE 集团创始人 &CEO
赵洁	明略科技高级副总裁、秒针系统总裁
赵洁	宝宝树集团总裁
赵梅	央视市场研究股份有限公司（CTR）总经理
赵美熹	云上珠宝 / 云上叙 联席 COO、高级副总裁
赵敏	广州王老吉大健康产业有限公司常务副总经理
赵旭隆	迈富时 Marketingforce 创始人、董事长、CEO
赵燕	久其数字董事长
郑晓东	利欧数字 CEO
周骏	十相集团创始合伙人
宗延平	意大利德龙电器大中华区董事总经理
Jun Cao	Analytic Partners 勘讯咨询副总裁、亚洲区负责人

三、2024年数字营销专家评聘名单

（按音序排列，职务以发布时为准）

公司名称	类别	姓名
海尔智家	数字营销资深实战专家	张瑜
海尔智家	数字营销实战专家	孙新
海尔智家	数字营销实战专家	王圣博
广州王老吉大健康产业有限公司	数字营销资深实战专家	叶继曾
达美乐比萨中国	数字营销资深实战专家	王毓璟
汇源集团	数字营销资深实战专家	李生延
中国贵酒集团	数字营销资深实战专家	吕晓东
霍尼韦尔（中国）有限公司	数字营销资深实战专家	朱晶裕
喜临门家具股份有限公司	数字营销资深实战专家	许军
携程	数字营销资深实战专家	汪妙聪
尚美数智科技集团	数字营销资深实战专家	宋玮
浙文互联集团股份有限公司	数字营销资深实战专家	唐颖
浙文互联集团股份有限公司	数字营销资深实战专家	张磊
浙文互联集团股份有限公司	数字营销资深实战专家	吴瑞敏
北京百孚思广告有限公司	数字营销资深实战专家	吴尚
北京百孚思广告有限公司	数字营销资深实战专家	鲁晓
北京百孚思广告有限公司	数字营销资深实战专家	刘斌
北京爱创天博营销科技有限公司	数字营销资深实战专家	周日
北京爱创天博营销科技有限公司	数字营销资深实战专家	张友鹏
北京爱创天博营销科技有限公司	数字营销资深实战专家	李志磊
北京爱创天博营销科技有限公司	数字营销实战专家	陈立进
北京浙文天杰营销科技有限公司	数字营销资深实战专家	金晓霞
北京浙文天杰营销科技有限公司	数字营销资深实战专家	孙志超
北京浙文天杰营销科技有限公司	数字营销实战专家	景剑波
北京浙文天杰营销科技有限公司	数字营销实战专家	胡玲玲
北京浙文天杰营销科技有限公司	数字营销实战专家	买岸楠
北京派瑞威行互联技术有限公司	数字营销资深实战专家	易星

续表

公司名称	类别	姓名
耐特康赛网络技术（北京）有限公司	数字营销资深实战专家	渠成
	数字营销资深实战专家	马小婷
	数字营销资深实战专家	郭庄
	数字营销资深实战专家	胡力
	数字营销研究专家	庞文英
	数字营销实战专家	俞海娟
	数字营销实战专家	曾阳
	数字营销实战专家	潘静洁
	数字营销实战专家	李晓峰
	数字营销实战专家	陈阳
	数字营销实战专家	李明
	数字营销实战专家	苑月领
迪思传媒	数字营销资深实战专家	黄小川
	数字营销资深实战专家	沈健
	数字营销资深实战专家	施俊
	数字营销资深实战专家	刘志祥
	数字营销资深实战专家	刘柏光
	数字营销资深实战专家	李喜耀
	数字营销研究专家	雷光
	数字营销实战专家	金萍
	数字营销实战专家	柳阳
久其数字传播有限公司	数字营销资深实战专家	赵燕
	数字营销实战专家	邓晨
	数字营销实战专家	董烁
	数字营销实战专家	强宏伟
	数字营销实战专家	卢嘉慧
	数字营销实战专家	李岩
	数字营销实战专家	林伟涛
利欧集团数字科技有限公司	数字营销资深实战专家	郑晓东
	数字营销资深实战专家	冯嘉炜
	数字营销资深实战专家	刘阳
	数字营销资深实战专家	郭海
	数字营销资深实战专家	张岚
	数字营销实战专家	宋杰

续表

公司名称	类别	姓名
上海聚胜万合广告有限公司	数字营销资深实战专家	束磊
北京优力互动数字技术有限公司	数字营销资深实战专家	冯羽健
	数字营销资深实战专家	余琰品
	数字营销实战专家	展萌萌
	数字营销实战专家	王望
	数字营销实战专家	雷拓
原力纵横文化发展（北京）有限公司	数字营销资深实战专家	王梁
	数字营销资深实战专家	朱晓倩
	数字营销实战专家	张锦佳
	数字营销实战专家	李楠
	数字营销实战专家	韩姗姗
北京新意互动数字技术有限公司	数字营销资深实战专家	曲伟海
	数字营销资深实战专家	汤红
	数字营销资深实战专家	王宁
	数字营销研究专家	王波
LxU 以乘	数字营销实战专家	魏婷婷
	数字营销实战专家	李雨
	数字营销实战专家	田振
	数字营销实战专家	高蕴
新浪微博	数字营销资深实战专家	吴默
	数字营销资深实战专家	侯燕
	数字营销实战专家	孔岩
网易传媒	数字营销资深实战专家	李淼
	数字营销资深实战专家	顾晓琨
	数字营销资深实战专家	宋琛瑶
华扬联众数字技术股份有限公司	数字营销资深实战专家	孙学
	数字营销资深实战专家	郑帅
	数字营销资深实战专家	陈锋
	数字营销资深实战专家	姜立
广东电声市场营销股份有限公司	数字营销资深实战专家	吴建荣
	数字营销资深实战专家	麦翠琼
	数字营销实战专家	庞君

续表

公司名称	类别	姓名
北京美通互动数字科技股份有限公司	数字营销资深实战专家	王遵会
	数字营销资深实战专家	谢海涛
	数字营销资深实战专家	吴杰
北京勾正数据科技有限公司	数字营销资深实战专家	阎诚江
	数字营销研究专家	喻亮星
	数字营销研究专家	姜岚
上海璞康数据科技（集团）股份有限公司	数字营销资深实战专家	方亚谨
	数字营销资深实战专家	秦捷
	数字营销实战专家	陈阳
深圳市信广龙广告有限责任公司	数字营销资深实战专家	陶婵
	数字营销实战专家	庞涛
	数字营销实战专家	杨立
微播易	数字营销资深实战专家	徐扬
	数字营销研究专家	苗晓玮
	数字营销实战专家	李理
	数字营销实战专家	徐涛
武汉市幸运坐标信息技术有限公司	数字营销资深实战专家	胡戎
	数字营销资深实战专家	车轶轩
	数字营销实战专家	徐晶
蓝色宇宙数字科技有限公司	数字营销资深实战专家	刘方铭
	数字营销实战专家	郭晓喆
凤凰网	数字营销资深实战专家	曹昕
	数字营销资深实战专家	陈欣
秒针系统	数字营销研究专家	谭北平
	数字营销实战专家	智天雨
天下秀数字科技集团	数字营销资深实战专家	苏书明
	数字营销资深实战专家	胡晓平
十相集团	数字营销资深实战专家	周骏
	数字营销实战专家	汪雅君
中国商务广告协会数字营销研究院	数字营销研究专家	马旗戟
	数字营销资深实战专家	丁玉青
TalkingData	数字营销资深实战专家	闫辉
	数字营销资深实战专家	李蔷

续表

公司名称	类别	姓名
北京硕为思公关顾问有限公司	数字营销资深实战专家	王红霞
	数字营销实战专家	辛颖
博拉网络股份有限公司	数字营销资深实战专家	吴梦妮
	数字营销实战专家	李冰
广东因赛品牌营销集团股份有限公司	数字营销实战专家	魏晔骅
	数字营销实战专家	张曲
广州天泓文化传媒投资有限公司	数字营销资深实战专家	邝英
	数字营销实战专家	梁薇
凯丽隆（上海）软件信息科技有限公司	数字营销资深实战专家	陈亦平
	数字营销实战专家	尹思源
佩利安数字科技（北京）有限公司	数字营销资深实战专家	杨雪
	数字营销实战专家	孙淑婷
上海库润信息技术有限公司	数字营销资深实战专家	陈纯
	数字营销研究专家	李娟
深圳市酷开网络科技股份有限公司	数字营销实战专家	解放
	数字营销实战专家	邢焱
时趣互动（北京）科技有限公司	数字营销资深实战专家	赵芳芳
	数字营销研究专家	赵伟
世优科技	数字营销资深实战专家	刘铠源 Leo
	数字营销资深实战专家	紫郁
销赞云（广州）科技有限公司	数字营销资深实战专家	陈爱华
	数字营销实战专家	何素娟
上海数见管理咨询有限公司	数字营销研究专家	方军
央视市场研究股份有限公司	数字营销研究专家	赵梅
中国广视索福瑞媒介研究有限责任公司	数字营销研究专家	肖建兵
进化力变革咨询	数字营销资深实战专家	李峰
Analytic Partners	数字营销研究专家	Jun Cao
PUSU 朴速广告	数字营销资深实战专家	林琳 Heaven Lin
QuestMobile	数字营销研究专家	段林峰
阿里巴巴集团	数字营销资深实战专家	张国栋
阿里元境	数字营销资深实战专家	史敏君
爱奇艺	数字营销实战专家	王瑞阳
知乎	数字营销资深实战专家	张炎

续表

公司名称	类别	姓名
北京本邦科技股份有限公司	数字营销实战专家	杨凯
北京成羽文化传播有限公司	数字营销资深实战专家	常诚
北京奇光科技有限公司	数字营销实战专家	张守刚
北京数字一百信息技术有限公司	数字营销研究专家	范长川
北京元圆科技有限公司	数字营销资深实战专家	郑屹呈
昌荣传播集团	数字营销资深实战专家	李琳娜
成都奇林智媒文化传播有限公司	数字营销实战专家	林婷
成都西岭公共关系顾问有限公司	数字营销实战专家	钟林松
成都星跃文化传媒有限公司	数字营销实战专家	张闯
锋瑞传媒（山西）有限公司	数字营销实战专家	王运谦
伏蛮匠智品牌战略咨询机构	数字营销研究专家	袁俊
广东茉莉数字科技集团股份有限公司	数字营销资深实战专家	林敏
广西麦捷广告传媒有限公司	数字营销实战专家	张卉伶
广州欢网科技有限责任公司	数字营销实战专家	吕海媛
广州思进文化传播有限公司	数字营销实战专家	张映红
灵狐科技	数字营销资深实战专家	石岩
蚂蚁集团数字科技	数字营销资深实战专家	杨帆
麦道传媒股份有限公司	数字营销资深实战专家	吴丹丹
群邑集团 EssenceMediacom 广州	数字营销资深实战专家	林寒松
上海程迈文化传播股份有限公司	数字营销资深实战专家	赵聪翀
上海春及文化传媒发展有限公司	数字营销资深实战专家	赵英
上海路捷鲲驰集团股份有限公司	数字营销资深实战专家	陈莉
上海门吾广告有限公司	数字营销资深实战专家	徐辉 Link Xu
上海纳恩文化艺术发展有限公司	数字营销资深实战专家	李三水
上海品臻文化传媒有限公司	数字营销实战专家	姚斐斐
上海谦玛网络科技有限公司	数字营销资深实战专家	林庆霖
深圳市和讯华谷信息技术有限公司	数字营销实战专家	蔡炳贞
深圳市快美妆科技有限公司	数字营销实战专家	陆昊
思美传媒股份有限公司	数字营销资深实战专家	高晓茹
微思敦	数字营销资深实战专家	张先锋
蔚蓝云创（上海）数字科技股份有限公司	数字营销资深实战专家	王艳红
武汉甲斯特文化传媒有限公司	数字营销实战专家	李秉键
武汉卓尔数字传媒科技有限公司	数字营销研究专家	徐涛

四、2024 年度中国商务广告协会数字营销专业委员会年度表彰名单

（按音序排列，职务以发布时为准）

行业年度新人	
程　磊	马鞍山百助网络科技有限公司 CEO
郝文涛	北京头条易科技有限公司首席技术官兼短视频整合营销总经理
黄锣栋	美洋数字传播有限公司市场总监
林芯翼	新通告明星商务群玉山厂牌创始人兼执行合伙人
卢嘉慧	久其数字传播有限公司运营 VP
罗　佳	中国广视索福瑞媒介研究有限责任公司大客户部研究经理
吴梦颖	去来传播品牌咨询负责人
吴若元	北京星途薪火文化传播有限公司总经理
张　闯	成都星跃文化传媒有限公司 CEO
张志伟	上海牧鲸数字科技有限公司合伙人
行业年度客户总监	
姜志毅	北京浙文天杰营销科技有限公司 U3 事业中心高级客户总监
来天禹	美洋数字传播有限公司中心总经理
李志东	河南大河全媒体广告集团有限公司数字公司副总经理
廖文俊	海知见信息技术（北京）有限公司执行合伙人
孙淑婷	佩利安数字科技（北京）有限公司高级客户总监
王黛妮	飞未云科（深圳）技术有限公司客户服务总监
岳永姣	北京爱创天博营销科技有限公司第五事业中心客户总监
张思原	北京硕为思公关顾问有限公司商务部总监兼董事长助理
周小舟	致合天成（广东）文化集团有限公司品牌营销中心总经理
周晓芳	中国广视索福瑞媒介研究有限责任公司大客户部副总监
年度优秀讲师	
Kelly Zheng	Analytic Partners 勘讯咨询总监
William Li	Fancy Tech 创始人 & CEO
柴耿琦	CAAC 汽车营销研究工作委员会特聘专家、时趣互动 SVP
陈　燕	QuestMobile 研究总监
陈爱华	销赞云创始人兼 CEO
储　门	The nihaooo agency 创始人兼首席策略官
方　骏	群邑智库负责人
方亚谨	璞康集团 CGO& 焜昱数智总经理

续表

付 彪	月狐数据高级分析师
李茂山	CAAC AI 工委会副秘书长、央视网央视频内容顾问、无问营销创始合伙人
刘洁婷	索福瑞（CSM）大屏与版权事业部高级研究经理
陆诗冬	数说故事数说全球（GlodaStory）负责人
闵 捷	驿氪 CEO
全戟坚	SAP 副总裁大中华区数字营销中心总经理
汤 红	CAAC 汽车营销研究工作委员会秘书长、新意互动策略中心总经理
王 波	新意互动敏捷咨询中心总经理
王柏麟	传立 Content+ 董事总经理（属于群邑中国）
王汇霖	爱奇艺商业内容营销中心总经理
严婷婷	CTR 移动用户指数总经理
阎诚江	勾正科技首席客户官
杨友才	央视市场研究（CTR）媒介智讯副总经理
姚 凯	Credamo 见数创始人
赵 懿	微博商业数据策略部负责人
赵林娜	群邑中国市场营销与传播总经理
周 骏	十相集团创始合伙人
周粢癹	利欧数字产品研发中心副总经理
周旖旎	微播易整合营销事业部总经理
行业年度贡献奖	
蔡启东	上海博观瑞思传媒科技有限公司 CEO
陈高铭	小米营销互联网业务部商业营销品牌总经理
陈维宇	上海新榜信息技术股份总裁
邓 晨	CAAC 出海委联席理事长兼秘书长、久其数字传播 CEO
冯羽健	北京优力互动数字科技有限公司 CEO
黄汉钊	德高中国大中华区行政总裁
李琳娜	昌荣传播集团 CEO
李三水	W 创始人 & CEO
林 敏	广东茉莉数字科技集团股份有限公司 CEO
凌可花	北京风行在线技术有限公司首席营销官
刘 甜	杭州无忧传媒有限公司首席战略官
渠 成	耐特康赛网络技术（北京）有限公司董事长
曲伟海	北京新意互动数字技术有限公司董事长兼 CEO
全佳欣	不凡帝范梅勒糖果（中国）市场营销与电子商务总监

续表

任　婕	北京汪氏德成数字科技集团有限公司总经理
石　岩	灵狐科技合伙人
孙　倩	奇光传媒集团董事长
孙　学	华扬联众数字技术股份有限公司首席运营官
唐　颖	浙文互联集团股份有限公司董事长兼CEO
王瑞阳	北京爱奇艺科技有限公司副总裁
王毓璟	达美乐比萨中国首席市场官
王遵会	北京美通互动数字科技股份有限公司董事长兼总经理
吴　默	微梦创科网络科技（中国）有限公司营销副总裁
吴瑞敏	浙文互联联席总经理 浙文天杰CEO
吴盛刚	广州欢网科技有限责任公司董事长＆CEO
肖建兵	中国广视索福瑞媒介研究（CSM）副总经理
徐　扬	微播易创始人＆CEO
喻亮星	北京勾正数据科技有限公司董事长＆CEO
张　帆	上海小度技术有限公司小度AI营销商业化负责人
赵　洁	宝宝树集团总裁
郑晓东	利欧集团数字科技有限公司首席执行官
2023—2024年度优秀品牌机构	
不凡帝范梅勒糖果（中国）有限公司	
达美乐比萨（中国）	
海尔智家	
立白科技集团	
思念食品	
2023—024年度优秀第三方数据服务与大数据应用机构	
QuestMobile	
北京勾正数据科技有限公司	
北京见数科技有限公司	
极光月狐	
瓴羊智能科技有限公司	
上海库润信息技术有限公司	
上海新榜信息技术股份有限公司	
天下秀数字科技集团	
央视市场研究股份有限公司	
中国广视索福瑞媒介研究有限责任公司	

续表

2023—2024 年度优秀数字技术与应用机构
北京硕为思公关顾问有限公司
博拉网络股份有限公司
加和（北京）信息科技有限公司
科大讯飞股份有限公司
秒针系统
上海人工智能研究院
世优（北京）科技股份有限公司
蔚蓝云创（上海）数字科技股份有限公司
武汉市幸运坐标信息技术有限公司
销赞云（广州）科技有限公司
2023—2024 年度优秀数字媒体平台
OPPO 广告
爱奇艺
宝宝树
风行
凤凰网
欢网科技
京东零售
快手磁力引擎
微博
喜马拉雅
小度
小米商业营销
2023—2024 年度优秀数字营销策划与代理机构
CCE 集团
LxU 以乘
SG 胜加
W
北京百孚思广告有限公司
北京杰尔思行广告有限公司
北京蓝色光标数据科技集团股份有限公司
北京美通互动数字科技股份有限公司
北京派瑞威行互联技术有限公司

续表

北京鹏泰互动广告有限公司
北京时空视点整合营销顾问有限公司
北京汪氏德成数字科技集团有限公司
北京微播易科技股份有限公司
北京微梦酷娱广告有限公司
北京新意互动数字技术有限公司
北京优力互动数字技术有限公司
北京浙文天杰营销科技有限公司
昌荣传媒股份有限公司
重庆狼卜品牌营销策划股份有限公司
重庆灵狐科技股份有限公司
重庆麦芽传媒有限公司
广东电声市场营销股份有限公司
广东茉莉数字科技集团有限公司
广东因赛品牌营销集团股份有限公司
杭州无忧传媒有限公司
华扬联众数字技术股份有限公司
久其数字传播有限公司
利欧集团数字科技有限公司
美洋数字传播有限公司
耐特康赛网络技术（北京）有限公司
奇光传媒集团
群邑中国
上海博观瑞思传媒科技有限公司
上海雷艺后道广告传播有限公司
时趣互动（北京）科技有限公司
思美传媒股份有限公司
武汉卓尔数字传媒科技有限公司
游豫（上海）网络科技有限公司
浙文互联集团股份有限公司
众成就（北京）融媒体科技文化有限公司

后 记

这是《中国数字营销年度报告》的第二个年度的编撰出版。与2023年度报告相比，本年度对报告中所采用的数据精准性要求进一步提高，这既体现了年度报告的行业情怀，也表现了年度报告对市场怀有的敬畏之心。

2024年的年度报告由中国传媒大学广告学院和南京大学新闻与传播学院任学术指导单位，仍然由行业头部数据公司承担撰写任务，其厚重的数据极具市场性与实务性，成为打通学术与市场的又一渠道，对支持教学和学术研究起到了重要的辅助作用。

在年度报告的编写过程中，我们深刻地体会到：在某种程度上而言，年度报告记录中国的数字营销阶段性发展历史的重要工作。我们深深地感受到肩上的使命感，感受到行业的责任与担当。一个具备历史积淀和历史纵深的行业，都会把历史的记录放在重要位置。参与年度报告的撰写工作，对我们来说，是一种责任使然，是一种荣幸，更是一种荣誉。

年度报告由各方通力完成，各章节内容撰写单位如下：

第一章第1-3节的撰写单位为中国传媒大学广告学院。

第一章第4节的撰写单位为群邑（上海）广告有限公司。

第二章第1节中，"社媒""短视频""电商""智能终端"的撰写单位为北京贵士信息科技有限公司（QuestMobile），其中"电商"部分内容采用了飞未云科（深圳）技术有限公司的观点；"长视频"的撰写单位为北京勾正数据科技有限公司；"OTT"的撰写单位为中国广视索福瑞媒介研究有限责任公司（CSM）；"融媒体"的撰写单位为央视市场研究股份有限公司（CTR）。

第二章第2节中，"技术服务商"的撰写单位为北京易观数智科技股份有限公司；"代理服务商"的撰写单位为北京腾云天下科技有限公司（TalkingData）。

第二章第 3 节的撰写单位为北京贵士信息科技有限公司（QuestMobile）。

第三章第 1 节中，"AI 营销""互联网广告"的撰写单位为明略科技、秒针营销科学院，其中"互联网广告"的部分内容采用了北京贵士信息科技有限公司（QuestMobile）的观点；"电商营销"的撰写单位为群邑（上海）广告有限公司；"内容营销"的撰写单位为上海新榜信息技术股份有限公司；"出海营销""LBS 营销"的撰写单位为深圳市和讯华谷信息技术有限公司（极光）；"社媒营销"的撰写单位为北京微播易科技股份有限公司；"短剧营销""跨屏营销"的撰写单位为北京勾正数据科技有限公司。

第三章第 2 节中，"品牌实践的思考"的撰写单位为北京腾云天下科技有限公司（TalkingData）；"品牌营销的案例"的撰写单位为数字营销市场。

第四章第 1 节中，"媒体环境"的撰写单位为北京勾正数据科技有限公司；"技术趋势"的撰写单位为北京易观数智科技股份有限公司；"广告主变化"的撰写单位为央视市场研究股份有限公司（CTR）；"社媒趋势"的撰写单位为北京微播易科技股份有限公司；"出海趋势"的撰写单位为深圳市和讯华谷信息技术有限公司（极光）。

第四章第 2 节的撰写单位为央视市场研究股份有限公司（CTR）。

第五章的撰写单位为数字营销市场与南京大学新闻传播学院。

历时 4 个月，年度报告的初稿终于完成，明年的 5 月，年度报告将正式出版。对我们来说，过程顺利，辛苦与快乐并存。在此，我们再次诚挚感谢每一位参与报告撰写的单位与人员。

中国商务广告协会数字营销专业委员会
2024 年 11 月 28 日